U1016240

中国国际战略评论 2015

CHINA INTERNATIONAL STRATEGY REVIEW

世界知识出版社

卷首语

《中国国际战略评论》自2008年创刊以来，以年度报告的形式，跟踪、分析、评论了国际战略形势发生的重大变化。现在献给读者的是第八个报告。在中国外文出版发行事业局和外文出版社的支持下，自2012年开始，《评论》还出版英文版（*China International Strategy Review*），为海外读者了解我们的观点和研究现状打开一个窗口。可喜的是，《评论》中英文版都获得了读者一定的认可度，使我们有信心将这个系列年度报告办得更好。

本书的编辑单位北京大学国际战略研究中心于2013年10月正式更名为北京大学国际战略研究院（网站 www.iiss.pku.edu.cn），并成为一个实体科研机构，内设于北京大学国际关系学院。本研究院是立足于北京大学、面向全国与世界的智库，努力为世界政治、经济、社会、文化等领域的教学与研究服务，为社会各界提供相关领域的客观分析，也希望自己的观察和思考能够为中国的国际战略谋划提供一些养分。

2014年以来，国际战略形势和中国对外关系都发生了具有重大意义的变化，各种不确定因素明显增加。中国等新兴经济体带动了世界经济的复苏，但新兴经济体发展方式转型的进展不明显，而本国劳动力价格上涨、国际市场需求不足、生态环境的制约、能源和其他大宗商品的价格下跌等因素，导致新兴经济体和俄罗斯在不同方面、不同程度上发展遇到了瓶颈。在发达国家中，美国经济状况相对较好，而日本、欧洲主要国家的经济仍然徘徊不前。苏格兰2014年就是否独立进行公投、希腊债务危机等事件，都证明欧洲的整合进程仍然任重而道远。

亚太地区的安全形势日益复杂。中日关系逐渐转缓，但中国同美国、日本和少数东盟国家在南海问题上出现了更加明显的分歧。中国观察家普遍认为，美国“亚太再平衡”的战略调整是亚太安全形势复杂化的主要原因；在美国、日本的怂恿下，菲律宾和越南挑战中国的海洋权益，造成南海局势紧张。但美日等国家的政府和舆论则把近年来的亚太安全忧患归罪于中国的“强势崛起”，质疑中国坚持和平发展道路的意图。亚太地区综合安全架构的建设，呈现出更大的结构性障碍。中美关系在总体稳定的表象之下，潜流涌动，引起了两国学者专家的纷纷议论。

本期《评论》收入的29篇文章，适当地聚焦于当前中美关系、中日关系等国际上普遍关注的重大现实问题。也有一些篇目探讨了中国对外关系新动向、全球治理、非洲发展、俄罗斯外交、乌克兰危机、阿富汗局势等问题。“特稿”中的三篇文章，从各自的角度综合分析了当今的国际秩序、安全挑战和战略选择。本期刊载的关于第二次世界大战背景的两篇文章引人深思。在纪念世界反法西斯战争胜利、联合国成立70周年之际，认真回顾和反思历史的经验教训，对在新形势下构筑亚太安全体系、维护世界和平具有很大的现实意义。

我们编写这个系列年度报告，志在广开言路，为战略研究提供更丰富的观点、更广阔的视角，以及更深刻的分析。期待读者给予支持和指正。

王缉思

2015年6月

目 录

特 稿

专题：聚焦中美关系*

特　稿

“同一个世界，同一个梦想”
——中国与国际秩序

王缉思

21世纪以来，中国实力的迅速上升成为国际政治中最重要的现象。特别是进入20世纪第二个十年，随着中国在国际事务中表现得越来越“奋发有为”，世界各国，从官方到民间，都在谈论中国的崛起及其对外部世界的影响，众说纷纭，莫衷一是。亨利·基辛格在他2014年出版的新书《世界秩序》中，用整整一章的篇幅探讨中国与国际秩序之间的复杂微妙关系。他说：“中国在世界舞台上的表现比以往‘积极’了很多。……无论以什么标准来衡量，中国都恢复了它历史上鼎盛时期所具有的那种地位和影响力。……问题在于，中国将如何参与世界秩序的构建？特别是它将如何处理与美国的关系？”[1] 几年前，美国普林斯顿大学政治学教授约翰·艾肯伯里就提出过，“在很多重要方面，中国是世界政治中‘举足轻重的国家’(the‘swing state’)”。他进而提出了一个至关重要的问题：“中国是将寻求对抗进而推翻正在演进中的以西方为中心的自由国际秩序呢，还是将逐步融入现存秩序并强化在该秩序中的权力？”[2]

在中国国内，对于如何看待现存国际秩序，如何处理同国际秩序的关系，也存在不同意见和观念。一种观点认为，现存国际秩序是美国等西方国家主导的，中国强大起来以后，应当在国际体系中“另起炉灶”，建立一个摆脱美国霸权的新秩序。另一种观点强调，中国的长远目标是融入国际秩序，参与国际规则的制订，成为其建设者。还有一种观点隐藏在对中国实力的谨慎评估之后，即中国目

王缉思　北京大学国际战略研究院院长，北京大学国际关系学院教授。

1 Henry Kissinger, *World Order*, New York: Penguin Press, 2014, p. 226.

2 G. John Ikenberry, *Liberal Leviathan: The Origins, Crisis, and Transformation of the American World Order*, Princeton, NJ: Princeton University Press, 2011, p. 343.

前的实力还不足以挑战现存国际秩序和美国霸权，因此应当继续卧薪尝胆，韬光养晦，待到实力足够强大之时，再像冷战后初期的美国那样，驰骋天下，“想打谁就打谁”。本文试图厘清一些相关的基本概念，浅析中国同国际秩序关系的基本态势，为进一步研究该问题做思想观念上的铺垫。

一、何谓“国际秩序”？何谓“中国”

“国际秩序”(international order) 是伴随威斯特伐利亚体系之诞生而产生的概念。1648年的威斯特伐利亚和约确定了以平等、主权为基础的国际关系准则，此后的国际秩序都依此而建立。本文之所以采用“国际秩序”而非“世界秩序”（或“全球秩序”）的概念，是因为前者以主权平等的国家为基本单位，而后者所指的时间和空间跨度更为宽泛，可以包括诸如跨越欧亚大陆的蒙古帝国所构筑的帝国秩序，也可以包容当代参与全球治理的许多非国家行为体所建立的某种制度安排。

对于“秩序”的概念，复旦大学国际关系与公共事务学院教授唐世平做过详细的辨析。[1] 他提出，在国际政治语境中，“秩序”有三个特征特别值得关注，即稳定性（stability）或可持续性（durability）、和平状态（peacefulness），以及合法性（legitimacy）。

国内外学者对国际秩序问题多有论著，恕不多加引用，只摘取基辛格在《世界秩序》一书中的一段论述。基辛格说：“每一个国际秩序迟早必将面对挑战其内聚力的两种趋向的冲击：或是对合法性的重新界定，或是实力均衡的重大变动，二者必居其一。”[2] 本文中所指的“国际秩序”借鉴了基辛格的观念，指的是在相对稳定的国际环境下，主要国家和国家集团的力量分布及其相互关系的运行规则。简单说，国际秩序主要由两部分内容组成：第一是结构（structure），在中文中常称之为“格局”，指主要国家和国家集团在一个历史时期内相对稳定的力量分布、实力对比和相互关系；第二是具合法性（即在世界上被普遍接受）的国际规则和国际机制，它们规约着国家之间的相互行为。在这些规则和机制基础上建立的国际机构，也是国际秩序的一部分。

“何谓中国”表面上看似不成问题——“中国”当然是指1949年成立的中华人民共和国，是主权独立的国家，是联合国安理会五个常任理事国之一。但是，在中国人的意识中，“中国”与“中华民族”常常通用，而“海外华人”（华人血统而持外国国籍）也同“中国人”混用。仔细辨别起来，“中国”的身份认同有三种。第一是“政治中国”，即当代主权国家，包括台湾在内，却未实现同它的

1 根据唐世平教授2015年4月28日在复旦大学就此题目举办的专题讲座。

2 Henry Kissinger, *World Order*, New York: Penguin Press, 2014, p. 365.

政治统一；包括香港澳门，与之实行一国两制。这种政治状态与安排在世界上独一无二。第二是“文化中国”，主要指中国作为一种文明传承，有时特指汉文化圈。这一文明自古以来没有断裂，但历史上的国家多以朝代命名，除清朝（恰好为威斯特伐利亚体系所形成和演变的时期）和中华民国以外，历史上的“中国”和今日中国并无国际法上的继承关系。这一事实往往不为国内论者所认识。[1] 第三是以汉族为主体的“血脉中国”。“实现中华民族的伟大复兴”这一口号中所讲的中华民族，显然不是仅仅指中华人民共和国公民，而可能包括海外华人在内。什么是中华民族及其鼎盛时期，“复兴”的确切含义是什么，不能指望会出现权威界定。历史学家、人类学家和民族学家，为后两个意义上的“中国”和“中华民族”发表的论著汗牛充栋。[2] 正如许倬云所说，中国是一个“不断变化的复杂共同体”。[3]

本文所论述的“中国与国际秩序”，指的主要是“政治中国”。但不能回避的难题是，当代中国人是从几个不同语境上理解和阐述“中国”的。虽然中国是以现代主权国家的身份参与国际事务的，但近年来日趋强大的中国在其战略诉求、对国际秩序的态度、国际行为逻辑等方面，却常常超越了这一层次的身份认定。近年来中国提出的“丝绸之路经济带”、“21世纪海上丝绸之路”等倡议，都让他国明显感受到，中国作为一种文明和血脉的历史存在。中国属性和中国人认同的多重性，一方面可能为国际秩序的构建提供新的思路，另一方面也可能会导致中国同外部世界相互作用时语境的错位，进而引起沟通不畅甚至是误解。

虽然中国是以现代主权国家的身份参与国际事务的，但近年来日趋强大的中国在其战略诉求、对国际秩序的态度、国际行为逻辑等方面，却常常超越了这一层次的身份认定。

二、当今国际秩序的主要内容

要界定当今国际秩序，首先需要看主要国际力量之间的实力分布。第二次世界大战之后，特别是冷战结束以来，得益于相对开放有序的国际秩序，以及全球化历史进程，那些积极参与国际分工合作的国家获得了更大的发展空间和机遇。各大洲均有一批国家逐渐摆脱贫穷落后的面貌，呈现欣欣向荣的景象。国际格局正越来越从以往的“两极”或者“单极”垂直结构走向更加扁平的结构，但还没有形成“多极”。今日之国际社会犹如群星璀璨的夜空，而非一轮皓月耀天庭。

---

1 有文章认为，南沙群岛自汉武帝以来即为中国领土。这一主张在国际上得不到呼应，是因为现代国家疆界并不以古代史为凭据。

2 近年来发表的代表性学术著作有葛兆光：《宅兹中国——重建有关“中国”的历史论述》，北京：中华书局，2011年版；许倬云：《说中国——一个不断变化的复杂共同体》，桂林：广西师范大学出版社，2015年版。

3 许倬云：《说中国——一个不断变化的复杂共同体》，桂林：广西师范大学出版社，2015年版。

当然，在这满天星光中，最闪亮的那些星座尤为引人注目，它们所组成的轮廓可以帮助我们辨别夜空中的方向。本文用“一、二、三、多”来大致描绘这个轮廓。

“一”指美国，是亮度最高的那个星座。美国仍然为唯一的超级大国，在可预见的将来其综合实力和国际影响力仍将远超任何一个国家。美国自身实力在继续上升，比其他发达国家发展更快，但同中、印等一些发展中国家的差距在缩小。多种结构性因素促使美国在国际事务中的影响力下降。

“二”指中国和欧盟两大力量。中国是具有全球影响的亚洲大国，但在亚洲的影响力受到美、日、印、俄等国不同方向、不同程度的制约。中国是其几乎所有邻国的最大贸易伙伴，然而仍是一个区域性国家，地缘政治和地缘经济的投射力主要在亚洲。中国的旅游者和商业活动现已遍布全世界。中国在世界其他地区的影响迅速扩展，但其深度有限。经常有中国人说本国是“世界老二”。其实，如果到中东（如沙特阿拉伯、伊朗、土耳其等国）、东欧（如乌克兰、波兰等国）、拉美（如巴西、墨西哥等国）等地区做一番考察，即可发现中国的政治影响力远远达不到“老二”的地位。在科技、文化、教育、金融等领域，中国也远远谈不上“老二”。

如果作为一个统计单位，欧盟的经济总量现居世界第一。欧盟有28个成员国，已经建立起统一的市场，净财富居世界首位。欧盟在维持欧亚大陆西部和南部的和平稳定方面，在维系全球金融秩序和全球治理方面，仍然发挥着不可或缺的作用。不过，受成员国之间发展不平衡、主权债务危机、高失业率、人口老龄化、社会矛盾加深等瓶颈的制约，加上世界经济的整体增速下滑，欧盟在未来较长时期内仍将呈现波动低速增长，其速度低于美国和大部分发展中国家。移民大批涌入改变了欧洲社会的族群和宗教结构，尤其是穆斯林移民难以“归化”，对欧洲社会缺乏认同感。欧盟社会思潮混乱，各国政治受到左右力量撕裂的现象日趋严重。由于缺乏统一的外交、安全和防御政策，它的国际影响力受到很大的限制。另一方面，欧盟未来发展的有利条件也不应忽视。欧元区国家在应对债务危机方面取得了更多共识，欧洲一体化的方向并未逆转，欧盟的组织职能有所增强，欧洲理事会成为正式机构并设立常任主席一职。高技术产业成为欧盟经济增长的主要驱动力，在提高能效、建设绿色经济方面，欧盟处于世界领先地位。

“三”指日本、俄罗斯和印度。在综合国力方面，日本、俄罗斯和印度各有千秋。日本经济和技术力量远居俄罗斯、印度之上，人均收入在可预见的将来也会远高于中国。虽然由于经济停滞不前、人口萎缩和老龄化，以及中国的崛起，日本不如以往那么自信了，但很多日本人渴望国家走向“正常化”，走出二战阴影，成为美国的“平等”战略伙伴，在国际事务中发挥更加“积极”的作用。

俄罗斯资源丰富，国土广大，国民文化教育水平高，具有巨大的发展潜力。由于其经济发展过度依赖天然气、石油、矿产品的出口，俄罗斯受到国际市场对能源和其他自然资源需求波动的巨大影响。人口老龄化所带来的社会福利负担，生育率低造成的劳动力短缺，国内各地区间发展不平衡，等等，也都是对俄罗斯经济增长的长远制约因素。俄罗斯军事力量强大，在国际上敢说敢做。吞并克里米亚，对抗西方制裁，打击国内外亲西方势力，使普京在俄罗斯享有毋庸置疑的威望。但是，俄罗斯近来经济下滑趋势明显，外交也屡遭挫折，实力的恢复尚待时日。

印度在南亚的地位无可匹敌。印度人口比日本和俄罗斯年轻而有活力，经济发展深具潜力。在莫迪总理的有力领导下，印度人力资源优势得到释放，在国际事务中更加自信。但是，莫迪从上届政府手中接下的是经济发展失衡、人口负担沉重、贫富差距悬殊、基础设施薄弱、能源电力短缺、工业配套落后、外贸逆差巨大、外商投资手续繁琐、地方保护主义严重的体系。此外，印度党派和宗教冲突频繁，政权更迭导致决策力差，官僚体系效率低下。因此，印度经济改革绝不可能一蹴而就。

国际格局中的“多”，指巴西、墨西哥、印尼、越南、土耳其、伊朗、南非、尼日利亚等诸多新兴地区大国，以及韩国、以色列、沙特阿拉伯等地区强国。同这些国家在国土面积、人口数量、资源保有和发展潜力方面可以类比的，还有阿根廷、菲律宾、孟加拉国、巴基斯坦、埃及、乌克兰等国家。

除中国的实力地位可望保持上升势头以外，未来几年内的世界主要行为体之间的实力对比不大可能发生重大变化。各大国的注意力在未来几年中将继续集中于内部问题。美国同欧盟的经济规模相当，但美国的发展后劲、军事实力和全球影响大于欧盟；日本经济落后于美欧，但其高新技术水平仍属上乘，军事力量亦将有所加强。俄罗斯同发达国家的经济实力差距很难缩小。“金砖五国”和其他新兴国家作为一个整体的经济竞争力上升。

除中国的实力地位可望保持上升势头以外，未来几年内的世界主要行为体之间的实力对比不大可能发生重大变化。

大国之间关系的稳定性和可预测性大于变化。发达国家在二战后形成的政治、军事、经济同盟，在后冷战时期依然巩固，其所体现的价值观在国际体系中的优势明显。中俄两国则在政治上日益接近。尽管俄罗斯、印度、巴西等地区强国极力维护自身权益，对西方在国际秩序中的传统主导地位构成越来越大的挑战，但没有也不会提出同西方完全对立的政治经济制度和价值观。它们同发达国家之间的矛盾是国家利益和地缘政治矛盾，并非完全不可调和，不至形成两次世界大战前或冷战时期那种敌对的大国营垒。二战结束以来国际力量格局的变迁，大体是以和平的方式进行的，并且这种和平的变迁还将继续。

在国际力量格局趋于扁平化的同时，指导国家间关系的规则稳中有变。联合国宪章确立的政治、经济、安全等领域的国际关系准则为世界各国所普遍承认和遵守。这些原则包括：互不干涉内政和主权原则；维护人权、宗教自由、反对种族歧视；市场开放、保护知识产权、产品安全、金融稳定；和平解决领土争端、防止大规模杀伤性武器扩散、维护核安全、海上安全、网络安全、太空安全；反对恐怖主义、打击走私贩毒；促进公共卫生、保护环境；应对气候变化，等等。上述原则通过一系列国际组织、机制、条约、协定、会议体现出来。即使是那些被西方国家视为“异类”的朝鲜、津巴布韦等国家，也宣称赞成上述原则。

国际秩序的稳定性或者说可持续性并不意味着国际规则的一成不变。事实上，在全球治理中有层出不穷的新问题新领域，如网络、太空、极地等“高边疆”公域，以及气候变化、新能源开发、食品安全、全球卫生等非传统安全议题，其中的国际规则都尚待建立或完善。随着技术的进步，贸易、金融、投资等传统领域的国际规则也亟需调整。美国目前极力推进的跨太平洋伙伴关系协定（TPP）和跨大西洋贸易与投资伙伴协议（TTIP），就包含着国际贸易的若干新规则。在中国倡导下建立的亚洲基础设施投资银行（AIIB），也很可能带来一些国际投资规则的改变。中美两国间双边投资条约（BIT）的艰苦谈判，即围绕着负面清单等规则问题而展开。

三、中国对国际秩序的态度和影响

20世纪70—80年代，邓小平多次提到建立国际政治经济新秩序问题。[1] 1992年的中共十四大报告和1997年的中共十五大报告分别提出了“建立国际新秩序”和“建立国际政治经济新秩序”的主张，2002年的中共十六大报告则号召“推动建立公正合理的国际政治新秩序”。[2]

随着中国改革开放进程加快，中国官方对国际秩序的态度发生了微妙而深刻的变化。2005年国务院新闻办公室发表的《中国的和平发展道路》白皮书，首次正式提出“中国积极推动国际政治经济秩序向公正合理的方向发展”。[3] 此后，中国官方正式文件不再强调“建立国际政治经济新秩序”。2011年国务院新闻办公室发表的《中国的和平发展》白皮书，指出中国要“积极参与多边事务和全球性问题治理，承担相应国际义务，发挥建设性作用，推动国际政治经济秩序朝着更加公正合理的方向发展”。[4] 可以理解为，目前的国际政治经济秩序并非完全不公正、不合理，但是需要改革。这份系统阐述中国对世界看法的白皮书还指

1 参见邓小平：《以和平共处五项原则为准则建立国际新秩序》（1988年12月21日），《邓小平文选》第三卷，北京：人民出版社，1993年版，第281—283页。

2 江泽民：《全面建设小康社会，开创中国特色社会主义事业新局面——在中国共产党第十六次全国代表大会上的报告》（2002年11月8日），北京：人民出版社，2002年版。

3 中国国务院新闻办公室：《中国的和平发展道路》白皮书，2005年12月22日发布。全文见国务院新闻办公室官方网站：http://www.scio.gov.cn/zfbps/ndhf/2005/Document/307900/307900.htm，2015年7月24日登录。

4 中国国务院新闻办公室：《中国的和平发展》白皮书，2011年9月6日发布。全文见国务院新闻办公室官方网站：http://www.scio.gov.cn/zfbps/ndhf/2011/Document/1000032/1000032.htm，2015年7月24日登录。

出，“经济全球化和科技革命为更多国家提供了通过经济发展和互利合作实现振兴的历史条件，越来越多发展中国家走上快速发展的道路”。也可以理解为，在现存的国际体系和国际政治经济秩序中，只要抓住经济全球化的机遇，依靠自己的力量努力进行改革创新，是完全可以实现现代化发展目标的。

近年来，中国政府反复强调对国际秩序的积极态度。例如，李克强总理在2013年5月指出：“在全球化时代，相互依存是国家间关系的基本特征。中国是现行国际秩序和国际体系的受益者和维护者，愿同印度等广大国家共同推进国际体系的改革。”[1] 2015年4月，李克强总理又在会见英国《金融时报》总编时指出，中国倡导建立亚洲基础设施投资银行（以下简称“亚投行”）“不是要另起炉灶，应该是对国际金融体系的一个补充”；“中国一开始就积极参与战后国际秩序的建设。……无论是和平还是发展，中国都是现行国际体系的受益者。中国现在仍然是一个发展中国家，实现现代化还有很长的路要走，我们还要继续学习国外先进的技术和管理经验。事实告诉我们，只有互利才能共赢，才能符合多方利益，也符合中国根本利益，所以不存在打破现有秩序的问题”。[2]

2015年3月，中国外交部部长王毅评论道：“国际秩序自然也需要与时俱进。中国主张对国际秩序和体系进行改革，但这种改革不是推倒重来，也非另起炉灶，而是创新完善。总的方向是推进国际关系民主化和国际治理法治化，尤其是维护好广大发展中国家的正当权益，从而使这个世界更平等，更和谐，更安全。”[3] 2015年6月王毅又说：“中国始终是国际秩序的维护者而非挑战者，是国际秩序的建设者而非破坏者，是国际秩序的贡献者而非所谓‘搭便车者’。”[4] 具体就亚投行而言，时任亚投行多边临时秘书处秘书长金立群在2015年7月表态说，“亚投行对世界银行、亚行是一个补充，而不是替代，是对现有国际金融秩序的完善和推进，而不是颠覆”。[5]

中国虽然自我定位为国际秩序的维护者、建设者、贡献者，但对其改革和发展方向有独特的看法和期待。

从王毅等人的讲话和中国一贯的官方态度来看，中国虽然自我定位为国际秩序的维护者、建设者、贡献者，但对其改革和发展方向有独特的看法和期待。对于国际秩序中力量

1《李克强在印度发表署名文章：跨越喜马拉雅山的握手》，中央政府门户网站（www.gov.cn），2013年5月20日，http://www.gov.cn/ldhd/2013-05/20/content_2406788.htm，2015年7月25日登录。

2《李克强总理接受英国〈金融时报〉总编巴伯专访实录》，中央政府门户网站（www.gov.cn），2015年4月16日，http://www.gov.cn/guowuyuan/2015-04/16/content_2847342.htm，2015年7月25日登录。

3《王毅：中国是国际秩序的建设性力量》，中国网，2015年3月8日，http://news.china.com.cn/2015lianghui/2015-03/08/content_34988939.htm，2015年7月25日登录。

4《王毅：中国是国际秩序的维护者、建设者和贡献者》，中央政府门户网站（www.gov.cn），2015年6月29日，http://www.gov.cn/guowuyuan/2015-06/29/content_2886246.htm，2015年7月25日登录。

5《金立群亚投行演讲（全文）》，中国人才网，2015年7月7日，http://www.cnrencai.com/yanjiang/201962.html，2015年7月25日登录。

结构这一部分，即主要力量的分布格局（实力对比）及其亲疏远近，中国没有明确的官方立场阐述。但是从一贯的官方表态和主流媒体的报道评论来看，除了自身力量的壮大以外，中国显然还希望其他金砖国家特别是俄罗斯的实力上升并且相互关系更为密切，希望发展中国家作为一个整体团结自强。中国一直主张世界多极化。不言而喻的是，多极化状态只有在美国力量相对衰落的情况下才会真正出现。

如果国际规则可以大致分解为国际经济秩序、国际安全秩序、国际政治秩序，那么中国对经济秩序的认可度相对较高。20世纪70—90年代在中国流行的一个传统观点认为，发展中国家贫困落后的主要原因是国际经济秩序的不合理，处理南北矛盾、缩小南北差距的根本途径，是要打破和消除发达国家对发展中国家的控制、掠夺和剥削，建立国际经济新秩序。中国改革开放30多年来通过积极参与经济全球化而获得快速发展的历史经验，使上述观点不攻自破。

中国认可贸易自由、投资自由等原则，但是在诸如国有企业、知识产权、劳工标准、环保标准、汇率制度、金融稳定、国际货币体系等方面，中国的看法和实践与现行规则存在一定冲突。中国在国际货币基金组织、世界银行、亚洲开发银行等全球金融组织中的投票权、话语权不足。许多中国人认为，美国是导致这种不公平的"罪魁祸首"，现存国际经济制度和规则在很大程度上是美国实力地位的反映，是为美国利益服务的。2015年6—7月中国A股市值暴跌，官员、企业界、学术界以及普通公众中，许多人都相信是美国（未必需要指明是哪些美国部门或个人）在幕后操纵、"恶意做空"造成的，甚至是"冲着五星红旗来的"，凸显一部分中国人对美国在国际金融领域所起作用的深度不信任。

在传统国际安全领域，中国对现存力量分布和运行规则持复杂态度。中国认同并遵守防止大规模杀伤性武器扩散的原则，在朝鲜半岛无核化和伊朗核问题上同其他大国合作，积极参加联合国维和行动。在诸多非传统安全和"高边疆"公域，如气候变化、环境保护、全球卫生、网络安全、太空安全、海上安全、打击恐怖主义、海盗、走私贩毒、非法移民等问题上，中国也是"按规则办事"，加入了越来越多的国际协调机制，同时也根据自己的利益要求"修订"某些规则。

在安全秩序方面，中国奉行不结盟政策，对美国在亚洲主导的军事同盟和相关安排表示不满，特别是强烈反感美日军事同盟及其强化。多数中国论者指出，美国在亚太地区的军事存在和军事联盟主要是针对中国的，是为了抵消中国日益强大的国防力量。美国对台（湾地区）军售被视为支持"台独"倾向，代表了分裂中国领土的图谋。对于美国在中东、南亚、非洲、拉美的军事安排和活动，中国不轻易表态，只希望美国尊重相关国家主权。但是对于北约的继续存在及其作用，中国同俄罗斯的立场接近，都持强烈的批判态度。

在政治领域，中国最为认同的是联合国宪章所确立的主权原则和互不干涉内政原则。冷战结束后，特别是近年来非洲、中东、前苏联国家等发生"颜色革命”、“阿拉伯之春”或类似的政治变革之后，中国对美国和其他西方国家所倡导的“自由主义”或“新自由主义”的政治秩序更为警惕和抵制，对于西方支持和资助的国内非政府组织也加强了管理。中国官方认为，西方国家利用国际秩序中的某些制度和规则（如人权原则、民族自决、人道主义干预）干涉他国内政，推翻他国政府，开创了恶劣的国际先例，是许多国家发生内乱的始作俑者。

归纳起来，中国对当今国际秩序有四个方面的变革期待：第一，提升中国、其他金砖国家和发展中国家在国际体系中的地位；第二，增强中国在国际经济事务中的发言权；第三，消解美国在亚太地区主导的安全同盟和军事安排的影响；第四，抵制西方推动的“民主化浪潮”和对他国内政的干涉，倡导国际关系民主化。

在上述四个方面，中国都在做出实实在在的努力，推进国际秩序的改革。例如，中国提出建设“一带一路”的宏伟倡议并逐步加以落实；倡导成立亚投行、金砖国家新开发银行；设立丝绸之路基金；推动上海合作组织加强合作并邀请印度和巴基斯坦为新成员；推动大湄公河次区域经济合作，主办澜沧江—湄公河对话合作外交高官会；在20国集团和APEC等国际机构和机制中发挥更为积极的作用；通过举办亚洲相互协作与信任措施会议和许多相关安全论坛，提出亚洲新安全观；加大对外文化传播力度，以经济合作和对外援助为手段，扩大海外政治影响，等等。

中国就推动国际秩序改革而所做努力的效果，有些是显而易见的，比如英国和许多其他国家不顾美国的阻挠，申请成为亚投行创始成员国，被称为中国外交的“重大胜利”和对现存国际金融秩序的冲击。有些努力的成效是潜移默化的，如加强了某些非西方国家的政府权威，抵制了西方“民主化”。美国哥伦比亚大学中国问题专家黎安友研究了中国在一些发展中国家政治中所起的作用，认为“中国没有显示在推动威权主义方面的传教士式冲动，但这不意味着它的政策对民主的命运所起的作用无关紧要”。[1] 黎安友观察到，中国通过显示自身发展经验、援助某些威权国家等多种方式，阻挡了这些国家的“民主化”趋势。中国的另外一些努力，例如建立亚洲安全新秩序，则任重而道远，需要很长一段时间才能判断其效果。

四、以加强秩序应对“失序”

当前国际秩序处在威斯特伐利亚体系以来相对稳定的一个历史阶段，其中的大国力量平衡、规则的合法性和普遍性在可预见的未来都不会出现颠覆性的变化。然而无法否认的是，美国和中国这两个国际体系中最大最强的主权国家，围

1 Andrew Nathan, “China’s Challenge,” *Journal of Democracy*, Vol.26, No.1, January 2015.

绕着力量对比和“游戏规则”正在产生越来越激烈的竞争。换言之，当前国际秩序之争的核心是中美之争。中美关系的焦点，是中国力图维护的共产党领导下的国内秩序和美国力图主导的“自由主义”国际秩序之间的关系。[1] 意味深长的是，中美两国都感到自己是防御的一方，而对方是进攻的一方。中国人普遍感到，美国通过种种手段，破坏中国的政治稳定、经济繁荣、民族团结，阻挠中国的国家统一；美国人则感到中国的国际行为愈来愈咄咄逼人，军事实力威胁美国在亚太地区的存在，经济上试图挤压美国的国际空间，损害美国的金融霸主地位。

在清楚易见的中美实力较量背后，是不甚分明的价值观较量，体现在如何界定国际规则的合法性。美国前国务卿希拉里·克林顿在评论基辛格所著《世界秩序》时说：“基辛格指出，要使一种世界秩序扎下根并持久维持，它必须使‘权力同合法性’联系起来。为达此目的，这位著名的现实主义者的观点听起来却惊人地理想主义。他提醒我们说，即使我们的价值观同其他目标发生冲突时，美国也是依靠坚定维护而非逃避我们的价值观而取得成功的，并且通过同其他民族和社会的互动获得合法性的来源，而不是通过仅仅同政府打交道，来实行领导。”[2] 也就是说，无论是美国的现实主义者还是理想主义者，都认为美国对外行为的合法性必须通过介入他国的政治、经济、社会生活来获得，而不是只同主权国家的政府交往来获得。对比之下，中国人的国际秩序观念，包括“国际关系民主化”，都是以国家及其政府为核心的，其合法性的主要标准是主权和不干涉内政。

尽管对国际秩序的合法性观念差异很大，又不可避免地进行着实力地位的较量和竞争，中美两国依然同为现存秩序的受益者、维护者、建设者、贡献者，两国的发展道路和方向并非完全相反，而是可以做到并行不悖，即基辛格在《论中国》一书中所谈到的中美两国“共同进化”（co-evolution），“这意味着两国都注重国内必须做的事情，在可能的领域开展合作，调整关系，减少冲突”。[3]

对现存国际秩序最大的威胁，不是大国实力较量和价值观差异，而是全球范围内的“无序”或“失序”（disorder）现象。

从更宽广的视角来看，人们可能过多关注了中美等大国之间在国际秩序中的竞争，以及乌克兰冲突、南海对峙、中日领土争端等所谓“地缘政治回归”的趋势。对现存国际秩序最大的威胁，不是大国实力较量和价值观差异，而是全球范围内的“无序”或“失序”（disorder）现象。由于当前全

1 参见王缉思编著：《大国关系：中美分道扬镳，还是殊途同归》，北京：中信出版社，2015年版，第263—265页；王缉思：《中美关系事关“两个秩序”》，英国《金融时报》中文网，2015年7月10日，http://www.ftchinese.com/story/001062937，2015年7月25日登录。

2 Hillary Rodham Clinton, “Hillary Clinton Reviews Henry Kissinger’s ‘World Order’,” *Washington Post*, September 4, 2014, http://www.washingtonpost.com/opinions/hillary-clinton-reviews-henry-kissingers-world-order/2014/09/04/b280c654-31ea-11e4-8f02-03c644b2d7d0_story.html, 2015-07-25.

3 Henry Kissinger, *On China*, New York: Penguin Press, 2011, p.526.

球经济发展迟缓，全球化进程遭遇挫折，贫富悬殊加大，生态环境恶化，各大国内部和各地区普遍存在民族主义和民粹主义上升的压力，出现了形形色色的宗教认同和族群认同所引发的社会躁动和政治动荡。煽动民族主义甚至仇外情绪，诿过于外，成为一些国家中某些利益集团的国内政治工具。所谓“地缘政治回归”，在很大程度上是某些国家内部矛盾的向外转移和向外投射。中东一些地区持续的动荡冲突，“伊斯兰国”崛起之血腥和暴力，乌克兰走向分裂和混乱，某些非洲国家继续深陷于贫穷困顿的泥潭，种种乱像和惨剧的消除，都需要大国的协调与合作。

如此看来，世界的和平、稳定、发展、公正，需要的是更多强大的国家，而不是大国间的相互牵制、相互削弱。一个强盛的中国、强盛的俄罗斯、强盛的美国、强盛的欧盟、强盛的印度、强盛的日本，还包括强盛的乌克兰、强盛的伊朗，等等，比任何国家的衰落对国际秩序的贡献都要大得多。

同“国际秩序”（international order）相比，“世界秩序”（world order）或许是一个更加面向未来、更具理想色彩的概念。目前的国际秩序能否不断地调整、变革，和平地演进为一个世界秩序或者全球秩序？中国作为一个在现行秩序中兴起的大国，同时又是一个拥有“天下大同”观念的数千年文明的继承者，理应在世界秩序的构筑中肩负起自己的责任。许倬云在《说中国 · 自序》中说：“中国固然在变，我们也必须认知：世界也在变。在全球化已经不可避免时，世界可能重组，成为人类共同归属的庞大复杂体系，不能永远停留于列国体制的不绝斗争之中。如果大家要建构一个‘天下模式’的世界秩序，中国曾经尝试数千年的经验，无论成败、得失，应当都有值得参考之处。”[1]

“同一个世界，同一个梦想”是2008年北京奥运会的主题语，奥运会的组织者将这个主题语解释为“体现了奥林匹克精神的实质”，表达了“中国人民与世界各国人民共有美好家园，共享文明成果，携手共创未来的崇高理想”。[2] 虽然今日世界仍然充满动荡和纷争，“同一个世界，同一个梦想”无疑是一个值得期盼的理想，尽管它还十分遥远。

1 许倬云：《说中国——一个不断变化的复杂共同体》，桂林：广西师范大学出版社，2015年版，第4页。

2《同一个世界 同一个梦想》，人民网，2005年6月27日，http://politics.people.com.cn/GB/1026/3498568.html, 2015年7月25日登录。

特 稿

动荡世界中的安全挑战：

更少敌人、更多挑战和焦虑

[美] 托马斯 · 芬格

内容提要：第二次世界大战结束70年来，美国领导并维持的全球秩序保障了世界的和平与繁荣。但在我们这个持续变革的时代，尤其是苏联解体25年之后，人们愈发感到世界的动荡和自身受到的威胁。事实上，许多关于新威胁的讨论不过是言过其实，虽然真正的危险确实存在。对于政治领导人来说，他们面临的挑战是要澄清、合理排序并有效回应我们所处时代的挑战。为此，必须放弃寻求绝对安全，并对可接受的风险等级做出可靠判定。相较于公众听闻的许多非传统威胁，我们应该更多地关注诸如加强教育、消除贫富差距、恢复政治系统机能等事务。

关键词：安全挑战　威胁　全球秩序

当被问及如何看待当今世界局势时，许多美国人可能会给出“危险”或者“动荡”这类答案。之所以如此，很大程度上是受到媒体报道、政治人物言论和24小时新闻频道里“受访专家”分析评论的影响。但是，当我们用“动荡”一词来描述世界局势时我们意有何指？更为重要的是，这种看待世界的方式究竟会增进还是损害国家安全？接下来的文章里，我将指出这一归纳尽管不难理解，但却不够准确。

托马斯 · 芬格（Thomas Fingar） 美国斯坦福大学亚太研究中心高级研究员，曾任美国国务院助理国务卿、美国国家情报委员会主席等职。本文是在作者2015年2月26日在俄克拉荷马大学举办的“动荡世界中的安全挑战”会议上的发言基础上完成的修改稿，经作者同意刊发于此。

和以往所有时代相比，当今世界更加和平、繁荣且相互依存。主要大国之间已经有70年未起战事，越来越多的地区与人民迎来前所未有的繁荣生活。由民主政府执政的国家日渐增多，没有重要的军事力量公然敌视美国，美国与世界上几乎所有国家都保持良好关系，只有极少数国家除外。

和以往所有时代相比，当今世界更加和平、繁荣且相互依存。

事实上，几乎所有国家都参与到美国建立、领导并加以维持的全球秩序之中。这些国家意识到，较之反对或抵消美国的影响，与美国合作收益更大。总体而言，世界正朝向反映与支持美国利益的方向发展。当然，这并不意味着美国人可以志得意满，也不意味着因此美国就不会面临艰难挑战。但是，这确实足以成为我们对于美国迎接挑战之能力感到乐观与自信的理由。

世界之所以呈现出动荡局面是因为我们生活在一个持续变革的时代。曾经可靠的支柱不再稳固，既有的制度似乎也无法满足新的需求。全球化使得世界变得更为繁荣，更具韧性，同时也更加脆弱。世事不再如我们所希望的那样清晰而具有确定性。

在无法确定事件走向，以及忧惧事物的发展超出理解和掌控范围方面，美国人并非独一无二。其他国家的人们也有类似的顾虑，对于那些相较于邻国或对手从全球化中受益更少的国家来说，情况尤为如此。

导致动荡感和顾虑的不确定性之源

我们之所以认为事物的发展方向未明，认为世事变动不居，一个重要标志在于如下现实：在苏联解体、过去45年中塑造我们世界观与政策的全方位的对抗消亡25年后，我们仍旧无法对当今世界得出一个简明的描述。

最常见的描述仍然不过是“后冷战时代的世界”。这一称呼只能告诉我们，过去数十年塑造我们思维与行为方式的概念框架已不复存在，但无助于我们明确如何调整优先性以及如何形成替代性概念。世界不再是两极的。那么它究竟是单极、多极还是像理查德·哈斯（Richard Haass）所提出的那样成为无极世界？如果说答案不能因时而异、因事而定，这不仅毫无帮助，也无法让人放心。

在冷战时期那些时而让人感到痛苦的日子里，我们能够明确辨别朋友、敌人和局外人。如今，我们只能用类似“友敌（Frenemies）”这样的术语来形容那些时而是伙伴时而是对手的参与者。昔日牢固的盟友和经济伙伴不再需要美国提供保护以应对生死攸关的威胁，而是开始越来越多地在经济舞台上短兵相接。安全上的结盟并不必然与经济纽带保持一致，相互依赖使得在采取行动之前必须原始见终，更多虑及后续的反应。通过这一透镜，世界之所以看起来充满动荡是因为其充满变动，每每超出既有制度的能力范畴。

世界之所以看起来充满动荡是因为其充满变动，每每超出既有制度的能力范畴。

忧虑世界处于危险动荡之中的另一来源需要从美国自身来寻找。全球化、新技术、常常是重利轻义的价值观，以及其他塑造政府政策、企业决策和我们日常生活的因素正在逐渐侵蚀我们对于自身和我们经济体系的信心。曾经与中产阶级生活紧密相联的确定性受到质疑，对于未来的不确定性令人困惑不安。我们之所以为工作、为退休、为孩子、为我们的国家感到担忧，是因为我们感觉到一些事情出了问题，我们可能朝着不好的方向发展。这些忧虑并非空穴来风，而是事出有因。

例如，尽管世界一片欣欣向荣，我们的国家蒸蒸日上，但是大多数民众并未感到更加富裕幸福，而是感到对未来缺乏把握。政治人物以及美国政治体制的表现加剧了这种不安。指责他们未能鼓舞民心已经是较为委婉的表述。

认识到国内的混乱并对此感到无能为力，导致人们忧心忡忡甚至是某种程度的偏执妄想。我们无法理解我们周边正在发生以及即将发生的各种事态的原理，我们对代表我们去应对这种不确定性的各种制度及领导者们的能力缺乏信心。失去对于处理问题之集体能力的信心会加剧不安全感。

意识到世界处于混乱，同时怀疑制度和领导者有效应对挑战的能力，这还不是最糟糕的，另一事态的发展更起到雪上加霜的作用。尽管我在《减少不确定性》[1] 一书中描述过这一事态，我仍然不能完全厘清其发生的来龙去脉。我们——美国人民和我们的政府——显然是在未有明确决定的情况下，莫名其妙地重新定义了“国家安全”的概念和要求。

在冷战时期，我们面临一个事关生死存亡的巨大威胁，使得其他一切威胁相形见绌。这一威胁来自苏联，来自其盟友、其意识形态、其军事力量以及苏联和我们所捍卫和希望事物之间的势不两立。美国有明确的应对其苏联对手挑战的大战略——我们称之为遏制战略，同时形成大量衍生政策以应对这一威胁在方方面面的具体表现。

来自苏联的挑战集中而明晰，因而“全方位”地塑造了美国的政策，从教育到特定技术的出口许可，再到以军费支出作为主要手段来实现国内富裕地区到贫穷地区的财富重新分配。应对苏联的威胁成为“一切事物”的不可缺少的一部分。突然有一天，苏联崩溃了。至此之后，政府官员、媒体和民众才开始注意到来自恐怖主义、国际犯罪、不稳定国家和其他跨国行为体的威胁。

正是由于苏联威胁的消失，以及日渐意识到并担忧其他方面的威胁，共同促成了对“国家安全”的重新定义，使得美国国家安全的重心由“我们国家以及生活方式的存亡”逐渐向“保护世界范围内美国人民的利益”转移，并进而演变为“保护美国人民，不论何时何地，免受各种可以想象得到的威胁”。作为这一转变

1 Thomas Fingar, *Reducing Uncertainty: Intelligence Analysis and National Security*, Stanford, CA: Stanford University Press, 2011.

的必然结果，如今，美国人民期望受到保护以远离各种危险，尽管这些危险我们以前从未担忧过，也从未认为应由各州和联邦政府承担费用并采取行动。

期待、机遇以及恐惧的政治

上述事态的发展造成一种局面，尽管并不出人意料，但仍会导致严重后果。问题之一便是，那些与冷战时期的制度和安排息息相关的人和机构——大致就是那些被艾森豪威尔总统称之为“军事—工业复合体”，加上特定的国会委员会以及个别国会议员所组成的利益集团——在维持庞大的国防预算方面拥有既得利益。为了证明有必要维持庞大的国防预算，美国需要一个敌人，尽管事实上这一敌人并不存在。

没有一个心智正常的人想要创造一个像苏联那样危险的敌人，但是美国必须维持强大的军事实力以对冲不确定性。为了应对各种不确定性，对冲是一种谨慎合宜的选择，因为世事总是以不可预测的方式在不断变化。谁知道中国的真实意图？谁又知道普京要做什么？如果伊朗拥有核弹了该怎么办？我们该如何处理来自朝鲜的核威胁？如何才能让我们的盟友感到安心？？

当为国家安全预算进行辩护时，我们强调的是国际体系充满威胁而不是机遇。这一进程——以及由此引发的政治和媒体评论——强化了如下观念，即世界是充满不确定性的，是动荡而危险的，尽管只是苗头初显。这同时也证明有必要“采取某些措施”以应对多方威胁，尽管这只不过是防患于未然。

传统、非传统以及言过其实的安全挑战

许多关于新威胁的讨论不过是言过其实，但真正的危险也确实存在，并且应该引起重视。对于我们所有人，尤其是我们的政治领导人来说，面临的挑战在于要澄清、合理排序并有效回应我们所处时代的挑战。为了有效完成这一目标，必须放弃寻求绝对安全，同时对可接受的风险等级做出可靠的判定。即便完全的安全可以实现，它也是过于奢侈而难以负担的，尤其是可能还要以牺牲自由、个人隐私和繁荣为代价，而后者是我们所不愿接受的。

在进行风险评估与优先排序时，尤为重要的是，要区分如下两种威胁，即应该从源头上避免其发生的威胁，以及无法阻止但是可以通过警戒（包括情报）和加强韧性措施来加以管控的威胁。同时，我们还要注意区分传统威胁和非传统安全挑战。

在从冷战时期的明晰秩序向仍在不断演进中的后继国际秩序过渡的过程中，其相伴而生的不确定性使得定义和应对国家安全面临的传统威胁——主要是军事方面的——这一任务更为复杂。但美国必须拥有一支足够强大的军队来随时随地

准备捍卫美国总统认为有必要捍卫的国家和人民的利益。制定一项适宜战略的关键“问题”在于，美国没有任何敌人，也不想创造任何一个敌人。

如果没有敌人，就很难决定应该购买何种装备，以及如何部署和使用这些装备。在冷战时期，我们以名为“克拉斯诺维亚（Crasnovia）”的假想国军队为目标进行战争准备，尽管国家是虚构的，但是其军队在建制和装备上都近似于苏联红军。这比为了应付那些在装备和能力上五花八门的交战国或非国家军事力量而进行的军事准备要容易得多。

现实世界的不确定性使得如下行为成为一种审慎且在政治上势在必行的选择：为了对冲不确定性，要做好准备以慑止——如有必要则击败——来自其他国家的军事挑战，尽管这些国家不是美国的敌人，同时我们也不希望因为这些国家把美国的行为视作对其安全的威胁而将这些国家变成美国的敌人。就目前情况来说，对冲策略要求我们在为“任何可能、一切可能”做准备的同时，重点聚焦最强军队的能力。此外，我们必须尽量避免将潜在对手变成真正的敌人，避免触发安全困境，避免这些国家采取对美国构成潜在威胁的应对举措，使之演变成代价高昂的升级反应。

如何论证昂贵的采购计划和维持常备军不过是一种预警或对冲举措，这是一个棘手的政治挑战。换言之，我们需要论证购买灭火器和保险以应对未知事态是合理的。在这样做的同时，不能表露出美国将某些特定国家（中国、俄罗斯、伊朗等）当作实际上或潜在的对手。

在伊拉克和阿富汗的漫长战争结束后重建军队时，我们应该更为注重灵活性——购买足以适用于多种战场、应对各种对手的武器装备。同时，也应反映出如下判断，如何在确保快速远程投送能力的同时，兼顾一种相对较低的可能性——和主要敌人展开一场地面战争。

使外交与军事准备相辅相成同样极具挑战性。美国现有联盟的成立初衷大多是为了威慑和击败（苏联）这样一个不再存在的国家，而美国目前没有一个同样清晰的理由或组织原则来经营联盟关系。但是联盟的透明度和合作性有助于增进互信和稳定，这种增益超出军事能力范畴而独立存在。美国需要重新调整联盟以应对不确定性，同时在盟友的协作下共同分担责任，避免单独行动。在没有明确敌人的情况下，这一点也是很难做到的。

在过去20年间，非传统安全挑战受到广泛关注。即便只列出非传统安全的一部分名单就足以令人生畏。这使得我们在面对政治人物、媒体和特殊利益的夸张表述时变得十分脆弱。

恐怖主义位居威胁名单之首。恐怖主义确实是个问题，但是基地组织、“伊斯兰国”和其他极端组织并非民族国家，它们不具备真正意义上的军队或武器生产设施。美国不是这些组织的首要目标，它们也无法给美国本土造成大规模威胁。由于2001年可以理解的原因，美国高估了这一问题，同时做出了过度反应。实际上，2001年以来，被闪电击中致死的美国人都要多于在美国遭受恐怖袭击而死亡的人数。我们花费了大量的金钱不过是为了降低衡量美国民众所受威胁的困难。

2001年以来，被闪电击中致死的美国人都要多于在美国遭受恐怖袭击而死亡的人数。

网络威胁以及网络战争的危险是另一种备受关注的非传统威胁。尽管这种关注在很大程度上是必要的，但是同样也需要仔细加以思考。在我看来，网络战争的危险被过于夸大了，但是银行系统遭受蓄意或拙劣黑客侵入的威胁确实存在。经由网络入侵发生的知识产权盗窃同样也可能发生。

区分非传统威胁和那些言过其实或假想的威胁确实并不容易。任何一个地方的不稳定都可能带来连锁反应，进而造成严重的人道主义后果——利比亚和叙利亚就是很好的例子。但是很少有情况能为美国带来即刻或直接的安全后果。我们也许可以基于人道主义或其他原因决定进行干涉，但是对以针对美国或美国人的假定威胁为由而进行的干涉必须慎之又慎。

结　论

和过去相比，安全挑战与日俱增，愈加复杂，越来越难以划分优先次序。但是不论从单个威胁还是从集体效果上看，美国和美国民众今日所面临之危险要远远小于两极世界冷战对抗中更为“单纯”的威胁。

不确定性会带来关切，而关切可能被人利用或者有时会萌生恐惧。相较于我们从新闻和博客里所听到、看到的许多新的或者非传统安全威胁，我们目前正在关注并且应该关注的许多事情——重建基础设施与教育系统、贫富差距的程度、机能失调的政治系统等——应该得到更多的关注。

我们应该牢记卡通人物波哥（Pogo）所说过的一句著名的话：“我们遇到了敌人，他就是我们自己。”换言之，我们需要避免陷入自我恐慌，错把不确定性当作威胁，把所有问题都当作是需要运用军事能力来解决的威胁。有些问题不过是问题而已，而另一些挑战才值得评估、应对、改善或解决。

我们需要避免陷入自我恐慌，错把不确定性当作威胁，把所有问题都当作是需要运用军事能力来解决的威胁。

（年玥　译；于铁军　校）

特 稿

战略的经典模式

[英] 劳伦斯 · 弗里德曼

内容提要：本文论说了战略学说经典模式中的核心假定决战理念的起源、演进、局限。经典模式将军事要素与政治要素分开，假定政治家决定战争目标，军队将领负责作战事务并免受政治干扰，战场决胜可以确保政治目标的实现。在过去两个世纪的战争实践当中，尤其是在普法战争、第一次世界大战、第二次世界大战和冷战中，决战理念的局限性已经在历次战争中体现：一是周密的计划不一定能够成功实施；二是战役胜利无法令敌人彻底失去抵抗能力，无法保证取得胜利，并触发新的问题。因此，战略必须重视军事方面与政治方面的互动，并辅之以灵活性和适应性。

关键词：军事战略　决战理论　战略指导

一

“战略”一词源于古希腊语“将军”（strategos）一词，故此，战略指的是将军的技艺。几个世纪以来，战略学说基本主题的发展都借由“战争技艺”之名。直到18世纪，“战略”一词才出现在法国——比“策略”一词含义更丰富，比“狡计”一词含义更平和。[1] 到了拿破仑战争期间，“战略”一词得到广泛运用。这是因为，看起来，拿破仑皇帝不仅自身是个天才，他开创的一些系统性基本法则也可以为后世的明智统帅所用。“告诉我，”在托尔斯泰的《战争与和平》中，年长

劳伦斯 · 弗里德曼爵士（Sir Lawrence Freedman）伦敦国王学院战争研究系荣退教授。

1 关于战略的起源，参见Lawrence Freedman, *Strategy*: *A History*, New York: OUP, 2013。本文的一些材料直接来源于该书。

多虑的博尔孔斯基公爵问他的儿子安德烈，“日耳曼人是如何用你称之为战略的这门新学问来训练你去打败拿破仑的？”自这个词出现之日起，战略就意味着一种信心，确信只要手段得当，苛刻目标亦能达成。一般情况下，我们所使用的战略一词具有这样的含义。

战略成为一项专门学说并得到发展，原因不外：西方海军和陆军不断职业化，舰队和陆军大规模机动任务日益复杂，战场技术要求——无论是炮术还是围困术——必须得到理解。因此，战略作为一项专门学说，仍然反映了过去两个世纪里战争事务中一些根深蒂固的理念。用以思考战略的这样一个框架可被认为是“战略学说的经典模式”，概因该框架明显来源于战略研究领域的经典著作。甚至，那些很有影响力的当代西方战略理论家——例如爱德华·卢特瓦克[1]和柯林·格雷[2]——也会将自己定位在该经典传统中；此外，其他人——比如约翰·基根[3]或马丁·范·克雷瓦尔德[4]——因为要论述这个经典模式在当今已经不再适用，他们同样会觉得，对这个经典模式进行讨论是有必要的。

这就是战略研究领域的一个突出特征。今天的某位商业战略家，绝对不会在进行新品推广或收购竞争时，还坚持认为19世纪早期文献对他当前的工作具有首要意义。政治战略家可能会觉得那个时期的政府指南古雅精妙，但那也不过是种钩沉史趣罢了。然而，几乎没有任何一位具有职业荣誉感的军事战略家能够绕过克劳塞维茨。还有许多军事战略学家溯源更甚，一直追寻到孙子。[5]就算是更为大胆的现代军事战略家，也很可能会追溯到20世纪中叶的巴塞尔·利德尔·哈特。从事和学习军事战略研究的人，都指望着通过阅读经典作品来获取灵感，得到指引，验证史实。

军事战略学说是由重大战争所塑造的，而重大的战争乃是罕见之事。

这么做理据充分。军事战略学说是由重大战争所塑造的，而重大的战争乃是罕见之事。在所谓大战中，最堪为渊薮的要数启引无数经典论说的拿破仑战争，其次则要算是第一次和第二次世界大战。第一次世界大战距今已经100年，第二次世界大战也早在70年前就已结束。核武器的出现启发了真正具有创新思路的思考，但核武器时代的创新战略思考更多是关于如何威慑制止战争而不是关于如何进行战争的。另外一个重要的次级领域是在过去的十年里方兴未艾的游击战研究和反叛乱研究。但总的来说，这两项研究还是被视为战略领域的分支。

20世纪70年代，经典军事战略学在美国再次受到热捧，这股浪潮是对官方

1 Edward Luttwak, *Strategy: The Logic of War and Peace*, Cambridge, MA : Harvard University Press, 1987.

2 Colin Gray, *Modern Strategy*, New York: OUP, 1999.

3 John Keegan, *A History of Warfare*, New York: Random House, 1993.

4 Martin van Creveld, *The Transformation of War*, New York : Free Press, 1991.

5 关于《孙子兵法》的持续影响力，参见该网站：http://www.sonshi.com/。

所持那种威慑思维的对抗，也是对美军在越南痛苦经历的反映。尽管经典军事战略学的这次回潮被描述为“军事改革”，但是究其本质要素来说，如前所述，它是一种回归。军事实践的理想类型留存在历史中，留存在理想化的战争模式里：正规部队彼此争夺，将领追逐战利，非战斗人员与战争丝毫无涉；这种模式还假定，国家之命运就决定于战事的结局。改革派们抱怨说，数十年来对于非常规形式的战争全身心关注使得经典的战争模式被忽略。

另一种更加深刻的抱怨是常规部队带兵人的职业生涯深陷于大规模采购计划与五角大楼那令人喘不过气来的官僚气。五角大楼不需要将道，只需要管理；国防部不需要战略，只需要系统分析。军方不再将战争看作统帅展示其指挥技艺的舞台；而将其视为把弹药火力作为货币、歼敌人数算是产出的账目。

这种批评在军中响应者众，这是因为越战之后，美国武装部队正在寻求重建与改革。因此，人们再次投入战略学说经典模型的怀抱。对经典模式的重新拥抱表现为对机动作战的倚重和对消耗战的尽力避免，体现在战场条令和军事学说发展中，比如说，“空地一体战”。我们可以发现数位过去的大师对这一路径的影响：

- 从约米尼（以及克劳塞维茨）那里，学到战役决胜论；
- 从老毛奇那里，学到“作战实施不应受到政治干涉”的信念；
- 从孙子和利德尔·哈特那里，学会重机动作战、轻消耗战；
- 从克劳塞维茨那里，学会将军事目标描述为一系列重心。

经典模式的回归依赖于冷战语境，同时也依赖于爆发第三次世界大战的微弱可能性。华沙条约组织被视为敌方，其大规模陆军和同样可以溯源至19世纪的军事思想的军事学说。苏联重视战役法和机动作战，这一特点强化了西方的战略途径。如果这两支巨型陆军真的打起来的话，双方的作战样式将会非常相似——至少在考虑使用核武器之前。

冷战一结束，大规模战争是不是有可能再次爆发非常值得怀疑，上述概念是否还有意义就相当值得推敲。反叛乱问题重要性再次凸显，同时也变得加倍复杂。核威慑议题仍然存在，同时也变得加倍复杂。此外，在武力使用方面，许多截然不同的新方法出现了，例如为了达到强制对手的目标而使用武力或为了造就既成事实而使用武力等，而这些使用武力的新方法都无法利用现有概念来进行清晰归纳。对新形式冲突——例如，“网络战”——的研究十分活跃。综上所述，人们可能会认为，战略学说的经典模式已经过时。比方说，当我们宣称战争已经发展到“第四代”的时候，未曾明言的个中深意就是：经典模式已经过时了。[1]

本文论点并非倡导大家无视经典模式，也并不认为由于战争的一些转变，经

1 Antulio J. Echevarria II, *Fourth-Generation War And Other Myths*, Strategic Studies Institute, U.S. Army War College: November 2005.

典模式已经失去其意义。今后可能会爆发的那类战争会受到新的地缘政治变化的影响，武器方面的新发展也会改变战争所承载的风险；但是，还不能就此断言历史的延续会被中断。与“第四代”战争有关的活动同样可以溯源至数个世纪之前，同时，大规模战争爆发的可能性依然带动军事准备。偶然事件触发大规模战争仍旧不是天方夜谭。两个重要大国——中国与俄罗斯都面临着边界问题。俄罗斯和乌克兰自2014年2月末以来就处于交战状态，尽管目前战事已经有所收敛，但俄乌冲突仍然以一种晦暗两可的复合形式在持续进行。然而无论如何，战略学说经典模式的信徒们并不认为其只适用于大战。经典模式为所有运用武装力量的冲突的指导提供了预期。

本文论点是，从经典论说中发展出来的这套经典模式有一项缺陷，这项理论缺陷与生俱来并且一直造成问题。这项缺陷就是在战略中将军事要素与政治要素的两分。对军事和政治的两分假定，政治要素之于战争爆发时如何设定目标以及战争结束时如何进行和谈是有意义的，但在除去一头一尾的整个冲突过程中，军事要素都必须优先于政治要素。在古代，人们不会对军事和政治进行这种两分，因为人们普遍期待杰出将领能够同时具备军事才能与政治谋略，拿破仑的例子同样大体类此，尽管就拿破仑本人来说，他的军事才能是远远超过其政治谋略的。

这项缺陷就是在战略中将军事要素与政治要素的两分。

后来，政治要素和军事要素被细分开来，这个过程不难理解。这是两种全然不同的事务和两种截然不同的才干。试图将政治要素与军事要素合二为一，向来是军政关系面临的一大挑战。尽管我们完全可以说，在民主社会中，军事必须服从于政治，但是涉及实际问题时却面临困难：例如，在艰难的政治抉择中，何时应当纳入军方的建议与考虑？在作战问题中，是否可以允许政治家有所涉足？在过去，那些把自己标榜为将军的政治家和那些把自己标榜为政治家的将军们几乎都一个德行，全都干得一塌糊涂。

本文关注重点在于西方传统，因为东方传统——其中特别突出的有中国传统——之源泉是全然不同的。比方说，毛泽东强调，在冲突的所有层面都要重视政治要素与军事要素的互动。在西方传统中，将政治要素与军事要素之间的问题视为自上而下的问题，军政关系问题则只存在于最顶层。克劳塞维茨式公理有云，战争是用其他手段继续的政治。经典模式的问题在于其背后的假定，那就是：一旦政治家将战争目标宣布出来之后军方就该对实际作战过程负上所有责任，还希望在作战过程中政治家的干涉越少越好。其合理性基于这样的假设：实现政治目标的最好方式是在战场上全面战胜敌军。战胜敌国，敌国就别无选择，只能接受和约条件。军事利得将自然而然地产生政治利得。

因此，这一模式的核心是作为一种能够决出胜负并塑造接下来的政治走势的交战形式的决战概念。瑞士的约米尼男爵（Baron de Jomini）在其那本19世纪影响最大的教科书里，对此有极为详尽的论述。[1] 尽管克劳塞维茨如今要比约米尼有名，但在当时，约米尼才是影响最大的，特别是对于美国军事思想来说。我们都了解约米尼的积极追随者，执教于西点军校的丹尼斯·马汉（Dennis Mahan）对南北战争时期的将军们的影响。丹尼斯·马汉的儿子阿尔弗雷德·泰耶·马汉（Alfred Thayer Mahan）将约米尼的影响运用到了对海权的思考之中。[2] 接下来，阿尔弗雷德·马汉又影响了意大利人杜黑关于制空权的思考。[3]

回顾过去两个世纪里的战争历史——如果我们不单拘泥于重大战争的话——就不难发现：经典路线并未在战争中得到严格遵循，有时甚至被忽略。原因之一是，经典路线不仅是一种战争理论，同时还是一种战役理论。这种理论的核心思想是，因为战役是战争的决定性要素，所以在战役中取得军事胜利能够带来战争的政治胜利。两支军队直接交战时，作战是需要考虑的唯一方面。但是，战争其实意味着更多，除了设置目标与和约谈判外，还包括鼓舞民众士气，保持政府团结，维系战争官僚体系，塑造同盟，寻获基地。本文将主要关注决战观念，考察其演进及局限。决胜战役概念是否将继续发挥重要作用，这取决于未来的冲突与战役的关联有多密切，也取决于人们是否会使用不同的方法来使用武装力量。

这种理论的核心思想是，因为战役是战争的决定性要素，所以在战役中取得军事胜利能够带来战争的政治胜利。

二

西方偏好将战役作为冲突决胜手段，这种偏好多少可以回溯至古典时代。在中世纪的欧洲，人们认可战役为解决争议的一种方法。那时，战役实质上是一种赌博，神意是有可能干涉并改变其结局的。到一天结束的时候仍然能够控制战场的一方有权依据自己的要求来提出政治解决方案。

这种做法的隐含逻辑被拿破仑发挥到极致，同时被论说拿破仑战争的理论家——克劳塞维茨和约米尼——化约为一种理论。[4] 这种理论对军事手段与政治目标的初始假定就并不复杂。在整个19世纪，这种假定日益简化，其含义成了：取得战役胜利的军队能够完全控制敌国，接下来一定能够取得政治利益。

克劳塞维茨也意识到了发生有限战争的可能性，因为有限战争在那之前一个

---

1 Antoine Henri de Jomini, *The Art of War*, London : Greenhill Books, 1992.

2 关于马汉，参见 On Mahan see Jon Tetsuro Sumida, *Inventing Grand Strategy and Teaching Command: The Classic Works of Alfred Thayer Mahan Reconsidered*, Washington DC: Woodrow Wilson Center Press with Johns Hopkins University Press, 1999。

3 参见 Giulio Douhet, *The Command of The Air*,Translated By Dino Ferrari, New York: Coward-McKann, 1942。

4 Carl Von Clausewitz, *On War*, edited and translated by Michael Howard and Peter Paret, Princeton, NJ: Princeton University Press, 1976.

世纪是十分常见的，那时，人们也会通过协商和谈而非彻底击败敌军来结束一场战争。克劳塞维茨并没有全面考察有限战争及其所有可能性，但如果他享寿够长，他很可能是会对之进行全面考察的。因此，克劳塞维茨的核心关切仍然在于，如何通过战役来消灭敌军的有生力量，从而使得敌国没有还击与自卫能力。

这种想法后来成为我们所熟知的“歼灭战略”。德国军史家汉斯·德尔布吕克将“歼灭战略”与“消耗战略”分开，给予这个概念以特别的地位。[1] 德尔布吕克将消耗看作一种劝服敌军在尚未被歼灭的时候放弃战斗的方式。消耗的含义是敌军已然损耗疲劳到不愿再面对战争的地步。如果未出现生死存亡关头，牵涉利益有限，因此存在妥协的可能性，那么消耗战略容易奏效。于是手段上的困难出现了，一系列非决胜战役没有理由不导致消耗局面。

德军总参谋部全然不理会歼灭之外的任何可行替代方案。在一战到来之前的岁月里，这是欧洲陆军普遍所持的态度。然而，在歼灭战略与消耗战略之间进行选择，并不仅仅是一种战略偏好而已，这种选择还必须能够反映实际情况。如果战役不可避免，那就必须竭力战胜；但是，就算是在决胜战役之后，仍然必需具备足够继续战争、占领敌国土地的剩余力量。如果不能保证最终仍然能够在军事力量方面处于优势地位，贸然争取歼灭敌军就是极不明智的举动。如果要为长期斗争储备力量的话，那么最好避免敌方有备的战役，除非非常有利的条件出现。如果敌军在损失一个集团军之后还能把下一个投入战斗，自己一方的士气就难免受挫。正因为此，人们发展出一种结合了消耗与机动的作战方法，以避免迎头相撞的战役。德尔布吕克希望将这种作战方法发展为对直接战役与机动的混合使用。在德尔布吕克看来，直接战役与迂回谋略可以互替、也可以互补——除非决胜性的战场胜利对于战斗的一方来说已经完全无法企及。

因此，对于决战理念一直存在完全不同的两类批评路线。

一类批评路线提出，要在战场上打败敌军，除了直接攻击之外，是否存在其他手段？另一类批评路线则提出，要获得实质性的政治利得，军事力量是否能够被转化为可观的政治收益？

如果克劳塞维茨当初有机会完成其对歼灭战略支流模式的研究兴趣的话，那么，将有必要对这两类批评路线进行更加仔细的考察。我们可以从克劳塞维茨（那语焉不详的）“重心”概念里看出他这一旨趣。“重心”概念假定，最大的军事效用能够通过打击敌方的力量之源来取得。其一般所指的是军队，但是这种关键打击也可以指对敌方无形力量如“国家意志”或联盟凝聚力的削弱。

---

1 Hans Delbrück, *History of the Art of War within the Framework of Political History*, trans. Walter J. Renfroe Jr., 4 vols., Westport, CT : Greenwood Press: 197-198; Gordon Craig, “Delbrück: The Military Historian,” in Peter Paret, ed., *Makers of Modern Strategy*, Princeton: Princeton University Press, 1986.

三

让我们来考虑一个通常并不被认为是现代军事历史重要一刻的事件。这个事件发生在普法战争期间。普法战争是一场重要的战争，人们有很多理由这么认为：普法战争在普鲁士领导下实现了德国统一；普法战争经验说明，在动员后备力量和发掘后勤潜力时一丝不苟的参谋工作是多么重要。在普法战争中，德国人较其敌手更好地掌握了战役法。然而，当他们在色当会战中全面战胜了法军之后，却因为仍然无法结束战争而感到万分沮丧。德国人指望与之商谈和约的法国政府被推翻，一个新的共和国政府宣布成立，发誓继续战争。这令德国人陷入困惑。他们从来没有想要也没有能力占领法国全境。他们有能力围困巴黎，也确实做到了。然而，一方面，国际舆论日益同情法国，一方面，围攻巴黎的时间越长，士兵们围攻巴黎的代价就越大，其他列强前来援助法国的风险越高。这种情境令想要使用炮兵炮击巴黎来击溃法国人的抵抗的俾斯麦和认为此举将违反战争法的军方之间产生了激烈的争论。最终，德国皇帝支持了俾斯麦。巴黎遭到炮轰，继而投降。然而，巴黎公社随即又一次将巴黎搅乱，如果法国新政府不将这股“乱象”镇压下去的话，那些苛刻的和约条款就根本无法得到执行。

普鲁士胜利的缔造者陆军元帅赫尔穆特·冯·毛奇，从这个事件及其后的巴黎公社问题中得出了两个教训。第一个教训是，社会与政治力量能够搅乱治国方略的有序推进。老毛奇年岁渐长，亲眼看到社会主义运动在整个欧洲的兴起，他开始相信欧洲的下一场重大战争破坏力将是惊人的，因为这将是人民的战争，释放出的这些力量将摧毁整个欧洲的秩序。老毛奇之后的历任德国总参谋长对老毛奇这种看法的深层含义颇怀芥蒂，因为老毛奇这种预见的个中深意挑战了他们的使命，故而他们竭力轻描淡写之。

然而，老毛奇的继任者们对老毛奇得出的第二个教训却是铭记在心。俾斯麦的看法是，关于如何“确定并限制战争目标”的建议属于贯穿战前和战争期间的“政治功能”，由此产生文官“对战争指导的影响”。老毛奇的观点是，战略必须“完全独立于政策”。老毛奇指出，指挥官在作战层面上不应受到任何政治干涉。[1]

在老毛奇的继任者那里，“作战不受政治干扰”成为核心信条之一。在1914年的七月危机中，德皇威廉二世只是简单提问：对于接下来所要进行的攻势而言，穿越比利时领土是否明智？当得到答案说此举至关重要之后，他就没有再追问此事。沙皇尼古拉二世同样和俄国将军们就俄国的动员进行过类似的讨论。战争的“作战层面”是不受政治干扰的领域，这一理念从来没有被德国陆军放弃过，

1 参见 Lawrence Freedman, *Strategy: A History*, pp.102-107。

也就很快被苏联陆军所接受。特别是，历经越战中事无巨细的政治监管之后，这一理念也成为了美国军方的信条之一。

四

作战层面上的这种顽固信念要求人们确信，决战仍然能够发挥作用。第一次世界大战的经验可能已经挑战了这种信念。随着火力更加猛烈且覆盖范围变得越来越广，而且被动员起来加入战斗的人力增加也前所未有，赢得战役已经变得越来越艰难。在1914年之前，决定性的优势取决于意志和机动或两者得结合来迎战敌军火力并越过敌军防线前面那片“杀伤地带”。士气高涨的将士会勇敢地面对危险；士气低落的部队则会溃败。巧妙的机动能够从薄弱处突袭敌军，并且破除敌军的实际优势；同时，突袭本身还具有心理效应，能够让本来强大的敌方失去判断能力并陷入混乱。从另一方面来说，对于突袭和诡计保持警觉的强大的一方可以期望击溃较弱的一方。

1914年第一次世界大战爆发时，所有这些理论都来接受现实的检验。在一战中，战役规模之大、程度之激烈，以及战事僵局之漫长，都远远超过了克劳塞维茨的设想。然而，尽管一战暴露出诸多问题，决战仍然在职业军人心目中占有一席之地。这可能是因为，第一次世界大战最终仍然结束于一次带来停战和德国接受协约国的和平条件的战役。

从此以后，军事战略的目的就变成，如何通过更加有效、更少牺牲的战役来获取决定性的效果。仍然存在这样一种信念，那就是，正确的战术——如今还可以加上坦克和飞机的帮助——能够在未来避免持久的僵局。首先，巴塞尔·利德尔·哈特倡导使用间接迂回的机动作战来发挥机械化师的潜能，与西线的直接的阵地攻坚形成了鲜明对比。因为在整个战争期间投入了巨量人力资源和物质资源，一战中所使用的主要战略让人联想起“消耗”一词，而这个词原本是可以与“耗损”一词相互替换的。关于这种战略的措辞因此更加语焉不详了。其次，利德尔·哈特还认为，如果战争目标能够保持在有限限度内，那么战争手段也是可以保持在有限限度内的，因此，他热心倡导限制战争目标。最后，利德尔·哈特还强调这样一种可能性，那就是通过扰乱来战胜敌人，这主要通过突袭来扼制敌人，而不是通过令敌人遭受重大的战场损失来达到。[1]

利德尔·哈特试图设计的避免大规模杀戮而取得传统战争胜利的这种路线，要求重视战争目标，要求将战争目标严格限制在争议事务的范围内，这样，一旦争议事务得到解决，双方就可以重建正常的政治关系，同时，能不打就不打的态度能够减少不必要伤亡和破坏，作战主要依靠突袭和迷惑敌军。

---

1 Sir Basil Liddell Hart, *Strategy: The Indirect Approach*, London: Faber, 1954.

第二次世界大战的战争目标无限，战役规模惊人，暴行前所未有，再加上游击作战，并没有能够终结决胜战役概念在人们心目中的重要地位。再一次地，二战是终结于战败一方的投降。人们对决胜战役概念的坚持在美国对越南的反应中又一次体现出来。尽管越南战争开始于游击战，也不时出现一些战役，但是最终，越南战争仍然以北越部队成功入侵士气衰竭的南越的传统方式结束。这令美军产生抵触情绪。一方面，美军声称，如果像打传统战争那样去打越南战争的话，定会打得比这好；另一方面，美军对于越战最关键的反应是立即重回自身传统的“精神家园”，即准备在中欧与另一个大国进行一场彻彻底底的常规战争。

美军对于越战最关键的反应是立即重回自身传统的“精神家园”，即准备在中欧与另一个大国进行一场彻彻底底的常规战争。

20世纪70年代，美国军队仍在舔舐越南战争带给他们的伤痛，被迫接受一支全志愿役军队产生的影响。此时，有一股十分强烈的信念认为，重塑陆军的最佳手段，就是全力投入保卫北约的中央战线的首要任务。此外，美国的决策者从60年代以来就表明愿望，希望能够减少对于核威慑的依赖，因为他们害怕过度依赖将会使得威胁越来越缺乏可信度。与此同时，在越南战争后期和1973年第四次中东战争中，已经能够做到对特定目标进行异常精准的打击，新技术引发了对于常规战争的相关学说的重新思考。此外，人们开始担忧，欧洲所面临的安全挑战是否变得更加严重了：华沙条约组织被认为不仅享有数量上的显著优势，还在美国人深陷越南泥潭时已经修订其军事学说，并增强力量。

在越南战争之后，也许曾经出现过对于武装力量如何在复杂政治环境中发挥作用问题的考察机会。但是相反，人们重塑越南问题的语言仍然是常规战争的经典词汇，加之军事方面的新技术发展和苏联的军事力量的扩充，对军事战略问题出现了强烈的非政治化色彩，军事战略被视为机动与消耗两种学说中进行选择的作战偏好。在这种两分法思维发展的人物之中，最有影响力的要数担任过战斗机飞行员的约翰·博依德（John Boyd）。博依德追随利德尔·哈特路向，假定在敌军思维里造成不确定和混乱是战略的关键任务。这可以采取欺骗或者攻击敌方通信手段，削弱其战斗意愿，纵容鼓励其对现实的错误认知来实现。博依德的最佳例证是1940年的法国战役，他将那次战役中的两分描述为“闪电战思路对马其诺防线思路”。消耗战以敌军有生力量为重点，将火力作为有形摧毁力量，而机动作战（闪电战）却将有形力量用来对抗敌方心理，也就是说，机动作战的目标是使用灵活、机动和欺骗来在敌军之中形成“意外和震撼”。[1]

这种错误的两分对立对美国战略论辩产生重要影响，鼓吹用“机动作战”取代“消耗战”。这种发展全然发生在冷战背景下，敌军身份明晰，实力强大，问

1 对博依德的最佳导读可以参见 Frans P. B. Osinga, *Science, Strategy and War: The Strategic Theory of John Boyd*, London : Routledge, 2007。

题只在于如何威慑制止敌方发动战争，如何在必要时在两个德国的边界上抵御其进攻。因此，问题实质是在欧洲中心地带使用大规模陆军来进行经典的大国对抗。根据信息时代对军事战略的经典文本进行的更新，这种对抗出现的可能性是存在的。对“作战层面”的关注也受到鼓励，而这正是将道得以施展的层面。有一阵子，人们断言作战层面被忽视了，同时被忽视的还有欧洲战争的经典传统。爱德华·卢特瓦克呼吁人们关注作战层面，悲叹当时的美国军事思想无视作战层面。在“作战层面”上，“诸如闪电战或纵深防御等理论才能得以发展和使用”。因为依赖“消耗战模式”，美国人忽略了作战层面。消耗战不被视为应对困境挑战的不得已之举，却被视为某种思维定势的有意抉择。[1]

在军事历史中，对于消耗战和机动作战“二选一”的经验例证非常有限。在两次世界大战中，德国人都先是试图通过机动作战取巧致胜，继而不得不同敌人打起了消耗战役。20世纪80年代初期，在北约中央战线实施机动作战的可能性也被高估。鼓吹迅速且突然之机动的语言颇为吸引，但同样含糊不明：在实践中要如何让规模巨大、行动迟缓的现代军队实现迅速突袭，难以设想。这反映了战略思考中一种本质上浪漫怀旧的观点：试图游离于政治和经济因素的普遍约束之外，一方面对于苏联军事学说和机动作战的胜算的过度强调，对西方成功实施这种作战的能力的过度乐观。当时收到推崇的机动战略很难实现。这些迂回战略在欧洲条件下不啻为高风险选择：不仅需要应对城镇扩张、复杂的公路和铁路网，而且对于情报工作和指挥与控制的效率都提出了极高的要求。不成功的机动作战能够导致绝对的灾祸，令后方暴露无遗。

五

对机动作战的重视反应了对通过决胜一击取得胜利的渴望，由此产生三个问题。

第一，无论强有力的一击的计划制定得有多周全，实战中都是有可能会失败的。我们在此处面临的问题正如老毛奇的名言，“一旦战斗打响，任何计划都很难经受考验”。那些理念上精彩大胆的行动计划，执行起来可能根本就行不通。

第二，就算强有力的一击得以实现，必须立即达到使敌人在战场上一蹶不振的效果，而不能让其苟延残喘。如果敌军有相当部分的力量得以逃脱并参加后续战斗，又或者如果敌军预先保存了一部分战斗力量作为预备队，那么战斗就还得继续。如果不能及早迫使敌军投降，那么一击得胜的战斗仍然可能演变为漫长的僵局。就算敌军常规兵力业经击败，仍然有可能面临如同拿破仑军队面对的西班

1 Edward N. Luttwak, “The Operational Level of War,” *International Security*, Vol. 5, No. 3, 1980-1981, pp. 61-79.

牙游击队的非常规抵抗，以及心怀抵抗、拒绝合作的民众。要确保一击战胜之后能够订立和约，也许需要占领战败国家，但是占领一个战败国之费时费力不啻于一开始那致胜一击。从另一方面来说，回避占领则可能令政治和约难以执行。

第三，取得胜利的真正关键可能并不是军事谋略的质量，甚至可能不是战斗表现，取得胜利的真正关键往往在于一些具有强烈政治色彩的战略任务，包括如何在困难日渐增多、需要做出的牺牲也日渐增多的情况下维持民众士气，如何同具有共同安全利益的国家塑造和维持联盟以重塑同盟、维持制衡，如何分化瓦解敌方的同盟。

因此，战斗可能无法决胜，敌军忍耐与坚持的能力可能超乎预计，同盟制衡也许与军事力量制衡同样重要，冲突结束的方式亦可能混乱而无法令人满意。平定对手直至其无法抵消己方意志的任务异常艰难，也极少真正得以完成。同时，就算限制政治目标，军事方面仍然面临艰巨的任务，而且难以避免犯错。战胜敌军所需的力量有赖于敌军的能力与行动，而并不在于涉及利益的大小。如果下定决心一定要打败敌军，那么，微不足道的争端也可能导致相当规模的作战。

如果下定决心一定要打败敌军，那么，微不足道的争端也可能导致相当规模的作战。

西方特别是美国武装力量，战役表现相当优异。这一点两次体现在伊拉克战场上，同样也体现于阿富汗战场。1991年，赢得战斗确乎导向了胜方所需的政治结果，即解放科威特，但这场战争让一场冲突悬而未决，并且最终演变为另一场战争。在第二场战争中，美军同样取得了明确的战场胜利，但是接下来的社会与政治动荡持续已经超过十年；而且最近一个时期，形势还在进一步恶化。

六

今天，我们处于与经典战略复兴的冷战两极世界极为不同的环境之中。在那时，政治背景不仅一目了然，而且预期的变化非常有限。目前我们所面对的国际情势不断变化，极不确定，有些国家在崛起，有些国家在衰落，不同的经济体制和政治制度相互竞争，相互依存情况复杂，媒体报道铺天盖地，社会网络联系日益密切。一些国家和一些派别一时被妖魔化，一时又翻身成为潜在伙伴。

所有这些都使得制定长期目标变得日益艰难——区别于最为普遍的那种目标。战略的经典模式在过去一直问题重重，而在现在这个必须将战略的政治和军事方面结合起来思考的时代里，其自身存在的问题就更大了。如果不能结合战略中的政治要素和军事要素，就一直会存在这样的不佳倾向：在军事话语中，许诺以明确手段解决问题，然而这些问题根本无法使用军事手段来解决；在政治话语中，设定符合核心价值和核心原则的远大抱负，然而这些抱负却远远超乎现有资源和已知手段，不切实际。

冲突是逐渐升级的，首次行动很少成为决胜一击，故而其后的举动将取决于首次行动如何改变情势，包括那些意想不到的结果和各方的反应。正因为如此，许多武装冲突结束的时候并不存在明确的胜者和败方，相反，这些武装冲突无论是艰难持续还是勉强结束，都迫使双方做出了一些令自己不满的让步，而这些不情不愿的让步则蕴含了继续冲突的可能性。这并不是说所有的冲突在武力干涉进入后都不会产生泾渭分明的胜负格局。这毋宁是说，存在例外，并非千篇一律。因此，挑战在于，我们从一开始就要仔细思考战略中政治要素与军事要素如何互动；挑战也在于，我们必须意识到因为冲突是逐渐升级的，所以领袖必须要展示出适应性和灵活性来。

（李隽旸 译；李晨 校）

专题：聚焦中美关系

中美关系：走向“新冷战”还是战略稳定？

达 巍

内容提要：2013年年底以来，中美关系经历了又一轮从紧张到稳定的起伏过程。中美关系此次下行，显示出滑向“新冷战”的迹象，凸显双方对对方总体战略意图的怀疑。2014年下半年中美关系快速趋稳，则彰显两国政府高层管控中美关系的意愿与能力。在新的历史条件下，中美需尽快构建起以中长期战略稳定为基本目标的新型大国关系框架。

关键词：中美关系　新型大国关系　新冷战　战略稳定

自2013年11月至今，中美关系经历了一个从高度紧张到快速缓和的过程。当然，这种“过山车”式的震荡与回调在中美关系史上绝非首次，但此轮震荡发生在中国新领导层上任并全面铺开内外战略之后，因而具有特别意义。回头看，2014年上半年的高度紧张使人怀疑，长期以来流行的“中美关系坏也坏不到哪儿去”的说法或许过于乐观；而2014年下半年的快速缓和则显示，中美合作的潜力可能也远大于我们的想象。展望未来，中美两国能否在未来五六年内搭建起新型大国关系的基本框架，将对中美关系的长期走向产生决定性影响。

一、从“大落”到“大起”

中美关系从2009年年底到2012年一直处于比较紧张的状态。2012年11月，中国共产党举行了第十八次全国代表大会，2013年3月中国新一届领导班子就位，并迅速展开新的内外布局，展现出新的施政风格。与此同时，2013年1月美国总

达巍　中国现代国际关系研究院美国研究所所长、研究员。

统奥巴马进入第二任期，国家安全团队成员也陆续调整。两国高层领导团队的变更为中美关系提供了全新的背景。2013年6月习近平主席与奥巴马总统在美国加州安纳伯格庄园举行非正式会晤，为新历史条件下的中美关系提供了巨大的“正能量”。此后，中美关系出现了之前几年颇为少见的积极势头，新型大国关系一时成为热门话题，美国官方也有所回应。2013年11月20日，美国国家安全事务助理苏珊·赖斯在乔治城大学发表亚洲政策讲话时，还呼吁将新型大国关系的概念“操作化”。[1]

但是中美关系此轮上行态势只持续了半年。以2013年11月下旬为转折点，中美关系进入剧烈震荡期，并一直延续到2014年年中。在半年多的时间里，中美围绕以下一系列问题展开激烈博弈。

第一是东海防空识别区（以下简称“空识区”）。2013年11月23日中国宣布划设东海空识区后，美方迅速做出反应，其强度似远超中方的事前预期。美方指责主要集中于两点：一是认为中方未与相关国家提前磋商，单方面划设空识区且涵盖争议岛礁与水域，加剧地区紧张局势；二是空识区标准太高，不符国际惯例，识别范围不应涵盖沿中国海岸线平行飞行、无意进入中国领空的飞行器（一般为军机）。11月26日，美国两架B-52轰炸机在未向中方通报的情况下进入东海空识区，直接挑战中国东海空识区的有效性。美军带头之后，日本自卫队与海上保安厅飞机、韩国军机均在未知会中方的情况下飞越空识区。两国均宣布不承认中国东海空识区，并扩大了各自空识区的范围。此外，2014年上半年围绕中国可能在南海划设空识区的传闻，美国国家安全委员会负责东亚事务的高级主任麦艾文（Evan S. Medeiros）出言警告，称此举可能导致美国地区军事态势调整。[2]

第二是南海问题。从2013年12月开始，中美围绕南海的博弈再度升温，大致围绕四个焦点问题展开。一是“断续线”（又称“九段线”）的法理依据。2014年2月5日，美国国务院负责东亚与太平洋事务的助理国务卿拉塞尔（Daniel R. Russel）在国会作证时称，“中国在‘九段线’内不按地貌特征而提出声索的任何权利都与国际法不符”。[3] 这一讲话改变了此前美国在断续线问题上的模糊立场，与菲律宾向国际仲裁法庭提起的强制仲裁立场一致。这一立场此后不断被美方重复。2014年12月美国国务院发表南海政策报告，再次声称“中国的断续主张线

1 Susan Rice, “America’s Future in Asia, National Security Advisor Rice on U.S.-Asia Relationship,” November 20,2013, http://iipdigital.usembassy.gov/st/english/texttrans/2013/11/20131120287258.html,2015-05-04.

2 Jun Kaminishikawara, “U.S. Could Change Military Posture If China Expands Air Defense Zone,” Kyodo News, February 1, 2014, http://english.kyodonews.jp/news/2014/02/269068.html, 2015-05-04.

3 Daniel R. Russel, “Maritime Disputes in East Asia, Testimony Before the House Committee on Foreign Affairs Subcommittee on Asia and the Pacific,” http://www.state.gov/p/eap/rls/rm/2014/02/221293.htm, 2015-05-04.

不符合国际海洋法”。[1] 二是“中建南”项目。2014年5月，中国海洋石油981钻井平台在南海西部“中建南”沉积盆地钻探作业，引起越南方面强烈反弹。美国国务卿克里称中方行动具“挑衅性”、“侵略性”，[2] 在中越之间采取明显的偏颇立场。此后美方加强了与越南的安全合作，时任国防部长哈格尔高调访越，放宽对越南的军售禁令。三是两军的舰、机对峙问题。2013年12月5日，美国海军导弹巡洋舰“考彭斯”号在南海闯入中国航母“辽宁”舰演习区，对中方军演实施近距离监控，险些与中国海军一艘登陆艇相撞。这一事件的主要责任在美方，且中方在事发后保持了克制态度，但美方却主动炒作，哈格尔在12月19日公开指责解放军的做法“不负责任”。[3] 四是美方鼓动台湾在南海问题上发挥更大作用。麦艾文在接受采访时表示，台湾也是南海争议岛礁的声索方之一，鼓励台湾与其他声索方对话。[4] 此前，美国智库学者如布鲁金斯学会的贝德（Jeffrey A. Bader）、战略与国际问题研究中心的葛来仪（Bonnie S. Glaser）均撰文鼓动台湾在南海问题上发挥更大作用，或者出面澄清断续线意义。[5]

第三是国际秩序调整与国际制度改革。2014年上半年有两件事引起美方较强烈反应。一是5月中国主办“亚洲相互协作与信任措施会议”（亚信）第四次峰会，提出“亚洲安全观”，宣布筹建亚洲基础设施投资银行（亚投行）。习近平主席在主旨演讲中指出，“亚洲的事情归根结底要靠亚洲人民来办，亚洲的问题归根结底要靠亚洲人民来处理，亚洲的安全归根结底要靠亚洲人民来维护”。[6] 这一表述被西方和中国周边国家的一些战略界人士和媒体解读为“亚洲版门罗主义”。二是2014年2月乌克兰危机爆发后，中国对俄罗斯采取了较为同情和支持的态度，中俄还加强了能源等领域的合作。在俄与美欧关系急遽恶化的背景下，中俄关系的进一步推进在美国国内引发不满，认为中国违反一直强调的尊重主权和领土完整的立场，趁乌克兰危机推进自己的利益。

第四是网络安全问题。2014年美国政府、商业机构和非政府组织对中国“网

---

1 The State of Department, “China: Maritime Claims to the South China Sea,” December 5, 2014, http://www.state.gov/documents/organization/234936.pdf, 2015-05-04.

2 State Department spokesperson Jen Psaki, Daily Press Briefing, May 13, 2014, http://www.state.gov/r/pa/prs/dpb/2014/05/226022.htm#CHINA, 2015-05-04.

3 “Hagel: China Warship Action ‘Irresponsible’,” BBC News, December20, 2013, http://www.bbc.com/news/world-asia-25459570, 2015-05-04.

4 Ben Rhodes and Evan Medeiros, “Preview of President Obama’s Upcoming Trip to Asia,” April 21, 2014, http://fpc.state.gov/225011.htm, 2015-05-04.

5 See Jeffrey A. Bader, “The U.S. and China’s Nine-Dash Line: Ending the Ambiguity,” http://www.brookings.edu/research/opinions/2014/02/06-us-china-nine-dash-line-bader;Bonnie S. Glaser, “A Role for Taiwan in Promoting Peace in the South China Sea”, http://csis.org/publication/role-taiwan-promoting-peace-south-china-sea, 2015-05-04.

6 习近平：《积极树立亚洲安全观 共创安全合作新局面：在亚洲相互协作与信任措施会议第四次峰会上的讲话》，《人民日报》，2014年5月22日，第2版。

络入侵”、“网络窃密”问题继续指责不断。其中最大的危机是5月19日美国司法部以“网络窃密”为由宣布起诉五名解放军军官。以网络安全问题为由起诉别国现役军官，这在国际关系史上还是头一遭。美方宣称其起诉的军官为解放军总参下属单位军官，而就在宣布前两天，解放军总参谋长房峰辉上将刚刚结束访美行程。美方事前未向中方通报此事，也未寻求从既有的中美战略与经济对话框架下的网络工作组渠道寻求解决，中方认为严重破坏互信，在外交上也是失礼的。为此，中方决定暂停中美网络工作组对话。

第五是美国与其亚太盟友关系。2014年4月奥巴马访问日本、菲律宾等东亚国家。奥巴马在访问前和访问中三次表示，《日美安保条约》第五条覆盖钓鱼岛。这虽是重复美方既有立场，但是经美国总统之口明确说出且多次重复，当然引起中方以及世界舆论的关注。此外，奥巴马在访问中与菲律宾签订《美菲加强防御合作协议》，扩大和深化美菲军事合作力度，也引起了中国舆论的强烈关注与反弹。

第六是所谓“麦克风外交”。2014年中美高级别官员多次隔空“打嘴仗”，给外界造成剑拔弩张之感。如3月28日麦艾文在美国智库布鲁金斯学会举行的纪念美中建交35周年研讨会上表示，中美双方应把关注点集中到“共同利益”而非中国的“核心利益”上，他在这一公开场合抱怨：3月24日习近平与奥巴马在海牙会晤后，中国外交部歪曲了奥巴马关于台湾问题的表态，使人感觉美国在台湾问题上立场有变。[1] 在5月底举行的第13届香格里拉对话会上，美国国防部长哈格尔点名批评中国在南海“破坏地区稳定”，称“我们坚决反对任何国家用恫吓、胁迫或威胁使用武力等手段推进自身主张”。[2] 此番言论，引起与会的中国副总参谋长王冠中脱稿回击，峰会气氛一度紧张。

中美关系自2013年年底以后骤然紧张的态势引起了两国政府的高度关注与忧虑。大致从2014年6月开始，中美两国官方开始释放要稳定中美关系的信号。两国外交当局频繁接触，寻求“向前看”的办法。6月25日，拉塞尔在国会参院外委会作证时表示，中美关系的特征不是战略敌对，而是公平和健康的竞争，在相关议题上务实合作、建设性管控分歧。认为中美必然走向敌对和冲突的人，忽视了中美决策层在避免这种敌对中的作用。[3]

美方这些表述当然引起了中国领导人和有关部门的重视。在两国领导人和外交部门的努力下，以2014年7月9—10日举行的中美第六轮战略与经济对话为转折标志，中美关系开始进入上行周期。此前的6月26日，中国首次派遣舰艇参加

1 “Official Denies Change in US’ Position on Taiwan,” *Taipei Times*, March 30, 2014, p.3.

2 Chuck Hagel, “Speech at IISS Shangri-La Dialogue,” May 31, 2014, http://www.defense.gov/speeches/speech.aspx?speechid=1857, 2015-05-04.

3 Daniel R. Russel, “The Future of U.S.-China Relations, Testimony Before the Senate Foreign Relations Committee,” June 25, 2014, http://www.state.gov/p/eap/rls/rm/2014/06/228415.htm, 2015-05-04.

了美国主导的“环太平洋—2014”多国军演。7月14日，习近平主席在巴西福塔莱萨应约与奥巴马总统通电话，确认了奥巴马11月访华，中方表示从战略高度和长远角度看待和处理对美关系；美方表示要加强务实合作，建设性管控分歧，使合作成为两国关系的主流。[1] 双方领导人稳定中美关系的意图十分明显。7月16日，中国外交部证实，海洋石油981钻井平台的“中建南”项目完成作业。此后，中美关系整体气氛逐渐趋向缓和。

“大起”过程的高潮是2014年11月奥巴马总统访华期间做客中南海瀛台。如果说2013年的“庄园会”标志着中美构建新型大国关系的启动，2014年两国领导人的“瀛台会”则标志着这一进程的进一步深入。习近平主席提出进一步推进中美新型大国关系建设的六个重点方向，双方在五个方面达成了意义重大的具体成果。一是《中美气候变化联合声明》，两国宣布未来各自减排目标，对2015年年底的巴黎气候峰会提供巨大推动力。二是同意继续把《双边投资协定》谈判作为最优先事项。截至2014年年底，两国已按计划就协定的核心问题和主要条款达成一致，进入负面清单谈判。三是两国国防部签署“关于建立重大军事行动相互通报信任措施机制的谅解备忘录”和“关于海空相遇安全行为准则的谅解备忘录”。四是两国就世贸组织《信息技术协定》扩围谈判达成的双边共识。五是同意互为两国商务、旅游人员颁发10年多次有效签证、互为两国留学人员颁发5年多次有效签证，让两国老百姓获得实惠。这几项成果覆盖气候变化、经贸合作、两军关系等中美关系的长期难点、重点问题。能够取得如此之多的“正面突破”可说超出了两国战略界事前的普遍预期。

二、移动的“钟摆”边界

中美关系自20世纪70年代以来曾多次出现起落。冷战结束后，中美之间还曾发生过1996年台海危机、1999年美机轰炸中国驻南斯拉夫大使馆事件、2001年南海上空的“撞机事件”等严重危机。那么，从2013年年底至今的这一轮“大落”与“大起”，与之前的起伏有何不同？

首先看“大落”带来的启示。中国学术界多年来一直流行一种通俗的说法，即中美关系“好也好不到哪儿去，坏也坏不到哪儿去”。这一表述的实质是说，中美关系存在积极与消极的边界，两国关系总在这两个边界间摆动，而不会“出界”、“脱轨”。2014年中美关系的这一轮摆动，显然也反映了这一“钟摆定律”。不过，“好也好不到哪儿去，坏也坏不到哪儿去”的说法并未明确指出中美关系摆动的边界在哪里。从最宽泛的意义上说，我们可以把积极方向的边界认定为同盟关系（例如当下的美日关系），消极方向的边界认定为全面敌对（敌国）关系

1《习近平同美国总统奥巴马通电话》，《人民日报》，2014年7月16日，第1版。

(如冷战期间的美苏关系)。如此一来，这一论述确实可以成立。当下中美当然无法成为盟友，这是由于中美之间存在的意识形态冲突、崛起国与霸权国矛盾等所谓“结构性矛盾”；与此同时，两国也很难走向全面对抗甚至冲突，毕竟中美之间存在战略安全上的相互威慑、宏观经济上的相互依存。然而，将钟摆边界做如此“极端”的定义，结论虽然正确，却也没有多少参考价值。如果我们在上述两个节点之间再加上另外两个节点，即“新冷战”与“伙伴关系”(见图1)，就能获得更具启示意义的参考指标。

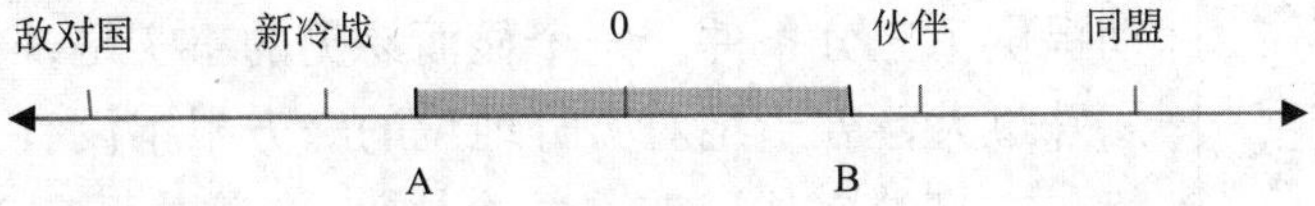

图1　中美关系摆动的边界

“新冷战”在此指两个国家之间出现战略与政治领域的局部严重对立，但与此同时，在经贸、人文领域仍能大体维持正常关系。“新冷战”区别于美苏冷战时期两种意识形态、两个军事同盟、两个平行市场的全面对抗，而是指在战略与政治领域的局部对抗。乌克兰危机之后的美俄关系、近年中日之间出现的“政冷经热”、“政冷经温”现象均具备着这种局部战略对抗、整体关系维持的“新冷战”特征。“伙伴关系”则意味着两国在主要关系领域都维持较为密切的，甚至是协作的关系。相比于合作面，两国关系的分歧和竞争面明显居于次要地位。美国在亚太地区与新加坡国等国的关系就是“伙伴关系”。中国在全球构建了广泛的“全球伙伴关系网络”，这里指的伙伴关系是一种较高水平的合作关系，当前中俄之间的战略协作伙伴关系可以说符合伙伴关系的标准。

冷战结束以来，中美关系的钟摆范围不仅局限在最宽泛的“敌国”与“同盟”之间，而且也在“新冷战”和“伙伴关系”之间，从未超出两个边界。从2013年年底至2014年年中，中美关系的“大落”与过去的最大不同之处在于，双边关系向消极方向摆动的幅度超出了过往经验，呈现出了向“新冷战”滑动的迹象。中美关系仍然是“好也好不到哪儿去”，但是对“坏也坏不到哪儿去”的命题，恐怕要做更谨慎的判断。中美在这一时期在战略与安全领域的对抗颇为激烈：美国对华战略不仅继续实行“规制”(即通过强调国际规则来限制中国行为)和“两面下注”(即与中国周边大国拉近关系，“防范”中美关系在未来中长期可能出现的消极变化)等，而且还出现了

从2013年年底至2014年年中，中美关系的“大落”与过去的最大不同之处在于，双边关系向消极方向摆动的幅度超出了过往经验，呈现出了向“新冷战”滑动的迹象。

对抗性更强的选择性“推回”（rollback）成分，[1] 即通过对抗行动对中国“示警”，展示美国的决心。美国派遣B-52轰炸机挑战东海空识区；起诉解放军军官以显示美在网络问题上已“失去耐心”；介入南海问题并帮助其他相关国家提升军事和海上执法能力来平衡中国等，均属此类。简言之，美国在这一时期开始更多地直接出手“推回”其眼中的中国“扩张性”行动。与此同时，双边关系整体仍能维持正常。当然，这期间中美关系并未恶化到“新冷战”的程度，但是出现这种趋势的苗头是近年来所仅见的。

中美两国实力对比的变化，为中美关系向“新冷战”滑动提供了充分条件。

中美两国实力对比的变化，为中美关系向“新冷战”滑动提供了充分条件。一个显而易见的事实是，如果两国实力悬殊过大，处于绝对劣势地位的一方根本没有“资格”与强势一方打“冷战”或“新冷战”。中美关系自2010年以来持续紧张，恰与金融危机后中美实力地位差距的持续缩小同时出现。巧合的是，根据国际货币基金组织测算，若按购买力平价法（PPP）计算国内生产总值，2014年中国的经济规模已经略微超过美国，成为世界第一大经济体。[2] 这虽然并不是引起中美关系在这一年紧张的原因，但是确实为紧张关系提供了一个注脚。从大国综合国力竞争态势看，冷战结束后“一超多强”的格局正在发生质变。中国逐渐脱离“多强”行列，与“一超”距离拉近。目前中国实际经济规模已经是美国的60%，一般认为，赶上甚至超越美国经济规模只是时间问题。与此同时，第三大经济体日本的经济规模目前大约只有中国的一半，这一差距在未来还可能继续拉大。中美经济规模差距的缩小，将可能引起两国军力差距的缩小。近年来“金砖国家”峰会机制、亚投行、亚信等国际制度的创设与改革，则显示出中国的国际制度创设能力也在迅速增强。可以说，尽管美国的综合国力仍远远领先中国，但是中美正在形成综合国力竞赛中的“第一集团”，并拉大与身后“第二集团”的差距。从实力对比的角度看，未来几十年中美两国恐怕是最有“资格”陷入“新冷战”的国家。

除了客观层面的实力对比变化，中美两国对于对方整体战略意图的猜疑加深，则是2013年年底以来两国关系滑向“新冷战”更深层的原因。

除了客观层面的实力对比变化，中美两国对于对方整体战略意图的猜疑加深，则是2013年年底以来两国关系滑向“新冷战”更深层的原因。自1978年中国开始改革开放，中美关系虽有波折，但两国战略界均存在一些30余年一以贯之的基本假设或主流观点。在美国方面，美国对华的主流观点是认为中国对外战略的根本意图是通过融入现行的美国和

---

1 参见达巍：《美国的对华战略是“遏制”吗？》，“澎湃”，http://www.thepaper.cn/newsDetail_forward_1255809, 2015年5月4日登录；郑安光：《美国对华“灵活推回”战略评析》，《现代国际关系》，2014年第3期，第1—8页。

2 International Monetary Fund, “World Economic Outlook Database, 2015 (5. Report for Selected Countries and Subjects),” http://www.imf.org/external/pubs/ft/weo/2015/01/weodata/, 2015-04-28.

西方主导的国际制度，实现“体系内”崛起。中国是当今国际制度的主要受益者，也基本上是一个“维持现状的国家”。在内政方面，随着中国市场经济改革的深入，中国的政治制度将向西方制度靠拢。中国方面的主流观点认为，国际制度和国际秩序虽然由美国和西方主导，但中国在其中有相当的空间可以实现自我发展；与美国和西方加强合作，对中国利大于弊。正是在这样的认知之下，中国一直实行与美国和西方总体合作、融合的战略；美国对华也采取了以“接触”为基调的战略。但是两国国内各自的战略共识实际上存在相当落差。中国虽希望在现有国际制度之内崛起，却绝不希望被“和平演变”；此外中国担心在当前国际制度内发展，早晚会遭遇霸权国阻拦破坏的“玻璃天花板”。中国在政治和战略上不希望成为被“和平演变”的苏联，在经济上不希望成为20世纪90年代以后一蹶不振的日本。而美国始终认为中国的政治和外交会向美国所期待的方向变化，如果说过去还没有“变”，只是因为“时候未到”而已。因此，两国战略的前提假设看似契合度很好，但是实际上有“同床异梦”、“权宜之计”的属性。

伴随21世纪第一个十年中国快速的崛起，中美各自战略共识的交集开始减少，“异梦”的部分开始被逐渐放大。中国的“块头”长得如此之快，美国方面开始担心也许其期待的“时刻”永远不会到来。美国记者孟捷慕（James Mann）2007年出版的《中国幻想曲》一书，是较早质疑前述美国对华战略前提假设的声音。[1] 2010年之后，“中国傲慢论”、“中国强硬论”的出现，则标志着有更多的美国战略界人士认为中国的对外战略正在发生重大改变。2012年到2013年，中国新的内外布局迅速铺开，美国战略界对此颇不适应，不少人怀疑中国新一届领导班子对外战略的风格更为“强硬”，试图主动地、系统性地挑战美国主导的国际秩序与制度。例如，近几年中国在东海、南海问题上的一些做法虽被很多美国战略精英视作“强硬”举措，但很多人认为这也是中方对日本“购岛”、菲律宾抓捕中国渔民等行动的“非对称反应”。但是2013年11月中国宣布设立东海空识区、2014年5月启动南海“中建南”项目，2014年年中之后南海岛礁基础设施改善工程迅速推进，这一系列行动被美方很多人认为已不是“被动反应”，而是要主动地、系统地“改变地区现状”。与此同时，在中国内政问题上，美国战略界对中国新领导层加强党的领导、加强意识形态工作十分“不解”。美国国内对中国大战略的疑虑持续上升，2014年上半年达到了一个高潮，近期又出现一批新的论调，如白邦瑞（Michael Pillsbury）的“中国战略欺骗论”、[2] 沈大伟（David Shambaugh）的“中国崩溃论”、[3] 布莱克维尔（Robert D. Blackwill）与泰利斯

1 James Mann, *The China Fantasy: How Our Leaders Explain Away Chinese Repression*, Viking, 2007.

2 Michael Pillsbury, *The Hundred-Year Marathon: China's Secret Strategy to Replace America as the Global Superpower*, Henry Holt and Co., 2015.

3 David Shambaugh, "The Coming Chinese Crackup," *Wall Street Journal*, March 7, 2015,http://www.wsj.com/articles/the-coming-chinese-crack-up-1425659198, 2015-05-04.

（Ashley J. Tellis）的"修改对华战略论"，[1] 等等。

上述言论或看法未必代表美国战略界的主流，但却显示出美国国内对华战略辩论的热度正在上升。有论者认为，美国对华战略的共识正在瓦解。[2] 与此对应，2014年上半年美国方面一连串强硬动作，使中国战略界越来越多的人怀疑美国面对中国的快速崛起，开始将遏制作为其对华两手战略的主要方面。美俄因乌克兰危机走向对抗、中国外交布局当中周边地区的重要性明显上升，这些因素也推动了中国国内产生一种新的战略思考，即中国的对外战略应该以我为主，既不应该、也无必要以美国和西方及其构建的国际制度为中心。从表面上看，冷战结束后中美之间几次军事危机的紧张程度似乎远超2014年，但是实际上那些危机或者是围绕局部问题（如台湾问题）爆发，或是带有一定偶然性，并不涉及双方对另一方大战略意图的判断。美方并未怀疑中国整体战略意图与战略走向；中方主观上对美国可能实施更强硬对华遏制政策的担忧未如近期这般强烈，从客观上讲，中国在其周边和全球发挥自身独立影响力、建立自己的战略议程的意愿与能力也远超过去。[3] 因此，就性质而论，2013年年底到2014年年中的中美关系的下滑，是冷战结束以来最为严重的一次，也是真正呈现出向"新冷战"滑动迹象的一次。

再来看"大起"。中美关系在2014年下半年的快速回暖，再次证明了两国高层领导人维持中美关系稳定的强烈意愿与能力。尽管美方2014年上半年的一些举措引起中国领导层的深刻疑虑，而且中国周边外交在2014年继续取得重大突破，2014年下半年中美关系的回升以及中美一系列务实成果的取得，已经证明中国领导人仍然将稳定的中美关系置于中国外交当中非常重要的地位。就美国方面而言，尽管战略界整体对华疑虑上升，但是奥巴马行政当局致力于中美关系稳定的总基调也没有改变。中美关系不仅回暖，而且一系列务实成果在几年前几乎都是不可想象的。例如：中美双边投资协定（BIT）的谈判和签证互惠措施，都是讨论了多年而未有重大进展的问题，现在可谓情况大有改善；两军关系、气候变化一度都是中美关系中的难点，现在则成了合作增长点、双边关系的"亮点"。这些成果显示，只要高层具备足够的政治意愿，中美关系中的一些难点、热点问题完全可以取得突破，双边关系完全有可能向积极方向移动。无论是十几年前的中国"入世"，还是近年来两军关系的推进，两国在应对气候变化问题上的合作

1 Robert D. Blackwill and Ashley J. Tellis, "Revising U.S. Grand Strategy Toward China," http://www.cfr.org.zedataro.com/china/revising-us-grand-strategy-toward-china/p36371, 2015-05-04.

2 Huge White, "America's China Consensus Slowly Unravels," *The Interpreter*, April 17, 2015, http://www.lowyinterpreter.org/post/2015/04/17/Americas-China-consensus-slowly-unravels.aspx?COLLCC=1539412600&, 2015-05-04.

3 这种独立的战略议程以中国自己的国家利益及愿景为依归，既有可能是对现行国际制度的补充与完善，也有可能是在现行国际制度之外的创新。

等均显示：当政治决断做出之后，决策之前相关技术层面的一些顾虑往往是多余的。因此，"解放思想"、"不畏浮云遮望眼"，仍是发展当下中美关系的重要指针。

过去一年半中美关系从"大落"到"大起"，显示当中美两国领导人加大对中美关系的投入，特别是有峰会等机制来拉动或者彰显领导人的投入时，两国还是有能力阻止中美关系向消极方向滑动。但反过来说，一旦缺少峰会等平台，中美关系似乎呈现一种"天然"的向消极方向滑动的趋势。在新的历史条件下，中美关系"漂流"的后果较之以往更为严重，已不能再想当然地认为"坏也坏不到哪儿去"。如果中美关系向消极方向滑动成为"天然"，向积极方向回调只能靠领导层的"人工拉动"，那么中美关系的中长期趋势将是十分危险的。毕竟，不同领导人的战略考虑会有区别、调整。尤其无法回避的是，美国实行两党轮流执政、三权分立的政治体制，其最高领导层的变更有可能引发对华战略的变化，并导致中美关系再次向"新冷战"方向滑动。

如果中美关系向消极方向滑动成为"天然"，向积极方向回调只能靠领导层的"人工拉动"，那么中美关系的中长期趋势将是十分危险的。

三、寻求中美宏观战略稳定

中美关系亟需从领导人"人工驾驶"模式转向"自动驾驶"模式。2012年初以来，中国官方反复呼吁中美构建新型大国关系。美国官方曾一度接受，但近期态度明显趋于冷淡，而战略界的疑虑与反对则更为普遍。美方对新型大国关系概念缺乏热心的原因很多，如不愿就中方所提"核心利益"做出让步，不愿由中方定义中美关系的方向并掌握话语权等。除此之外，新型大国关系的概念化与具体操作不足，也是重要原因之一。在中国继续快速崛起、中美关系有滑向"新冷战"可能的大背景下，中美需要将构建新型大国关系聚焦于建设中美之间宏观战略稳定框架上。

中美宏观战略稳定框架，是指两国通过一系列制度安排和相互理解，形成稳定的共同观念和制度安排，缩小中美关系摆动的幅度，而稳定在图1中的A点和B点之间的阴影部分，远离"新冷战"。在这一区间，中美关系不必依靠两国领导人的拉动，也能"自动稳定"，并争取向更积极方向演进。这一框架需中美两国均能接受，在其范围内两国可展开良性竞争，并在互利和必要的情况下合作。中国需要在这样的环境中实现自己的和平发展，不必担心美国把中国作为苏联那样的对手加以全面遏制，或者破坏中国的政治稳定，抑制中国的经济发展；美国也需要这样一个环境，确保其全球和地区领导权不会遭到中国的"强行"挑战。在这一稳定框

中美宏观战略稳定框架，是指两国通过一系列制度安排和相互理解，形成稳定的共同观念和制度安排，缩小中美关系摆动的幅度，而稳定在图1中的A点和B点之间的阴影部分，远离"新冷战"。

架内，两国战略界形成战略共识，即无论各自国家未来走势如何，都将只取决于本国战略的成功或失败，而不会来自对方的强行挑战、排挤或遏制、破坏。

鉴于中美关系的现状，中美关系不应追求形成“伙伴关系”等较高目标。在可能向“新冷战”滑动的背景下，能形成中美战略稳定已是不错的选择。实际上，在中国与主要大国构建的全球伙伴关系网络中，“新型大国关系”是一种位阶较低的伙伴关系。例如据新华社2013年3月22日报道，中国国家主席习近平首访俄罗斯时曾表示：“中俄关系已从20世纪90年代建立的不同于冷战时期的新型大国关系，上升到21世纪前10年逐步建立的全面战略协作伙伴关系。”[1] 这一表述显示，“新型大国关系”的合作程度低于“全面战略协作伙伴关系”。更何况，中美只是“构建”新型大国关系，只是一个努力方向。因此，在图1中，中美关系摆动的最积极的边界仅定位在接近伙伴关系、但低于伙伴关系的位置。如中美能将两国关系长期稳定在A与B之间，甚至基本在0与B之间，那么中美就构建起了中长期的战略稳定框架，这也就是新型大国关系。

构建中美中长期的宏观战略稳定框架，可从三方面入手。

一是在两国最关心的核心利益和重大关切问题上“渐进累计互信”。近年来中国多次强调中美要相互尊重核心利益与重大关切，而这正是美方对新型大国关系最大的疑虑所在。[2] 中美如果不能在双方最关切的核心问题上求得互信，宏观战略稳定框架就无从构建。因此，这一问题不能回避。但是在此过程中需注意两个问题。第一，核心利益与重大关切的界定需清晰，范围要尽可能小。中美可各自拿出一两个最核心的关切，围绕这些问题反复讨论。例如，中美意识形态和政治制度不同。中方的一个核心关切是美国威胁中国的政治安全和政权安全，试图对中国实施“西化”、和平演变、“颜色革命”。美国方面的一个核心关切则是中国是否试图将美国排挤出东亚，是否试图在现有国际制度之外建立一套独立的国际制度？双方应围绕这样一两个核心议题讨论。第二，必须坚持渐进的原则。中美在上述核心利益和重大关切上的分歧由来已久，有些矛盾甚至是无法解决的。比如，美国不可能不搞“价值观外交”，这是美国的国家特性之一。中国崛起带来的国际和地区制度的改革也不可能对美方地位完全没有影响。期待一方单方面做出重大让步满足对方要求是不现实的。中美可以考虑建立“信任对表”机制——双方首先形成各自的重大关切“短清单”，随后通过频繁的二轨甚至一轨的会晤“对表”。一方可以列举在本

中美如果不能在双方最关切的核心问题上求得互信，宏观战略稳定框架就无从构建。

1《习近平同俄罗斯总统普京举行会谈》，新华网，2013年3月22日，http://news.xinhuanet.com/world/2013-03/22/c_124493917.htm，2015年5月4日登录。

2 Stephen Hadley and Paul Haenle, “The Catch-22 in U.S.-Chinese Relations: The Future of Bilateral Ties,” Foreign Affairs, February 22, 2015, http://www.foreignaffairs.com/articles/143167/stephen-hadley-and-paul-haenle/the-catch-22-in-us-chinese-relations, 2015-05-04.

方眼中，对方近期做了哪些破坏本方核心利益的言行，同时列举本方近期为照顾对方核心利益所做的努力。双方对表后，找出哪些是误解，哪些是可以解决的矛盾，哪些是不能解决的矛盾。除澄清误解、解决问题外，要鼓励对方在不能解决的矛盾方面采取克制态度。到下一次“对表”时，看对方是否采取了克制态度。如是，本方应给与积极回报；如继续推进违反本方核心利益的行为，可采取强度相近的报复措施。通过频繁的奖励克制、惩罚失信，双方逐渐积累互信。

二是在军事安全领域“谋求军事战略稳定”。中美在核、网络、太空等关键战略领域需实现有效的战略稳定。双方都能对另一方维持有效的战略威慑，同时都承认本国在安全方面存在一定的脆弱性。中美在核领域目前已有非对称的相互威慑能力。随着技术发展，战略稳定还需要扩展到其他场域，以确保中美两国均既无意愿、也无能力对抗。首先，由于美国军事实力仍比中国强大得多，谋求中美军事战略稳定要依靠中国军力的发展。没有足够实力就无法谋求稳定。其次，中国仍是发展中国家，在军事现代化方面应追求有限、非对称、有效的战略威慑，而不是与美国在武器系统的数量和质量上的绝对平衡。最后，在中美军力迅速发展的背景下，两国需要通过建立一系列相互信任措施（CBMs）和危机规避、管控措施。2014年中美签署的“两个互信机制”谅解备忘录是一个良好开端。未来“重大军事行动相互通报信任机制”还需进一步深化内容、扩展范围；“海空相遇安全行为准则”则需完成空中相遇规则的制定，并适时考虑专属经济区内的行为准则问题。

三是在国际制度领域“双头引领合作”。中美分别是全球最大的发达国家和发展中国家，也是当前国际制度的重要受益者。中美需要在国际制度的建设、改革和维护上发挥“领头羊”作用。中美在2014年达成的关于气候变化的联合声明、就《信息技术协定》扩围谈判达成的共识，都是两国通过双边协调，引领国际多边制度建设的例子。中美在国际制度建设上展开合作，一方面是要改革、完善现有的国际制度框架，另一方面也可以帮助中美分别建立战略信心，即两国都是同一国际制度内的成员。美国需要通过合作让中国确信，国际制度能对包括美国在内的世界各国都起到约束作用，当前国际制度能确保中国有充分的发展和崛起空间；中国也需要通过合作让美方确信，中国并未试图在国际制度上“另起炉灶”。中美各自维持这些战略信念，对中美宏观战略稳定极为重要。当然，中美在国际制度建设上的合作均面临深刻挑战。中国在国际制度建设的人才储备、知识储备等方面与发达国家有较大差距，面临“有意愿、没能力”的软肋。美国作为世界头号强国，若愿意建立一个更具包容性、更公平的国际制度，就需要其做出一定的权力让渡与调整。“有能力、没意愿”是美方面临的主要问题。

* * *

需要看到，中美建立中长期宏观战略稳定框架的“时间窗口”并不是无限的。当前，中国政府和美国奥巴马政府都有意愿稳定中美关系，但2017年之后美国政治走势现在尚难判断。考虑到美国国内对华战略判断正趋于消极，其国内政治辩论对奥巴马政府各项现行政策的批判较多，未来美国对华战略的不确定性可能会进一步上升。而未来十几年内，中美综合实力对比将进一步接近，在客观上会加大两国走向“新冷战”的可能性。因此，中美两国需要抓住当前双方都有意愿保持中美关系稳定的“窗口期”，尽快澄清各自整体战略意图，初步构建起中美关系的中长期稳定框架。2015年9月习近平主席访美以及2016年奥巴马可能的访华行程都是进一步推动构建这一框架的机会。在此之后，中美两国可以力争在未来六至七年内形成比较完整的中长期宏观战略稳定框架。

专题：聚焦中美关系

大战略互动中的美中关系

[美] 埃德温 · 温克勒

内容提要：大战略是指一个国家如何将其目标、能力以及所处环境有机联系在一起的指导思想。美中两国对各自大战略的表述风格迥异，其内涵差异更大。美国的大战略形成于20世纪40年代，它的基本前提是维护美国在全球的领导地位。美国的战略传统包括五大原则，最重要的一条是阻止能成为美国对手的大国崛起。中国具有独特的战略特性，一直声明把和平发展作为大战略的主题，其大战略要捍卫的三大利益是政治安全、国家主权和自身的经济发展。根据美中两国大战略的互动可以判断，未来几十年的美中关系很可能是其路艰难，重大机遇与重大问题并存。

关键词：大战略　美中关系　竞争性大国　核心利益

导言　战略对比与影响评估

在讨论美中关系时，人们往往喜欢直接从双边关系开始谈起：介绍两国关系的历史与现状，或者谈谈双边关系中的独特模式与重大问题。然而，美中关系在更广阔的舞台上围绕更宏大的目标也存在互动，这一点在表述两国的全球“大战略”（grand strategy）时体现得尤为明显。基于大战略考虑，美中双边关系将走

1 [美] 埃德温 · 温克勒（Edwin A. Winckler）哥伦比亚大学魏德海东亚研究所（Weatherhead East Asian Institute, Columbia University）高级研究员，长期从事中国政治研究。

向何方？[1]

本文将对两国的大战略进行对比，随后评估这些战略对双边关系的影响。正文的第一部分将指出美国与中国的一些基本战略特性。第二部分概述美国的全球战略及其对中国的影响。第三部分概述中国的基本战略并讨论其对美国可能产生的影响。结论部分将指出：有必要进一步改善和扩展既有分析。

当然，在不考虑相关情境的情况下，简单描述一些全球战略的原则，并据此引申出对实际关系的暗示，这种做法过于简化。需要考虑的情境不仅包括两国所处的地区与世界环境，还包括两国的国内政治与经济，乃至国家决策程序本身。幸运的是，已经有相当丰富的中英文文献将美中关系置于上述各种驱动力下进行讨论。然而，讨论两国大战略间互动的文献则相对较少。[2]

自始至终，"大战略"指的是一个国家如何将其目标、能力以及所处环境有机联系在一起的指导思想。从20世纪40年代开始，美国就已经确立了自己的全球大战略：维持在美洲的主导地位，同时避免其他大国主导西欧或东亚。自1949年开始，中华人民共和国的国家战略主要聚焦于地区层面，关注国家自身以及近邻：维持国家政权稳定，保护国家领土完整，同时寻求经济发展。[3]

在地区层面，目前美国和中国都在调整各自的亚洲战略，二者交汇于一片广袤的地区，该地区横跨欧亚大陆，同时涵盖印度洋和太平洋。其他亚洲国家选择在与中国的经济关系和与美国的安全关系间进行"对冲"。美国仍未能使其"美国领导者"的全球战略充分适应于亚洲当前独特的地区生态：亚洲国家即使想要美国的军事保护，仍不想全然接受美国的领导。而中国则尚未找到一个两全其美的方法，可以在该地区"崛起"的同时而不使其邻国因恐惧缔结对抗性联盟，包

1 作为背景阅读，关于美中关系，参见 David M. Lampton, *Same Bed, Different Dreams*, Berkeley CA: University of California Press, 2001; Aaron L. Friedberg, *A Contest for Supremacy*, New York NY: Norton, 2011; James Steinberg and Michael O' Hanlon, *Strategic Reassurance and Resolve*, Princeton NJ: Princeton University Press, 2014。关于美国政策，参见 Jeffrey A. Bader, *Obama and China's rise*, Washington DC: Brookings Institution Press, 2012。关于中国政策，参见 Susan Shirk, *China: Fragile Superpower*, New York NY: Oxford University Press, 2007/2015; David M. Lampton, *The Three Faces of Chinese Power*, Berkeley CA: University of California Press, 2008。关于战略，参见 Avery Goldstein, *Rising to the Challenge*, Stanford CA: Stanford University Press, 2005; Edward Luttwak, *The Rise of China vs. the Logic of Strategy*, Cambridge MA: The Belknap Press of Harvard University Press, 2012。为避免重复，其他的杰出研究直接在下文中引用，不再一一列举。

2 关于驱动力的研究，参见 David Shambaugh, ed., *Tangled Titans*, Lanham MD: Rowman & Littlefield, 2013。

3 关于美国战略，参加Hal Brands, *What Good is Grand Strategy*? Ithaca NY: Cornell University Press, 2014。关于中国的全球化，参见 David L. Shambaugh, *China Goes Global*, New York NY: Oxford University Press, 2013。

括与美国结盟。[1]

在双边层面情况亦然，当前美中两国都正在调整应对彼此的战略。一些分析人士指出，两国都尚未形成清晰的战略。这种情况十分危险，因为它们既不知道对方可能如何行事，甚至也不清楚自己当如何行事。从20世纪70年代开始，美国在与中国接触时就没有充分贯彻其全球战略：美国并没有阻止潜在对手的崛起，而是选择帮助中国发展经济。未来，当中国已经能成为一个"战略竞争者"时，美国对华政策将更为贴近其全球大战略。[2]

描述一国大战略时，多数人会关注政治领导人的公开声明，或者关注国际关系方面的学者分析。本文将尽可能的援引外交政策操持者实际使用的表述。这些外交实务的表述比政治人物的辩论少了一些党派色彩，同时也不像学者的分析那样充满理论性。

因此，在描述美国后冷战时期大战略时，笔者会从2012年范彼得（Peter Feaver）写的一篇概要开始。范彼得是一位受人尊敬的美国学者，参与了克林顿政府和布什政府的决策。而关于中国近年来的大战略，我们则从王缉思2011年的一篇文章入手。王缉思是一位杰出的中国学者，并与中国的决策者保持着紧密的联系。随后，我们会讨论双方到2014年为止战略的延续性与变化，着重强调奥巴马政府和习近平领导的中国政府所面对的困难和进行的调整。[3]

一、美国与中国的战略特性

关于美国和中国的战略特性，本文首先对两国的国家特性进行分别讨论，然后再进行相互比较。最后，将指出两国在表述战略与关系时的差异。[4]

---

1 Van Jackson, "Local Flavor: What Asia's Hedging Trend Tells Us about Asia, and Strategy," January 5, 2015, www.warontherocks.com/2015/01/local-flavor-what-asias-hedging-trend-tells-us-about-asia-and-strategy/, 2015-03-20; Ellen L. Frost, *Rival Regionalisms and Regional Order*, Seattle WA: National Bureau of Asian Research, February 10, 2015, nbr.org.

2 Christopher Ford, "Ending the Strategic Holiday," *Asia Policy*, Vol. 18, July 2014, pp. 181-189, www.nbr.org/publications/element.aspx?id=753,2015-03-20；也可见 Christopher Ford, "The Death of the 'Liberal Myth' in U.S. China Policy," November 20, 2014, www.newparadigmsforum.com/NPFtestsite/?p=1896, 2015-03-20。关于美国战略调整的中文分析，可见许嘉、陈志瑞编：《取舍：美国战略调整与霸权护持》，北京：社会科学出版社，2014年版。

3 美国方面，参见 Peter Feaver, "American Grand Strategy at the Crossroads," in Richard Fontaine and Kristin M. Lord, eds., *America's Path,* Washington DC: Center for a New American Security, 2012, pp. 57-70。中国方面，参见 Wang Jisi, "China's Search for a Grand Strategy," *Foreign Affairs*, Vol. 90, No. 2, March-April 2011, pp. 68-79。

4 许多特性在下书中被提到：Andrew J. Nathan and Andrew Scobell, *China's Search for Security*, New York NY: Columbia University Press, 2012。

（一）国家特性

就其本身来看，美国展现出与众不同的战略特性。

从1820年代开始，美国就已经成为美洲独一无二的地区性大国。

从1940年代开始，美国成为主要的全球性大国，且有许多盟友。

从1940年代开始，美国已经形成相当清晰的全球大战略。

从1940年代开始，美国对某些海外地区缺乏清晰的战略。

在21世纪第二个十年间，美国开始调整其在印度洋—太平洋地区和欧亚大陆的地区性战略。

中国同样具有独特的战略特性。

中国一直是一个地区性大国，区域性对手环伺，却缺乏盟友。

中国尚未成为全球性大国，缺少海外盟友。

中国仍将地区性战略视为重中之重。

然而，从2000年左右开始，中国逐渐开始“走向全球”。

在21世纪第二个十年间，中国开始逐步调整其在地区和全球舞台上的步伐。

美中两国都存在一些令人遗憾的战略特性。两国都认为他们是“特别的”：比其他国家更重要，且道德上更优越。同时，两国对于自己的真实国家认同都存在一些冲突性的观点。这些内在的冲突极大地影响了双方对彼此的看法，结果是无法实事求是地评估对方。美中两国在某种程度上都有些不透明和自以为是，且固守自己真正的核心目标决不妥协。美中对于自身对别国（无论大小）的影响力都缺乏足够的敏感性。这些缺陷并不怎么令人惊讶，因为几乎所有的人类群体，尤其是大国，都有这些问题。[1]

（二）共同特性

对于美中两国来说，近年来国内主要的战略争论都围绕这样一个问题展开：在追求当前核心目标的道路上应该选择进取还是收缩（Do More or Do Less）的战略。从总体态势上看，美国正在从进取向收缩转移，而中国正在从收缩向进取过渡。这一变化并不意味着美国正在衰退而中国正在崛起，毋宁说这不过是两国都在努力调整本国战略使其更为有效。在两国国内，关于进取还是收缩的争论正逐渐演变为是否应当改变大战略的

从总体态势上看，美国正在从进取向收缩转移，而中国正在从收缩向进取过渡。

1 关于对美国战略的批评，可见Andrew J. Bacevich, *The Limits of Power*, New York NY: Holt, 2009; Richard K. Betts, *American Force,* New York NY: Council on Foreign Relations, 2011。关于对中国战略的批评，参见David L. Shambaugh, “Coping with a Conflicted China,” *The Washington Quarterly*, Vol. 34, No. 1, Winter 2011, pp.1-27; Christopher A. Ford, *China Looks at the West*, Louisville KY: The University Press of Kentucky, 2015。

讨论。[1]

在美国，主张进取战略的一派（主要是共和党人）认为需要用积极的对外政策维持美国的安全。主张收缩的一派（主要是民主党人）则认为过于积极的外交政策在国外和国内都会带来适得其反的效果。在中国，争论的焦点在于究竟应该“韬光养晦”推动经济发展，还是应该利用中国日益增长的经济资源“奋发有为”。[2]

大多数关于大战略的讨论假定其考虑的主要是外部的战略问题：一国应如何应对看起来客观的外部环境。然而，对美中两国来说，大战略同样要解决内部战略问题：掌权的政治精英如何能够维持大众支持。在国家层面，不论国内国外，大战略同样反映出精英势力之间的竞争以及精英决策进程本身的能动性。[3]

不论在美国还是中国，上述各个层面的问题都愈来愈复杂，且三个层面有相互交叉融合的趋势。为了应对这一局面，美中两国都各自加强了国内的政策协调。然而，双方仍呈现出多重政策倾向，例如在美国，政界和军界之间以及两党之间的政策差异。两国领导人对彼此国内存在的决策问题均有所了解，但相较而言，美国的决策过程比中国的更为透明。[4]

在讨论美中关系时，往往会强调两国相对权力的变化以及彼此带给对方的威胁，这是可以理解的。但是有必要指出的是，从根本上说，美中关系不需要这么困难。美中两国本土相距甚远，很难给对方的生存带来致命威胁，它们的核立场也不倾向于这么做。美中经济在很大程度上是互补的，且经济上的竞争保持在正常范围内。尽管官方意识形态上存在差异，但是两国人民对对方国家的社会和文化均有好感。[5]

当然，两国的利益分歧也在不断增加。事实证明，诸如台湾和贸易这样的老问题比较好处理，而像中国的海洋诉求等其他常规性问题就较难解决。某些涉及

1 关于美国的战略调整，参见 Peter Feaver, ed., *Strategic Retrenchment and Renewal in the American Experience*, Carlisle PA: Strategic Studies Institute, US Army War College, 2014。关于中国的战略调整，参见 Chen Dingding and Wang Jianwei , “Lying Low No More?” *China: An International Journal*, Vol. 9, No. 2, September 2011, pp. 195-216。

2 关于美国的收缩战略，参见 Barry Posen, *Restraint,* Ithaca NY: Cornell University Press, 2014。关于中国的进取战略，参见 Yan Xuetong, “From Keeping a Low Profile to Striving for Achievement,” *Chinese Journal of International Politics*, Vol. 7, No. 2, Summer 2014, pp. 153-184。

3 Peter Trubowitz, *Politics and Strategy*, Princeton NJ: Princeton University Press, 2011.

4 关于美国的对外政策决策，参见 Gabriel Marcella, ed., *Affairs of State,* Carlisle PA: Strategic Studies Institute, US Army War College, 2007/2014。关于中方，参见 Johannes Feige, “How Well Does China Control its Military?” November 14, 2014, www.thediplomat.com/2014/11/how-well-does-china-control-its-military/, 2015-03-20。

5 但是两国的核关系可能恶化，参见 Ellbridge Colby, “Welcome to China and America’s Nuclear Nightmare,” December 19, 2014,www.nationalinterest.org/feature/welcome-china-americas-nuclear-nightmare-11891,2015-03-20。

非传统性威胁的问题，如核、太空、网络等问题也不易处理。[1]

然而，两国的共同利益也在增加：诸如维持全球经济增长，应对全球气候变化，甚至为海洋安全制定相应的政策等。美中两国关系的进一步发展很可能是通过对于某些特殊问题的具体合作实现的，尤其是当这些重要的全球问题只有美中两国协作才能解决时。不幸的是，两国在表述问题以及推动磋商方式方面的差异阻碍了两国关系的发展。[2]

（三）不同的战略表述

美中两国在大战略表述上风格迥异，至少从公开表述方面看是如此。双方都会陈述主要原则，并界定主要利益。然而，美方在正式表述利益时更加务实，强调实际的目的与方法，较少意识形态铺陈。例如，对美国国防状况的阶段性审查或对新贸易协定的建议等。与之相反，中国在表述大战略时常以表明原则和界定关系开篇。在澄清国家利益时，往往措辞隐晦，缺乏细节阐述，这一点在国防计划上表现得尤为明显。两国在描述双边关系时同样存在差异。[3]

安全：美中两国都主张通过和平手段解决国际问题。但是美国更希望详细讨论特定的安全问题，而毫无疑问中国在某些问题上并不想这么做。

经济：美中两国都主张发展经济。但是双方都更偏爱自己主导的发展进程，如美国的跨太平洋伙伴关系协定（TPP），以及中国参与的区域全面经济伙伴关系（RCEP）。

意识形态：美中两国都持有强烈的理念。相较来看，中方喜欢宣告支配国家间关系的一般原则，而美方更偏好澄清针对具体问题的详细解决办法。

对于美中双方来说至关重要的问题在于：对方所宣称的战略是否只是一种蓄

---

1 关于双边关系的调查，参见 Susan V. Lawrence, *U.S.-China Relations*, Washington DC: Congressional Research Service, 2013。关于传统问题前景的稳定性，台湾问题参见 Richard C. Bush, *Uncharted Strait*, Washington DC: Brookings Institution Press, 2013。贸易问题参见 C. Fred Bergsten, Gary Clyde Hufbauer, and Sean Miner, *Bridging the Pacific*, Washington DC: Peterson Institute, 2014。关于传统问题中的不稳定因素，中日美关系，参见 Richard C. Bush, *The Perils of Proximity*, Washington DC: Brookings Institution Press, 2013。关于中国东海问题，参见 James Manicom, *Bridging Troubled Waters*, Washington DC: Georgetown University Press, 2014。关于中国南海问题，参见 Bill Hayton, *The South China Sea*, New Haven CN: Yale University Press, 2014。关于非传统的不稳定问题，参见 David C. Gompert and Philip C. Saunders, *The Paradox of Power*, Create Space Independent Publishing Platform, 2012; Robert Haddick, *Fire on the Water*, Annapolis MD: Naval Institute Press, 2014。

2 关于原则与利益，参见 Thomas J. Christensen, *The Need to Pursue Mutual Interests in U.S.-PRC Relations*, Washington DC: United States Institute of Peace, 2011; Richard H. Solomon, *Chinese Negotiating Behavior*, Washington DC: United States Institute of Peace Press, 1999; Stephen Hadley and Paul Haenle, "The catch-22 in U.S.-Chinese Relations," 22 February, 2015,www.foreignaffairs.com/articles/143167/stephen-hadley-and-paul-haenle/the-catch-22-in-us-chinese-relations,2015-03-20。

3 关于美中对话，参见 Nina Hachigian, ed., *Debating China*, New York NY: Oxford University Press, 2014。

意的战略欺骗（“战略猜疑”）。历史上，美国很少进行战略欺骗，因此当一些中方分析人士认为美国当前的对华战略具有欺骗性时，大多数美国专家感到十分沮丧。而历史上，中国的战略理论十分推崇迷惑对手这一战略手段，尤其是处于敌强我弱的情况下。近来，一些美国分析家指出，从20世纪70年代起中国的大战略就开始迷惑美国，使其相信中国仍处于落后、需要援助的状态，并将在未来继续保持和平态势，直到中国发展到足够强大，可以坚持自己的主张。[1]

对于美中双方来说至关重要的问题在于：对方所宣称的战略是否只是一种蓄意的战略欺骗（“战略猜疑”）。

二、美国的大战略与中国的反应

这一节主要讨论美国的大战略、中国的反应以及其对美中关系的启示。引言部分将概述从20世纪40年代开始美国的全球战略。随后的部分首先将陈述冷战结束以来美国的大战略信条，然后讨论近几任政府贯彻大战略信条的延续性与变化，最后将指出当前美国战略所面对的主要困难。

引　言

美国的领导地位是现代美国大战略的基本前提：美国必须在全球保持绝对的优势地位，尤其是在世界的几个主要地区。这对美国来说不难实现，因为在其本土所在地区（首先是北美，其次也包括南美地区）不存在势均力敌的对手。因此，美国可以将其注意力延伸到世界上的其他主要地区，主要是西欧和东亚。原则上，美国可以选择简单地阻止任何潜在对手成为这些地区的霸主（“离岸制衡”），也可以尝试自己主导这些地区（“域外霸权”）。[2]

美国的领导地位是现代美国大战略的基本前提：美国必须在全球保持绝对的优势地位，尤其是在世界的几个主要地区。

事实上，一些非主流的批评者认为，第二次世界大战的爆发就已经在警告美国不要仅仅寻求战后全球优势地位，而是要努力成为“域外霸权”，只有如此才能从根本上避免美洲以外的地区重新产生威胁美国安全的力量。因此，美国领导地位的战略前提要先于苏联的威胁产生，更不必说来自中国的威胁了。根据这种非主流观点，二战之初萌发的基本前提持续的塑造着此后的美国战略，既包括冷战时期，也涵盖当今的美中关系。一些非主流批评者敦促美国应该以如下方式适

1 关于降低战略猜疑，参见Kenneth G. Lieberthal and Jisi Wang, *Addressing U.S.-China Strategic Distrust*, Washington DC: The Brookings Institution, 2012。关于战略猜疑日渐上升，参见Michael Pillsbury, *The Hundred-Year Marathon,* New York NY: Henry Holt, 2015。

2 关于1940年以来的美国大战略，参见Christopher Layne, *The Peace of Illusions*, Ithaca NY: Cornell University Press, 2006。

应中国的崛起：在亚太地区由“域外”霸权战略向离岸制衡战略收缩。但是即便是离岸制衡也仍要预防中国主导亚洲。[1]

关于当今美国战略的主流阐释开始于冷战时期，当时美国秉持“遏制”苏联的总体大战略，且最后取得了胜利。积极的遏制战略阻碍了苏联的发展，不只是军事领域的发展，同时还包括经济层面（“预防性”遏制）。然而，遏制战略是复杂的。几种相抗衡的政策趋势竞争不断：传统的孤立主义、新兴的遏制政策以及所谓的“抵消”苏联权力。不同的政策因时而异、因地而异，各占上风。非主流的分析家强调美国始终比苏联更为强大，与主流的“两极说”观点相左。[2]

苏美之间的历史对未来的中美关系至关重要。许多中国人感觉美国正在从军事上和经济上“遏制”中国。美国对此的回应是，从20世纪70年代开始，美国就没有用冷战经典意义上的“预防”政策来遏制中国。美国实际上一直在促进中国发展经济和参与国际社会。如果有所谓的“遏制”中国崛起的努力，那不过是试图促使中国融入现有的国际规则（practices），尤其是经济领域的规则（“包容性”遏制）。[3]

在地缘政治领域，美国国内再一次产生了政策倾向之间的争论。右翼人士开始后悔美国曾帮助中国“崛起”，同时建议美国采取其他措施保护自己应对中国崛起。立场中立的主流安全分析家能够接受中国的崛起，但是认为美国应保留其当前在亚洲的军事存在以“劝阻”中国从事任何军事冒险行为。只有一少部分左翼人士认为应允许中国逐渐主导其周边地区。[4]

关于冷战后美国的全球战略，一些专家认为并不存在这样一个战略，或者至少说这一战略未能取得成功。本文认为美国确实已有一个总体上的大战略，即维持美国的领导地位。而且，总的来说，至少到现在为止，这一战略在军事、经济和意识形态领域维持美国的全球优势方面还是相当成功的。然而，与非主流的批评观点相适应，本文补充认为美国全球领导地位的大战略“遗产”在某些方面适得其反。因为它使得美国的盟友过于依赖美国的权力（肆意“跟庄”），另一方面还促使其他国家试图对抗美国的权力（软“制衡”）。[5]

美国两党和大多数分析家认为，美国战略传统取得的成功多于其副作用。只有一小部分非主流人士——左右翼均有——持相反观点，因而认为美国应该转而

1 关于美国为何要接受中国的崛起，参见 Donald Gross, *The China Fallacy,* London UK: Bloomsbury, 2012。

2 John Lewis Gaddis, *Strategies of Containment*, New York, NY: Oxford University Press, 2005.

3 G. John Ikenberry, “The Rise of China, the United States, and the Future of the Liberal International Order,” in David Shambaugh, ed., *Tangled Titans*, Lanham MD: Rowman & Littlefield, 2013, 53-73.

4 关于美中安全动态，参见 Adam P. Liff and G. John Ikenberry, “Racing Toward Tragedy?” *International Security*, Vol. 39, No. 2, Fall 2014, pp. 52-91。

5 Peter Feaver, “8 Myths about American Grand Strategy,” November 23, 2011www.foreignpolicy.com/2011/11/23/8-myths-about-american-grand-strategy/, 2015-03-20.

采取相对来说不那么有诉求的大战略。迄今为止只有一小部分不属于共和、民主两党的政治人士开始考虑替代选项。对大众来说，许多美国人承认无法理解美国的全球领导地位战略是如何在具体案例中贯彻的。但是大多数美国人还是无法同意，或至少不愿承认，美国领导地位战略本身取得事与愿违的效果。美国人厌倦了在国外进行战争，但是他们仍希望当出现新问题时美国能做出有力的应对。[1]

（一）美国的战略传统

20世纪90年代初苏联解体后不久，时任布什政府和随后的克林顿政府就已开始构想后冷战时期的美国领导地位。其基本理念在于：既然美国已不再受苏联钳制，因此应该将其领导地位从“自由世界”向全球扩展，不仅涵盖军事领域，还应获得在经济领域和意识形态领域的领导权。到小布什政府末期时，美国的战略传统主要包含以下五条主要原则。每一条对美中关系都有一定的启示。[2]

（1）从长远来看，阻止**竞争性大国**（Rival Power）的崛起，诱使上升中的国家与美国合作，如果后者不配合则对其采取限制性措施。因为中国是美国当前最重要的潜在对手，如果中国拒绝与美国合作，或者试图对当前国际体系进行剧烈变革，那么这一原则将为美中关系带来巨大问题。

（2）从短期看，识别并应对**重大威胁**。其中大规模杀伤性武器是重大威胁来源之一，原本以核和化学武器的形式存在，现在网络空间和太空也被涵盖在内。而中国在后两个领域内发展迅速，因此这一战略原则的重要性日益显著。在防止大规模杀伤性武器扩散领域，美中两国在原则上能够达成共识，因而很可能得以在实践中解决分歧。

（3）通过**民主化**，使得世界上其他国家逐渐向美国靠拢。这一点不仅便于美国行事，同时理论上也能使其他国家受益。而**人权**则是作为民主化的附带原则存在。很显然，中国强烈抵制西方版本的“民主化”和“人权”概念。不过，美国已经不再积极推动中国的民主化进程。

（4）通过**市场化**，以美国为蓝本逐渐重塑世界。同样，理论上这一原则也有益于其他国家，能够带来繁荣。从大概20世纪80年代开始，美国就已运用这一原则对待中国，帮助后者发展经济。中国已经融入全球经济，并且对进一步的国际市场化表示欢迎。然而，中国要求改革（全球）治理，并推动建立新的国际机构。

（5）从2001年起，美国开始极力抵御**跨国恐怖主义**的威胁，尤其是伊斯兰

---

1 Pew Research Center, “As New Dangers Loom, More Think the U.S. Does ‘Too Little’ to Solve World Problems”,www.people-press.org/2014/08/28/as-new-dangers-loom-more-think-the-u-s-does-too-little-to-solve-world-problems/, August 28, 2014.

2 Peter Feaver, “American Grand Strategy at the Crossroads,” in Richard Fontaine and Kristin M. Lord. eds., *America's Path*, Washington DC: Center for a New American Security, 2012, pp. 57-70.

好战分子发起的恐怖主义。中国同样反对以部分穆斯林为代表的恐怖主义——尽管其威胁主要来自于新疆地区而非国外。一些人对中国国内维吾尔族可能受到的待遇表示担忧，但是美国无法阻止中国打击其所界定的恐怖主义。

显而易见，第一条原则——阻止竞争性大国的崛起——对美国最为重要，同时也会为美中关系带来最多问题。美国可以接纳新兴大国的崛起，前提是后者拥护和平繁荣的国际秩序，哪怕双方对这一秩序有不同的理解。但是，美国不会接纳一个挑战美国全球领导地位的新兴大国，也不会接受一个想要支配西欧或东亚的新兴力量。

从20世纪70年代开始，美国对华战略的基调一直是：鼓励中国发展经济和外交，同时通过维持在西太平洋的强大军事存在“劝阻”中国军队进行军事“冒险”。奥巴马政府上台之初强调对华的鼓励政策，但随后亦加重了“劝阻”的成分。下一任美国政府很可能进一步加强对华“劝阻”力度，尤其是如果共和党能够当选的话。[1]

（二）延续性与变化

战略进取与收缩的分析有助于分辨历任美国政府大战略的延续与变化。总体上看，政府的战略与当前两党的立场相符，共和党政府（小布什）倾向于进取，民主党政府（克林顿和奥巴马）倾向于收缩。

在1993—2001年克林顿政府任内，其收缩战略表现为在军事介入海外地区时，仅采用空中力量而不派遣地面部队。2001—2008年小布什执政期间战略上更为进取，小布什发动了阿富汗和伊拉克两场地面战争，尽管不论是从在海外动武角度看还是从获得国内支持的角度看，这两场战争均遭失败。2009—2014年奥巴马执政期间试图通过施加限制与削减开支从而实现战略收缩。可以说，奥巴马此举是为了减少美国领导地位带来的副作用。然而不幸的是，奥巴马的战略极简主义（strategic minimalism）同样未能在军事和大众支持度方面取得成功，至少从短期来看是如此。[2]

在2015—2016年间，共和党将促使奥巴马在叙利亚、伊拉克、也门、利比亚以及中国等特定地区采取更为进取的军事政策。但是很可能奥巴马会继续在军事上维持收缩态势，偏重采取更为长远的、地区性的外交手段。然而，收缩并不

---

1 关于美国将如何应对中国的讨论，参见Thomas J. Christensen, “Shaping the Choices of a Rising China,” *Washington Quarterly*, Vol. 32, No. 3, June 2009, pp. 89-104; Ashley Tellis, *Balancing Without Containment*, Washington DC: Carnegie Endowment for International Peace, 2014。

2 关于美国当前政策，参见Richard Weitz, “Obama Administration Reaffirms China Policy in Key Documents,” February 16, 2015,www.hudson.org/research/11047-obama-administration-reaffirms-china-policy-in-key-documents,2015-03-20;President of the United States, *National Security Strategy*, Washington DC: whitehouse.gov, 2015。

意味着无为。只不过是在战略实施过程中优先使用外交而非军事手段，动用空中力量而非地面部队，使用无人机而非有人驾驶的飞行器。同时，这也代表着加强经济外交，尤其是在印度洋—太平洋地区。[1]

通常认为，中国会乐见美国采取收缩战略而非进取战略。然而，事实上中国很可能更倾向于欢迎美国采取进取战略，如果这种战略会加速美国衰落的话。无论如何，不管美国采取何种战略，中国都会对美国的大多数做法进行强力抨击。总的来说，如果美国采取收缩态势，将更有助于美中关系的建设性发展，因为当美国战略上更为进取时往往会妨碍美中合作的进行。[2]

对于大战略原则的逐条分析同样有助于理解战略的延续性与变化。从延续方面看，冷战后的历届政府都努力应对潜在的**竞争性大国**，同时对包括**恐怖主义**在内的**即时威胁**采取有力回应。从变化方面看，克林顿政府试图增加两个新理念——应对**失败国家**以及促进**多边主义**——尽管这未能取得成功。后来的布什政府并未延续这两点理念，而奥巴马则做出如下调整。

部分基于防止出现**竞争性大国**的原则，奥巴马确立了**亚洲再平衡**这个次原则，尽管中国并不欢迎，但是共和党政府很可能会继续延续这一战略。

奥巴马不喜欢将**反恐**作为压倒性战略原则，但是恐怖主义在国外卷土重来迫使其不得不继续予以打击。此举延缓但并未阻止其亚洲再平衡战略，中国对此很难喜闻乐见。

除了在条件已经成熟的那些国家之外，奥巴马在推动**民主化**方面表现得比较低调。他很可能不希望将国际秩序限定于“民主”国家内部，因为这会将中国排除在外。

奥巴马追求实现全球**市场化**的努力受到了民主党人士的拖累，但是在2015—2016年间，共和党很可能对奥巴马亚洲再平衡战略的经济范畴——跨太平洋伙伴关系协定——表示支持。中国不欢迎这一协定，因为它被排除在协定之外。

奥巴马重申了克林顿有关**失败国家**的理念，并冠之以更普遍的失序之名，此举在中东地区尤为显著，在那里国家的失败已经超越了国界。中国不愿见到美国干涉中东，但同时它应该也不希望中东处于无序状态。

奥巴马延续了克林顿对**多边主义**的推崇，试图将大战略任务转嫁给其盟友（“推诿责任”）。中国对美国进一步奉行多边主义表示欢迎，但不希望此举会强化美国的盟友，尤其是日本。

在第二任期内，奥巴马试图将**阻止气候变化**确立为新的战略原则，如果共和

---

1 关于削减开支，参见Peter Trubowitz, *Politics and Strategy*, Princeton NJ: Princeton University Press, 2011, pp. 1-43。

2 关于对美国政策的五点强烈批评，参加《人民日报》（海外版），2014年11月25—29日文章。

党继任，很可能弃之不顾。中国赞成采取措施控制气候变化，但是希望这一工作更多的由发达国家来承担。

其他非传统关切，如确保能源安全以及公共卫生，很可能最终成为美国战略新的组成元素。想来中国应该不会反对，甚至给予支持。

（三）当前美国面对的困难

到2014年为止，奥巴马的战略遭遇到一系列困境。哈尔·布兰德斯（Hal Brands，范彼得在杜克大学的同事）对此进行了恰如其分的归纳。可以预测，中国对美国面临的这些困难将持欢迎态度。[1]

美国应该对外采取战略**克制**，但是这种审慎态度无法获得国内的政治支持。可想而知，不论是美国实施克制战略，还是其无法获得国内对使用武力的支持，中国都将对此表示欢迎。

美国必须平衡预算开支，但是财政**紧缩**会妨碍美国的领导地位。而中国当欣闻美国领导地位受到局限。

奥巴马的战略假定**欧洲**是安全的，但是俄罗斯近来表现出的强硬立场再一次引起美国人的注意。显然中国欣赏普京的坚定性，并欢迎他对美国发起挑战。

美国需要从**阿富汗和伊拉克**解脱出来，但是又不能留下当前的烂摊子一走了之。中国当然希望美国的资源因此而分散。美国则鼓励中国在阿富汗发挥建设性作用。

美国必须**缩减财政开支**（Retrench），但过度紧缩支出很可能会破坏稳定的国际局势。一般认为，中国欢迎美国减少财政赤字，但不希望此举带来严重的全球动荡。

上述任何一条困境本身都是一个难题，所有这些**难题**交织在一起足以带来**灾难**。中国应该乐见美国遇到某些**困难**，甚至是遭遇全盘的战略**灾难**。

小　结

对于未来美国的战略，中国所能期许的最好情况是，美国逐渐从“前沿存在”向某种增强版本的“离岸制衡”收缩。囿于美国资源的局限性，事实上这种转型很可能已经在进行中了。美国向离岸制衡方向收缩会使中国感到满意吗？很可能不会，因为美国的战略目标仍是维持其在地区以及全球的领导地位，而此举必然要阻止中国支配欧亚和印度洋—太平洋地区。此外，美国很可能仍将保留打击中国国内武器系统的能力，作为一旦发生军事冲突时美国保护其离岸军事设施

---

1 Hall Brands, “Breaking Down Obama’s Grand Strategy,” June 23, 2014,www.nationalinterest.org/feature/breaking-down-obamas-grand-strategy-10719, 2015-03-20.

的手段。[1]

三、中国的大战略与美国的反应

本章将概述中国的大战略，美国对此可能的反应以及其对美中关系的启示。引言部分将简要回顾1949年以来中国的战略演变。第一节首先将指出在其战略“传统”指导下，中国在20世纪90年代和21世纪头十年对于核心利益的表述。第二节将考察中国的战略在21世纪头十年的延续与变化。最后一节将指出中国当前战略中的若干难点。

引　言

如果说美国长期以其全球领导地位作为大战略主题，那么中国一直声明将和平发展作为其大战略主题。众所周知，从20世纪50年代中期开始，中国就不断强调“和平”原则的重要性。20世纪80年代和20世纪90年代，中国视和平为其发展的先决条件。进入21世纪后，随着国力不断强大，中国仍不断重申其发展是和平的。[2]

如果说美国长期以其全球领导地位作为大战略主题，那么中国一直声明将和平发展作为其大战略主题。

从1949年开始，中国先后采纳了一系列截然不同的大战略：起初是一边倒向苏联共同抗美，然后是独自抗衡美苏两方，接下来是联美抗苏，最后逐渐重申其独立自主的主张。近来，中国重新调整了国家战略，将注意力从大国向周边国家（尤其是东盟国家）和战略盟友（尤其是金砖国家）转移。[3]

因此在21世纪第二个十年间，中国积极倡议在交通物流与外交方面对亚欧大陆进行整合，明确中国在亚欧大陆的定位。这可以被看作是通过进取战略维护中国长远利益的举措。然而，量变（少做变为多做）会带来质变（从双边向地区，从西进向东进，以及从海洋向大陆转移），而质变会为中国此前宣布的战略目标与原则增加新的内涵。[4]

---

1 关于将亚洲看作一个地区的不同看法，参见 Steve Chan, *Looking for Balance*, Stanford CA: Stanford University Press, 2013。

2 关于中国冷战后国家战略，参见 Jia Qingguo, “Learning to Live with the Hegemon,” *Journal of Contemporary China*, Vol. 14, No. 44, August 2005, pp. 395-407; Barry Buzan, “The Logic and Contradictions of ‘Peaceful Rise/Development’ as China’s Grand Strategy,” *Chinese Journal of International Politics*, Vol. 7, No. 4,Winter 2014, pp. 381-420。

3 参见 Robert G. Sutter, *Foreign Relations of the PRC*, Lanham MD: Rowman & Littlefield, 2013。

4 关于中国战略向欧亚大陆转移，参见王缉思：《西进》，《环球时报》，2012年10月17日；Yun Sun, “March West: China’s Response to the U.S. Rebalancing,” January 31, 2013www.brookings.edu/blogs/up-front/posts/2013/01/31-china-us-sun,2015-03-20。

（一）中国的战略传统

和美国的战略一样，中国的战略也包括几点主要原则。21世纪头十年，中国宣布必须维护（safeguard）三类国家利益：[1]

政权安全（尤其是防止外国颠覆）。从1917年开始，这一点就是置身于资本主义世界之中的共产党政权的主要关切。不过，美国现在不再积极试图颠覆中华人民共和国，当其民主化战略遭遇中国共产党政权时，美国在很大程度上表现得比较克制。

对外主权（防止外来侵犯）。这是所有国家的共同关切，对于那些曾经遭受过外来侵略的国家来说尤甚。然而，美国无意侵犯中国。台湾问题不过是美国沿袭始于冷战时期的领导者责任的遗留产物。

内部发展（要通过外部稳定来实现）。从20世纪70年代开始，发展就成为中国的重要目标，美国通过贯彻其市场化战略积极予以帮助。目前，中国对国家间的自由市场表示欢迎，但是想通过其自己的贸易集团实现这一目标。

关于上述三方面利益，2006年的中共中央第一次外事工作会议和2014年第二次外事工作会议上均有正式表述。毫无疑问，这些是中国大战略的重要原则。遗憾的是，囿于措辞隐晦，很难清楚理解这些利益的具体内涵。尤其是无法分辨哪些利益是核心利益，因而无转寰余地。[2]

在公开场合，中国最为强调对外主权，而其中台湾、西藏和新疆又是重中之重。很明显这意味着，尽管常强调和平解决争端，但是中国保留在上述核心利益受到严重威胁时使用武力捍卫这些利益的权利。而在私下场合，可以推测中国共产党更为关注维持其自身的统治，在国家主权和经济发展方面的良好表现都是更好地为了这一目标服务。显而易见的是，不论中国是否将其列为“核心”利益，在政权安全和经济发展方面都不会做出让步。

在原则上与实践中，美国都力图使中国在上述各核心利益领域感到安心。以上几点中，只有政权安全原则与美国的民主化原则存在抵触。但是，实际上奥巴马政府并未试图推动中国的民主化或者挑战中国共产党政权的合法性。奥巴马也一再强调，美国将持续支持中国的经济发展。在主权问题上，奥巴马公开重申其在2014年11月与习近平在北京进行的谈话：美国承认台湾是“一个中国”（One

---

1 Wang Jisi, “China’s Search for a Grand Strategy,” *Foreign Affairs,* Vol. 90, No. 2,March-April 2011, pp. 68-79.

2 关于新华社对于2006年胡锦涛讲话的报道，参见“中央外事工作会议在京举行 胡锦涛作重要讲话”，2006年8月23日，新华网。关于2006年会议的分析，参见 Bonnie Glaser, “Ensuring the ‘Go Abroad’ Policy Serves China’s Domestic Priorities,” *China Brief,* Vol. 7, No. 5, May 9, 2007,www.jamestown.org/single/?no_cache=1&tx_ttnews%5Btt_news%5D=4038#.VPdjA_nF9WU,2015-03-20。关于之后2014年的会议，参见 Timothy Heath, “China Overhauls Diplomacy to Consolidate Regional Leadership, Outline Strategy for Superpower Ascent,” *China Brief* , Vol. 14, No. 24, December 2014, www.jamestown.org/programs/chinabrief/single/?tx_ttnews%5Btt_news%5D=43216&cHash=60479b6085735414b7361aaae5d32287#.VPdjc_nF9WU, 2015-03-20。

China）的组成部分，西藏（更不用说新疆）是中华人民共和国的一部分。[1]

然而，中国的"核心利益"概念为美中关系带来一些问题。首先，美国担心随着中国实力的上升，中国会正式将其他特定利益界定为"核心"利益（如中国东海和南海的岛屿归属）。其次，美国无法接受中国将所有核心利益都视为不可谈判、没有转寰余地的议题。最后，对于中国提出的"尊重"中国的核心利益是发展中美"新型大国关系"的前提，美国表示很难接受。因此，美国已经不再使用这一中国的表述方式。[2]

（二）延续性与变化

从20世纪70年代以来，中国的战略一直处于变动之中，对美国的依赖度呈现先增加后下降的趋势。从整体上看，中国在后冷战时期大战略主要原则的累进性令人印象深刻。中国大战略的发展并未因领导人的变更发生重大变化：胡锦涛时期逐渐向进取战略演进，而习近平继任后延续了这一战略。在胡锦涛和习近平时期，在进取和收缩之间都曾进行过调整。即便习近平时期表现出新一轮的积极性特征，但是其战略仍在很大程度上体现了数代领导集体的集体智慧，这表现为尊重前几任政府思想的表述和当前未被采纳的观点。[3]

习近平领导集体继承了邓小平时期的审慎，同时试图减少胡锦涛执政后期由于军事上的自信带来的生硬之感。然而，习近平继承并进一步强化了胡锦涛时期在外交领域的积极作为，这在与其他国家双边往来和参与重要多边会议方面表现得都很明显。此外，在思想体系上，相对于邓小平时期，习近平领导集体做出进一步超越，指出战略环境的变化要求采取更为积极主动的立场。中方是在2014年中央外事工作会议上提出这一新战略的。习近平的讲话概述了"新时期"——

1 Press Office, "Remarks by President Obama and President Xi Jinping in Joint Press Conference," November 12, 2014,http://www.whitehouse.gov/the-press-office/2014/11/12/remarks-president-obama-and-president-xi-jinping-joint-press-conference, 2015-03-20.

2 关于美国抵制中方的口号，参见 Andrew S. Erickson and Adam P. Liff, "Not-So-Empty-Talk," October 9, 2014,www.foreignaffairs.com/articles/142178/andrew-s-erickson-and-adam-p-liff/not-so-empty-talk,2015-03-20;Li Cheng and Lucy Xu, "Chinese Enthusiasm and American Cynicism over the "New Type of Great Power Relations," December 4, 2014, www.brookings.edu/research/opinions/2014/12/05-chinese-pessimism-american-cynicism-great-power-li-xu, 2015-03-20。关于中文分析文章，参见王缉思主编：《大国关系：中美分道扬镳，还是殊途同归？》，北京：中信出版社，2015年版。

3 关于变化，参见 David M. Finkelstein, "Commentary on China's External Grand Strategy," 38th Taiwan-U.S. Conference on Contemporary China, The Brookings Institution & National Chengchi University, July 14, 2009。关于延续性，参见 Alastair Iain Johnston, "How New and Assertive Is China's New Assertiveness?" *International Security*, Vol.37, No. 4, Spring 2013, pp. 7-48; M. Taylor Fravel and Alastair Iain Johnston, "Chinese Signaling in the East China Sea?" April 12, 2014, www.washingtonpost.com/blogs/monkey-cage/wp/2014/04/12/chinese-signaling-in-the-east-china-sea/, 2015-03-20; Alastair Iain Johnston, "Anti-foreigner propaganda is not spiking in China," December 2, 2014, www.washingtonpost.com/blogs/monkey-cage/wp/2014/12/02/anti-foreigner-propaganda-is-not-spiking-in-china/,2015-03-20。

很可能是习近平接下来执政时期——中国对外政策的指导思想。[1]

根据新华社摘要，习近平的讲话首先指出和平发展和民族复兴的总体目标。然后回顾了当前中国外交成就，包括新兴大国关系以及与周边邻国关系的进一步改善。讲话还简述了国际关系的复杂性，比较短期困难与长远的积极发展趋势。讲话随后界定了中国作为一个大国，其外交的主要特征与目标。从整体而言，这次会议既体现了更为自信的外交政策理念，同时也重申继续保持审慎的必要性。[2]

（三）当前中国面临的困难

当前中国的新战略不再像以往那样强调大国关系的重要性，这有助于避免与美国发生**直接**冲突。中国的新战略（这个战略早在2013年的一次会议上就已经初露端倪）强调要重视与周边亚洲国家以及新兴国家伙伴的关系，此举会加剧与美国之间的**间接**竞争。由这一战略激发的中国外交在2014年的活跃表现取得了巨大的成功。然而，中国当前的大战略仍蕴含了一些内在问题。这里将根据不同层面、领域和时期一一进行列举（王缉思教授在其2011年发表于《外交事务》期刊上的一篇文章中就已指出其中重要的几点）。[3]

在不同**结构层面**，中国对外主权、政权安全和内部发展三方面目标可能存在相互冲突，因而中国无法形成单一的总体大战略。维持民众对政权的拥护要求维持经济发展，但是发展需要更进一步融入国际秩序，而这反过来会对政权稳定带来威胁。同样，为了维持大众的支持，政权必须在对外主权方面采取民族主义姿态，这也会影响到内部发展。

在不同层面**内部**也各自存在困难。从跨国层面来看，尽管外交上频频主动出击，中国的对外目标始终面临战略猜疑和外部抵制，其中尤以美国为甚。从国家层面来看，尽管已经加大力度强化组织与进程，中国外交政策的协调性仍有待提高，这使美国感到忧虑。从次国家层面，政治精英对大众民族主义感到担心，而媒体仍在不断地进行煽动——尽管更多的是针对日本而非美国。

从不同的**功能领域**来看，安全有时会妨碍经济发展（限制交流）并损害认同（损害“软实力”）。在安全领域，中国正试图构建区域联盟，但是其所提出的“共同、综合、合作、可持续”的安全观内涵尚待进一步明确。在经济领域，中国与新兴的金砖国家也存在一些冲突，但是后者正是其想联合起来共同抗衡发达西方

---

1 国务院新闻办公室编：《解读中国外交新理念》，北京：五洲传播出版社，2014年版；宫力、王红续：《新时期中国外交战略》，北京：中共中央党校出版社，2014年版。

2 参见“习近平出席中央外事工作会议并发表重要讲话”，新华网，2014年11月29日，“Xi Jinping Attends Central Foreign Affairs Work Conference, Delivers Important Address”, xinhuanet.com, November 30, 2014。

3 关于2013年周边工作会议，参见Bonnie Glaser and Deep Pal, “China's Periphery Diplomacy Initiative,” csis.org [Center for Strategic and International Studies] , November, 7, 2013。

世界的对象。在意识形态领域，中国不断突显其官方国家理念，但是善治和创造性社会才是软实力最重要的力量源泉。

从**时间跨度**来看，中国在时机选择上面临重大挑战：何时在短期、中期和长远目标间转换。短期目标容易受到突发危机以及美国多变的国内政治的影响。在中期目标方面，习近平政府会努力维持"和平与发展"。用更长远的观点看问题，美中关系仍然处于过渡期，在未来几十年间无法保持稳定。

小　结

在全球范围内，许多关于美中关系的讨论都十分关注这样一个问题：中国究竟是一个愿意接受既有国际秩序的维持现状的国家，还是一个想要推翻这一秩序的修正主义国家？可以说，目前中国在两方面均有所体现。同时，中国也在试图寻找第三条道路：通过联合其他国家——尤其是金砖国家，在参与现有国际机制的同时建立其他的制度。这种间接竞争的方法可能会减少美中双边关系中的直接冲突。

在地区范围内，习近平政府调整了战略优先性，将重心由大国关系转向周边国家，这同样有助于避免美中双方的直接冲突。这种调整与中国对未来长期地缘政治趋势的判断相一致，这一趋势将使得亚洲逐渐成为全球政治的中心。对于美国而言，在整个亚洲范围内，中国的重心偏移很可能会带来风险，加剧间接竞争。

结论　改善和扩展分析

本文的主要分析论点在于：在处理美中关系时，需要对两国总体大战略进行简明扼要的对比，同时对这些表面上的战略多大程度上有助于理解美中互动进行评估。既有的中英文文献十分丰富，但是缺乏对两国大战略互动的精妙讨论。

本文仅仅勾勒出这一方法的大致框架，在至少三方面需要进一步的批评与完善。首先，需要对两国大战略进行进一步的对比。其次，需要进一步评估两国表述的战略对美中在双边、地区和全球舞台上实际互动的影响。最后，需要检验两国目前究竟是在简单地调整既有战略，还是正在向新战略转型。

对于每个国家来说，**提出**自己的全球大战略都是颇有裨益的，它可以促使该国明晰自身的诉求。国家可能会为本国的战略思考感到困惑，只有在具体实施中才能发现真正的战略。国家公布的大战略很可能无法具体地指导国家行为。或者说，有时国家所宣称的大战略只不过是形同虚设，意在战略欺骗。本文的着重点是大战略的目标，但是实现大战略的能力更值得关注。

对比美中两国的全球大战略有助于人们识别美中双边关系中潜在的利益交汇点和冲突点。

对比美中两国的全球大战略有助于人们识别美中双边关系中潜在的利益交汇点和冲突点。如果美中双方在处理双边关系时都致力于实现全部大战略目标，那么双边关系中的利益交汇和冲突点就都会十分明显。共同利益不可能自动地消弭冲突，因而双方需要继续积极地经营双边关系。

评估双方提出的战略对实际行为的影响可以发现：选择进取还是收缩战略是一个重要的变量——美中两国在追求更宏大目标的过程中，选择以何种方式和强度对待对方。在某种程度上，两国的政策活跃程度将同步变化。然而，需要进一步分析当中国日益进取时，美国要如何才能实现战略收缩，同时不以牺牲彼此的安全为代价。

追溯两国战略中的延续性与变化，有助于人们思考双方战略变化的程度与性质。美中两国仅仅只是在战略遗产（进取战略或收缩战略）的框架下从量上调整既有的大战略吗？还是说双方已经开始向截然不同的战略方向转型，实现质的变化？人们可以争论说，美中两国在以上两方面均有所体现。

美国对印度洋—太平洋地区的“再平衡”（调整）不可避免的涉及从“前沿存在”向“离岸制衡”（转型）收缩。中国试图前瞻性地塑造其战略环境（调整），不论成败与否，这都将反过来影响中国的区域和全球战略（转型）。

不论在何种情况下，将来美国很可能**不再**试图阻止中国经济乃至军事的进一步崛起。但是美国**将要**通过重整军备以及调动其亚洲盟友的方式抵消中国军事崛起的影响。中国很可能**不会**直接挑战美国在全球的领导地位。但是，中国**将会**间接且持续的试图削弱、改革、规避以及取代现有的以美国为中心的世界秩序。[1]

根据美中两国大战略的互动可以判断，未来几十年的美中关系很可能是其路艰难，重大机遇与重大问题并存。美中两国间可能会发生危机，但是鉴于双方都在测试并且了解对方的极限，危机还是有望可控的。两国爆发全面战争的可能性很低，因为这对双方来说都将是一场重大灾难。然而，也不能简单地认为双方绝不可能兵戎相见。这种可能性要求美中两国严肃地关注这个问题，以便努力避免战争。[2]

（年玥 译；徐彤武 校）

---

1 关于未来美中关系的不同观点，参见 Henry Kissinger, “The Future of U.S.-Chinese Relations,” *Foreign Affairs*, Vol. 91, No. 2, March-April 2012, pp. 44-55; Avery Goldstein, “China’s Real and Present Danger,” *Foreign Affairs*, Vol. 92, No. 5, September-October 2013, pp. 136-144; Amitai Etzioni, “Mutually Assured Restraint: A New Approach for United States-China Relations,” *Brown Journal of World Affairs*, Vol. 20, No. 11,Spring/Summer 2014, pp. 37-51; Chas Freeman, “China as a Great Power,” Remarks to China Renaissance Capital Investors, Macau, November 7, 2014; Christopher K. Johnston, Scott Kennedy, and Bonnie S. Glaser, “How to Pragmatically Respond to Greater Chinese Activism On the Global Stage,” February 13, 2015,www.csis.org/publication/thoughts-chairman-how-pragmatically-respond-greater-chinese-activism-global-stage,2015-03-20。

2 Christopher Coker, *The Improbable War*, New York NY: Oxford University Press, 2015.

专题：聚焦中美关系

中美关系与东亚秩序

王 栋

内容提要：作为崛起大国和守成大国，中美两国的互动将在很大程度上塑造未来东亚的战略图景。理解东亚秩序未来发展趋势的一个关键视角，便是观察中国对美国这一东亚秩序的主导大国采取何种战略。中国并没有将美国挤出东亚并建立由中国主导的东亚秩序的战略意图，事实上，中国只是在追求一种“对冲战略”，这一战略旨在减少战略风险，增加行动自由，使自身战略选项多元化，并塑造美国的战略偏好。中美必须相互包容、相互协商，学会在东亚分享权力与责任，继续对各自在东亚的角色进行再定义和磋商，以求增进互信，减少互疑，寻求共识，共同构建和平、稳定和繁荣的东亚秩序。

关键词：东亚秩序　中美关系　亚洲安全观

随着经济和军事实力的迅速增强，中国已经越来越对以美国为主导的东亚秩序构成挑战。作为崛起大国和守成大国，中美两国的互动将在很大程度上塑造未来东亚的战略图景。2008年国际金融危机之后，中国在外交上表现的所谓“咄咄逼人”和美国高调“重返亚太”使众多安全专家怀疑东亚是否开始滑向两极对抗。毫无疑问，理解东亚秩序未来发展趋势的一个关键视角，便是观察中国对美国这一东亚秩序的主导大国采取何种战略。中国是否企图将美国挤出东亚并建立中国主导的东亚秩序呢？而美国又是否会像许多中国学者分析的那样，致力于遏制中国呢？不同于很多西方学者对中国的指责，本文认为中国并没有将美国挤出东亚的战略意图，事实上，中国只是在追求一种旨在减少战略风险，增加行动自由，使自己的战略选项多元化，并塑造美国战略偏好的“对冲战略”(hedging

王栋　北京大学国际关系学院副教授，北京大学中美人文交流研究基地执行副主任。

strategy)。在本文中，笔者首先将对某些西方分析家认为中国正在实行“亚洲版门罗主义”的观点做出批评，而后笔者将解释为何中国在近年采取的外交行为属于对冲战略，最后是全文观点的总结。

一、中国的“门罗主义”？—— 西方分析家的误读

在一些西方分析家看来，2010年是中国外交变得更具“侵略性”的转折点。2010年3月，韩国“天安舰”事件引发中美紧张关系。中国就美国以美韩联合军演为名将航母部署在黄海海域提出强烈抗议，并指美国的航母部署严重危害了中国国家安全。之前，一些西方媒体不断报道炒作中国将南海列为“核心利益”。在此背景之下，美国著名政策分析家帕特里克·克罗宁（Patrick Cronin）声称：中国正在实践“亚洲版门罗主义”，这一行动危及航行自由。[1]

2010年9月18日，在中日存在争议的钓鱼岛海域附近，一艘中国渔船与日本海上保安厅船只发生碰撞，日本当局非法扣押了中国船长并试图对其进行审判。这一行为引发了中方的强烈反应。中国外交部对此提出强烈抗议并要求日方尽快放人并道歉。据外电报道，与此同时，中国开始通过限制出口日本的稀土资源对日实施经济“制裁”。[2] 中国在处理“撞船”事件时的外交反应和其他一些所谓“侵略性”行为引起英国《金融时报》编辑戴维·皮林（David Pilling）对中国的批评。皮林认为，中国正在像美国当年对拉美那样推行其“中国式门罗主义”，并企图将中国南海变成自己的“后院”。[3]

中国在亚洲实行“门罗主义”的说法在2010年后持续升温。在2012年美国海军战争学院的论坛上，一些美方学者把中国的“近海”政策与美国当年在加勒比海执行的门罗主义相提并论。[4] 2014年5月，习近平主席在亚洲相互协作与信任措施会议第四次峰会（以下简称“亚信峰会”）上提出的“亚洲安全观”再次使得部分西方学者惊呼：中国在亚洲追求中国式的“门罗主义”，试图将美国逐

1 Patrick Cronin and Paul Giarra, “China’s Dangerous Arrogance,” *The Diplomat,* July 23, 2010, http://thediplomat.com/2010/07/chinas-dangerous-arrogance/?allpages=yes,2015-05-01.

2 “Amid Tension, China Block Vital Export to Japan,” *The New York Times,* September 22, 2014, http://www.nytimes.com/2010/09/23/business/global/23rare.html?pagewanted=all, 2015-05-01.

3 David Pilling, “Time to be Wary of China’s New Swagger”, *The Financial Times*, September 30, 2010.

4 James Holmes, “China’s Monroe Doctrine,” *The Diplomat*, June 22, 2012, http://thediplomat.com/2012/06/chinas-monroe-doctrine/?allpages=yes,2015-05-01.

出东亚，并建立中国主导的东亚秩序。[1] 2014年8月，中国军方对正在海南省专属经济区海域进行抵近侦察的美军P-8反潜巡逻机进行拦截。这一事件也使得另一位美国学者断言：中国的战略意图正是要推行亚洲版的“门罗主义”。[2]

有关“中国式门罗主义”的说辞大量充斥于西方的媒体、博客和学术著作中，这些西方分析家指责中国在金融危机后变得咄咄逼人，亮出肌肉，欺侮弱小邻国，并企图将美国挤出东亚。然而，哈佛大学的著名中国问题专家江忆恩教授却令人信服地指出，有关中国外交转向“侵略性”的论调实际上高估了2010年后中国的外交变化，因而属于“对中国外交的一种误读”。[3]

笔者认为，所谓“中国式门罗主义”的提法并非基于对中国的真实意图和行为的准确理解。相当多的西方分析家未能从中国视角出发来考察问题，从而导致他们不断产生对中国对外行为的误读和误判。[4]

相当多的西方分析家未能从中国视角出发来考察问题，从而导致他们不断产生对中国对外行为的误读和误判。

以中国设立东海防空识别区为例。这个举措被一些西方学者用来证明中国寻求“亚洲版门罗主义”。从危机管控的层面看，防空识别区的建立之初，中国确实可以更好地与邻国和美国这样的利益相关方进行沟通，这种做法会有利于减少宣布建立防空识别区的突然性和邻国随之而来的负面反应。尽管如此，美国政策分析家还是不得不承认中国设立防空识别区的行为具有合法性，因为按照国际法，是否设立防空识别区属于主权国家的权利。可见，把中国设立防空识别区当作中国具有侵略性的案例，这是某些西方舆论和学者的一种刻意误导，这也很容易使人想起一句中国古话——“只许州官放火，不许百姓点灯”。在许多中国人看来，西方批评者的伪善面目昭然若揭：美国的日本占领军在中国东海建立第一个防空识别区时从未告知中国，在随后几次不断地扩大其防空识别区时，日本政府也从来没有与中国进行沟通。最近一次，日本于2010年再度单边性扩大其防空识别区，新的

1 Kor Kian Beng, “Don’t Bet on China’s ‘Asia for Asians Only’ Vision Yet,” *Strait Times*, May 30, 2014, http://www.straitstimes.com/news/opinion/eye-the-world/story/dont-bet-chinas-asia-asians-only-vision-yet-20140530,2015-05-01; Seiichiro Tagaki, “Xi Jinping’s New Asian Security Concept,” August 27, 2014, The Association of Japanese Institutes of Strategic Studies (AJISS)-Commentary, http://www2.jiia.or.jp/en_commentary/201408/27-1.html, 2015-05-01; Minxin Pei, “China’s Asia?” *Project Syndicate*, December 3, 2014, http://www.project-syndicate.org/commentary/asia-for-asians-political-rhetoric-by-minxin-pei-2014-12, 2015-05-01.

2 Peter Navarro, “China’s Real Goal: A ‘Monroe Doctrine’ in Asia,” *The National Interest*, September 2, 2014, http://nationalinterest.org/blog/the-buzz/chinas-real-goal-monroe-doctrine-asia-11179, 2015-05-01.

3 Alastair Iain Johnston, “How New and Assertive is China’s New Assertiveness?” *International Security*, Vol. 37. No. 4 (Spring 2013), pp. 7-48.

4 以下论述部分采用下列文章里面的观点：Dong Wang, “Assessing U.S.-China Relations: How We Should Not Misread China?” The Asan Forum, April 15, 2014, http://www.theasanforum.org/sino-us-relations-4/, 2015-05-01。

防空识别区外围侵入中国的专属经济区，距离中国东部浙江省沿海地区只有130公里。

中国历史性变革的一个重要标志就是这个国家正在迅速变成一个多元的(pluralist）社会，自然，在外交战略上也存在不同声音。正如某些美国学者强烈主张对中国采取遏制战略那样，某些激进的中国学者也同样主张“把美国从亚太挤出去”，但以上两种看法都不代表官方立场。在中国，主流学者和最高领导层的观点依然是冷静而节制的。

从更高层面看，我们应该对如下假设保持谨慎：中国的战略目标是削弱和挑战美国主导下的亚太秩序。这种关于崛起大国和守成大国间“零和博弈”的认识也许契合了现实主义的假设，然而，这种假设是很值得商榷的。而且，这种假设还可能助长中美两国出现“自我实现预言”（self-fulfilling prophecy）式的现实主义悲观论调。[1]

事实上，中国在亚洲并未推行“挤走美国”战略。中国在本质上追求的是一种“对冲战略”，这一战略旨在减少战略风险、增加行动自由、使自身战略选项多元化以及塑造美国偏好。

二、中国在东亚的对冲战略

冷战结束后，东亚国家的“对冲”行为明显增加。笔者在此把国际关系中的“对冲战略”定义为一种保险策略（insurance policy)。这种战略旨在减少国际体系不确定性带来的风险，增加国家的行动自由，使自身的战略选择多元化，并塑造对手的战略偏好和选择。对冲是包含接触、网住（enmeshment)、防范、牵制和制衡等合作性及竞争性的战略工具所组成的策略组合。“对冲战略”同时包含合作与竞争的因素。[2] 由于无法确定中国的战略意图，同时不愿意在中美之间选边站，越来越多的东亚国家试图在中美之间进行对冲，以期减少其因中国崛起所

1 以下论述部分采用下列文章里面的观点：Dong Wang, “Assessing U.S.-China Relations: How We Should Not Misread China?” The Asan Forum, April 15, 2014, http://www.theasanforum.org/sino-us-relations-4/, 2015-05-01。

2 国际关系文献中有关“对冲”战略的论述仍然较少。尽管越来越多的学者和决策者开始使用这个概念，但“对冲”依然缺乏一个严格的并获得广泛认同的定义。笔者在其他一些文章中曾尝试建构出一个试图回答以下问题的“对冲”理论：国家在何种情况下会选择对冲？国家会以何种形式以及多大的强度进行对冲？参见：Dong Wang, “The Promise and Perils of Hedging Strategy: A Preliminary Theoretical Framework,” paper presented at the first Annual Conference of Democracy and Peace in East Asia, September 16-18, 2011, Uppsala University, Sweden,pp.70-123。

带来的战略不确定性和潜在风险。[1]

中国与东盟

自20世纪90年代起，中国长期遵循由邓小平制定的“韬光养晦，有所作为”战略。2005年之前中国提出了“和平崛起”（后称为“和平发展”）战略。在“韬光养晦”与“和平发展”战略的指导下，北京尽量避免与美国发生正面冲突，积极通过睦邻政策对东盟国家进行再保证，以便为中国经济的稳定发展营造良好稳定的外部环境。[2] 这种战略被美国著名国际安全学者金骏远（Avery Goldstein）总结为“新俾斯麦主义”。[3] 2001年“9 · 11”恐怖袭击之后，中国利用美国专注于反恐战争的机会，通过紧密的经贸联系和经济援助与东盟共同推动建立合作型、开放性区域秩序。2002年，中国与东盟开启自贸区建设进程。2010年自贸区协议生效后，中国—东盟自贸区已成为囊括19亿人口、6万亿美元国内生产总值和4.5万亿美元贸易额的经济共同体。[4] 2012年，中国和15个东亚、东南亚国家正式开始“全面经济伙伴关系”（RCEP）的谈判进程，这标志着中国在提升区域经济一体化的进程中迈向新台阶。[5] 2013年9月李克强总理提出：中国—东盟自贸区的目标是，在2020年前双边贸易量达到1万亿美元，双边投资突破1600

1 有关东亚国家“对冲”战略的讨论可参见：Dong Wang, “The Promise and Perils of Hedging Strategy: A Preliminary Theoretical Framework,” paper presented at the first annual conference on East Asian Peace, September 16-18, 2011, Uppsala University, Sweden; 王栋等：《中国崛起与亚太国家对冲行为研究》，载北京大学国际战略研究中心主编：《战略纵横：2012—2013年研究报告汇编》，2013年10月；C.P. Chung, “Southeast Asia-China Relations: Dialectics of ‘Hedging’ and ‘Counter-Hedging’,” *Southeast Asian Affairs*, 2004, pp. 35-43; Evelyn Goh, “Meeting the China Challenge: The U.S. in Southeast Asian Regional Security Strategies,” *Policy Studies*,Vol.16, Washington, D.C.: East-West Center, 2005。

2 Zhang Yunling and Tang Shiping, “China’s Regional Strategy,” in David Shambaugh ed., *Power Shift: China and Asia’s New Dynamics*, Berkeley and Los Angeles, California: University of California Press, 2005, pp. 48-70; Zhu Feng, “China’s Rise will be Peaceful: How Unipolarity Matters,” in Robert S. Ross and Zhu Feng eds., *China Ascent: Power, Security, and the Future of International Politics*, Ithaca and London: Cornell University Press, 2008, pp. 34-54.

3 Avery Goldstein, “An Emerging China’s Emerging Grand Strategy—a Neo-Bismarkian Turn?” in G. John Ikenberry and Michael Mastanduno eds., *International Relations Theories and the Asia Pacific*, New York: Columbia University Press, 2003, pp. 57-106; idem., *Rising to the Challenge: China’s Grand Strategy and International Security*, Stanford, California: Stanford University Press, 2005.

4 参考数据可见由中国国际贸易促进委员会运营的非官方网站，“中国—东盟自贸区的特点，”中国东盟自贸区机构，2012年4月28日，http://www.cafta.org.cn/show.php?contentid=63875, 2015年5月1日登录。

5 “ASEAN Framework for Regional Comprehensive Economic Partnership,” http://www.asean.org/news/item/asean-framework-for-regional-comprehensive-economic-partnership, 2015-05-01.

亿美元。[1] 在政治与安全领域，中国积极支持和参与以东盟为核心的多边对话机制，如东盟区域论坛、东盟10+3、东盟峰会和东盟防长会议等。2003年，中国与东盟签署了《东南亚友好合作条约》，双方决定共建基于和平与繁荣的中国—东盟战略伙伴关系。2011年，中国与东盟举办第一届防长会议。[2] 在2013年10月出访东南亚国家时，习近平主席倡议建立更加紧密的中国东盟命运共同体。[3]

不断发展与东盟的关系正是中国对冲战略组合的一部分，这一战略旨在实现下列战略目标：通过接触和适应（accommodate）美国主导地位，减少美国霸权行为所带来的战略风险；维护和扩展中国的行动自由；使中国针对美国的战略选项更加多元化；以及通过接触与说服（包括和平性及强制性的）塑造美国的战略偏好。[4] 可以说，正是部分地由于中国的对冲战略，才使得中美得以避免在东亚出现恶性安全竞争。[5]

上海合作组织与周边外交

中国对上海合作组织的积极支持与推进是对冲战略的另一体现。上海合作组织创始于2001年，如今已成为有中国、俄罗斯、哈萨克斯坦、吉尔吉斯斯坦、塔吉克斯坦、乌兹别克斯坦六个成员国的重要地区安全机制，它还包括阿富汗、蒙古、伊朗、巴基斯坦和印度五个观察员国，白俄罗斯、土耳其和斯里兰卡三个对话伙伴国。上合组织增强了中国与俄罗斯和中亚国家在安全领域的联系，增加和保障了中国的资源获取来源和能源安全，并强化了中国与成员国共同打击“三股势力”的合作。值得注意的是，自2002年起，中国开始与上合组织成员国进行一年一度的联合反恐演习，演习的规模和复杂性正在逐年增加。[6]

2013年10月，习近平主席在周边外交工作会上指出，要更加奋发有为地推

1 Yao Jing and Li Xiaokun, “Premier Calls for Action on Free Trade Area Upgrade,” *China Daily*, October 10, 2013, http://www.chinadaily.com.cn/china/2013livisiteastasia/2013-10/10/content_17018957.htm, 2015-05-01; “Li Keqiang: China-ASEAN Have Become the Model of Good-Neighborly Cooperation,” Ministry of Foreign Affairs, PRC, September 5, 2013, http://www.fmprc.gov.cn/ce/ceindo/eng/ztbd/5798112rredf/t1073224.htm, 2015-05-01.

2 “China-ASEAN Cooperation, 1991-2011,” http://news.xinhuanet.com/english2010/china/2011-11/15/c_131248640_2.htm, 2015-05-01.

3 “China Vows to Build a Community of Common Destiny with ASEAN,” Xinhua Net, October 3, 2013, http://news.xinhuanet.com/english/china/2013-10/03/c_132770494.htm, 2015-05-01.

4 Evan S. Medeiros, “Strategic Hedging and the Future of Asia Pacific Stability,” *The Washington Quarterly*, Vol. 29, No. 1, Winter 2005-2006, pp. 145-167; Rosemary Foot, “Chinese Strategies in a U.S.-Hegemonic Global Order: Accommodating and Hedging,” *International Affairs*, Vol. 82, No. 1, 2006, pp. 74-94.

5 周方银：《中国崛起，东亚格局变迁与东亚秩序的发展方向》，《当代亚太》，2012年第5期，第11—12页。

6 Stephen Aris, *Eurasian Regionalism: The Shanghai Cooperation Organization*, Palgrave Macmillan, 2011; Chen Yurong, “Shanghai Cooperation Organization: A Banner of Multilateral Cooperation,” *China International Studies*,2010, No. 2, pp. 98-108.

进周边外交。[1] 同时，习近平主席也多次强调：只有不断保持谦虚谨慎的态度，坚持和平发展的道路，中华民族才能实现“中国梦”。[2]

这种“奋发有为”的外交思想包括一系列雄心勃勃的外交议程：建设囊括中亚和东盟的“丝绸之路经济带”、“21世纪海上丝绸之路”（即“一带一路”），建立亚洲基础设施投资银行。2014年10月，习近平主席宣布中国将建立400亿美元的丝路基金以促进“一带一路”的具体落实。[3] 所有这些“奋发有为”的外交行为表明，中国对其参与全球与地区经济的角色认知正在改变。[4] 从理论上讲，中国建设“一带一路”是为了增进地区联系，推动出口增长，拓宽资源渠道，并推进与邻国的经济一体化水平。[5] 正如习近平主席2014年11月在亚太经合组织领导人峰会上指出的那样：开展互联互通合作是中方“一带一路”倡议的核心。中方欢迎志同道合的朋友积极参与有关合作，共同将“一带一路”建设成为大家的合作之路、友好之路、共赢之路。[6]

中国外交的积极进取也使一些西方分析家产生疑虑：中国是否企图将美国挤出亚洲并建立中国主导的东亚秩序？有学者认为，由中国推动建立的上海合作组织是对美国的制衡，而一些西方学者甚至把上合组织称作“中国的北约”。[7] 2005年，上合组织拒绝了美国成为观察员国的申请。由于上合组织在2005年要求外国军队撤出其成员国的领土，2006年又接纳伊朗成为观察员国，西方学者经常把它视为一个制约美国在中亚影响力的联盟。然而，西方学者夸大了上合组织发展为反美联盟的可能性。实际上，中国正在极力降低这种由个别成员国和观察员国（尤其是伊朗和乌兹别克斯坦）蓄意拔高的反美声调。[8]

1《习近平在周边外交工作座谈会上发表重要讲话强调：为我国发展争取良好周边环境 推动我国发展更多惠及周边国家》，《人民日报》，2013年10月26日，第1版。

2 习近平：《在第十二届全国人民代表大会第一次会议上的讲话》，2013年3月17日，《人民日报》，2013年3月18日，第1版。

3《习近平主持加强互联互通伙伴关系对话会并发表重要讲话》，《人民日报》，2014年11月9日，第1版。

4 Peter Neil, “Maritime Silk Road,” *The Huffington Post*, October 31, 2013, http://www.huffingtonpost.com/peter-neill/maritime-silk-road_b_4181663.html?utm_hp_ref=world&ir=World, 2015-05-01.

5《亚太经合组织第二十二次领导人非正式会议在北京举行》，《人民日报》，2014年11月12日，第1版；Nadège Rolland, “China’s New Silk Road,” *The NBR Commentary*, February 12, 2015, http://www.nbr.org/research/activity.aspx?id=531, 2015-05-01。

6 “The 22nd Asia Pacific Economic Cooperation (APEC) Economic Leaders’ Meeting Held in Beijing,” The MFA, November 11, 2014, http://www.fmprc.gov.cn/mfa_eng/zxxx_662805/t1210349.shtml, 2015-05-01.

7 Tyler Roney, “The Shanghai Cooperation Organization: China’s NATO?” *The Diplomat*, September 11, 2013, http://thediplomat.com/2013/09/the-shanghai-cooperation-organization-chinas-nato-2/, 2015-05-01.

8 Andy Yee, “Autocratic Peace and the Shanghai Cooperation Organization,” East Asia Forum, May 11, 2011, http://www.eastasiaforum.org/2011/05/11/autocratic-peace-and-the-shanghai-cooperation-organisation/, 2015-05-01; Akihiro Iwashita, “The Shanghai Cooperation Organization and Japan: Moving Together to Reshape the Eurasia Community,” The Brookings Institution, January 28, 2008, http://www.brookings.edu/research/articles/2008/01/28-asia-iwashita, 2015-05-01.

在2012年6月的一次新闻发布会上，中国外交部发言人刘为民明确否认了上合组织可能发展为政治军事集团的可能性。[1] 不仅如此，中国积极回应了美国发出的欢迎中国参与阿富汗建设的呼吁。维护阿富汗的和平稳定事关中美共同利益，中美两国在该地区的合作具有很大潜力。在2013年9月的上合组织峰会上，习近平主席提出通过上合组织平台对阿富汗进行援助的倡议。[2] 2014年10月习主席和奥巴马总统在北京会晤并举行正式会谈，中美两国元首同意就和平重建阿富汗进行合作，具体内容包括在2015年举办第四轮阿富汗外交官联合培训项目，并适时举行中美阿三方对话。[3]

中俄关系

分析中国是否企图把美国逐出亚洲的一个重要指标是中俄关系。2013年3月，中国国家主席习近平上任伊始就把俄罗斯定为出访首站。在莫斯科期间，习主席称中俄关系是“世界上最重要的一组双边关系，更是最好的一组大国关系”。[4] 很明显，习主席首先访问俄国的意图是向美国和西方世界传递这样一个信息：北京和莫斯科可以联起手来。当北京日渐受到美国“亚太再平衡”战略的掣肘时，普京再次当选后的俄罗斯在克里米亚和乌克兰问题上也与美国日益交恶，在这种情况下，中俄自然期望能够共同联手从地缘上制衡美国的影响。

近年来，中俄已多次进行双边或基于多边框架的联合军事演习。在2014年的亚洲之行期间，奥巴马公开宣称《美日安保条约》第5条适用于钓鱼岛；同时，美国还与菲律宾签署了为期十年的防务协议，使得美军能够强化其在菲律宾的军事存在。中国将这些举动视为美国对中国领土完整和战略利益的侵害。[5] 同时，随着乌克兰危机加剧，美国与欧盟一道强化了针对俄罗斯的制裁。在奥巴马的亚洲之行刚刚结束后，中俄就马上宣布：两国海军将在中国东海进行军事演习，参

1《外交部：上合组织不存在演变成政治军事集团的可能性》，新华网，2012年6月6日，http://news.xinhuanet.com/world/2012-06/06/c_112139596.htm，2015年5月1日登录。

2 中华人民共和国国家主席习近平：《弘扬“上海精神”促进共同发展：在上海合作组织成员国元首理事会第十三次会议上的讲话》（2013年9月13日，比什凯克），《人民日报》，2013年9月14日，第2版。

3《中美元首北京会晤主要共识和成果》，《人民日报》，2014年11月13日，第2版。

4《习近平在莫斯科国际关系学院发表重要演讲时强调：建立以合作共赢为核心的新型国际关系》，《人民日报》，2013年3月24日，第1版。

5 The White House, “U.S.-Japan Joint Statement: the United States and Japan: Shaping the Future of the Asia Pacific and Beyond,” April 25, 2014, http://www.whitehouse.gov/the-press-office/2014/04/25/us-japan-joint-statement-united-states-and-japan-shaping-future-asia-pac, 2015-05-01; Juliet Eilperin, “U.S., Philippines Sign 10-Year Defense Agreement Amid Rising Tensions,” *The Washington Post*, April 28, 2014, http://www.washingtonpost.com/world/asia_pacific/us-philippines-sign-10-year-defense-agreement-amid-rising-tensions/2014/04/28/74a605d8-cec6-11e3-b812-0c92213941f4_story.html, 2015-05-01.

演军舰包括导弹巡洋舰、导弹驱逐舰、导弹护卫舰和潜艇等16艘舰艇。[1] 2014年5月，习近平与来访的普京一道检阅了参演军舰并共同宣布开始为期一周的海上军演。[2] 很明显，正是美国的战略压力使中俄两国走到一起。

有些中国学者认为，中国应该考虑和俄罗斯结盟，与美国竞争。譬如，著名的现实主义代表学者、清华大学阎学通教授就持有此观点，他主张中国应放弃不结盟政策，与俄罗斯结盟，认为中俄联盟可以有效改善中国北部和西部的安全环境，并缓解由东南两侧带来的战略压力。[3]

然而，北京和莫斯科却明显没有这种意向。实际上，当克里米亚危机不断加剧时，普京公开否认中俄结成政治和军事同盟的可能，并声称同盟体系是“过时的”。[4] 北京似乎也认识到中俄关系的局限性。尽管中国不断呼吁两国深化全面战略合作伙伴关系，维持“国际力量平衡”，但迄今为止中国还是坚持了外交部发言人所说的“结伴而不结盟”战略。[5] 在2014年9月的新闻发布会上，外交部发言人洪磊再次明确中俄战略伙伴关系的性质是“不结盟、不对抗、不针对第三方”。[6] 在2014年10月的新闻发布会上，外交部发言人华春莹特别强调：中俄关系不会变成“东方北约”，她重申，中俄关系不断发展的基础是“不结盟、不冲突、不针对第三方”。[7]

如果中国按阎学通等学者的建议与俄罗斯结盟、与美国展开地区霸权的争夺，那么中美之间的安全和地缘政治竞争会迅速恶化。实际上，阎学通教授的分析本身就存在自相矛盾的地方，他并没有令人信服地说明：为什么中美之间愈演

1《中俄海军将举行海上联合军事演习》，人民网，2014年5月13日，http://military.people.com.cn/n/2014/0514/c1011-25013159.html，2015年5月1日登录。

2《习近平和俄罗斯总统普京共同出席中俄海上联合军事演习开始仪式》，《人民日报》，2014年5月21日，第1版。

3《阎学通：中俄结盟最具现实意义》，《国际先驱导报》，2013年5月26日，http://ihl.cankaoxiaoxi.com/2013/0326/183592.shtml，2015年5月1日登录；阎学通：《历史的惯性：未来十年的中国与世界》，中信出版社，2013年版，第193—199页。

4 “Putin Urges Intra-Ukraine Dialogue, Eyes Closer Ties with China,” *Shanghai Daily*, April 17, 2014, http://shanghaidaily.com/article/article_xinhua.aspx?id=213333,2015-05-01;” Putin Hails Russia’s Relationship with China,” *Chicago Tribune*, April 17, 2014, http://articles.chicagotribune.com/2014-04-17/news/sns-rt-us-russia-putin-china-20140417_1_russia-and-china-alexei-anishchuk-lidia-kelly, 2015-05-01.

5 这一提法最初由外交部发言人刘为民在2012年6月的一次记者会上提出，参见：“外交部：上合组织不存在演变成政治军事集团的可能《年终盘点：2008中国与大国关系——中俄篇》”，新华网，2013年12月10日，http://news.xinhuanet.com/world/2008-12/10/content_10482794.htm，2015年5月1日登录；《中俄蜜月：不结盟，玩连横？》，《中国新闻周刊》，2013年6月13日，http://insight.inewsweek.cn/topic_detail-608.html，2015年5月1日登录。

6《外交部发言人就建立中俄军事同盟做出回应》，新华网，2014年9月17日，http://news.xinhuanet.com/mil/2014-09/19/c_127003320.htm，2015年5月1日登录。

7《外交部：中俄安全合作不结盟，不冲突，不针对第三方》，人民网，2014年11月27日，http://news.nen.com.cn/system/2014/11/27/013935438.shtml，2015年5月1日登录。

愈烈的战略竞争不会导致代价高昂而危险的“新冷战”？[1]

除非美国不断增加对中俄的安全压力，迫使两国感到结盟已成为必须的选择，中俄不太可能正式结盟。

至于中俄结盟的可能性问题，除非美国不断增加对中俄的安全压力，迫使两国感到结盟已成为必须的选择，中俄不太可能正式结盟。在此之前，中俄将继续寻求一种对冲战略，包括在20国集团和金砖国家中组成战术性的联合(tactical coalition）但并不组织正式的联盟。

在未来一段时期内，中俄结盟的可能性微乎其微。尽管如此，为了促进世界多极化和国际关系民主化，中俄两国会继续推动深化发展全面战略协作伙伴关系。

亚信峰会与亚洲安全观

在2014年5月的亚信峰会上，习近平主席提出了“亚洲安全观”。他指出：“我们认为，应该积极倡导共同、综合、合作、可持续的亚洲安全观，创新安全理念，搭建地区安全和合作新架构，努力走出一条共建、共享、共赢的亚洲安全之路。”他还说：“亚洲的事情归根结底要靠亚洲人民来办，亚洲的问题归根结底要靠亚洲人民来处理，亚洲的安全归根结底要靠亚洲人民来维护。”习主席强调：“形势在发展，时代在进步。要跟上时代前进步伐，就不能身体已进入21世纪，而脑袋还停留在冷战思维、零和博弈的旧时代。”[2] 这个讲话被一些西方学者解读为中国正在实行亚洲版的“门罗主义”，意图将美国排挤出建构中的东亚安全体系。[3] 然而，西方学者的这种怀疑和焦虑被过分夸大了。如果我们仔细阅读中国领导人在亚信峰会上的讲话，里面实际上找不出体现门罗主义意图的内容。事实上，中国在国际事务中一贯坚持尊重主权和不干涉原则，反对针对第三方的军事同盟。[4] 习主席“亚洲安全观”的核心内容在于强调“共同、综合、合作、可持续”安全，这些对安全的概念化早已得到国际社会的广泛认同。中国领导人提倡“共同、综合、合作、可持续”安全，意味着这些概念很大程度上已经内化成

1 有关中美之间逐渐增加的战略竞争不会导致新冷战出现的观点，参见阎学通：《历史的惯性》，第34页；Yan Xuetong and Qi Haixia, “Football Game Rather Than Boxing Match: China-U.S. Intensifying Rivalry Does Not Amount to Cold War,” *Chinese Journal of International Politics* , Vol. 5, No.2, Summer 2012, pp. 105-127。

2 中国人民共和国主席习近平：《积极树立亚洲安全观　共创安全合作新局面——在亚洲相互协作与信任措施会议第四次峰会上的讲话》（2014年5月21日，上海），《人民日报》，2014年5月22日，第2版。

3 “Asia-Pacific Major Power Relations and Regional Security,” Remarks by former U.S. National Security Adviser Stephen Hadley at the World Peace Forum, June 21, 2014, Beijing, China, http://www.wpfforum.org/index.php?m=content&c=index&a=show&catid=95&id=266, 2015-05-01; Zachery Keck, “China's Growing Hegemonic Bent,” *The Diplomat*, June 26, 2014, http://thediplomat.com/2014/06/chinas-growing-hegemonic-bent/, 2015-05-01.

4 Bates Gill, *Rising Star: China's new Security Diplomacy*, Washington, D.C.: The Brookings Institution Press, 2007, pp. 4-5, 27.

为中国决策者所接受的规范。[1] 很明显，中国作为亚信峰会的2014—2016年轮值主席国，确实希望重新激活这个由哈萨克斯坦发起、包括24个成员国和12个观察员国（包括美国）的区域性论坛。然而，这些成员国在意识形态、宗教、历史和社会经济发展状况等方面存在巨大差异，因此中国能否把亚信峰会发展成一个高效的地区安全机制尚存疑问。而把美国从未来的亚洲安全架构中排除很可能会引起许多亚洲国家的警惕和不满。实际上，不少域内国家恰恰希望美国加强在亚洲的存在来对冲中国的崛起所带来的不确定性。[2] 中国领导人对此有清楚的认识。因此，习近平主席在讲话中强调“亚洲国家在加强自身合作的同时，要坚定致力于同其他地区国家、其他地区和国际组织的合作，欢迎各方为亚洲安全和合作发挥积极和建设性作用，努力实现双赢、多赢、共赢”。这句话向美国传递的信息是：中国并不想把美国挤出亚洲。[3] 事实上，致力于重振亚信峰会也可被视为中国外交“对冲”战略组合的一部分。这一战略可将美国“网入”（enmesh）亚洲安全体系，使中国在亚洲减少战略风险、增加行动自由并塑造美国的战略偏好。

中美关系

自冷战结束以来，保持中美关系的稳定发展是北京“大国外交”的首要目标。1993年，时任中国国家主席江泽民在访美时提出了处理中美关系的“十六字方针”，即“增加信任、减少麻烦、发展合作、不搞对抗”。[4] 尽管在其上任伊始中美关系经历了一些危机（如2001年4月的中美南海撞机事件），小布什时期的中美关系总体上保持了良好的发展势头。“9·11”恐怖袭击事件后，北京对华盛顿反恐战略的支持极大地增强了两国战略互信。2005年9月，美国常务副国务卿佐利克提出中国应成为国际体系中“负责任的利益相关者”，中国对此给予了积极回应。[5] 2005年10月，中国国家主席胡锦涛对来访的美国总统小布什表示：

---

1 David Cohen, “‘A Clash of Security Concept’: China’s Efforts to Redefine Security,” *China Brief*, Vol. 14, No. 11, June 2014, p. 2.

2 Keck, “China’s Growing Hegemonic Bent.”

3 中国人民共和国主席习近平：《积极树立亚洲安全观　共创安全合作新局面——在亚洲相互协作与信任措施会议第四次峰会上的讲话》（2014年5月21日，上海），《人民日报》，2014年5月22日，第2版。

4《在接见“美国新闻与世界报告”总编辑时江泽民纵论中美关系等其他问题》，《人民日报》，1993年3月9日，第1版；“Secretary Perry Welcomes Chinese Defense Minister Chi Haotian,” December 9, 1996, http://www.defense.gov/Transcripts/Transcript.aspx?TranscriptID=827, 2015-05-01。

5 “Whither China: From Membership to Responsibility?” Remarks by Deputy Secretary of State Robert Zoellick to National Committee on U.S.-China Relations, September 21, 2005, http://www.ncuscr.org/files/2005Gala_RobertZoellick_Whither_China1.pdf, 2015-05-01; “Zoellick: ‘Stakeholder’ Concept Offers New Direction,” *China Daily*, January 25, 2006, http://www.chinadaily.com.cn/china/09usofficials/2009-05/22/content_7932826.htm, 2015-05-01; Bates Gill et. al, “China as a Responsible Stakeholder,” Carnegie Endowment for International Peace, June 11, 2007, http://carnegieendowment.org/2007/06/11/china-as-responsible-stakeholder/2kt, 2015-05-01.

中美关系越来越具有全球意义。[1] 在小布什的总统任期结束时，两国都认为中美关系处于两国建交以来的最好时期。[2]

无论在私下还是公开场合，中国领导人都承认美国是未来几十年东亚地区的主导性国家。2011年12月，中国外交部长助理乐玉成在外交学院演讲时指出，其实美国从来没有离开亚太。乐玉成认为，中国既无意愿也无能力把美国挤出东亚。[3] 2014年11月，在美国芝加哥举办的中美贸易关系论坛上，中国副总理汪洋坦承："引领世界的是美国"，"中国既没有想法也没有能力挑战美国的领导者地位。"[4]

时任中国国家副主席习近平在2012年2月12日接受美国《华盛顿邮报》的书面采访时强调："宽广的太平洋两岸有足够空间容纳中美两个大国。"习近平实际上间接承认了美国在该地区的优势地位，他说："我们欢迎美国为本地区和平、稳定、繁荣发挥建设性作用，同时希望美方充分尊重和照顾亚太各国的重大利益与合理关切。"[5] 这些声明表明，中国领导人坚信中国的崛起并不必然和美国的主导地位相冲突。抛开表面言辞，这些声明与讲话说明中国领导人希望避免中美安全困境的出现，寻求中美关系发展的非零和博弈结果。中国国务委员戴秉国在参加2010年第二届中美战略经济对话时发表的致辞中，明确提出："中美双方应该坚定不移地沿着两国元首确定的方向共同努力，开创全球化时代不同社会制度、文化传统和发展阶段的国家相互尊重、和谐相处、合作共赢的新型大国关系。"[6] 习近平主席2013年6月与奥巴马总统在加州安纳伯格庄园会晤期间提出，中美双方应努力构建"相互尊重、互利共赢"的新型大国关系，美方对此表示同意。[7] 随后，在2014年11月的北京"习奥会"上，习近平提出要从六个重点方向推进中美新型大国关系建设，即：加强高层沟通和交往，增进战略互信；在相互尊重基础上处理两国关系；深化各领域交流合作；以建设性方式管控分歧和敏感问题；在亚太地区开展包容协作；共同应对各种地区和全球性挑战。[8] 中国领导人提出建设新型大国关系的思想，就是为了避免崛起国和霸权国陷入所谓"修

1《中美关系越来越具有全球意义》，《人民日报》（海外版），2005年11月21日，第1版。

2 "Leigh Sales Speaks to U.S. Secretary of State Condoleezza Rice," Australian Broadcast Corporation, May 9, 2007, http://www.abc.net.au/lateline/content/2007/s2025319.htm, 2015-05-01.

3《国际形势风云激荡，中国外交乘风破浪》，外交部部长助理乐玉成在2011年中国外交回顾与展望研讨会上的讲话，2011年12月28日，http://www.fmprc.gov.cn/mfa_chn/wjb_602314/zygy_602330/lyc_602412/xgxwl_602414/t888263.shtml,2015-05-13。

4《中美经济伙伴之路越走越宽广》，汪洋副总理在中美商业关系论坛上的主旨演讲，2014年12月17日，http://www.mofcom.gov.cn/article/ae/ai/201412/20141200840915.shtml, 2015年5月1日登录。

5《习近平接受美国〈华盛顿邮报〉书面采访》，《人民日报》，2012年2月14日，第1版。

6《第二轮中美战略与经济对话开幕》，《人民日报》，2010年5月25日，第1版。

7《习近平同奥巴马总统共同会见记者》，《人民日报》，2013年6月9日，第1版。

8《习近平同美国总统奥巴马举行会谈》，《人民日报》，2014年11月13日，第1版。

昔底德陷阱”的历史宿命。[1] 两国领导人和学者试图打破大国间必然存在权力竞争或战争的“旧有模式”。有一种观点预言，中美很有可能在未来分享责任和领导权。这取决于美国是否愿意把部分领导权让渡给中国，使中国得以参与提供公共产品并塑造未来地区秩序。[2] 一些著名的中美学者提出，中美两国可以在未来对海上贸易线进行联合巡逻，这一想法得到了包括前国家安全事务助理史蒂芬·哈德利（Stephen Hadley）在内的美国政策制定者的赞同。2014年6月，哈德利在世界和平论坛上发表演讲，表示美国乐于接受中国海军逐渐发展的远洋护航能力，并分担那些事关美国重大利益的世界航道保护任务。[3]

在其受到广泛关注的新书《论中国》中，亨利·基辛格博士写道：“美国无论以遏制中国的名义来联合亚洲国家，还是以意识形态之名讨伐中国，结果都会失败。原因很明显：中国是大多数亚洲国家不可或缺的贸易伙伴。同理，亚洲的大多数国家也会抵制中国把美国挤出亚洲的企图，因为他们同样也害怕亚洲被中国统治。”[4] 基于对中美两国“联盟对抗观”的坚决反对，基辛格提出他的“共同演进”论（co-evolution）。基辛格认为，“共同演进”论既消除了中国对美国遏制战略的疑虑，又减少了美国对中国崛起威胁的担心，两国完全可以协同共建一个新的“太平洋共同体”。[5] 基辛格的“共同演进”论表明，未来的亚洲秩序是可以在中美权力共享的基础上建立的，这一观点也得到著名战略学家休·怀特（Hugh White）的赞同。正如怀特令人信服地指出的那样，亚洲的未来格局不可能仅由中国或美国主导。实际上，任何主导亚洲格局的尝试都会“导致中美漫长而痛苦的敌对，造成巨大的经济损失，引起灾难性战争”。[6] 因此，为了建构亚洲的和平秩序，中美两国必须进行某种形式的大国协调和权力分享。中美两国必须表现出战略克制、敢于妥协、相互协调的态度，也必须对自身的权力局限性有清醒认识。因

中美两国必须表现出战略克制、敢于妥协、相互协调的态度，也必须对自身的权力局限性有清醒认识。

1 Susan Rice, “America’s Future in Asia,” Remarked as Prepared for Delivery for National Security Advisor Susan E. Rice, November 20, 2013, Georgetown University, Washington, D.C., http://www.whitehouse.gov/the-press-office/2013/11/21/remarks-prepared-delivery-national-security-advisor-susan-e-rice, 2015-05-01.

2 Terry Cooke, “New Strains in the U.S.-China-Taiwan Triangle,” *China Brief*, Vol. 10, Issue 4, January 18, 2010, pp. 11-14.

3 王缉思和谢淑丽在他们的对话中提到了这种可能性。关于哈德利的讲话，参见：“Asia-Pacific Major Power Relations and Regional Security,” Remarks by former U.S. National Security Adviser Stephen Hadley at World Peace Forum, June 21, 2014, Beijing, China, http://www.wpfforum.org/index.php?m=content&c=index&a=show&catid=95&id=266, 2015-05-01。

4 Henry A. Kissinger, *On China*, New York: The Penguin Press, 2011, pp. 526-527.

5 Kissinger, *On China*, pp. 527-528.

6 Hugh White, *The China Choice: Why We Should Share Power*, Oxford, U.K.: Oxford University Press, 2012, pp. 5-6.

此，只有不断地进行博弈协商，两国才能在未来构建协调双边关系、反映共同责任、分享共同领导的东亚秩序。[1]

结 论

中国的崛起不仅对美国的东亚霸权形成挑战，而且将重塑东亚秩序。然而在中短期内，中国不可能建立竞争性的联盟体系以对抗美国在东亚的双边联盟体系。中国并没有将美国挤出东亚的战略意图，中国采取的是旨在减少战略风险、扩大行动自由、使自身战略选择多元化、并塑造美国战略偏好的对冲战略。事实上，中国也明确承认美国在当今国际体系的领导地位，同时，中国也愿意积极参与到改革现存国际体系的进程中。

从习近平主席履职起，中国的外交政策既有连续性，又有变化。中国外交根本上依然以和平与发展为指导原则。在2014年11月的中央外事工作会议上，习近平主席提出应继续丰富和平发展战略思想。他强调："我们要坚持合作共赢，推动建立以合作共赢为核心的新型国际关系，坚持互利共赢的开放战略，把合作共赢理念体现到政治、经济、安全、文化等对外合作的方方面面。"[2]

归根结底，东亚秩序的未来发展主要取决于中美关系的未来发展。如果中美为争夺地区霸权而走向竞争敌对，东亚的未来很可能出现危机与战争。为了实现东亚的和平未来，作为霸权国的美国和作为崛起国的中国必须相互包容、相互协商，不断对两国的权力差距进行再评估。同时，中美两国也必须学会在东亚分享权利与责任。因此，两国应继续对各自在东亚的角色进行再定义和磋商，以求增进互信，减少互疑，寻求共识，共同构建和平、稳定和繁荣的东亚秩序。

---

1 Wang Dong, Robert A. Kapp, and Bernard Loeffke, "Resetting U.S.-China Relations," *The New York Times*, November 10, 2014, www.nytimes.com/2014/11/11/opinion/resetting-us-china-relations.html, 2015-05-01.

2《中央外事工作会议在京举行》,《人民日报》，2014年11月30日，第1版。

专题：聚焦中美关系

中美能否避免“修昔底德陷阱”？

[美] 斯蒂芬 · 罗贝尔

内容提要：中国是一个正在崛起的大国。一些学者和政策制定者警告说中美关系面临“修昔底德陷阱”，或者说在崛起的中国和掌握霸权的美国之间，一场大规模的战争不可避免。在评估中国未来的实力走向、中美敌对的可能性（或曰对抗性制衡）中，真正重要的因素是：(1) 中国国家权力具体组成部分中，哪些要素不断增长，并且这些增长的要素是否对美国的重要利益构成挑战；(2) 这些具体的权力组成部分是否适于或者可用于对抗美国。这代表了一种“现实主义新型大国关系论”的立场。因此，中国综合物质实力增长或其军费总开支增长本身，并不意味着中美之间的权力竞争、冲突和争夺霸权的战争是不可避免的。

关键词：修昔底德陷阱　现实主义新型大国关系　重返亚洲战略

近期的许多报告、政府文件和研究成果认为，在未来的数十年内，中国或“金砖国家”（巴西、俄罗斯、印度、中国和南非）的国家联合在一起，将超越美国。[1] 这些研究对中美两国的学者和政策制定者提出了他们在评估中国（国家）权力（power）变化的趋势时应当考虑的若干重要问题，例如，未来中美之间敌

[美] 斯蒂芬 · 罗贝尔（Steven Lobell）　美国犹他大学政治学系教授。

1 有关西方以外其他各国的崛起，可参见：Fareed Zakaria, *Post-American World and the Rise of the Rest*, New York: Penguin Books, 2009; Charles A. Kupchan, *No One's World: The West, the Rising Rest, and the Coming Global Turn*, New York: Oxford University Press, 2012; Henry R. Nau and Deepa Ollapally, *Worldviews of Aspiring Powers: Domestic Foreign Policy Debates in China, India, Iran, Japan, and Russia*, New York: Oxford University Press, 2012; Kristen P. Williams, Steven E. Lobell, and Neal G. Jesse, eds., *Beyond Great Powers and Hegemons: Why Secondary States Support, Follow, or Challenge*, Stanford: Stanford University Press, 2012。

对的可能性；均势发生变化时，对抗性制衡（counter-balancing）将如何发生？[1] 在未来数十年里，中美之间的权力竞争、对抗性制衡以及论战等，是否有可能像约翰·米尔斯海默（John Mearsheimer）所警告的那样，通过不幸的大国政治的悲剧而展开吗？[2] 崛起的中国和衰落的美国之间的“修昔底德陷阱”或者争霸战争是不可避免的吗？[3] 习近平主席和一些美国官员认为新型大国关系是可能的，这种判断是正确的吗？美国的重返亚洲或亚洲再平衡、跨太平洋伙伴关系协定（TPP）和空海一体战战略，是否如中国官员所认为的那样，是一种经济和军事遏制吗？[4]

美国是一个太平洋大国。自2009年起，贝拉克·奥巴马总统做出了战略性抉择，重新调整（再平衡）了美国对亚太地区的外交政策重点。2011年，奥巴马总统在向澳大利亚议会发表演讲时进一步阐释了“重返”（pivot）亚太的政策。他声称：“美国将在塑造这一地区及其未来的过程中发挥更大的和长期性的作用。”[5] 时任国务卿希拉里·克林顿也在《外交政策》上发表文章论述“美国的太平洋世纪”。[6] 2013年，前国家安全顾问托马斯·多尼隆写到，再平衡政策既不是遏制中国，也不是单纯的军力转移，而是“综合运用美国权力的所有要

---

1 形成对照的是，挑战“其他国家崛起”主题的相关论述可见：Michael Cox, “Power Shifts and the Death of the West? Not Yet!” European Political Science, Vol. 10, No. 3, 2011, pp. 416-424; Gideon Rachman, “Think Again: American decline,” Foreign Policy, Vol. 184, January/February, 2011, pp. 59-63; Michael Beckley, “China’s Century? Why America’s Edge Will Endure,” International Security, Vol. 36, No. 3, Winter 2011/12, pp. 41-78。

2 John J. Mearsheimer, *The Tragedy of Great Power Politics*, New York: W.W. Norton, 2001, pp. 397-402. Also see, Aaron L. Friedberg, *A Contest for Supremacy: China, America, and the Struggle for Mastery in Asia*, New York: W.W. Norton, 2011; Denny Roy, *Return of the Dragon: Rising China and Regional Security*, New York: Columbia University Press, 2013; Ashley J. Tellis, “U.S.-China Relations in a Realist World,” in David Shambaugh, ed., *Tangled Titans: The United States and China*, New York: Rowman and Littlefield, 2013, pp. 75-100.

3 关于崛起的中国对单级世界的影响，可参见：Zhu Feng, “China’s Rise will be Peaceful: How Unipolarity Matters,” in China’s *Ascent: Power, Security, and the Future of International Politics*, eds., Robert S. Ross and Zhu Feng, Ithaca: Cornell University Press, 2008, pp. 34-54; Avery Goldstein, “Parsing China’s Rise: International Circumstances and National Attributes,” in Robert S. Ross and Zhu Feng, eds., *China’s Ascent: Power, Security, and the Future of International Politics*, Ithaca: Cornell University Press, 2008, pp. 55-86。

4 关于美国“重返”亚洲，可参见：“President Obama’s Address to the Australian Parliament,” November 17, 2011, http://www.whitehouse.gov/the-press-office/2011/11/17/remarks-president-obama-australian-parliament, 2010-04-20; *Pivot to the Pacific? The Obama Administration’s “Rebalancing” Toward Asia*, Congressional Research Service Report, March 29, 2012; “Sustaining U.S. Global Leadership: Priorities for 21st Century Defense,” Washington, D.C.: U.S. Department of Defense, January 3, 2012; *2014 Quadrennial Defense Review*, United States Department of Defense, Washington, D.C.: GPO, 2014; David Shambaugh, “Assessing the U.S. ‘Pivot’ to Asia,” *Strategic Studies Quarterly*, Vol. 7, No. 2, Summer 201, pp. 10-18。

5 “Remarks By President Obama to the Australian Parliament,” The White House, November 17, 2011, http://www.whitehouse.gov/the-press-office/2011/11/17/remarks-president-obama-australian-parliament, 2015-04-20.

6 Hillary Clinton, “America’s Pacific Century,” *Foreign Policy*, October 11, 2011.

素——军事、政治、贸易与投资、发展和我们的价值观——的一种努力”。[1] 从2013年开始，奥巴马政府更加强硬地回应了中国在南海和东海的领土主张，并且在俄罗斯吞并克里米亚后更是如此。[2]

中美之间涉及领土、军事和经济方面的竞争加剧。有关领土和海洋的争端包括中国的九段线地图，它用一条断续的U型线（即所谓“九段线”）宣示了中国对大部分南中国海的主权，以及北京单方面宣布的东海防空识别区。中美军事竞争同样不断上升。尽管没有直接挑战美国，但从20世纪90年代起，中国发展了反舰导弹、短程和中程弹道导弹、巡航导弹、隐形潜艇以及网络和太空武器来挑战美国的海上和空中优势，特别是在中国的沿海水域。最后，中美的经济竞争导致了多个相互竞争的地区贸易组织成立。[3]

尽管中美关系见证了竞争上升的趋势，中国和美国仍旧有可能避免“修昔底德陷阱”（Thucydides Trap）。[4] 修昔底德陷阱指的是这样一种历史模式：一个崛起的国家挑战了处于支配地位的国家所维护的秩序，例如斯巴达对雅典治下秩序的挑战，或者德国对英国治下秩序的挑战。在这两个例子中，都发生了争夺霸权的大规模战争。[5] 2012年2月，时任中国国家副主席习近平提出了“新型大国关系”的概念。[6] 美国国务卿希拉里·克林顿后来说到：“美国和中国正在共同努力去做一些史无前例的事情，以对守成大国遭遇崛起大国后会发生什么这个老问题提供新答案。”[7] 在近期的国会听证会中，美国负责东亚和太平洋事务的助理国务卿丹尼尔·拉塞尔指出：“有人认为一场冷战式的较量不可避免，美国和中国必将卷入一场争夺霸权的零和斗争（struggle），如果不把这称为冲突的话。我不接受这种机械论式的想法。”[8] 当然，美国官员的警告是正确的，“中美关系中存

1 Benjamin H. Friedman, “What Asian Pivot?” *China-US Focus*, November 13, 2013, http://www.cato.org/publications/commentary/what-asian-pivot, 2015-04-20.

2 Bonnie Glaser and Jacqueline Vitello, “US-China Relations: China’s Maritime Disputes Top the Agenda,” *Comparative Connections*, Vol. 16, No. 1, May 2014.

3 中美之间的其他争端还包括：中国对汇率的操纵和歧视性的贸易政策，以及世界贸易组织有关反对中国稀土出口政策的案件。

4 最近有关运用权力转移理论分析中国崛起的论文有：Douglas Lemke and Ronald Tammen, “Power Transition Theory and the Rise of China,” *International Interactions*, Vol. 29, No. 4, 2003, pp. 269-271; Steve Chan, “Is There a Power Transition between the U.S. and China? The Different Faces of National Power,” Asian Survey, Vol. 45, No. 5, 2005, pp. 687-701; Ronald Tammen and Jacek Kugler, “Power Transition and China-U.S. Conflicts,” *Chinese Journal of International Politics*, Vol. 1, No.1, 2006, pp. 31-55。

5 Graham Allison, “Avoiding the Thucydides Trap,” *Financial Times*, August 22, 2012. Also see, Robert Gilpin, *War and Change in World Politics*, Cambridge: Cambridge University Press, 1981.

6 Rudy deLeon and Yang Jiemian, eds., *U.S.-China Relations: Toward a New Model of Major Power Relationship*, Center for American Progress, February 2014, http://cdn.americanprogress.org/wp-content/uploads/2014/02/ChinaReport-Full.pdf, pp. 1-106.

7 Rudy deLeon and Yang Jiemian, eds., *U.S.-China Relations: Toward a New Model of Major Power Relationship*, p.23.

8 Testimony Before the Senate Foreign Relations Committee, Washington, DC, June 25, 2014.

在一系列引发竞争的问题，而这些问题需要受到控制”。[1]

我谨在此提出一种可称为“现实主义新型大国关系论”的观点。尽管中国是一个崛起的大国，北京的综合物质实力、军费总开支，或者它的综合权力指数——这些都是强调中国将会挑战美国霸权时，经常被使用的衡量指标——并不是评估中国的权力趋势、未来中美敌对或者发生对抗性制衡的可能性的恰当指标。在评估中国权力趋势时，更重要的指标是在中国的国家权力中，哪些特定的成分在增加，以及这种变化是否挑战了美国的重大利益；这些特定的成分在对抗美国时是否合适且能派上用场；华盛顿是否会针对这些特定的权力要素采取对抗性制衡措施。因此，仅仅中国综合物质实力的增长，以及在更广泛的范围内均势的变化等情况，并不意味着中美之间的大国竞争、冲突和霸权战争不可避免。

深度接触和离岸平衡

深度接触和离岸平衡，作为美国两项可资选择的现实主义战略，挑战了新型大国关系的乐观主义，并且警示了中美之间发生冲突、对抗性制衡和战争的越来越多的可能性。[2] 这两项战略认为，主要国家综合物质实力的变化和权力分配的变动都是危险的。

深度接触战略要求美国保持、并在可能时扩充美国称霸全球的领导地位。它的支持者认为，美国的军事优势吓阻了中国扩张领土和挑战美国领导地位的企图，同时安抚了诸如韩国、菲律宾、澳大利亚和日本等美国的盟友。[3] 具体来说，它们认为美国保持军事力量的优势是要告诉中国：你不可能在军事上与美国竞争。如果追赶无望，再加上美国在军备竞赛中可能超过中国，北京就会经劝阻而退出竞争。[4] 这些支持者坚持，如果美国在应承担义务方面退缩，人们将会对美国在太平洋长期存在的前景产生疑虑。在评论美国重返亚洲时，澳大利亚前总理陆克文指出：“如果没有这一行动，就会存在这样一种危险：中国从强硬的、现实主义国际关系的视角会得出结论，一个在经济上精疲力竭的美国会逐渐丧失

1 Interview, Kyodo News Service.

2 关于现实主义的乐观主义和悲观主义，可参见：Thomas J. Christensen, “Fostering Stability or Creating a Monster? The Rise of China and U.S. Policy toward East Asia,” *International Security*, Vol. 31, No. 1, Summer 2006, pp. 81-126。

3 G. John Ikenberry, Michael Mastanduno, and William C., Wohlforth, *International Relations Theory and the Consequence of Unipolarity*, Cambridge: Cambridge University Press, 2011; Stephen G. Brooks, G. John Ikenberry, and William C. Wohlforth, “Lean Forward,” *Foreign Affairs*, Vol. 92, No. 1, January/February 2013, pp. 130-142.

4 Stephen G. Brooks, G. John Ikenberry, and William C. Wohlforth, “Don’t Come Home, America: The Case against Retrenchment,” *International Security*, Vol. 37, No. 3, Winter 2012/2013, pp. 7-51.

其在太平洋地区的持久权力。”[1]

另一个现实主义的**离岸平衡战略**认为，美国需要从欧洲、亚洲和中东缩减力量。[2] 它的支持者认为美国权力的不平衡包括重返亚洲、空海一体战和跨太平洋伙伴关系协定，是在弄巧成拙，刺激了中国柔性的甚至强硬的反措施。[3] 举例来说，美国国会研究部的一份报告警告称，随着美国重返亚洲，“中国人民解放军会更加坚决地强化中国的反介入能力，并且在捍卫中国领土主张上更加坚定，而非相反”。[4] 此外，离岸平衡的支持者们认为，深度接触战略代价高昂，会直接导致美国经济的衰落，同时鼓励富裕的盟国搭便车以及鲁莽行事。[5]

一种现实主义新型大国关系

在美国和中国之间，无论是崛起大国和衰落大国之间发生大规模战争的“修昔底德陷阱”，还是米尔斯海默所说的大国政治的悲剧，都不是不可避免的。[6] 中美之间有可能建立起一种现实主义的新型大国关系（Realist New Model of Major Power Relations），但是其当前的形态并未充分发展。首先，在评估中国未来的权力发展趋势时，重要的是要看中国国家权力的哪些特定部分或要素在增长，它们是否会挑战美国的重大利益，而非单看中国综合实力的增加或是均势的变动；其次，在评估中国权力发展趋势时，重要的是要看这些特定的权力组成部分是否适合或可以被用于对抗美国；再次，如果美国要制衡中国，华盛顿应将其目标定为制衡北京的权力中的这些特定要素。因此，单从中国综合物质实力增长或是权力分配变化，并不能得出中美之间的大国竞争、对抗性制衡或冲突无法避

1 Kevin Rudd, “Beyond the Pivot: A New Road Map for U.S.-Chinese Relations,” *Foreign Affairs*, Vol. 92, No. 2, March-April 2013, pp. 9-15.

2 Christopher Layne, “From Preponderance to Offshore Balancing: America’s Future Grand Strategy,” *International Security*, Vol. 22, No. 1, Summer 1997, pp. 86-124; Barry R. Posen, “Pull Back,” *Foreign Affairs*, Vol. 92, No. 1,January/February 2013, pp. 116-128.

3 Robert S. Ross, “International Bargaining and Domestic Politics: U.S.-China Relations since 1972,” *International Security*, Vol. 38, No. 2, 1986, pp. 255-287; T.V. Paul, “Soft Balancing in the age of U.S. Primacy,” *International Security*, Vol. 30, No. 1, 2005, pp. 46–71.

4 *Pivot to the Pacific? The Obama Administration’s “Rebalancing” Toward Asia*, p. 8.

5 Robert Ross, “The Problem with the Pivot: Obama’s New Asia Policy Is Unnecessary and Counterproductive,” *Foreign Affairs*, Vol. 91, No. 6, November–December 2012, pp. 70–82.

6 On components of power theory, see Steven E. Lobell, “Threat Assessment, the State, and Foreign Policy: A Neoclassical Realist Model,” in Steven E. Lobell, Norrin M. Ripsman, and Jeffrey W. Taliaferro, eds., *Neoclassical Realism, the State, and Foreign Policy*, Cambridge: Cambridge University Press, 2009, pp. 42-74; Steven E. Lobell, “Britain’s Grand Strategy during the 1930s: From Balance of Power to Components of Power,” in Jeffrey W. Taliaferro, Norrin M. Ripsman, and Steven E, Lobell, eds., *The Challenge of Grand Strategy: The Great Powers and the Broken Balance between the World Wars*, Cambridge: Cambridge University Press, 2012, pp. 147-170.

免的结论。

解析权力

根据“现实主义新型大国关系论”，当美国决策者评估中国权力发展趋势以预测未来的敌对或联盟关系模式时，他们会问自己一些问题：中国国家权力的哪些部分或者要素在增加，这些要素的增量超过或者还是低于美国与之相对应的部分？国家权力的四个一般范畴包括：政界领袖的变动或意识形态；领土或人口的变迁；设备、工厂、知识、技术和库存等实际资产（real assets）的增加；陆基军力、海军和空军力量的增长。[1] 此外，在评估中国发展趋势时，美国领导人应该问问他们自己，中国权力的特定部分会不会超过美国权力的关键门槛和红线？最后，国家领导人应该弄清一项本来用于某种任务的资源转作他用的相互替代性。[2]

美国军事安全的基石是它对全球公域的控制（command）。

美国军事安全的基石是它对全球公域的控制（command）。控制公域使得华盛顿可以将其势力范围远远扩展到美国水域边界之外，掌控全球的海域、太空和空域。巴里·波森（Barry Posen）认为，美国的核动力攻击型潜艇、水面舰队和航空母舰、卫星通信和反卫星技术、战斗机和轰炸机、空中和海上运输能力以及导弹和反导弹技术为美国对公域的控制提供了支持。[3] 这种对公域的控制还受到深厚密集的基地网络、着陆权和飞行权以及作战中心的进一步支撑，其中包括防御条约、战略伙伴关系、主要军事基地和同区域国家的新协定。

从更普遍的意义上来说，与离岸平衡和均势理论的期望相反，“现实主义新型大国关系论”可以解释：为什么尽管美国拥有前所未有的力量，在亚洲并没有出现明显针对美国的对抗性制衡。

首先，诸如俄罗斯那样的陆权国家，并未将美国对公域的控制视为对自己重大利益的挑战 。另外，它们也不会大量拨出资源以便制衡这一权力要素。[4] 对于

1 Jack S. Levy and William R. Thompson, “Balancing on Land and at Sea: Do States Ally Against the Leading Global Power?” *International Security*, Vol. 35, No. 1, Summer 2010, pp. 7-43.

2 例如，一个海权国家将把其他国家的海军建设视为一种威胁，而一个陆权国家将把其他国家的陆上（权力）组成部分视为一种威胁。于是，“一个拥有海权比较优势的国家会强调海军力量的平衡，而具有陆权优势的国家会突出其地理位置和庞大陆军的重要性”。见：William Wohlforth, *The Elusive Balance: Power and Perceptions during the Cold War*, Ithaca: Cornell University Press, 1993, p. 303。

3 Barry R. Posen, “Command of the Commons: The Military Foundation of U.S. Hegemony,” *International Security*, Vol. 28, No. 1, Summer 2003, pp. 5-46.

4 利维（Levy）和汤普森（Thompson）对海权国家和陆权国家做了区分，见：Jack S. Levy and William R. Thompson, “Balancing on Land and Sea: Do States Ally against the Leading Global Power?” *International Security*, Vol. 35, No 1, Summer 2010, pp. 7-43。对比之下，莱恩（Layne）预测美国的优势地位将导致反制措施，See Christopher Layne, “The Unipolar Illusion Revisited: The Coming End of the United States’ Unipolar Moment,” *International Security*, Vol. 31, No. 2, Fall 2006, pp. 7-41。

大陆国家而言，针对美国的公域控制而采取的对抗性制衡措施是对资源的低效使用，而这些资源可以更好地直接服务于他们加强内陆边境安全和应对内部威胁。

其次，中国要建设一支能够挑战美国公域控制权的海军，障碍很大。公域控制的实际资产包括昂贵的专用武器和平台，这需要巨大的科学和工业基础支撑。根据波森的研究，在2001年，美国的军事研发费用相当于法国和德国的国防开支总和。[1] 除了大规模的工业项目之外，公域控制还需要新型武器平台、成熟的战术以及熟练的军事人才。

再次，中国是一个陆权国家，有14个陆上邻国。这些邻国中有些国家拥有核武器和庞大的陆军，有些曾经和中国发生过边界纠纷和战争。另外，中国同时面临西北边疆的内陆边境争议和国内安全挑战，包括恐怖主义、分离主义和极端主义。在历史上，诸如法国、德国和俄罗斯这样的陆权国家都未能保有一支远洋蓝海海军（blue-navy）。相反，作为大陆国家，它们追求一种不对称的海上战略，追求反介入和区域拒止能力以保卫它们的海洋通道和海岸线。此外，中国跟德国和俄罗斯一样，进入公海的地理通道有限，而且可以被轻易地封锁和阻塞。

作为一个陆权国，中国人民解放军保障内陆和国内安全的需要将限制中国发展起具有远洋能力的海洋国家所必须的实际资产。罗伯特·罗斯（Robert S. Ross）认为，中国将主要的国防开支用于解放军，其中约十分之一流向海军（PLAN）。[2] 相比之下，在2006年，作为一个海上强国，美国武装部队的40%是海军和海军陆战队。美国要求确保每三艘航空母舰中总有一艘处于执勤部署状态，这进一步证明了华盛顿对于公域控制的决心。[3] 正如一位学者注意到的，中国只有一艘航空母舰，“正在建造的航空母舰、其他攻击型舰艇、相关的舰载设备和技术等将会使得中国的国防预算吃紧，考虑到解放军还有其他多重使命，情况就更是如此”。[4]

在分析中国的权力发展趋势时，令华盛顿担忧的一个要素是北京正在获得反介入和区域拒止能力（A2AD）。[5] 自20世纪90年代开始，中国在反舰导弹、短程和中程弹道导弹、巡航导弹、隐形潜艇、网络和太空武器方面进行投入，这对美国的优势地位，特别是其在中国的沿海水域的优势地位形成挑战。中国的意图是与美军保持距离，把他们挡在远处 。更具体地讲，就是对于美国而言，中国

1 Barry R. Posen, “Command of the Commons: The Military Foundation of U.S. Hegemony,” p.10.

2 Robert S. Ross, “China’s Naval Nationalism Sources, Prospects, and the U.S. Response,” *International Security*, Vol. 34, No. 2, Fall 1990, pp. 46-81.

3 Ibid., p.75.

4 Ibid.

5 Roger Cliff, Mark Burles, Michael S. Chase, Derek Eaton, and Kevin L. Pollpeter, *Entering the Dragon's Lair: Chinese Anti-Access Strategies and their Implications for the United States*, Santa Monica: RAND Corporation, 2007.

的反介入和区域拒止能力意味着冲突期间在接近中国领土的区域行动代价更大，靠近中国部署航空母舰成为更加复杂的事情，由此迫使美军远离中国近海。中国的反介入和区域拒止战略也使美国在冲绳和关岛的基地更容易受到中国路基导弹的攻击。这种局面还有可能动摇美国在太平洋地区盟友的决心，鼓励他们跟随中国，并且导致北京相信美国将会抛弃自己的盟友。

最后，这种不对称的战略还限制了美国向中国领土纵深投射力量的能力。

北京并不需要成为与美国平起平坐，或者接近成为与美国及其盟国同等的海上力量。

伴随上述的另一方面情况是，尽管中国是一个陆权国家，北京并不需要成为与美国平起平坐，或者接近成为与美国及其盟国同等的海上力量，从而给美国重大利益造成较大威胁。国家总是受机遇期和特定权力组成部分的脆弱性驱动的。如果美国的政治家们期望，大规模中美霸权战争只有在中国权力上升的曲线与美国的下降曲线交叉之时才会发生，那他们备战就为时已晚了。因此，金骏远（Avery Goldstein）对中国有一个错误的判断，他认为中国是“一小群具备必须的素质（ingredient）且有朝一日成为同等竞争者的国家中的一员。……要拥有可与美国匹敌的经济和军事基础，中国还有很长的路要走，然而……尽管中国的实力较过去相比已经有令人印象深刻的增长，它所完成的同美国‘弥合差距’的跨越迄今为止还相当小”。[1] 与之相似，波森认为“美国在海上、空中和太空的军事优势很难被挑战——更别说被超过”，这也是错误的。[2] 中国不需要超过美国。相反，正如前几部分已经讨论过的那样，在分析中国的物质实力时，重要的是中国是否具有挑战美国的适当的权力要素。因此，当中国相信它在某个特定权力要素方面有足够力量的时候，中国可能会挑战美国，而这也许会发生在中美全部权力的大转移之前。

适当的权力要素

根据“现实主义新型大国关系论”，在评估中国未来的权力发展趋势时，重要的是要看北京是否有适当的或曰必须的国家权力组成部分，它们对美国构成了重大威胁。相较而言，中国的国防总开支、综合军事能力或者其物质权力综合指数都是次要的。特别是综合物质实力这个指标，并不一定具有可比性（fungible）或是有用性，而中国要想（对美国）构成重大威胁，必须拥有正确（correct）的权力要素。

美国国防部和《简氏防务周刊》警告说，相比过去的水平，中国军事权力正

1 Avery Goldstein, “Parsing China’s Rise: International Circumstances and National Attributes,” p. 61.

2 Barry R. Posen, “Command of the Commons: The Military Foundation of U.S. Hegemony,” p. 21.

在以更快的速率增加。2015年，北京的国防预算将比2014年增加约10%。[1] 然而，中国的综合物质能力或者全部军事开支本身并不必然转为结果；中国需要适当的权力要素才能对美国构成重大威胁。例如，一些学者和政策制定者都认为，中国人民解放军海军是一支“有限的蓝海（远洋）”海军，其活动范围只能是包括整个南中国海、南至印度尼西亚和东帝汶的第二岛链（第一岛链北起千岛群岛南至日本、钓鱼岛和琉球群岛、台湾以及南中国海的一部分）。一支“绿水（近海）”海军只需要军事区域范围内的驱逐舰和护卫舰，而一支可以在整个太平洋活动的蓝海海军，则包括航空母舰和支援舰艇。在分析中国的国家权力时，考虑到北京并未拥有一支蓝海（远洋）海军，其第一艘航空母舰刚刚编入现役、完成了首轮海上着陆，但没有形成航空母舰战斗群，华盛顿不应当夸大中国的挑战。

一些学者和政策制定者呼吁，为了威慑中国，美国应在东亚保持足够的军事实力和盟友，但是，美国的军事实力也必须是相称的。华盛顿应当监测中国海军的发展趋势，特别是中国建设一支近海或者远洋海军所需的配套生产、工厂、熟练工人和产能，以此决定北京是否在事实上挑战了美国的公域控制权。[2] 此外，华盛顿应当询问这些权力的特定组成部分是否正在增长，它们是否将要超过还是少于美国国家权力的组成部分，以及这种变化是否越过了关键门槛和红线。

定向制衡

在分析中国的权力时，令华盛顿担忧的一个要素是北京正在获得反介入和区域拒止能力。根据“现实主义新型大国关系论”，美国对于中国这个权力要素的制衡，必须采用定向制衡而非广泛的制衡或是对冲战略。美国对中国的定向制衡应当是各方面措施的组合，包括为维持海军优势建造舰艇，采取反弹道导弹、反火箭弹防御和瘫痪网络（blinding cyber warfare）等技术，以及为摧毁对方反舰导弹、潜水艇、驱逐舰和战斗机发起隐形攻击。特别应当提到的是，国防部长罗伯特·盖茨（Robert Gates）2009年在空海一体战理念的指导下开展工作，着手解决这种不对称的危险。这一理念是为了“发展一种联合空中和海上作战的概念……（以）解决空军和海军力量如何在各作战领域（空中、海上、陆上、太空

---

1 See Edward Wong and Chris Buckley, “China's Military Budget Increasing 10% for 2015, Official Says,” *New York Times*, March 4, 2015, http://www.defense.gov/pubs/2013_china_report_final.pdf, 2015-04-20 ; “China to Exceed Combined Defence Budget of All Other Key Defence Markets in APAC by 2015 ,” February 14, 2012, http://press.ihs.com/press-release/defense-risk-security/china-exceed-combined-defence-budget-all-other-key-defence-marke, 2015-04-20.

2 吴征宇（Wu Zhengyu）认为中国将以投资高铁和西进开发欧亚大陆的方式实施一种大陆战略，见：Wu Zhengyu, “Toward ‘Land’ or Toward ‘Sea’,” *Naval War College Review*, Vol. 66, No. 3, Summer 2013, pp. 53-66。

以及网络空间）整合能力的问题，反击对美国行动自由的日益严峻的挑战”。[1]这项攻势以向中国大陆的“致盲攻击”为开端，让美国得以进入有争议的地区，并且使美国能够充分发挥其物质性的军事优势。

考虑到美国的定向制衡战略和美国海军更明显的优势，美国国防部在缩减武装力量时主要是针对陆军和海军陆战队的地面部队，最小限度地消减海军的份额。其他定向制衡的步骤还包括：海军把60%而非50%的舰艇部署在太平洋，在那里驻扎更多的驱逐舰和两栖舰船，以及以新加坡为基地轮换部署濒海战斗舰（LCS）。[2]

结 论

美国重返亚太或曰亚太再平衡战略，代表了美国增强其在亚太地区的经济、军事和外交存在。然而，这并不意味着美国和中国注定要展开战略竞争、冲突或者霸权战争。

我主张“现实主义新型大国关系”，这是一个对于单极和多极秩序都适用的现实主义概念。它对理解中美在亚太地区的竞争有多重意义。

第一，对于华盛顿来说，即使中国的综合物质实力正在增长，如果它的权力组成部分或要素对美国构成威胁，那么美国就不应该采取对抗性制衡措施或者先发制人地发动战争。就目前而言，中国把大部分国防开支用于陆地边境安全、国内安全和中国人民解放军的陆军，而不是用于中国人民解放军的海军或空军——所有这些要素和权力发展趋势都不会挑战美国的重大利益。

第二，在评估威胁时，军事实力较弱的国家有可能比中国对美国的威胁更大，这取决于其权力要素的结构。例如在亚太地区，朝鲜这样较弱的国家有可能更加危险。

第三，与仅仅强调物质实力的累积变化的论点相反，中国并不需要成为一个给美国造成巨大威胁、与美国平起平坐或是接近同等水平的竞争者。与沈大伟（David Shambough）的研究结论相反，中国不需要拥有一个装备齐全的实力工具箱。[3] 作为一个成长之中的大国，更重要的是中国是否拥有正确的（权力）要素。这对于诸如俄国那样的金砖国家同样适用。

第四，美国领导人应当依据国家权力的组成部分或要素来评估权力发展趋势，而不是针对物质实力的变动或者转化来进行制衡。更确切地说，美国相对军

1 *2014 Quadrennial Defense Review*, p.32.

2 Ibid.

3 David Shambaugh, “China Engages Asia: Reshaping the Regional Order,” *International Security*, Vol. 29, No.3, 2004, p. 94.

事或经济力量的下降，甚至即便美国（经济）在2027年或2035年被中国超过，也并不意味着美国必定更不安全。[1] 如果美国被引导到对抗中国权力的错误因素上，或者美国采取广泛和无效率的对抗性制衡措施，即使美国向国防开支中投入更多金钱，或者提升综合军事实力，也并不一定使美国变得更加安全。

（李妍 译；雷少华、徐彤武 校）

1 "The Rise of the BRICS and N-11 Consumer," *Goldman Sachs Report*, December 2010, http://www.goldmansachs.com/gsam/docs/funds_international/static_literature/all_country/20101203_strategy_series.pdf,2015-04-20.

专题：聚焦中美关系

中美海上竞争与合作及未来走向

温金蓉

内容提要：亚太地区的海上安全形势，特别是东海、南海的安全问题已经引起国际社会高度关注。美国“亚太再平衡战略”导致中国海洋环境出现不容低估的严峻现状与发展势头，美中关系已进入一个前景不确定并将影响深远的战略风险期。中国的崛起及其对海洋利益的拓展与美国的海洋霸权及利益索求形成碰撞，由此导致中美海上竞争升级，矛盾深化，由海空意外事件引发军事冲突或大规模战争的危险不能完全排除。未来中美在海上方向应当以维护各自国家核心利益为出发点，增信释疑，管控分歧，努力寻找利益汇合点，避免利益冲突点，促进合作中的良性竞争。中美任何一方要实现关乎各自未来安全和繁荣的愿望与计划，除了合作，别无他路。

关键词：中美关系　海上安全　竞争　合作

近年来，亚太地区的海上安全形势特别是东海、南海问题引起国际社会的高度关注。中、日、菲、越、韩围绕黄海、东海、南海领土争端的斗争持续发酵；美国着眼“后反恐时代”，提出“亚太再平衡战略”，将战略关注点转向亚太地区，视中国为其潜在对手。2015年，影响中美关系的因素出现显著变化：3月美国海军发布了《21世纪海上力量合作战略》，明确指出中国“海上力量扩张”态势；5月中国国防部发布《中国的军事战略》国防白皮书，首次提出中国海军奉行“近海防御与远海护卫”战略；5月美国以维护所谓“航行和飞越自由”为借口，公然派遣P-8A巡逻机在南中国海挑衅中国主权。在中美海上分歧增多，海洋战

温金蓉　中国国际问题研究基金会海洋研究中心研究员。本文根据作者在“历史与现实：中国与东亚海上安全”国际研讨会（2014年）的发言补充、修订而成。

略猜忌加深，海上竞争加剧的时候，处理好中美两国在海洋领域的竞争与合作问题，构建新型大国海上关系，将对维护中美关系、亚太地区乃至全球和平与发展产生重大影响。

一、当前亚太地区海洋安全形势面临严重挑战

亚太地区主要国家濒海，海洋安全在地区事务中扮演着极其重要的角色。亚太地区聚集了中、日、美、俄、东盟五大战略力量，东北亚、东南亚各国相邻相近，是地缘经济活跃和地缘政治复杂的地区，也是当今世界力量和潜能的中心。

亚太地区主要国家濒海，海洋安全在地区事务中扮演着极其重要的角色。

2010年以来，亚太地区海洋安全形势随着美国战略重心转移变得异常复杂。美国推出”亚太再平衡战略”，着重强化美日同盟、美韩同盟、美澳同盟及与菲律宾的军事关系，遏华一面明显加强；日本安倍政府积极推动修宪解禁集体自卫权，制造钓鱼岛紧张局势，借美拉东盟对抗中国；越南、菲律宾等个别国家倚重美日，在南海不断挑衅中国主权底线，趁机谋取私利。中国针对个别国家在东海、南海挑衅中国岛屿主权和海洋权益的行动而被迫采取一些反制措施，引发美、日、越、菲等国的战略疑虑与过激反应，海洋版的“中国威胁论”甚嚣尘上。主要表现是：

一是岛礁主权和海洋权益争端持续升温。体现为：中日钓鱼岛主权争议形势依然紧张，双方海空执法力量时常形成对峙；中国与南海有关国家的岛礁主权和海域划界争议没有解决的迹象，菲、越争夺我国岛礁的挑衅活动还在发展；韩日独岛（日称竹岛）主权争议，双方时有宣示领土主权的动作；俄日南千岛群岛（日称北方四岛）主权争议，双方亦坚称各自拥有领土主权；由海域划界争议引发的渔业纠纷不断，暴力执法现象时有发生。

二是域外大国介入南海争端形势复杂。随着中国在南沙进行相应的岛礁基础设施建设，中美“航行与飞越自由”之争升温。2015年，美国舰机抵近我国南沙岛礁侦察活动明显增多，5月20日美军P-8A“海神”反潜巡逻机载美国有线电视新闻网（CNN）记者公然闯入我国南沙岛礁上空，遭我国海军严正警告。美国甚至宣称要拉日本等域外势力“联合巡航”南海，出现了南海地区军事化、国际化的倾向。美方指责中国在南海的行为与国际准则和规范“不合拍”，并表示为确保人工岛外围在内的航行自由，美国决不妥协。中方主张强调南海航行自由绝不等于外国军舰、军机可以随意进入一国领海、领空，中方将坚定维护领土主权。

三是海空发生意外事件的风险增大。中美1998年建立了海上军事安全磋商机制，但双方在专属经济区军事利用及《联合国海洋法公约》相关条款的解释适

用问题上有分歧，集中在美军舰机抵近中国近海、在专属经济区内侦察、南沙岛礁附近航行与飞越的合法性问题上，由此引起发生海上意外事件的担忧。近年来，日本时常就中国海军进出第一岛链海峡水道和进入东海海域训练提出质疑，美日无视我国东海防空识别区的划设，时常派遣飞机进入东海防空识别区进行挑衅性飞行，双方舰机在海空相遇的概率大大增加，加上钓鱼岛争议因素，就显得更加危险。

四是海上交通线安全威胁严重。亚太大多数国家都是外向型经济，原料、能源进口与产品出口大都需要经过海上。目前，经马六甲海峡进入南中国海的油轮数量是通过苏伊士运河的3倍、巴拿马运河的5倍，海盗、海上恐怖主义和其他跨国犯罪问题是海上交通线的主要威胁。据国际海事局和国际商会（ICC-IMB）的报告，在东南亚地区，平均每两周时间，小型油轮就会遭到一次海盗袭击。2015年1月至4月中旬发生的全球54起海盗持械抢劫事件中，有55%是来自于东南亚地区。过去几年里，全球海盗事件数量稳步下降，但2015年第一季度发生的海盗事件比2014年同期增长了10%，海盗劫持的人质数量达2014年的三倍。

此外，亚太地区近年来地震、海啸、飓风、热带风暴等严重自然灾害不断，给人类造成巨大损失。还有海洋环境污染造成的重大灾害也有上升趋势，如日本福岛核事故引发的海洋环境污染的危害还在发展。

二、中美海上竞争升级、矛盾深化

奥巴马政府上台后实施的“亚太再平衡战略”，将中国视为在战略和军事安全领域加以制约防范，在双边经贸、地区稳定和全球治理等诸方面又须竞争与合作并重的“战略竞争对手”，并将亚太地区作为美、中战略竞争的重心。2012年1月奥巴马政府公布了题为《维持美国的全球领导地位：21世纪国防的优先任务》新军事战略报告，强调美国将努力确保其“军事超强”地位，实施战略与资源的“再平衡”。2012年6月时任美国国防部长帕内塔在香格里拉会议上发表了题为《美国亚太再平衡战略》的主旨演讲，强调增加兵力进行“前沿部署”是美国对亚太地区“承诺的核心”。2015年4月，美国发表新版《日美防卫合作指针》，确定将把美军与日本自卫队的合作从应对“周边事态”扩大到全球范围，实现双方军事力量从平时到发生突发事件时“无缝对接”的合作。现阶段美国对华政策的特点可概括为：竞争合作、制约防范、规塑行为、影响发展、避免危险。

从安全层面上讲，美国“再平衡”战略以主导亚太为主要目标，以构建新型亚太安全体系和调整军事部署为主要内容，有重点地对中国进行战略围堵，尤其突出对海上方向的战略围堵。主要表现在三个方面：

（一）加紧构建美国主导的亚太安全体系。美国试图打造以美国主导的、以美日澳韩菲联盟+印度为骨架的“亚洲版北约”，以强化对中国的战略包围。美重视东南亚地区在新型亚太安全体系中的重要性，着重强化海上方向对中国实施战略围堵的安全体系。主要做法：

外交上，美国大力巩固与日本、韩国、澳大利亚、菲律宾、泰国等国的同盟关系，深化与新加坡、印度等国的伙伴关系。军事上，频繁举行联合军事演习，不断扩大与盟国和伙伴国的联合军事演习与规模。在区域多边机制建设上，主动改善与越南、缅甸、柬埔寨等国的关系，向“中国传统势力范围”渗透。美越海军实现了首次联合军演，实现首次美战舰访越，2015年6月1日美国国防部长卡特访越并与越南共同签署了《国防关系愿景联合声明》，承诺向越南提供1800万美元，用于帮助其购买美国制造的巡逻艇；对缅甸采取了逐渐务实做法，实现了对缅政策从强硬到柔软、由高压到对话的重大转变。在海洋权益争端问题上，美国深度介入东海、南海问题，无视东海、南海岛屿领土主权争端对中国的敏感性，把辽阔的海洋空间作为与中国进行战略博弈的新阵地，先保持住争端问题的“低烈度紧张”，再出面充当“调解人”甚至规则制订者，把中国周边国家特别是东南亚国家纳入美国主导的多边安全体系。

（二）重点完善围堵中国的岛链军事部署。根据2012年6月1日美国国防部长在新加坡香格里拉会议上宣布的计划，至2020年美国将把其海军60%的兵力部署在太平洋，同时加紧构筑从中亚、南亚、东南亚到东北亚的军事基地链，着重完善围堵中国的第一和第二岛链军事部署。

在第一岛链，美国正在加紧完善从东北亚到东南亚的军事部署。一方面继续保持东北亚基地群，在日本、韩国部署有重兵，军事基地设施密集而完善。特别是在中国东海东面冲绳岛集中部署了驻日美军60%的兵力和基地设施，包括最先进的F-22“猛禽”隐身战斗机、MV-22“鱼鹰”运输机和P-8A“海神”反潜巡逻机。另一方面，大力完善以新加坡为中心的东南亚基地群。根据美新之间达成的协议，美军可长期无偿使用新樟宜海军基地、森巴旺海军基地和巴耶黎巴空军基地，从而控制马六甲海峡咽喉。美军还租用了菲律宾、泰国、马来西亚、印度尼西亚、文莱等国的17个军事基地与设施，作为海空舰机临时休整、补给和维修之用。与此同时，进一步加强在东南亚的前沿部署轮换兵力。

在第二岛链，美国重点加强在关岛和澳大利亚的军事部署。计划将关岛建设成美军在西太平洋重要的力量投送中心和控制亚洲战略态势新的战略中枢，如最近两年新部署了B2隐形战略轰炸机、F22隐身战斗机和RQ-4A“全球鹰”无人机，攻击核潜艇于今年增至4艘，还计划于2017年部署一种能够在空中连续飞行24小时的新型无人机—— MQ-4C“人鱼海神”无人机。

在澳大利亚，美军在中部的松树峡建有先进的航天监视站，并宣布在北部的达尔文永久驻军。一位美国官员曾明确表示澳大利亚北部相比日韩基地而言更接近南海。针对南海的意图显而易见。

（三）全面介入亚太区域经济一体化进程。近年来，亚太区域经济整合进程明显加快，形成了“10+1”、“10+3”、“10+6”等经贸合作机制。特别是2010年1月中国—东盟自由贸易区的建立和中国倡导设立的亚洲基础设施投资银行对亚太经济一体化进程及世界未来经济秩序产生了重要影响，引起美国的关注与担忧。为打破亚太原有的区域经济整合节奏，进一步稀释中、日等大国的区域经济和政治影响力，奥巴马政府加紧调动行政、经济和外交资源，全面主导跨太平洋伙伴关系协定（TPP）谈判。这一协定是美国推进“全球经济新进程的一部分”，但是更主要的是为了建立美国主导下的亚太和国际经济新秩序，从经济上遏制中国在亚太地区不断扩大的影响。中国经济重心位于沿海地区，经济对外依存度高，美国对中国实施战略围堵将会直接影响中国的经济发展和海上安全。

三、中美海上竞争升级的主要原因

中美海上竞争升级主要源自美方，中国的崛起及其对海洋利益的拓展也与美国的海洋霸权形成碰撞。

中美海上竞争升级主要源自美方，中国的崛起及其对海洋利益的拓展也与美国的海洋霸权形成碰撞。具体而言，主要有以下原因：

原因之一，美国抱持零和思维不放。美国冷战思维的一个重要特征是“寻找敌人”。冷战结束后，美国的战略目标从冷战时期的与苏联争霸转变为防止出现一个挑战美国霸权的新兴大国或国家联盟，而中国则被美国认为很有可能成为其霸权地位的挑战者。2008年国际金融危机之后，国际秩序经历了前所未有的转变，中美关系出现结构性变化。美国战略界人士担心崛起的中国将挑战美国的亚洲领导地位，挑战美国的盟国体系，挑战国际规则机制的控制权，挑战美元为核心的国际货币体系，挑战全球公域的治理权和西方价值观。鉴于海洋对中国崛起有着非同寻常的意义——中国未来在安全、经济、资源、环境、政治方面都依赖于海洋，而且未来中国制天权的能力建设也依赖于海洋。美国控制了中国周边海域，就等于限制了中国的经济发展、能源输入、缓解环境压力和国家层面的可持续发展，同时也限制了中国制天权的发展。美国的战略家们普遍认为霸权的更替与海上力量的兴衰密不可分，担心中国日益增长的海军实力将会削弱美国在太平洋地区乃至在全球的影响力。

原因之二，美国地缘战略的需要。美国安全战略的理论基石是其地缘战略，其核心就是维持欧亚大陆均势和海上非均势。防止任何大国单独或联合起来控制欧亚大陆是美国至关重要的国家利益。美国在欧亚大陆实施的主要战略手段就是维持欧亚大陆均势，使美国这个“离岸平衡手”能充分发挥作用。作为欧亚大陆屈指可数的陆权大国，中国以其辽阔的疆域、庞大的人口数量、欣欣向荣的经济以及快速现代化的军队打破了这种均势，使美国认为中国将成为其在欧亚大陆最大的地缘政治对手。美国的战略目标就是把陆权大国中国的影响限制在欧亚大陆范围内，使其不向海上扩展，以避免打破美国在欧亚大陆维系的均势和在太平洋建立的海上非均势。中国的周边海域成为陆权国家中国与海权国家美国的利益碰撞之处。

原因之三，美国军事转型的影响。美国认为，美国的安全与繁荣与其他国家的安全与繁荣息息相关，因为美国海上力量的部署主要是为了保护并维持一个和平的全球体系，而这一体系由相互依存的贸易、金融、信息、法律、人际及管理等网络组成。为适应冷战后的形势与需要，美军开始实施军事转型，提升军事能力，满足不断变化的环境要求，以便支持美国主导国际事务的国家霸权主义战略。美国海军的作战对象、作战环境、作战理念均相应发生了巨大变化。美军颁布的一系列文件，既指出了美国海军的转型方向，也涵盖了其海军新战略的具体内容，其中"从海到陆"、"海天一体战"、"空海一体战"的作战思想是极为重要的组成部分。为实施这一作战思想，海上力量必须"前沿部署"、"全球存在"、"全球作战"。

2015年3月美海军第二版《21世纪海上力量合作战略》进一步强化全球力量部署和提高全球领导力的思路，提出海上力量要具备五大基本能力：一是全域进入能力，重点针对"反介入/区域拒止"发展新能力，以组合力量击败敌人整个系统。二是威慑能力，保持战略核威慑和常规威慑力量的均衡。三是海上控制能力，建立局部海上优势，阻止对手具有同样的能力。四是力量投送能力，强调"维持远程行动能力是海军力量投送的基石"。五是海上安保能力。将对外合作作为实现全球存在的补充手段，更加注重与盟国和伙伴国的海上力量合作，如在今年的香格里拉对话会上美国国防部长卡特宣布将提供4.25亿美元加强东南亚国家的海上力量，目标是能够"在需要的地点、需要的时间"展开行动。

在中国方面，近年来随着综合国力的持续增长和海上经济利益的拓展，中国海洋意识开始觉醒，国家安全观正在发生变化，同时媒体对中国的海上力量建设进行过度解读，这些都是导致中美海上竞争加剧的客观因素。

一是中国军队的现代化建设。随着中国海洋利益的拓展和军队的现代化建设，中国军队日益成熟、自信和开放，愿意与各国军队发展友谊、深化合作，担当起维护国家利益和世界和平的义务。2015年5月中国首次发布《中国的军事战略》白皮书，明确了中国军队"四个坚决维护"的使命（坚决维护中国共产党的领导和中国特色社会主义制度，坚决维护国家主权、安全、发展利益，坚决维护国家发展的重要战略机遇期，坚决维护地区与世界和平，为全面建成小康社会、实现中华民族伟大复兴提供坚强保障）和八项战略任务（应对各种突发事件和军事威胁，有效维护国家领土、领空、领海主权和安全；坚决捍卫祖国统一；维护新型领域安全和利益；维护海外利益安全；保持战略威慑，组织核反击行动；参加地区和国际安全合作，维护地区和世界和平；加强反渗透、反分裂、反恐怖斗争，维护国家政治安全和社会稳定；担负抢险救灾、维护权益、安保警戒和支援国家经济社会建设等任务），涵盖了传统安全、非传统安全以及新型安全领域。白皮书明确提出海军要按照“近海防御、远海护卫”的战略要求，局部实现近海防御型向近海防御与远海护卫型相结合的转变。

近年来，随着航母和一批大型舰船和新型战机入役，中国海军开始向蓝水进发，派遣海军编队前往亚丁湾护航，组织例行性远航训练，加强与友好国家海军军演活动，作战海区将逐步扩大到太平洋北部至第二岛链。总的来看，中国海军要打造一支蓝水海军是历史发展的必然，这样的军事现代化目标必将与美国军事转型产生矛盾与冲突。美国认为，“中国海军未来十年的目标，是成为更强大的地区力量，能够在更广阔的亚太地区投送力量，遂行长期、高强度的作战行动。远海机动已经成为中国海军年度训练的常态化组成部分”。在可预见的未来，美国视中国为唯一可能对美国的影响力及在西太平洋地区力量投送带来重大和持久威胁的国家。中美海上竞争与矛盾是两国军事战略思想在实践中发生摩擦的体现。

二是中国海洋利益的拓展。如果说美国是严重依赖本国海军远程投射能力的超级军事大国，那么中国就是越来越依赖一个安全稳定的全球海洋体系的世界贸易大国。目前中国对石油进口依存度达到60%以上，2014年中国货物进出口总额达到4.30万亿美元，其中出口2.34万亿美元，进口1.96万亿美元，是世界排名第一的货物贸易大国，全球服务贸易进出口总额6069.57亿美元，位居第二。对于中国而言，确保中东、非洲、拉美等地的资源运输通道安全变得至关重要，海洋已经成为中国经济发展的“蓝色大动脉”。

2013年10月，中国国家主席习近平提出建设“21世纪海上丝绸之路”的倡议，这一构想是根据区位现实，采取以近及远，由易到难，以点带面，从线到片的推进方式，根据实现的成果和经验，逐步拓展沿着“新海上丝绸之路”的海上连通合作规模。这一倡议在世界和亚太地区得到广泛关注，既期冀中国在海上互联互通以及区域经济合作中发挥更大作用，又疑虑中国隐含某种特别的政治意图。中国不仅对拓展海洋利益抱有浓厚兴趣，而且开始付诸实施相关设想，有理由相信中国对海洋利益的认识已经上升到战略高度。但是这种活动和认识也不可避免地加重了美国对中国迅速发展海洋实力的疑虑，从而深化了中美之间在海洋领域的竞争与矛盾。

三是中国关于国际秩序的新概念逐渐形成并见诸实践。一是新安全观，主张合作安全、共同安全和综合安全，扬弃绝对安全、单边安全和狭义安全；二是利益共同体，寻求与扩大同世界各国的利益汇合点，以利益汇合点超越利益分歧点或冲突点；三是新型大国关系，旨在破解新兴大国与守成大国之间必然对抗的逻辑；四是新责任观，主张以“共同而有区别的责任”来界定发展中国家同发达国家共同参与全球治理、分担责任的内涵；五是“共同崛起”，主张实现金砖国家整体崛起、构建西方传统大国与新兴大国的二十国集团（G20）合作框架；六是

"和而不同"，主张实现世界文化多样性、各国道路差异性和人类追求美好未来的普世性的统一。这些理念的提出及实践引起国际社会及美国的过度解读和质疑，认为崛起的中国将挑战美国的全球领导地位。与此相关，海洋问题成为中美战略博弈、矛盾深化的窗口。

四、未来走向：合作与竞争

中美双方由海上意外引发军事冲突的危险虽无法完全排除，但可能性很小。

美国面向亚太地区的"再平衡"固然有牵制中国的战略意图，但从另一方面讲，也表现了美国对中国和亚太地区经济发展的重视和参与其中的积极性。中美双方由海上意外引发军事冲突的危险虽无法完全排除，但可能性很小。尽管国际上和美国方面有相当一部分战略家对美国的"亚太再平衡战略"提出质疑，对中美两国构建新型大国关系寄予期待不多，但中美两个大国都负有重大的历史责任，并具有很强的自我纠错能力，应当避免或少犯历史性、全局性错误。

未来中美在海上方向将以维护各自国家核心利益为出发点，加强战略对话，增信释疑，管控分歧，努力寻找利益汇合点，避免利益碰撞点，两国的海上关系将呈现竞争与合作交织的态势。

一方面，海上竞争将呈螺旋式上升趋势。从强度来说，中美海上竞争的矛盾有逐步增强的趋势。目前，认为中美之间的竞争纯粹是一种"零和游戏"，这种看法在美国还是有着根深蒂固的思想传统。美国《大西洋月刊》记者罗伯特·卡普兰早在2009年曾撰文指出："中国濒临太平洋，又有一条漫长的海岸线，这将给它带来与美国的潜在冲突。"在卡普兰塑造的未来地缘政治版图中，中国将不可避免地成为美国霸权最有力的挑战者，而这种"零和游戏"的主要空间就在海洋。2015年中美在围绕南海问题爆发的带有火药味的论战就是例证。

从规模来讲，中美海上竞争有扩大趋势。2006年美国在《四年防务评估报告》中首次明确中国为假想敌。2010年美国在"空海一体战"联合战斗概念中更是指出，"空海一体战"就是为了应对中国不断发展的"反介入／区域拒止"战法而提出的，重点在于阻止中国在短期内赢得战争，以及摧毁中国企图压制美国及其盟友的信心。2015年新版美国海军战略明确指出中国"海上力量扩张"威胁亚太地区安全稳定。随着中国海上实力和遂行多样化军事任务能力的逐步增长，中国迈向蓝海的步伐将会加快，中美海上竞争将会由中国近海向远洋扩散，其规模也随之增大。就重点区域而言，有向南海转移的趋势。一是南海是重要的国际海上航线必经之地，是中国重要的海上航线，也是日本的海上生命线；二是南沙问题地区化、国际化、军事化趋势越来越明显，美国介入态度已明晰；三是南海领土主权争端升级，资源开发矛盾激化；四是南海海域是核潜艇、航母进行机动与隐蔽的辽阔场所，对中国建设二次核打击力量、前出太平洋机动具有重大意义。近年来，美国对南海地区监控力度明显加大，包括从空中、海上、水下和太空的监控。南海的战略地位决定中美必然在此发生矛盾或碰撞。

另一方面，合作领域将不断扩大。就整体而言，中美在海上竞争的矛盾源于军事、政治、外交等诸多方面的因素，将会是一个长期存在的事实，但应该不会突破爆发全面海上武装冲突这条底线。

首先，双方高层有决心让合作成为美中关系的主旋律。2013年6月习近平主席与奥巴马总统在美国安纳伯格庄园举行会晤，双方表达了致力于构建基于“不冲突不对抗、相互尊重、合作共赢”的新型大国关系的意愿。基辛格在《论中国》一书中写道，美中之间不应该是零和关系，两者之间应该建立的与其说伙伴关系，不如说是“共同进化”（co-evolution）关系。

2014年7月，第六轮中美战略与经济对话和第五轮中美人文交流高层磋商在北京举行。习主席在致辞中强调中美要用积土成山的精神，一步一个脚印，携手推进新型大国关系建设，称“坚持合作，避免对抗，既造福两国，又兼济天下”。奥巴马总统在书面致辞中表示，美中关系不断加强，经济相互依存日益加深，双方需要围绕共同利益、共同责任和共同挑战建设两国关系。2014年11月“习奥瀛台会”上，双方再次重申合作共赢，愿意携手应对各种全球性挑战，共同促进亚太和世界和平与安全。2015年6月23—24日中美在华盛顿举行的第七轮中美战略与经济对话和第六轮中美人文交流高层磋商，延续了扩大合作、管控分歧的基调，进一步凝聚共识。双方的对话和磋商取得了一系列重要成果，其中包括把保护海洋作为合作新支点的决定，为习近平主席定于2015年9月对美国的国事访问营造了良好气氛。

其次，中美军事交流将继续保持良性互动。自2001年中美海上空中碰撞事件发生后，双方为避免发生海空冲突做了不懈的努力，在两国元首的亲自推动和双方的共同努力下，中美两军关系在最近三年里取得重要进展。一是高层互动频繁。两国国防部长以及总参谋长成功实现互访，美军太平洋司令部司令、陆军参谋长、海军作战部长、太平洋舰队司令等高官先后访问中国，彼此的开放程度都有新的突破。令人欣慰的是在美国高调介入南海之际，中国军委副主席范长龙依然按计划率高级别代表团于2015年6月访美，就热点问题交换意见。二是机制性磋商对话取得重要成果。双方就重大军事活动通报机制和中美海上意外相遇规则进行多轮磋商，于2014年底签署了“两个互信机制”谅解备忘录；目前正在就空域意外相遇规则进行磋商，期待年底达成谅解备忘录。此外，在第14届西太海军论坛上积极推动通过了《海上意外相遇规则》。三是军事联演联训活动增多。自2012年开始中美海军在亚丁湾举行例行性联合反海盗演习，2014年中国海军首次派军舰参加“环太平洋—2014”军事演习，2014年两国海军舰艇首次依据CUES和战术1000进行联合演习。四是军事交流活动多样活跃。中美两军间交流在过去一年里没有减少，相反在不断尝试接触，两军在舰艇互访、军事学术研究、中青年军官交流方面展开了多样化的合作。2015年2月初，中国海军29人舰艇长代表团赴美访问，走进五角大楼，访问了3所军校，与28名美国海军同行坦诚对话。这是中美两军在30多年的交往史上首次双方海军一线指挥人员进行如此规模的交流活动。4月20—25日，美国海军第7舰队旗舰“蓝岭”号两栖指挥舰载1000多名官兵抵我军南海舰队访问，双方举行了一线军官座谈交流和海上联合演习等深入广泛的交流活动。4月29日晚两国海军领导人首次进行视频通话，就两国海军务实交流合作、美舰机抵近侦察、南沙岛礁建设等问题交换了意见。尽管存在种种矛盾和分歧，并经历了东海、南海舰机对峙和一些比较激烈的言辞交锋，但双方都有意愿坚持通过交流、合作，管控分歧，增进互信，消除误会，减少误判，避免陷入不可收拾的军事冲突。

最后，非传统安全领域合作不断深化。随着全球化趋势的发展，尤其是“9 · 11”事件之后，非传统安全问题在海洋领域越来越突出，并呈现多元化、复杂化特征。这些问题包括海上恐怖主义、生态环境、传染病、跨国犯罪、走私贩毒、非法移民、海盗等。显然，这些威胁单凭任何一个国家都无法独立应对和解决。为了对付非传统安全威胁，美国希望建立一支“全球化”的海军；维系一个繁荣、稳定的全球海洋体系。中国海军积极履行国际义务，2010—2014年间海军“和平方舟”号医院船先后赴亚非拉十多个国家和亚丁湾执行人道主义医疗服务。截至2015年1月，中国海军共派出19批护航编队54艘次舰艇、42架次直升机、1300余名特战队员和1.6万余名官兵赴亚丁湾执行反海盗和护航任务，先后为798批次、5800余艘中外船舶护航。随着中国海军实力的增强，中国有望在为国际社会提供海上公共安全产品方面扮演更加积极的角色，进而促进国际安全与世界和平。亚丁湾护航从一个侧面证明：中美双方进行海上合作而非对抗利大于弊，合作应当成为未来两国海军关系的发展趋势之一。

结　论

虽然亚太地区面临的风险和挑战增多，但依然是世界上最具发展活力和潜力的地区，和平、发展、合作、共赢始终是地区形势主流，通过协商谈判处理分歧争端也是地区国家主要政策取向，也是中国的一贯主张和做法。

中国发展海上力量并走向远洋是历史的选择，也是不可阻挡的趋势。中国海上力量贯彻积极防御的战略思想，需要有足够的能力维护国家海上安全和履行国际义务。中美海上方向的博弈将会持续进行下去，这将是历史上第一次在守成大国和新兴大国之间展开同时带有竞争与合作性质的海上博弈。

中美海上矛盾的发展不可能引起类似于第一次世界大战前夕英德矛盾那样的冲突，其原因不仅在于前文所提到的那些因素，还在于中国发展海上力量的根本目的并非是争夺霸权、挑战美国地位及其倡导的国际秩序，而是维护中国的核心利益，维护中国国内的长治久安。

中美任何一方要实现关乎各自未来安全和繁荣的愿望与计划，只有合作，别无他路。两国应着眼共同安全利益，坚持互惠互利和互相尊重的原则，从低敏感领域入手，积极培育合作应对安全挑战的意识，不断扩大合作领域，创新合作方式，以合作谋和平，以合作促安全，构建“互信、合作、不冲突、可持续”的新型军事关系，构建“相互尊重、避免冲突对抗、合作共赢”的新型大国关系。

专题：聚焦中美关系

迈向“竞争性共存”：通过海上建立信任措施与非传统安全合作构建行动互信

［美］安德鲁·埃里克森　［美］奥斯丁·斯特兰奇

内容提要：由于双方历史、文化、政治和国家利益的差异，中美两国长期存在战略不信任。人们担忧，区域热点摩擦会导致两国之间的战略紧张局势、意外遭遇，甚至潜在安全危机。但中美作为21世纪重要的、且在海事领域有着众多共同利益的海洋大国，海上建立信任措施（confidence-building measures, CBMs）和非传统安全（non-traditional security, NTS）领域的合作，也可以为增加中美战略互信提供巨大潜力。本文提出了“竞争性共存”的概念和相关阐述，并从“竞争性共存的途径”、“双边海上合作的基础”、“海军非传统安全合作”、“进一步合作的领域”等四个方面，说明了华盛顿和北京如何能够从不断增加的海上行动互信诉求中受益，以及他们如何在具体实践中做到这一点。

关键词：中美关系　竞争性共存　海上建立信任措施　非传统安全合作　行动互信

在双方关系正常化、高层对话与不断趋向多元化的交流持续超过35年之后，缺乏战略互信仍是中美关系中的一个重要问题。尽管中美两国有着很多共性，但

［美］安德鲁·埃里克森（Andrew S. Erickson）　美国海军战争学院战略研究部（The Strategic Research Department, the U.S. Naval War College）副教授；［美］奥斯丁·斯特兰奇（Austin M. Strange）　美国威廉玛丽学院国际关系理论与实践研究所（Institute for the Theory and Practice of International Relations, the College of William and Mary）助理研究员、哈佛大学博士候选人。本文所表述的观点完全是作者自己的观点，不代表美国政府的政策和评估，也不代表作者所属的其他任何机构。除非具体说明，本文中所使用的材料来自不愿透露姓名的学者、分析家、现任或前任的政府官员。本论述的扩展版将由美国亚洲研究局出版。

双方历史、文化、政治和国家利益中的差异仍然显著。区域摩擦热点会加深对战略紧张局势、意外遭遇，甚至潜在安全危机的担忧。尽管存在这些挑战，但通过增加行动互信（operational trust），从而减少意外的风险升级，是一个现实且重要的目标。中美都是重要的、且在海事领域有着众多共同利益的海洋大国，海上建立信任措施（maritime confidence-building measures, CBMs）和非传统安全领域的合作，在这方面提供了巨大的潜力。出于传统安全的考虑，通过合作建立互信很可能会是渐进式的、发生在特定功能领域和地理区域的，相应最好的推进努力的方法是“从易到难”、“从远离中国到靠近中国”（“from farther from China to nearer to China”）。即便如此，这种方法足以将两个太平洋大国置于一条共同道路为他们之间维持稳定与和平关系创造一项必要条件：即成功分享东亚的海上战略空间，并且越来越多地超越了这一条件——其可以界定为“竞争性共存”（Competitive Coexistence）。这篇文章解释了华盛顿和北京如何能够从不断增加的海上行动互信诉求中受益，以及他们如何在实践中做到这一点的具体措施。

一、竞争性共存的途径：构建行动互信

华盛顿和北京正在陷入重大的、不断增长的战略猜疑中。2012年，李侃如（Kenneth Lieberthal）与王缉思（Wang Jisi）就曾强调，“中美互不信任对方长期意图的问题——在这里用术语界定为‘战略互疑’（strategic distrust）——已经成为中美关系中的一个中心问题”。[1] 独树一帜的西方汉学家兼政治家、前澳大利亚总理陆克文（Kevin Rudd），巧妙地道出了问题的实质：“在北京眼里，美国尤其反对中国崛起。”与此同时，“美国看到了一个力量不断增长、且在亚洲争夺政治、外交和安全政策空间的竞争对手。根据这种观点，北京的长期政策旨在将美国完全排挤出亚洲，以及建立中国横跨该区域的势力范围”。[2] 尤其令人不安的是，随着时间推移，一些以前乐观的专家变得不那么乐观了。中国研究学者大卫·兰普顿（David Lampton）明确指出：“自2010年以来，不幸很多事情发生了急剧变化。临界点日近。我们各自的恐惧比中美关系正常化以来的任何时候都要接近压倒我们的希望。”[3] “中美两国都有关于彼此的战略叙述，”陆克文总结道，

---

1 Kenneth Lieberthal and Wang Jisi, *Addressing U.S.-China Strategic Mistrust*, Washington, D.C.: Brookings John L. Thornton China Center Monograph Series, Number 4, March 2012, http://www.brookings.edu/~/media/Research/Files/Papers/2012/3/30%20us%20china%20lieberthal/0330_china_lieberthal.pdf,2015-05-20.

2 Kevin Rudd, “America and China are Rivals with a Common Cause,” *Financial Times*, April 16, 2015, http://www.ft.com/intl/cms/s/0/3055b448-e426-11e4-9039-00144feab7de.html, 2015-05-20.

3 David Lampton, “A Tipping Point in U.S.-China Relations is Upon Us,” speech at “China’s Reform: Opportunities and Challenges” conference, co-hosted by The Carter Center and the Shanghai Academy of Social Sciences, Atlanta, GA, May 6-7, 2015.

“他们缺乏的是一个两个大国应如何共存的共同观点。他们需要这样一个共同观点，来阻止双方关系在一个充满敌意、危机、甚至冲突的漫长且彼此都需付出高昂代价的时期中恶化。”他补充道：“中美关系的未来不是既定的。它仍有待于两国领导人去塑造。他们的共同利益比通常看到的更多。”

如何现实地解决这些问题的确是一件难有简单解决方案的棘手之事。但管控和改进的机会确实存在。为此，本文着眼于可取得成效、应集中着力处提供适当的建议。鉴于最近的地缘战略发展，在21世纪的亚太安全领域，海洋很可能成为一个重要的合作或冲突的舞台。美国和中国，以及美国的关键盟友，在可预见的未来，在这一区域都将保持相当强大的海上存在。因此，他们必须努力实现某种形式的“竞争性共存”，[1] 其最基本的定义为成功分享东亚的海上战略空间，并且越来越多地超越这一点。[2]

这种方案基于冲突防范，立足于共同利益领域——即使在重要领域仍存在分歧。它承认复杂的现实，而不是坚持在敏感问题上完全一致（那样不现实）与冲突不可避免（由于其不可接受的代价与两国间巨大的共同利益，同样不太可能）两者之间做出非此即彼的选择。为了在这些前景良好但不无挑战的框架内将达成海事领域建设性成果的机会最大化，美国和中国需承认，他们的关系存在于一个广泛的航海国家共同体内更大的、多边的海军和民用海事关系的氛围之中，其将共同塑造未来的海洋治理（maritime governance）。正是这种共享的国家利益网络形成了最为持久的合作基线。

建立信任措施（CBMs）与其他合作活动不可能孤立地克服战略互疑。对于中美两国而言，战略互疑源于持久的历史经验、文化和政治体制的差异；源于两国对国际法概念，威斯特伐利亚体系下的权利、主权和国家间平等，以及国际制度所扮演的适当角色的理解不同；源于稳定边界的优先性不同；以及不同的国家利益。共同利益产生战略必要性和信任，推动实质性合作，而不是相反。合作本身不一定会建立战略互信。

尽管战略互信在关键领域仍然是难以捉摸的，然而对于海上建立信任措施与合作而言，增加行动互信和减少意外的风险升级是一个现实的目标。在《美国海

1 Andrew S. Erickson, “Assessing the New U.S. Maritime Strategy: A Window into Chinese Thinking,” *Naval War College Review*, Vol.61, No.4, Fall 2008, pp.35-36, http://www.usnwc.edu/getattachment/21380430-28cf-4a54-afbb- cb1f64761b27/Assessing-the-New-U-S--Maritime-Strategy--A-Window.aspx,2015-05-20; Andrew S. Erickson and Gabriel B. Collins, “Beijing's Energy Security Strategy: The Significance of a Chinese State-Owned Tanker Fleet,” *Orbis*, Vol.51, No.4, Fall 2007,p. 684; Andrew S. Erickson, “Combating a Truly Collective Threat: Sino-American Military Cooperation Against Avian Influenza,” *Global Health Governance: The Scholarly Journal for the New Health Security Paradigm*,Vol.1, No.1 (January 2007),p. 8, http://ghgj.org/Erickson_1.1_Combating.htm, 2015-05-20.

2 关于如何在一项现实的美国政策中贯彻这些原则的详细讨论，参见Peter Dutton, “Charting a Course: US-China Cooperation at Sea,” *China Security*,Vol.5,No.1, Winter 2009, pp.11-26。

军学会会报》中国问题年度专刊发表的一篇开创性文章中，美国太平洋舰队情报和信息作战主任、海军上校戴尔·里拉赫（Captain Dale Rielage）解释了这两个信任层次之间的关键区别：

> **战略（政治）互信**代表一种决定：另一个国家是一个有用且合适的合作伙伴，无论在单一有限的个案或者跨越数十年的一系列议题之中。政治互信是一项由各自政府高层做出的基本决定。持久的互信通常需要很长时间才能建立，而政治互信却可以在很短的时间内创建和毁坏。
>
> 与此相对，行动**互信**是一种预期：通常指军队之间一方认为另一方在作战行动中是安全的、胜任的和可靠的。这种互信不仅在联合作战中是一个要素，在彼此靠近的作战行动中也是。行动互信必须经高层决定才可启用，但无法被高层所创建。它是建立在长期已被证明的能力、可预测性与可靠性基础之上的。
>
> 历史提供了大量联合军事行动因为政治同盟军事力量之间缺乏行动互信而导致失败的例子。相反，尽管是政治对手，在冷战期间发生的数量有限的一些事件中，美国和苏联海军实现了一定程度的行动互信，允许双方在彼此接近的地方作业。政治互信通常以抽象的形式表达，而行动互信通常以具体细节和惯常流程来加以表达。给你一个战位，你能守住它吗？你会守住它吗？你能把燃油加注进我的直升机内，而不危及我方机组成员的安全吗？如果我给你信号，你会在对峙中避免采取危险行动吗？你的登船悬梯对我攀爬的水手安全吗？[1]

此外，华盛顿和北京有很多共同利益。因此，海上建立信任措施与合作，既非毫无用处也非万能药。它们是适合某些用途而非其他用途的工具。考虑到这一现实，华盛顿和北京将受益于耐心而持续地寻求在非传统安全问题建立信任活动的制度化。双方都有共同努力一起解决非传统安全挑战的动机。事实上，正是军事合作长期影响的不确定性，更突显了强调追求务实的好处。基于他们近年来的行为，双方似乎相当致力于此，但仍有改进的余地。向前推进即在内部和外部的经济、政治和安全挑战中持续丰富已有的海上非传统安全关系，可以说是一项更为艰巨的任务。鉴于两国关系的复杂性，随着时间的推移，取得适度的成就是值得称赞和尊敬的。即使是慢速稳步的进展，也比争取一次性取得突破，但当国家利益再次出现分歧时，那种突破在两国相互指责中烟消云散的情况要好得多。

特别需要强调的是，发展良好、历史悠久的中美海上商贸关系中为务实的海洋合作伙伴关系提供了一个坚实基础。伙伴关系的军事方面则远远落后。伙伴关系加强的先决条件是需要双方确定这种关系的价值。大幅改善双方的伙伴关系，

1 CAPT Dale C. Rielage, U.S. Navy, “An Imperative to Engage,” *U.S. Naval Institute Proceedings*, Vol.141, No.4, April 2015, http://www.usni.org/magazines/proceedings/2015-04-0/imperative-engage, 2015-05-20.

将需要双方的耐心与重新评估，以此确定建立信任措施所最有可能产生的可持续收益，甚至在亚洲持续的安全紧张局势中也是如此。除了务实合作带来的有形利益之外，规范化一套成熟的海上建立信任措施网络又如何与更为广泛的中美战略关系大局联系起来呢？

首先，关键是太平洋两岸的双方政府采取措施，更好地理解双方不信任的原因与根源。中美各自均需要寻求方法，以某种方式接受对方的观点和角色，尽管可能这样做很难。每一方都需要以正式化程序和规范化交流，通过增加战略意图和能力的透明度与更好的危机管理来改善其效能。

一个特别有前景的、用于努力构建海上互信建立机制的领域，是在非传统安全领域的合作：全球化、共同利益、共同威胁的主题，以及没有“零和”博弈（“zero sum”）的担忧，都使合作取得实质性进展更为容易。虽然没有任何建立信任措施可以保证带来成功，我们认为在中国核心安全考量之外的非传统安全领域中仍然可以更好地培育一个建立信任措施的稳定平台。即使基于更广泛战略关系的建立信任措施影响有限或根本不存在，在非传统安全问题上的合作仍可产生对实际问题的共同解决。

二、中美双边海上合作的基础

中美两国有明确的动机在亚太以及更远范围建立海上信任，而亚太的和平与繁荣，将深刻影响21世纪的国际安全。具体来说，经济利益和务实的民间海事关系，可以成为中美进一步合作的有效基础。中美构建海上信任的经济理由如下。

广泛的经济基础

趋势的逆转始于600年前，那时世界经济和技术发展的中心，以及政治活力，从大西洋转向更为广阔的印度—亚洲—太平洋地区。鉴于海洋关系在国际安全领域内不断增长的重要性，这些大趋势对于中美海上关系意味着什么？中美两国海上军事力量如何互动，将有助于在21世纪的国际安全领域为协调其他发达国家和发展中国家的角色定下基调。

幸运的是，中美两国共有许多基本利益，这些共有利益加在一起，使“竞争性共存”成为一项现实的可能性。特别是世界第一和第二大经济体高度依赖的全球体系的健康，取决于安全、稳定的海上交通线 (sea lines of communication, SLOCs)。尽管美国部分由于页岩气革命的缘故，对中东的能源依赖正在下降，中国对中东能源的依赖却在增长。这将使得中国对海上交通线更为依赖。像许多国家一样，中国的经济活力严重依赖海洋，包括90% 的进出口，以及进口的绝大多数化石燃料，正如上面所讨论的那样。商业依赖海洋，在理论上应该提供中美之间在世界海洋范围内增强伙伴关系的理由。在搜索和救援(search and rescue, SAR)、渔业执法和其他涉及海上贸易的问题领域中创建新的合作形式，已经取得一些成功。这两个国家都在争取“竞争性共存”，海上非传统安全越来越表现为一个有吸引力的领域。

共同的经济纽带

中美两国在经济和政治领域都是至关重要的参与者。他们极大地受益于全球体系。此外，两国经济体系的性质，在许多方面，也有利于长期、互利的经济合作。这将为基于公平、对等、透明、互惠的合作，创造一种基本的驱动力。作为世界上两个最大的经济体，这两个国家是全球国际贸易的主要力量，而国际贸易有80%是通过海运来完成的。两个经济体之间的海上联系非常广泛；一方的危机会给另一方带来不利影响。一个不稳定事件造成的可能不太直接但仍然重要的影响，会引发国际政治和市场的不确定性，进而导致中美在海上公域共处的稳定性。

中美两国之间的经贸伙伴关系也是基于两个经济体之间的共同结构特点之上的。正如前文所强调的，中美两国的经济都非常依赖于可靠的、经济的海上能源运输。这个共同利益创建了一系列广泛的扩大海上合作的机会。中国有许多世界上最繁忙的港口，并且中国企业在全世界国际港口的增长中扮演了越来越重要的角色。它有世界第二大的商船队（以及许多其他悬挂外国国旗的中国船只），并于2011年开始与韩国轮流位居世界上建造船舶最多的国家，具体体现在建造的船舶数量、订单处理和总吨位补偿等方面。

在商业领域，改善的海上经济条件中的共同利益，促进了中美之间的稳健合作。集装箱安全倡议(Container Security Initiative, CSI)是中美海上合作中一个实实在在、直接源于密集经济互动的成功案例。北京已经迅速行动，确保其主要港口符合后“9 · 11”时代的新实践，来确保集装箱货物的安全。它在2003年正式加入了这一倡议，并最终加入了美国主导的相关项目，例如美国海岸警卫队计划(USCG Program)、大港 / 安全货运计划（Megaports/Secure Freight Initiative)、出口控制与边界安全相关的援助计划。虽然中国出于敏感原因，阻止了美国海关官员直接进驻中国港口（日本、加拿大与美国对等执行的一种做法），美国海岸警卫队还是计划整体增加其在华员工。

静悄悄的合作：实用的民用海事合作

除了广泛的经济利益之外，相对低调的民用海事合作是推动中美海事关系发展的第二个基础。作为拥有世界上最大的渔船队、渔业生产和出口[1]的主要民用

1 *World Review of Fisheries and Aquaculture 2014*, p.36, http://www.fao.org/3/a-i3720e/i3720e01.pdf, 2015-05-20.

海事行为体，北京是发展更好的水产和海事管理的一个关键支持者。北京在国际海事组织 (International Maritime Organization, IMO) 管理理事会中拥有一个 A 类理事国的席位，也是所有主要国际海事公约的签署国和重大国际渔业活动的签署及参与国。它一直参与马来西亚、印度尼西亚、新加坡以及国际海事组织捐赠国参加的马六甲海峡安全讨论，并与美国国务院、美国海岸警卫队合作，支持构建一个监控从中国转运危险化学品的系统。

中美海事关系中的民用海事交流，是一个重要的（尽管未能得到正确的评价）亮点。所有的中国民用海事组织，都请求了大量的美国海岸警卫队的交流和协助；其中很多都发生在近些年。美国海岸警卫队很重视当前以及先前一再重申的美国海洋战略中综合性海事服务范围的价值，并已经首次与其中国同行——中国海事局（China Maritime Safety Administration, MSA）建立了工作关系。中国渔业执法人员曾临时性地在美国缉私艇上工作 (以拦截非法捕捞的中国船只)。每年他们的巡逻船只与美国、日本和俄罗斯同行一道工作，在北太平洋海岸警卫队论坛——东亚唯一的海上安全组织——的框架内防止非法使用流网捕鱼。

2013 年春季，中国重组了海事执法机构，为实现中国海岸警卫队更加统一化打下了一个重要基础。此前中国民用海事和海岸警卫机构零散杂乱，包括中国海监 (China Maritime Surveillance, CMS)、边防管理局 (Border Control Department, BCD)、渔政指挥中心 (Fisheries Law Enforcement Command, FLEC) 与国务院下属的海关总署（General Administration of Customs of the State Council）。“五 (或六) 龙闹海”［five (or six) dragons contending for the sea］中的四个机构，现作为中国海警局 (China Coast Guard, CCG) 统一隶属国家海洋局 (State Oceanic Administration, SOA) 管辖，而中国海事局和交通运输部救助打捞局 (China Rescue and Salvage, CRS) 仍然作为交通运输部 (Ministry of Transport, MOT) 的一部分。此次重组曾暂时中止了美国海岸警卫队边境管理和渔业执法部门与中国海事机构的合作，但随后又恢复运作。

中国民用海事部门的重大改革，可以使北京更好地管理该领域的国际合作项目。在中国宣布（重组海警）的时候，大多数反应倾向于关注其对东海中日海上关系的影响。随后，中国海警局在近期中国行动规划以及对东海与南海邻国施压中扮演了重要角色，这也成为美国严重关切的一个问题。然而，一个更为清晰的中国海上执法官僚体系，也可以减少中方的体制性冲突和混乱，从而有助于中美两国海岸警卫队的合作取得进展。

近年来，北京在海上搜救领域的兴趣和能力大幅增加。在 1998 年和 2004 年之间，由上海海事局操作的“中国船舶报告系统”(China Ship Reporting System, CHISREP)，负责营救了超过 35000 名人员，其中包括 1500 多名非中国籍海员。这是一个每年近 6000 人的比率，将近两倍于美国海岸警卫队在全球救助的人员数量。[1] 中国船舶报告系统要求所有的中国船只——无论在任何地区——报告自己的位置，并显然可以及时提供任何中国船只的位置信息。因此，它可能在管理冲突和其他敏感的军事情况中扮演重要的角色。交通运输部救助打捞局，是一个拥有10000多名雇员和180艘船只的官—商混合实体机构，并且是“中国唯一的专业海上搜救和救助力量”。在其当前的“加速发展”时期，交通运输部救助打捞局已被要求具备“全球视角”。它预计，随着海洋经济的发展与海上游艇的增加，救援服务的需求也将增加，因此它也在相应地增强其海上和空中搜救能力。[2] 另一个海上紧急救援机构，交通运输部下属的中国海上搜救协调中心(China Maritime Rescue Coordination Center, MRCC) 在紧急时期负责协调军事部门、中央和地方政府，以及商业和社会资源。

中国继续积极扩大其海警在各类海上非传统安全领域行动的国际参与度，包括与美国的合作。渔政指挥中心在并入中国海警局之前，与美国海岸警卫队自1972年开始，在整个80和90年代一直保持着工作关系，中国渔政指挥中心人员曾被部署在太平洋北部的美国海岸警卫队船只上执行渔业法规。[3] 美国海岸警卫队也积极参与中国海事部门的工作。例如美国海岸警卫队的“自动化船舶互助救援系统”(Automated Mutual Assistance Vessel Rescue System, AMVER)，在2007年3月南中国海搜救沉没货船“独角兽王牌”号（Unicorn Ace）上的19名船员的行动中发挥了关键作用。2007年还有其他美国海岸警卫队与中国交通部海上搜救中心之间的密切协作案例：1月，首次救援中国货轮“通程”号（Tong Cheng 音译）的船员；7月，第二次救援沉没货船“海通7”号（Hai Tong 7）的13名中国船员。后者发生于关岛西北600公里处，其救援有赖于美国海军和美国海岸警卫队机构的关键性参与。[4]

最近，美国海岸警卫队在中美海上合作中所扮演的适度但却有效的角色，在2014年7月举行的第六轮中美战略与经济对话（U.S.-China Strategic and Economic Dialogue, S&ED）的结果中得到了验证。特别是在20个双边合作承诺中，有三个提到了美国海岸警卫队，这些双边合作承诺包括机制建设、联合渔业执法，以及海上安全与安保合作，在后两者中美国海岸警卫队作为一个机构而被特别提

1 “United States Coast Guard Search and Rescue Summary Statistics,” updated January 9, 2015, http://www.uscg.mil/hq/cg5/cg534/SARfactsInfo/SAR%20Sum%20Stats%2064-14.pdf, 2015-05-20.

2 See the official website of the China Rescue and Salvage Bureau at http://eng.crs.gov.cn/.

3 “Memorandum of Understanding Between the Government of the United States of America and the Government of the People’s Republic of China on Effective Cooperation and Implementation of United Nations General Assembly Resolution 46/215 of December 20, 1991,” National Oceanic and Atmospheric Administration, http://www.nmfs.noaa.gov/ia/agreements/bilateral_arrangements/us_china.pdf, 2015-05-20.

4 Li Xiaokun, “3 Dead, 13 Saved in Shipwreck,” *China Daily*, July 14-15, 2007.

到。[1] 这是中美战略与经济对话成果中唯一明确提到的美国海事机构。此外，美国海岸警卫队也正鼓励其中方合作伙伴共同考虑接受“海上意外遭遇规则”(Code for Unplanned Encounters at Sea, CUES)，因为双边海事关系不能仅限于海军之间。

2014年6月，美国海岸警卫队执法船“摩根索”号（USCG vessel Morgenthau）与中国海警船2102号（CCG 2102）在东中国海联合拦截了当时正在从事非法捕捞活动的中国渔船“寅元”号（*Yin Yuan* 音译）。[2] 这一事件显示了两国在东亚渔业执法中的实用主义，并凸显了将2014年底到期的法律授权再延长五年的必要性。此外，在2014年1月，一艘在美国海岸警卫队“自动化船舶互助救援系统”注册的日本煤炭运输船，在关岛附近救助了24名在货船“茂盛森林”号（Rich Forest）沉没后弃船的中国公民。中国海事局对这起事件表示答谢，并且适当地鼓励双方进一步合作。

美国海岸警卫队一直致力于招收隶属于中国海警局和中国海事局的中国学员，在美国国防部位于夏威夷的“亚太安全研究中心”（Asia-Pacific Center for Security Studies, APCSS）参加课程培训。截至2014年7月，至少25名来自这些海事机构的中国学员在此中心受训，在其回国之前研究各种各样的国际海事安全议题。

或许最为重要的是，美国海岸警卫队是促成更多与中国海事机构直接接触的一个推动者。它增加了与中国国家海洋局的合作，促成了2014年5月美国国防大学（U.S. National Defense University, NDU）对北京的访问，并又协助联络了中国国家海洋局对美国国防大学校园的回访。

总之，巨大的经济利益与坚实的民用海事关系，对于构建更强健的整体性的中美海事关系而言，都是重要的基础。

三、海军合作的最佳领域：非传统安全领域

在20世纪最后几年，中美海上合作在很大程度上是由双方民事机构和海岸警卫队的互动来加以定义的。后冷战时代海上非传统安全威胁的扩散，激发了关于双方海军如何也能在和平时期共同作业的新思考。最近中美海事机构之间的行动表明，双方理解这一点，但中美在海上非传统安全问题上展开的有意义合作，仍有提升的空间。

---

1 “U.S.-China Strategic and Economic Dialogue Outcomes of the Strategic Track,” Media Note, Office of the Spokesperson, U.S. Department of State, Washington, D.C., July 14, 2014, http://www.state.gov/r/pa/prs/ps/2014/07/229239.htm, 2015-05-20.

2 “United States and China Coast Guards Interdict Vessel for Illegally Fishing on the High Seas,” *Coast Guard News*, June 3, 2014, http://coastguardnews.com/united-states-and-china-coast-guards-interdict-vessel-for-illegally-fishing-on-the-high-seas/2014/06/03/, 2015-05-20.

虽然仍然存在漩涡和不协调的逆流，但新一轮合作的浪潮已经从两国政府部门涌向太平洋。与其他海事部门一样，两国海军在这里有机会去做其他武装部队没有机会去做的事情：建立一种需要大量合作的关系。这种特殊的海上角色并不是一种巧合。鉴于海基存在、港口访问、海军外交以及关键贸易关系的独特性质，海上力量——甚至其中的海军组成部分——在和平时期的互动是有别于其他兵种的。对于中美海上力量而言，这就产生了许多相互兼容和重叠的战略重点。实际上，当考量双边海上贸易时，两国就已经拥有了一种主要的海上合作伙伴关系，尽管在这种关系中军事成分远远落后于商业成分。这种和平时期的接触，尤其在中美海军之间，可能是至关重要的；鉴于变动不居的台湾问题以及其他东海和南海争端的性质，中美两国海军力量也将是最有可能不幸在一场动能战争(kinetic war）中直接交战的。因此，两国海上力量——尤其是双方海军——都有一种强烈的动力去构建一种关系，这种关系使双方无论处于和平或冲突时期，在关键问题上，至少在行动层面上都具有更多的可预见性。

一个积极的发展趋势是，在平衡港口国权利与船旗国权利的问题上，这两个国家的政策偏好不断趋同。在后“9 · 11”时代，政策趋同的速度加快了，美国开始强调滨海环境与资源保护，而中国则已逐渐开始习惯对驶入其港口的船只给予更多的权利。甚至有可能，北京日益扩大的海上利益和海军活动范围，尤其中国对进入新兴北极航线日益增长的兴趣，可能最终使其海洋法观点与美国和其他海洋国家的观点更为一致。运用《联合国海洋法公约》的条文作为法律基础，中国认为北极海洋区域属于人类集体所有的“共同遗产”领域，因此不能专属于加拿大、丹麦、挪威、俄罗斯、美国 (所谓的“北极五国” / “Arctic Five”) 。[1] 至关重要的是，中美海上军事与安全合作的发展，也说明了这一发展趋势。

中国官方媒体对此仍报以怀疑的论调，大大小小的危机也不时撼动中美双边关系，然而中国正悄然与美国在一系列海上安全活动中展开合作。

军事上，双方军队领导人在过去的20年里已经公开会晤过数百次。虽然中美两国在1998年签署了《海上军事磋商协议》(Military Maritime Consultative Agreement, MMCA)，但可以说，这种海上互信建立措施在安排每年一次的军队官员间的常规化讨论方面所做的工作，要多于对双方实时管控海上关系能力的实际促进。只有在21世纪初发生了 EP-3这一悲剧事件之后，中美两国海军才逐步增加了业务联系。近年来，中美两国已经逐渐从仅限于海警之间的合作走向横跨众多的非传统安全问题领域的直接海军合作。

尽管敏感性更强，且受到北京最近两次暂停双边军事关系决定的限制，中美

1 Shiloh Rainwater, “Race to the North: China’s Arctic Strategy and its Implications,” *Naval War College Review*, Vol.66, No. 2, Spring 2013, p.74, http://www.usnwc.edu/getattachment/31708e41-a53c-45d3-a5e4-ccb5ad550815/, 2015-05-20.

两国海军之间的合作仍在不断扩大。除其他因素之外，中美海军交流的扩大，明显与两种现象同步发展：一种是中国不断增长的海外利益及其在国际经济和政治秩序中所拥有的重大利益，另一种则是中国相应启动的、更为广泛的国际军事行动及合作倡议。[1]

继这些非传统安全的交流之后，中美海上非传统安全合作加强的案例也在频繁增加，尤其在过去的六年多时间里，中国一直在其主张的领海范围以外保持海军军事存在，这在近现代历史上还是首次。例如，自2008年以来，中国先后部署了20批反海盗护航编队（截至目前）前往亚丁湾。中国人民解放军海军的导弹驱逐舰、导弹护卫舰、补给舰和登陆舰定期与美军联合海上部队 (Combined Maritime Forces, CMF)——151联合特遣舰队 (Combined Task Force, CTF-151) 以及北约的反海盗巡逻舰队展开常规性互动。在亚丁湾，中美两国海军多次会面，进行登舰交流（shipboard exchanges）和其他形式的合作。同时，在由美国与欧盟 (European Union, EU) 主导的"信息共享与防止冲突"（Shared Awareness and De-Confliction, SHADE）多边反海盗平台上，中国与其他国家相互协作，打击海盗。亚丁湾的护航任务也极大地促进了中美两国之间的双边非传统安全合作，正如2012年、2013年与2014年连续举行的反海盗联合演练所彰显的那样。

除了反海盗之外，过去的数年里，中美两国海军在各地区和应对各类非传统安全挑战的合作都在上升。2013年9月6日至9日，中国人民解放军海军军舰"青岛"号、"洪泽湖"号与"临沂"号停靠珍珠港，与美国海军人员在搜索与救援、海上医学、通信、管道修补和消防领域开展共同训练。这是中国人民解放军海军自前文提到的2006年访问之后的首次访美，也是2000年以来首次访问珍珠港。

相较于以上的互动，更开风气之先的是2012年9月美国当时的国防部长莱昂·帕内塔（Leon Panetta）邀请中国人民解放军海军参加2014年度的"环太平洋军演"（Rim of the Pacific, RIMPAC），中国在6月份接受邀请、在2014年7—8月最终参与演习，这在中美海军关系史上是一个里程碑式的事件。2014年，中国首次直接参加了世界上最大规模的国际海军演习，而不是仅仅作为一个观察员。

在2014年的国际海军研讨会及其他场合，中国人民解放军海军司令员吴胜利海军上将保证了人民解放军舰艇将及时通过"船舶间无线电"（bridge-to-bridge radio）用英语呼叫美国同行，并承诺迅速解决任何可能出现的失误。他的美国同行、乔纳森·格林纳特海军上将（Admiral Jonathan Greenert），仍在坚定地致力于探讨进一步合作的可能性。[2]

除了环太平洋军演之外，美国一直邀请中国在"全球海上伙伴项目"(Global

1 Shiloh Rainwater, "Race to the North: China's Arctic Strategy and its Implications," p. 30.

2 Sam Lagrone, "CNO Greenert: U.S. Navy Needs to Engage More with China," *USNI News*, October 15, 2014, http://news.usni.org/2014/10/15/9555, 2015-05-20.

Maritime Partnership, GMP) 的框架下就非传统安全问题开展更广泛的合作。双方可以就各种正在出现的非传统安全威胁展开探讨，以便为行动互信的构建提供更多机遇。例如，“北京未来在几内亚湾安全所扮演的角色特别引人关注，这不仅是因为中国在几内亚湾国家开展金融和贸易活动，”一名美国分析家强调，“还因为在中美两国在非洲的战略竞争日益增长的大背景下，它可能是在中美关系中最理想的、实现互利合作的领域之一。”[1] 事实上，3-17特遣舰队（Task Forces 3-17）“信息共享与防止冲突”平台的联络官、目前负责管理中国人民解放军的非传统安全机构的周波大校便认为在这方面中美之间的合作拥有广阔的空间。[2]

这种可能性是重要的，因为一旦国际社会决定，索马里海盗的威胁不再足够严重、不值得多国部署军舰，中美两国在亚丁湾的合作最终将不复存在。再回顾一下最近中国众多海上非传统安全行动，例如中国人民解放军海军从利比亚和也门撤侨，在地中海为叙利亚化学武器外运销毁护航，以及马航370航班（MA Flight 370）失踪后的搜救努力，使这个问题变得更加有趣，因为所有这些行动都是通过中国人民解放军海军打击海盗的行动开启的。

除了海军海上合作之外，目前正在进行的努力，是实现两国海军军官和学员之间的定期交流。两国海军已经发起了一个学员交流项目，本文作者之一已经参加。2015年2月，29名快速选拔的中国人民解放军海军军官在美国海军学院、水面作战军官学校（Surface Warfare Officers School）以及海军战争学院（Naval War College）参加了为期6天的同行交流项目。[3] 一个由15名美国海军战争学院学员和几位教员组成的代表团预计于2015年7月访问北京以及回访南京海军指挥学院。一个由水面作战军官学校组织的对华访问预定于2015年10月进行。

四、进一步合作的领域

双方都能从不断加强的合作中受益，并可能由此进一步为中美两国之间持久的“竞争性共存”打下基础。

---

1 David E. Brown, *Hidden Dragon, Crouching Lion: How China's Advance in Africa Is Underestimated and Africa's Potential Underappreciated*, Carlisle, P.A.: U.S. Army War College Strategic Studies Institute Monograph, September 2012, pp.96-99, http://www.strategicstudiesinstitute.army.mil/pdffiles/PUB1120.pdf, 2015-05-20.

2 Sr. Col. Zhou Bo, "Security of SLOCs and International Cooperation," presentation at "ASEAN Regional Forum Seminar on SLOC Security," Beijing, December 8, 2014.

3 Zhao Lei, " Chinese Navy Officers Find Value in US Visit," *China Daily*, February 12, 2015, http://www.chinadaily.com.cn/china/2015-02/12/content_19561288.htm,2015-05-20.; Yao Jianing, ed., "Navy Captain Delegation's U.S. Tour Receives Compliments," *China Military Online*, February 9, 2015, http://eng.chinamil.com.cn/news-channels/2015-02/09/content_6347318.htm, 2015-05-20.

危机管理的重要性

中美海军合作关系滞后于其民事对应部门，为误判留下足够的漏洞，而战术层面的意外行动可能导致两国的战略性挫折。一个处理不当的事件，可能会无意中破坏多年以来苦心经营的成果。鉴于问题的严重性，将导致破坏性事件的风险降到最低，符合中美双方的共同利益。

我们当前所拥有的基础性框架还只是初步的，并不足以确保预防冲突。例如，在2014年“西太平洋海军论坛”(Western Pacific Naval Symposium, WPNS)上讨论的“海上意外遭遇规则”中，为各国海军在太平洋意外遭遇时降低紧张程度提供了基本的通信和操纵程序。但是，该规则并不具有法律约束力，也未能克服重大技术和行动信任的问题，而这些都是此类机制具备更强号召力所必需的因素。因此，在东亚海上危机管理的相关敏感问题上，该规则不太可能产生重大影响。

各级军事官僚主义中的常规交流，可能有助于解决当前意外升级的风险。在一个先进的通信和传感技术的时代，建设一个健康的、能促进战术军事平台之间以及作战指挥部之间及早、实时通信的“风险管理机制”，将会极大地改善双边沟通和危机管理。当然，这样的基础设施必须被安全地独立设置于每个国家的C4ISR平台之上。此外，可补充以更频繁的会议（尤其是在身居幕后的非政治的军事专业人士之间，以及文官同行之间），以及形成某种事后的评估过程与建立信任措施。这并非是史无前例的，因为有许多历史的和当前的榜样（例如，1972年美苏《防止海上意外事件协议》/INCSEA和1989年美苏《关于防止危险军事活动的协议》/ Prevention of Dangerous Military Activities Agreements）——甚至是没有包含会议规定的“海上意外遭遇规则”——可供参考。

美国海军想与中国人民解放军海军建立伙伴关系、行动互信及信任，也想展示双方应如何以负责任态度加以运作，同时遵守国际法和国际规范。另外，通过理解对方的行动、能力与语言差异，建立一种强有力的关系，从而降低风险与防止海上误判，这也是有价值的。前线部队因此将可以更好地加以回应，而不是在发生近距离拦截、危险接近或者碰撞时使事件进一步升级。

正在考虑的建议

抛开可持续发展的障碍，双方正在积极考虑如何增进相互了解。具体来说，格林纳特海军上将与吴胜利海军上将正在推动“改善中美海军理解与合作的联合倡议”。这是格林纳特于2014年7月访华之际向吴胜利提出的。这组提议包括了旨在使双方的海上接触变得更为成熟的两种方式。

首先也是最为重要的一点是，通过使用预先规划好的模块来增加演习频率的提议。这种机制旨在减少外来特性，通过同产品模板进行预先计划与协调，由此减少此类互动所产生的行政费用。通过使前线部队进行演习与港内交流更加容易，双方互动的频率和规模可以有所增加。而这还将减少计划难度，增加将来再次互动的可能性。按这一方式产生的行动合作，可在以下三个方面展开，并记入港口 / 航行中的演习记录，即海上搜救、反海盗，以及人道主义援助与救灾(Humanitarian Assistance and Disaster Response, HA/AD)。这是一个构建行动互信的更大努力的一部分，目的是避免意外的升级或冲突，即使战略目标的冲突已经导致双方战略互信的缺失。

第二项使中美海上关系成熟化的提议涉及“海上意外遭遇规则”的实施。在青岛召开的“西太平洋海军论坛”上，“海上意外遭遇规则”获得了几乎一致的支持。只有一个国家投了弃权票，这个国家既非中国，也非美国。关键是在实际操作中始终坚持服从“海上意外遭遇规则”这一相对简单、但颇有价值的流程。由于模块是根据演习而设计的，“海上意外遭遇规则”的演练可以被全部整合进去。这是2014年度“环太平洋军演”的一个主要科目：一支由中国舰艇和护航的美国海军所组成的编队，在从东亚到夏威夷的航行期间，演练了“海上意外遭遇规则”科目。

格林纳特对吴胜利的一揽子提议中，还包含了若干关于岸上合作的子建议。一项倡议呼吁，在预定的港口访问期间，要有更多的实质性演习和专业交流。[1]另一项建议为，中美两国建立定期的海军间通讯联络。这将包括双方慎重的日程安排以及定期举行高层电话沟通，讨论双方合作的进展情况及后续事项等——这些都不仅限于危机期间。还有一项建议，呼吁定期举行初级和高级军官学术交流。这需要编排一份可预测的时间表与常规活动排期表。海军职业军事教育院校(Naval PME schools）应该积极参与。

虽然中国在海上公域迅速增加的海军存在有时被视为威胁，但这最终将促使中美两国在低度敏感领域展开更多的合作。

功能性合作领域

中国日益增长的国家能力，对其担负起全球海上领导角色，既是挑战，也带来机遇。作为在全球海上公域中的一个战略利益相关方，北京越来越有能力为国际体系提供这样的公共产品。其他国家越来越多地呼吁北京提供这种与其所希望获得的国际地位相称的公共产品。为了使中国获得其渴望的国际影响力并做出必要的国际贡献以确保这种影响力，中美两国或许都将从遵从以下模式的合作中受益。就功能性领域而言，合作可以从相对容易的、针对非国家行为体与自然灾害问题的多边努力开始，逐渐朝更加困难的、带有更多传统安全影响的双边努力

1 Bonnie Glaser and Jacqueline Vitello, “US-China Relations: Still Treading Water, the Sixth S&ED,” *Comparative Connections*, September 2014, http://csis.org/files/publication/1402qus_china.pdf, 2015-05-20.

推进。

鉴于问题的利害关系，现在是探索如何采取这些重要措施的时候了，即使我们还不能肯定它们会导向何方。这将要求奥巴马总统和习近平主席以及他们的继任者，将小布什政府的中美作为全球“利益攸关方”的愿景更彻底地扩大到海洋领域——这一挑战因两国领导人当前都面临着复杂的优先权竞争而变得更加困难。总而言之，建立信任措施的一个关键组成部分，是建立某种程度的行动互信，即使战略互信不能充分实现。除了上述关于军事学术交流，以及相关的建立信任措施和非传统安全概念的讨论之外，以下是几条产生更大的行动互信的途径。

有实质性成果的领导层对话

国家在国家层面上达成某种信任方式的能力，可能会有助于遏制更具侵略性的军事倾向。因此，保持定期举行的、横跨全方位政策问题的高层对话，对于构建双方领导层之间的互信而言，将是必不可少的。因为，它将促使两国领导人更全面地考虑问题，并且指示各自的官僚机构着眼于那些大的问题，而不是让双方在那些敏感问题上的分歧的“最小公分母”来破坏双方更大的利益。

有大量证据表明，在这一重要方面取得了进展。例如，2013年6月，习近平主席在安纳伯格庄园峰会（Sunnylands Summit）提出了两个构建军事互信机制(military-to-military CBMs）的建议。[1] 其中包括建立重大军事活动相互通报机制，以及空中和海上军事活动的行为准则。奥巴马总统反应积极。双方代表团在随后的12个多月里多次会晤。2014年11月，在北京举行的亚太经济合作组织(Asia-Pacific Economic Cooperation, APEC)峰会期间，中美两国公开宣布创建军事互信构建机制，由当时的美国国防部长查克·哈格尔（Chuck Hagel）与中国国防部长常万全签署了“谅解备忘录”。

第一个谅解备忘录，“公海海域海空军事安全行为准则”（“Rules of Behavior for Safety of Air and Maritime Encounters”），更明确针对军事遭遇时的通信和操作程序。第二个谅解备忘录，“重大军事行动相互通报机制”（“Notification of Major Military Activities”）[2] 则广泛涉及彼此政治、战略发展与军事活动观察的相互通报。

1 Peter Dutton and Andrew Erickson, “When Eagle Meets Dragon: Managing Risk in Maritime East Asia,” *RealClearDefense*, March 25, 2015, http://www.realcleardefense.com/articles/2015/03/25/when_eagle_meets_dragon_managing_risk_in_maritime_east_asia_107802.html,2015-05-20.

2 Memorandum of Understanding Between the United States of America Department of Defense and the People’s Republic of China Ministry of National Defense on Notification of Major Military Activities Confidence-Building Measures Mechanism, http://www.defense.gov/pubs/141112_MemorandumOfUnderstandingOnNotification.pdf, 2015-05-20.

当然，还有许多可以取得进步的空间。美国继续优先考虑一份预期在2015年底完成、关于空中遭遇的附带文件，以及一项关于弹道导弹发射的规约。更广泛地说，已宣布的双边建立信任措施在国际法之下没有约束力，尽管它们大量借鉴了《联合国海洋法公约》、“国际海上避碰规则”(International Regulations for Preventing Collisions at Sea, COLREGS) 与诸如“海上意外遭遇规则”之类的协议。

不那么官方的渠道

与这一总体思路相符，一系列非敏感性领域仍将是中美合作最可行的起点，并且这些合作可以持续，无论中美海事关系的情形如何。这些途径包括旅游、民间学术会议与交流、第二轨道外交（如通过亚太安全合作理事会等）、新的海洋资源和技术的商业利用、环境保护、气象（例如台风和海啸探测）和科学研究。对于这些领域，商业界和非政府组织可以继续发挥主要的作用。对这些倡议给予更多的认识，同时更好地协调不同政府的相互作用，都是必需的。

结论：一种适度的推进方式

姑且不论其确切的内容，建立和维持一个较高层次的、涉及共同利益的海上合作，需要努力和耐心。华盛顿和北京必须忍受他们关系中存在的许多模糊与掣肘，并且能够对出现在哪怕是双方感觉较不敏感领域的偶尔挫折有心理准备。

虽然核心传统安全冲突给中美关系带来挑战，但是海上非传统安全合作的潜在价值及其与中美互信构建的关联值得考虑。正如其他人所指出的，当代中美两国之间在海上非传统安全问题的合作——反海盗也许是最显著和持久的案例——与上一次世界上两个最大强国在海洋公域互动有所不同，代表了一个意义深远的开端。这表明，尽管在一个狭窄领域的合作将不会“修复”其他领域的争端，美国和中国确实可以在有共同利益的问题上展开合作。

尽管华盛顿和北京经常指责对方回归“冷战思维”，但美国和苏联都曾公然试图削弱对方在远海的影响力，且美苏之间在那里也从未达到当前中美两国维持的合作水平，哪怕这种合作再不起眼。不过，在冷战后期，美苏两个超级大国参与双边安全会议和谈判，甚至达成了具有相当实质性深度的军控协议，而这种深度又是中美两国从未达到的。中美两国是否会共同努力，以积极的方式改变国际安全领域的现状，仍然是一个悬而未决的问题。虽然可能不会决定最终结果，海上建立信任措施仍是一个有价值的倡议，反映了双方对和平共处的基本诉求，尽管这是一种竞争性的共处。

最近的进展，例如中国海军舰艇在亚丁湾持续部署打击海盗，表明了中国人民解放军和中国人民解放军海军的任务可能变得与美国长期以来所强调的人道主义援助和救灾越来越具兼容性。这些因素很可能会增加中美海上合作的战略空间，尽管抓住这一机会并非易事，而且双方还须付出大量努力。

（何岸 译；骆舒娴、于铁军 校）

专题：聚焦中美关系

能源和气候变化：为美中关系建立新的支柱

[美] 韩美妮

内容提要：美国和中国在能源和气候变化领域内的合作正成为双边关系的又一重要支柱。这一合作反映了两国利益的自然汇合。虽然双方在国际多边场合仍处于分立的阵营，但在双边渠道往往可以取得更多共识与合作。近年来成立的“美中气候变化工作组”的机制不断发展，正在发挥越来越大的积极作用。能源和气候变化领域的美中合作具有良好的外溢效应，并可为美中两国在其他领域进一步开展合作提供经验借鉴。

关键词：美中关系　能源　气候变化　国际机制

美中关系之中，有一个新的趋势正越发显著。贸易和投资关系进展滞后，而且在一些情况下引发的是争执而非合作；与此同时，能源和气候变化方面的合作正在扩展，并为美中关系提供一个新的支柱。[1] 如今，比起其他问题领域，美国和中国在清洁能源和气候变化问题上共享更多的利益。当两国领导人希望

[美] 韩美妮（Melanie Hart） 美国进步中心中国政策项目主任。

1 有观察人士指出，两国双边贸易和投资关系中的增长方式表明美中经济关系仍然是强有力的，David Dollar, “United States-China Two-Way Direct Investment: Opportunities and Challenges,” *Brookings Institution*, January 2015, http://www.brookings.edu/research/papers/2015/02/23-us-china-two-way-direct-investment-dollar,2015-04-21。关于美国商界的观点，见“Testimony to Trade Policy Staff Committee on China’s WTO Compliance,” U.S.-China Business Council, September 25, 2014, https://www.chinabusinessreview.com/sites/default/files/2014.10.1%20TPSC%202014%20Testimony%20Final_FINAL.pdf,2015-03-20；“Competition Policy and Enforcement in China,” U.S.-China Business Council, September 2014, https://www.uschina.org/sites/default/files/AML%202014%20Report%20FINAL_0.pdf,2015-03-20；“U.S.-China Business Relations: Rough Waters Ahead?” University of Pennsylvania Wharton Business School Public Policy Paper, December 12, 2014, http://knowledge.wharton.upenn.edu/article/u-s-china-business-relations-face-rough-waters-ahead/, 2015-03-20。

他们的会见可以产生一些新的和具体的成果时，能源和气候变化合作是可靠地有所回报的唯一领域，而这已经成为双方之间日益增长的共识。从美国的视角看，气候变化如今已经使贸易和投资关系相逊色，成为美中合作中最靠得住的双赢支柱。

近期关于气候问题的联合声明为两国在这个领域能够实现什么成就提供了一个极好的例子。2014年11月，美国总统奥巴马和中国国家主席习近平在北京亚太经合组织（APEC）会议后举行了峰会，在那之后双方共同宣布了美国和中国针对新的全球气候条约的目标。[1] 此举使国际观察家们感到惊喜，因为这份声明展现了两国愿意并且能够不仅仅是在各自国内采取雄心勃勃的气候行动，还可以合作建立一种发达国家和发展中国家之间的气候合作新模式。从美国视角看，去年11月的美中气候问题声明具体地展现了这一双边关系在现阶段通过建设性接触所能实现的成就。气候问题声明发表之际，正逢奥巴马政府因对中国采取积极接触战略而受到很多美国观察人士的批评。[2] 他们辩称，中国的崛起给美国带来的风险多于机遇，在新的合作领域进行投入而不是更努力地遏制增长的战略风险，这种做法使奥巴马政府面临的风险要比其收获更大。美方认为，美中关系中的气候问题正成为双边关系重要的压舱石，并且提供了一种持续的有利证据，可以被用来回击那种要求美国对中国采取更强硬立场的声音。无疑，两国在经济议题上也在取得进展，并且发展出了稳定的两军关系，但是在这些议题领域的成果总体上被美方视为缓解风险之努力，而非共赢合作的真正扩展。目前，在美国看来，能源和气候合作是可以改变人心的唯一领域。

美中两国能源和气候合作的异军突起是一个非凡的进展，因为这些议题所在原本是美中争执的范围而非合作的领域。20世纪90年代围绕《京都议定书》进行首轮谈判之际，美国和中国领导人会面并讨论气候变化问题，那时两国各自处于全球分立阵营的两边，双方也在奋力找寻协力合作之道。这一互动状态一直持续到2009年哥本哈根气候谈判之时。然而，从那时起，美国和中国的领导人积极地努力，以改变这种互动状态。双方领导人做出了一个重要的判断：虽然两国在多边谈判中总是处于发达国家和发展中国家分立营垒的两端，但是在双边层面上，美中在能源和气候议题方面有许多共同利益。两国领导人决定在这些领域确定共同目标，建立新的框架性双边机制以把两国官员、企业和民间社会的专家聚拢起来一同实现这些目标，并借此培养和扩展在能源和气候问题上的共同利益。

1 “U.S.-China Joint Announcement on Climate Change,” Office of the Press Secretary, the White House, November 11, 2014, https://www.whitehouse.gov/the-press-office/2014/11/11/us-china-joint-announcement-climate-change, 2015-03-20.

2 参见 Andrew Erickson and Adam Liff, “Not-So-Empty Talk: the Danger of China’s ‘New Type of Great Power Relations’ Slogan,” *Foreign Affairs*, October 9, 2014, https://www.foreignaffairs.com/articles/china/2014-10-09/not-so-empty-talk, 2015-03-20。

这种努力取得了极大的成功。在过去几年，能源和气候问题的双边项目已帮助两国扩展清洁能源的使用，并减少气候污染。双边关系层面上的进展也使得两国可以重新界定他们在多边谈判中的角色，并共同努力塑造一种新的全球气候问题应对体制。

美中两国在能源和气候领域越发积极的互动状态反映出两国之间一种自然的利益汇合。

美中两国在能源和气候领域越发积极的互动状态反映出两国之间一种自然的利益汇合。然而，为了找到利益共同点并为联合行动打下基础，仍然需要精心谋划的外交。这一过程可以提供很多对美中关系中的其他领域也有用处的经验。本文将梳理近年来美中能源和气候议题领域合作的历史，并指出可被用于其他领域的经验。除了阐明两国领导人在这些特定领域经营共同利益所使用的策略之外，本文也将探求将气候问题上的进步扩展到其他领域的机遇，在那些领域共同利益更加难以产生行动。

一、从京都的冲突到哥本哈根："暴风雨般的复杂"合作

在20世纪90年代中期，当《联合国气候变化框架公约》的成员国就达成《京都议定书》发起谈判之时，气候变化首次成为中美关系的一个议题，而《京都议定书》当时是世界上首个具有国际性法律约束力的气候条约。《京都议定书》将参与谈判的国家分为两类：一是发达国家，被称为附录一国家；二是发展中国家，被称为非附录一国家。当参与国在1997年达成《京都议定书》时，这一条约仅仅是要求附录一国家作出减少温室气体排放的承诺。在该项条约的首个承诺期（2008—2012年），并没有要求非附录一国家减少排放，而且也未就发展中国家未来在其经济增长和排放量升高的情况下被纳入附录一国家作出安排。[1] 那些在20世纪90年代中期处于发展中经济体水平的国家（包括中国）被无限期地作为发展中国家予以对待，而且它们在任何情况下都没有减排的责任。对于美国来说，这是个大问题。

在美国看来，如果附件一这个类别从一开始就不包括来自中国和其他发展中国家的承诺，那么，议定书将不会随着时间的发展逐步将这些国家纳入减排的队伍，如此一来，它就不能准确地反映全球温室气体排放的格局，也不会以公平的方式来分配减排的责任。《京都议定书》出现在20世纪90年代中期，那时，清洁能源技术仍然是新鲜事物，在利用方面也相对昂贵。那种情况之下，很多美国观察人士认为，向更清洁能源的转型将提高美国的能源价格以及美国的生产成本。美国国会议员们对此尤为关切。他们担心，如果向清洁能源的转型仅仅是出现在

1 "Kyoto Protocol," Essential Background Briefs, United Nations Framework Convention on Climate Change, http://unfccc.int/kyoto_protocol/items/2830.php, 2015-03-20.

美国和其他发达经济体，那么，商业界就会做出回应：将生产活动从发达国家转移至那些《京都议定书》并未要求做出减排承诺的新兴经济体。[1] 美国参议院将这种看法以法案的形式呈现，1997年通过的《伯德—哈格尔决议案》（Byrd-Hagle Resolution）告诫克林顿政府不要加入议定书，因为在发达国家和发展中国家之间不公平的责任分配“会对美国经济带来严重损害”。[2]

《京都议定书》首轮谈判进行之时，正逢美国对中国的贸易逆差以前所未有的速度增长，这一情况使从美中关系角度看气候问题变得进一步复杂化。两国间贸易结构和方式的变化使美国的政策制定者对于向中国开放美国经济的过程中，美国相对中国而言的生产成本劣势变得尤为敏感。1985年，美国从中国的进口总额超出美国对华出口总额600万美元；到了1997年，这一数字就跃升至496亿美元。[3] 对于不断加剧的美中贸易失衡的关切是美国国会在整个20世纪90年代期间反对《京都议定书》的关键因素。美国国会议员和很多其他美国观察人士都认为，如果美国做出减排承诺而中国没有，那么，两国之间的贸易失衡就会深化。这种看法在小布什政府执政期间依然存在。2001年小布什上台时，曾向美国国会保证：他将不会支持美国在《京都议定书》之下做出减排承诺，除非中国、印度和其他发展中国家也做出类似承诺。在美国看来，由于中国和其他发展中国家不愿承担减排责任，这使《京都议定书》难以站得住脚。

当然，中国的分析人士对此有非常不同的看法。中国和其他发展中国家的代表声称，附录一国家在工业化进程中造成了全球气候变化问题，因此，它们有责任采取行动来彻底改变这种损害。发展中国家进而指出，美国和其他发达经济体在其自身经济仍然在成长的时候，并没有出现过要被迫承担减排责任的情况。发展中国家的领导人们担心，在这些国家仍处于低收入水平的情况下承诺减排将阻碍其未来经济增长，并且使这些经济体处于相对于发达国家的劣势地位。美国和中国的观点都各有道理。两种观点都是基于全球排放格局，但是中国领导人聚焦于历史性的排放，而美国领导人则关注当前和未来的排放。在第一波全球气候谈判过程中，美中两国在气候问题上的关系完全被这种观念上的分歧所界定。这使

1 克林顿政府支持加入《京都议定书》。当时，白宫认为清洁能源技术能够足够快地发展，从而使美国可能在不大幅提高能源价格的情况下减少排放。然而，美国国会则一致反对加入该议定书，行政部门也无计可施。参见：Helen Dewar and Kevin Sullivan, “Senate Republicans Call Kyoto Pact Dead,” *Washington Post*, December 11, 1997, http://www.washingtonpost.com/wp-srv/inatl/longterm/climate/stories/clim121197b.htm, 2015-03-20。

2 Senate Resolution 98, “A resolution expressing the sense of the Senate regarding the conditions for the United States becoming a signatory to any international agreement on greenhouse gas emissions under the United Nations Framework Convention on Climate Change,” 105th Congress (1997-1998), https://www.congress.gov/bill/105th-congress/senate-resolution/98/text, 2015-03-20.

3 “Trade in Goods with China,” United States Census Bureau, data for 1985 through 2015, http://www.census.gov/foreign-trade/balance/c5700.html#1995, 2015-03-20.

得两国不可能加入一项共同的全球气候协议。

《京都议定书》的首个承诺期开始于2008年。那时，美国和中国是世界上最大的两个排放国，它们的排放量加起来占全球排放总量的42%。[1] 然而，主要的国际条约当时都没有要求两国采取减排行动。2007年12月，就在《京都议定书》首个承诺期开始的前夕，《联合国气候变化框架公约》的成员国在印度尼西亚巴厘岛举行会议，同意开启新一轮谈判，以达成一个在京都议定书首个承诺期到期后于2013年生效的新的国际协议。[2] 这一新协议旨在将美国和中国包括进来。《联合国气候变化框架公约》的成员国把2009年12月作为确定这一新协议的最终期限。这一决定启动了为期两年的谈判进程，被称为“巴厘行动计划”，而这一进程恰巧与美国在全球气候变化问题上的根本性政治转变相重合。

从2001年1月到2009年1月，小布什政府控制了美国的联邦行政机构。小布什政府没有将人为造成的全球变暖作为一个科学事实予以接受，它也不认为清洁能源技术是对化石能源的一种可靠的替代。[3] 这样的立场不可能让美国在全球气候合作中发挥积极的作用。奥巴马赢得美国总统选举后，他带来一个拥有不同看法的新的美国领导人团队。与其前任不同，奥巴马团队确信美国需要采取行动以减少温室气体的污染，也确信清洁能源技术不仅能够减少美国的气候足迹(climate footprint)，还能够振兴美国经济。重要的是，当时的民意调查结果显示美国公众也接受了这种看法。[4] 新政府班子接掌白宫后，改革美国的能源和气候

---

1 Global Greenhouse Gas Emissions Data, United States Environmental Protection Agency, http://www.epa.gov/climatechange/ghgemissions/global.html, 2015-03-20.

2 “Report of the Conference of the Parties on its Thirteenth Session, Held in Bali from 3 to 15 December 2007,” United Nations Framework Convention on Climate Change, http://unfccc.int/resource/docs/2007/cop13/eng/06a01.pdf, 2015-03-20.

3 小布什上台不久，他就致信美国参议院并表示他基于以下四点反对加入《京都议定书》：一是该议定书未要求中国、印度和其他发展中国家采取行动，将这些国家排除在外会损害美国的经济；二是采取减排行动将会提升能源价格，并伤害美国的消费者；三是并未出现“可以实现商用的消除和存储二氧化碳的技术”；四是没有足够坚实的科学证据证明温室气体排放和全球气候变化之间的因果联系，从而没有足够理由来承担实质性的经济风险进行减排。“Text of a Letter from the President to Senators Hagel, Helms, Craig, and Roberts,” Office of the Press Secretary, the White House, March 13, 2001, http://georgewbush-whitehouse.archives.gov/news/releases/2001/03/20010314.html, 2015-03-20。

4 Joe Romm, “Americans Support Greenhouse Gas Regulation Even if it Could ‘Substantially’ Raise Energy Prices,” *Climate Progress*, April 30, 2009, http://thinkprogress.org/climate/2009/04/30/204043/polling-waxman-markey-public-support-regulations-even-knowing-it-could-substantially-raise-energy-prices/, 2015-03-20；Rui Teixeira, “Public Opinion Snapshot: Public Backs Key Elements of Global Warming Bill,” *Center for American Progress*, July 13, 2009, https://www.americanprogress.org/issues/public-opinion/news/2009/07/13/6404/public-opinion-snapshot-public-backs-key-elements-of-global-warming-bill/, 2015-03-20.

问题政策是他们最优先的事务之一。[1] 这种政治上的转变为美国在气候问题上与中国和其他国家打交道创造了新的机遇。

除了减缓气候变化之外，转用更清洁的能源还可以带来经济上的好处。一旦各国领导人意识到这一点，减排谈判就未必会一定成为一种零和博弈。没有哪个国家仅依靠自身就能够降低全球气候变化的速度，因此每个国家各尽其力就变得很重要。然而，对于大多数国家来说，从化石能源向非化石能源的转变过程中都没有蕴含内在的经济风险。就算是石油和煤炭的出口国也可以从利用某些清洁能源技术中获得收益。奥巴马政府将这种看法引入美国行政机构之时，中国的领导人也在扩展该国对风能、太阳能和其他清洁能源的利用。那时，这两个国家也都面临巨大的国际压力，它们被要求在新的全球气候机制之下做出减排承诺，而这一机制正是《联合国气候变化框架公约》成员国希望通过“巴厘行动计划”创立的。自从美国和中国成为世界上最大的温室气体排放国，任何不包括两国实质性减排承诺的全球协议都被视为一种败绩。

2009年12月，美国和中国的领导人与《联合国气候变化框架公约》其他成员国一道，在哥本哈根展开“巴厘行动计划”的最后一轮谈判。两国决心共同努力达成一个双方都可以加入的国际协议。它们成功地引导形成了一个新的协议，在这份协议中所有主要排放国——无论是发展中国家还是发达国家（包括美国和中国）都做出了减排承诺。但是哥本哈根会议并非美中关系中的一个高潮。代表美国的奥巴马总统与代表中国的温家宝总理共处哥本哈根，这两位领导人似乎是从深深对立的两端展开谈判。[2] 美国记者用“暴风雨般的和复杂的”词语来形容两国在哥本哈根的互动。[3] 哥本哈根谈判过程对于美中来说，都不是令人舒适的。但是，它的确表明两国对于全球气候机制仍抱有不一样的愿景，并且缺乏减少分歧的有效途径。

1 奥巴马政府从页岩气产业发展中得到了出乎预料的市场支持，页岩气产业的发展推动美国天然气价格跌到前所未有的低点，削弱了之前有关继续依靠煤炭作为低成本能源来源的观点。2001年，当小布什政府阐述其拒绝承担减排承诺的理由时指出，限制碳排放将“导致在电力生产方面出现从煤炭向（成本更高的）天然气的剧烈转变”，而这种转变将给美国消费者带来具有伤害性的价格负担。在奥巴马上台后不久，美国页岩气产业的发展使美国国内市场的天然气供应甚为丰沛，使天然气价格降到前所未有的低点，并且在市场价格相比较的基础上而非依靠公共政策，使电力生产从煤炭转向天然气。关于小布什政府致国会的信，见“Text of a Letter from the President to Senators Hagel, Helms, Craig, and Roberts,” Office of the Press Secretary, the White House, March 13, 2001, http://georgewbush-whitehouse.archives.gov/news/releases/2001/03/20010314.html, 2015-03-20。

2 David Corn, “In Copenhagen, U.S. vs. China,” *The Atlantic,* December 2009, http://www.theatlantic.com/magazine/archive/2009/12/in-copenhagen-us-vs-china/307809/, 2015-03-20.

3 Anthony Faiola, Juliet Eilperin and John Pomfret, “Copenhagen Climate Deal Shows New World Order May be Led by U.S., China,” *The Washington Post*, December 20, 2009, http://www.washingtonpost.com/wp-dyn/content/article/2009/12/19/AR2009121900687.html, 2015-03-20.

二、经营双边关系，将机遇转化为行动

从20世纪90年代的首轮《京都议定书》谈判到2009年的哥本哈根谈判，当美国和中国的领导人在多边性的气候谈判中相会时，他们往往处于对立的阵营。在多边性的背景下，美国和中国之间似乎存在着极为不同的利益，因此《京都议定书》建立的那个框架总是将发达国家和发展中国家摆在两个互不相属的阵营。然而，当美国和中国官员举行双边交流时，这种分立的程度就会有所减退。美国和中国是世界上最大的能源消费国。在减少气候污染方面，两国都面临着日益增大的国内外压力。两国都决心通过改革监管制度和推广清洁能源技术来实现减排目标，而倘若清洁能源技术应用得当，它将成为经济增长的新引擎。而且，美国和中国正巧在这方面的共同努力上有着各自不同的相对优势。美国在清洁能源技术创新方面卓尔不群，中国则在技术的商业化和应用方面非常出色。比起它们各自单枪匹马地干，当两个国家协手合作时，双方可以取得更大的成就。实际上，美国和中国在能源和气候议题上的共性远远超过它们之间的不同。然而，找出如何以这些共性为基础开展行动的办法，确是需要持续的外交努力。

美国和中国是世界上最大的能源消费国。在减少气候污染方面，两国都面临着日益增大的国内外压力。

2009年，除为哥本哈根气候会议做准备之外，美中两国领导人还启动了新的双边倡议，以便在双边层面促进两国的共同利益。在过去五年中，两国将这些活动予以扩展，涵括了新的议题领域，并从两国吸纳了新的参与者。起初那种小规模的、技术性的合作如今已经成为一项重大的行动领域，并成为多次双边领导人峰会的亮点。

过去五年启动或改进的重要双边机制包括：

（一）**中美能源和环境十年合作框架**。2008年6月，在小布什总统执政的最后几个月，美国和中国的领导人启动了一个新的项目，旨在就能源、气候变化和环境保护问题交流最佳实践。在2009年美国新任总统上台交接之后，奥巴马政府与中国领导人合作维持和扩展了这一项目。这一“十年框架”为美中合作确定了七个优先行动领域：清洁和安全的电力生产；清洁水；清洁空气；清洁和高效的交通；能效；自然保护区；湿地保护。[1] 至少美方有十个政府部门、中方有七个政府部门每年进行会面，并交流有关这七个行动领域的信息。两国企业、非政府

1 “Joint U.S.-China Fact Sheet: U.S.-China Ten Year Energy and Environment Cooperation Framework,” U.S. Treasury Department, June 18, 2008, http://www.treasury.gov/initiatives/Documents/uschinased10yrfactsheet.pdf, 2015-03-20.

组织、大学和地方政府官员也通过生态伙伴（EcoPartnership）机制参与其中。[1] “十年框架”为将众多政府和非政府的代表聚合起来交流观点并找寻实施联合项目的潜在机遇提供了有用的平台。

（二）**《加强气候变化、能源和环境合作的谅解备忘录》**。2009年7月，美中两国签署了这一备忘录。该文件把能源和气候变化称为“双边关系的一个支柱”，并启动了新的双边气候对话，这一对话使两国气候政策的领导者在《联合国气候变化框架公约》的正式谈判进程之外，有机会见面并交流观点。[2]

（三）**美中清洁能源研究中心**。2009年11月，美国总统奥巴马和中国国家主席胡锦涛启动了新的双边项目，将两国企业和研究机构聚集起来，联合开发清洁煤、清洁汽车和清洁建筑方面的新技术。目前，有超过1000名两国清洁能源的研究者参与该项目。[3] 很多美国专家认为该项目是美中能源合作的静音动力站。该项目虽然没有吸引媒体的过多关注，但它却是两国专家合作研发使双方受益的新能源技术的非常具体和积极的案例。美国能源部部长和中国科技部部长共同主持该项目。

（四）**中美气候变化工作组**。2013年4月，两国领导人在中美战略与经济对话框架下设立了一个讨论气候问题的特别工作组。目前它的工作聚焦于五个关键项目领域：减少汽车排放；碳捕获、利用和存储（CCUS）；能效；温室气体数据收集和管理；智能电网。两国气候问题特使共同主持工作组，双方有多个政府机构参与其中。这一工作组的目标是，推动上述五个项目领域在近期取得进展，并在每年举行战略与经济对话期间向两国领导人报告这些进展。[4] 总之，工作组旨在通过行动而非言语来促进合作。比如，工作组之下的碳捕获、利用和存储项目正在支持两国企业和研究机构之间的示范性联合工程。[5]

当上述机制和新的合作倡议进入美中双边关系时，每一个新倡议都会给两国气候问题合作网络带来新的面孔，每年也都会有新的会议举行。久而久之，这些倡议会强化双方开展联合项目的抱负。2008—2009年间，两国领导人启动了旨在促

---

1 关于生态伙伴项目，参见该项目官方网站 https://ecopartnerships.lbl.gov/。

2 U.S.-China Memorandum of Understanding to Enhance Cooperation on Climate Change, Energy and the Environment, U.S. Department of State, July 28, 2009, http://www.state.gov/r/pa/prs/ps/2009/july/126592.htm, 2015-03-20.

3 U.S.-China Clean Energy Research Center (CERC) Fact Sheet, http://www.us-china-cerc.org/pdfs/US-China-CERC-Fact-Sheet-Bilingual-v13--4-Dec-2014.pdf, 2015-03-20.

4 2014年7月，美中两国领导人决定为气候工作组增加两个新的项目领域，但该小组还没有汇报这两个新领域的进展。

5 “Report of the U.S.-China Climate Change Working Group to the 6th Round of the Strategic and Economic Dialogue,” U.S. Department of State, July 15, 2014, http://www.state.gov/r/pa/prs/ps/2014/07/229308.htm, 2015-04-20.

进双方政府机构之间信息交流和推动公私伙伴关系的“十年框架”。这些交流相对来说是开放的，没有什么实现具体成果的硬性时限。与之相对，2013年设立的气候问题工作组必须每年向参加战略和经济对话的领导人报告五个行动领域的进展。

在美中两国官员通过不断扩展的双边机制会面、交流看法和合作的同时，他们也继续在多边进程中打交道，这两种渠道是相互补充的。在双边层面开展的项目可以让两国官员更多了解对方的国内气候政策和减排能力。他们可以从扩展的双边渠道中获得经验，并将更深入的认识运用到在多边层面促成新的进展。这是美中两国元首峰会的特别关注点，因为在多边层面取得新的突破往往会要求两国在最高层级进行政治协调。

2013年6月，奥巴马总统和习近平主席在加利福尼亚州安纳伯格庄园举行非正式会面，两位领导人在结束会面后宣布：双方就在氢氟烃（HFCs）问题上合作促进国际进展达成一项新的协议，氢氟烃是加快全球变暖的主要温室气体。[1] 2014年11月，两位元首共同宣布了针对当前全球气候谈判的目标，这一轮谈判旨在于2015年12月之前达成一项着眼于后2020年时期的新的国际气候协议。美中两国领导人也宣布了双方相互协调的后2020年目标。这一声明是相对于京都—哥本哈根时期的一种戏剧性的转变。美国和中国成了率先行动者（first-movers），而不是退缩在后，并为各种分歧争吵不休。2014年11月做出的这一声明带动了2015年的谈判进程，并且迫使其他国家跟进。该声明还针对“共同但有区别的责任”提出了新的、双方同意的表述，“共同但有区别的责任”是《联合国气候变化框架公约》用于区别发达国家和发展中国家责任的特定语汇。美中联合声明指出，两国致力于达成一个新的后2020年气候问题协议，而该协议“体现共同但有区别的责任和各自能力原则，考虑到各国不同国情”。[2] 声明的后半部分展现了发展中国家在其不断取得经济成就的情况下承担更多气候问题责任的潜力。2014年12月，当《联合国气候变化框架公约》近200个成员国在利马参加年度会议之时，这些国家借用了中美联合声明中的表述，以打破公约中发达国家和发展中国家之间的僵局。[3] 一旦世界上排放量最大的发达国家和发展中国家能

1 Melanie Hart, “China’s Shifting Stance on Hydrofluorocarbons,” Center for American Progress, June 12, 2013, https://www.americanprogress.org/issues/china/report/2013/06/12/66251/chinas-shifting-stance-on-hydrofluorocarbons/, 2015-03-20.

2 “U.S.-China Joint Announcement on Climate Change,” Office of the Press Secretary, the White House, November 11, 2014, https://www.whitehouse.gov/the-press-office/2014/11/11/us-china-joint-announcement-climate-change, 2015-03-20.

3 Michael Jacobs, “Lima Deal Represents a Fundamental Change in Global Climate Regime,” *The Guardian*, December 15, 2014, http://www.theguardian.com/environment/2014/dec/15/lima-deal-represents-a-fundamental-change-in-global-climate-regime。关于利马会议的情况，参见“Lima Call for Climate Action,” Decision CP.20, United Nations Framework Convention on Climate Change, December 2014, http://unfccc.int/files/meetings/lima_dec_2014/application/pdf/auv_cop20_lima_call_for_climate_action.pdf, 2015-03-20。

够达成协议，其他国家就会跟着效仿。

三、能源和气候领域双边关系带来的经验

美国和中国还没有解决全球气候问题。在两国国内、在双边层面以及在需要和其他国际伙伴共同努力的多边层面，都还有大量的工作要做。然而，很显然的是，美中两国领导人在建立新的合作支柱方面已经取得了重大的成功，并为美中合作能够以过去难以想象的方式改变多边环境提供了新的、具体的证明。这些成功并不是凭空产生的。双方领导人以精心的外交寻求共同利益，并为联合行动打下基础。这一过程提供了三条对于美中关系的其他领域也有借鉴作用的经验。

双方领导人以精心的外交寻求共同利益，并为联合行动打下基础。

第一，当一项议题从近期看较难推进时，从强调共性而非分歧的新角度处理它会有所帮助。美中两国负责气候问题的领导者们从两个方面如此行事。其一，当他们无法就减排达成一个一致方案时，他们将工作重点转移至清洁能源合作。在清洁能源领域，更容易找到共同利益并在此基础上开展行动，而且在清洁能源领域的进展有助于在减排问题上建立新的共性。其二，当美中两国在多边层面产生冲突时，双方领导者们建立了新的双边渠道，这就为在较具对抗性的多边层面之外提供了一个合作平台。在双边合作达到一种重要节点的情况下，多边合作也就会开始取得进展。有些时候，针对一个困难的目标找到一种更为间接的路线，可以避免止步不前。

第二，当国家之间无法在近期达成协议之时，如果能够同意就未来采取行动设立最后期限，这将会为取得进展带来有益的压力。在气候问题领域，《联合国气候变化框架公约》各方反复设定了国际谈判的最后期限，而这起到了凝聚共识的作用。这种最后期限既带来压力，也为美中两国提供了达成下一项重大协定的机遇。有最后期限在，如果无法展开行动，就会有很大后果。没有哪个国家想要因为在关键的多边峰会上拖后腿而受到指责。从国内层面看，国际最后期限的逼近，可以帮助调动政府机构的各种资源和政治支持，以推动新的倡议。2009年间，每当美中两国领导人会面时，他们都承受着压力，要在《联合国气候变化框架公约》成员国在巴厘岛设定的最后期限来到之前达成协议。哥本哈根会议取得的成果并不是完美的，但它首次成功地将美中两国纳入一个共同的全球气候机制之中。当两国元首在2014年11月会面时，要在2015年达成后2020年全球气候协议这一最后期限，给双方带来政治动力，使两国向前行进并发表历史性的联合声明。毫无疑问，最后期限并非总能带来人们所期待的结果，但如果各国继续为实现未来的进展设立具体目标，激发原本无望的行动，就能产生前进的势头，这总要好过静止不动。至少，当两个或更多国家努力在共同设立的最后期限到来之前取得进展，这一过程可以传递出这些国家利益交汇的信息。如果最后期限的压力

仅仅凸显了各方之间的分歧程度，那么，对于这些国家来说，这也是应当了解的关键信息。

第三，将双边合作制度化，可以让领导人将现有的框架作为实施更大行动倡议的基础。对于改变彼此心态和观念而言，这一过程可以发挥关键性的作用。由于项目团队名单迫使两国官员去相互认识，美中气候双边关系正改变着华盛顿和北京的看法。双方官员结识了来自另一方的新同行，并且更经常地见面。他们逐步在一些雄心勃勃的项目上进行合作，而这些项目需要越来越多的紧密接触。当这一过程向前推进时，双方的官员就会更加善于预测对方的回应，也变得更善于找寻新的合作机遇。双边会面并针对最后期限进行通报，这种具有可预测性的模式推动了合作进程的发展。

四、展望未来：进一步扩展合作的新机遇

在过去五年中，美国和中国为一系列新的能源和气候合作双边机制进行了投入。这些机制已经成功将能源和气候合作推上了新的高度。未来，一些可以带来新进展的最大机遇也许稍微处于传统的能源和气候领域之外。气候变化是一个涉及众多重要政策领域的全局性（cross-cutting）议题。应对全球气候变化既是一个经济议题，也是一个安全议题，还是一个环境议题。在某种程度上，美中关系中没有哪个领域不受到气候变化的影响。气候问题的这种多维度性既呈现出重大风险，也为在美中关系的多个层面推动合作带来了巨大机遇。

基于前面概述的经验，在非传统的气候领域扩展气候合作的好策略即是：(1) 找到一个议题领域，它有助于把应对全球气候变化作为共同目标；(2) 经营制度性的安排，以便为新的进展奠定基础；(3) 为采取行动设立最后期限。在近期，有两个高度优先的议题可为实施这一策略打开新局面。

第一，美国和中国通过可持续的融资来弥合新成立的亚洲基础设施投资银行（亚投行）、世界银行、国际货币基金组织、绿色气候基金（Green Climate Fund）和其他国际援助机构之间的分歧。在全球金融架构方面，美国和中国正陷入一种竞争态势。美国未能支持国际货币基金组织的改革，而这些改革是为了调整决策规则以适应中国增长的经济实力，中国因此而感到困惑。由于美国国会一再拖延批准程序，美国政府无法支持改革，中国便以成立新的金融机构作为回应，这一举动被一些美国观察人士视为对既有全球机制的一种威胁。[1] 可持续性发展的共同标准可以帮助亚投行和其他新机构与既有秩序建立联系，通过这些作为挑战者的新机构，在气候金融领域发起"勇争第一的比赛"。2016年的二十国集团会议

1 Paola Subacchi, "The AIIB is a Threat to Global Economic Governance," *Foreign Policy*, March 31, 2015, http://foreignpolicy.com/2015/03/31/the-aiib-is-a-threat-to-global-economic-governance-china/, 2015-04-21.

可以被当作采取这一行动的自然的最后期限。

第二，美国和中国的领导人可以利用在气候问题上的共同利益，为亚太地区的海上合作创立一个新的平台。美军太平洋司令部司令塞缪尔·洛克利尔（Samuel J. Locklear）上将最近指出，气候变化是亚太地区最大的长期性安全威胁，这让美国国会感到大吃一惊。与世界上的其他地区相比，亚太地区因自然灾害所受到的损害都要更大。据预计，随着全球变暖和海平面的加速上升，发生灾害的频率将增大，而这会让美国和中国为经济和安全付出新代价。两国应共同努力，为应对亚太地区的气候灾害建立新的合作机制。这类机制可以通过两国海上力量的协作迎接共同的挑战。目前，美中在亚太地区，尤其是南中国海的海上互动正在产生更多的争执而非合作。双方似乎都还没有减少这种争执的好方案。将关注点转向共同的气候目标，可以间接地促使双方在本地区就海上问题实现更具合作性的互动状态。美中两国可以利用现有的气候问题机制来促进这一进程，并为实现关键的基准性成果设定最后期限。

总之，近年美中关系在能源和气候领域取得的进展表明，双方领导人应当寻求创新性的机遇，改换处理那些看似棘手难解问题的角度。在能源和气候领域，这是个行之有效的办法。美国和中国的领导人通过战略性的外交活动成功地把以前的难题化解为双边合作中最可靠的行动领域之一。相似的策略有可能被应用于其他领域。如果美中领导人能够利用我们共同的气候利益在新的议题领域来驱动进步，那么，这将是能源和气候合作所产生的一种真正令人惊喜的成果。

（凌岳、徐栩 译；徐彤武 校）

日本的战略地位、走向与中日新型关系的构建

中日关系研究课题组

内容提要：北京APEC会议后，中日关系有所缓和，但仍然面临着严峻挑战。中国应客观评估日本的综合实力，理性判断日本的战略走向。本文认为，日本仍然是综合实力位居世界前列的大国。近年来日本政治右倾保守化与“普通国家”化步伐加快，中日竞争与摩擦上升，但受国内外环境的制约，安倍政权难以走上军国主义道路。在中国提出构建亚洲命运共同体，推进“一带一路”建设的大背景下，中日两国在新地区架构内存在广泛的合作空间，摆脱安全困境、加强合作符合双方的战略目标，中国应该推动构建中日新型关系。

关键词：中日关系　战略地位　日本　新型关系

2014年11月北京AEPC会议前夕中日就处理和改善两国关系达成四点原则共识之后，中日关系开始有所缓和。从积极因素看，双方政府部门的对话和高层往来逐步恢复。2015年3月14日，中国民政部长在日本仙台参加联合国世界减灾大会期间与日本外相进行了简短交谈，这是自2012年9月日本“购岛”事件以来中国部长级官员首次访日，也被视作落实“四点共识”的一环。[1] 3月19日，第十三次副部级中日安全对话时隔四年在东京举行，双方就尽快启动“海上联络机

本文为北京大学国际战略研究院“中日关系研究”课题之部分研究成果。课题组成员：张沱生（中国国际战略研究基金会学术委员会主任、北京大学国际战略研究院理事）、于铁军（北京大学国际关系学院副教授、北京大学国际战略研究院副院长）、钟飞腾（中国社会科学院亚太与全球战略研究院副研究员）、初晓波（北京大学国际关系学院副教授）、刘华（新华社《参考消息》报社主任编辑）、符晓（中国国际战略研究基金会副研究员）。

1《外媒：中日两国部长举行会谈 同意加强防灾减灾合作》，新华网，2015年3月16日，http://news.xinhuanet.com/world/2015-03/16/c_127585403.htm，2015年4月2日登录。

制”交换了意见。3月23日，全国政协主席俞正声会见了日本执政党代表团，并表示“中日关系正在恢复改善”，日方则认为“去年两国最高领导人会晤为两国关系改善打下了基础”。[1] 4月22日，习近平主席在印尼雅加达会见日本首相安倍，指出中日双方要彼此奉行积极的政策，加强对话沟通，增信释疑，努力将此前双方达成的“中日互为合作伙伴、互不构成威胁”的共识转化为广泛的社会共识。[2] 5月23日，习近平主席又接见了日本自民党总务会长二阶俊博率领的3000人访华团，指出中日友好的根基在民间，中日关系前途掌握在两国人民手里。[3] 7月16日，中国国务委员杨洁篪同日本国家安全保障局局长谷内正太郎共同主持首次中日高级别政治对话，这是两国加强高层战略沟通的重要举措，有助于积累共识，管控分歧，形成中日关系稳定向好的势头。[4]

与此同时，中日关系依然严峻，双边关系困难的局面尚未得到根本改变。首先，围绕战后70周年的首相谈话是否要写入“侵略”和“道歉”等关键字眼的历史认识问题，日本国内仍在辩论。2015年3月26日，安倍在接受美国《华盛顿邮报》专访时表示中日关系在APEC会议后有了较大改善，但对中国的军费开支增长十分担忧，并表示要联合美国和东盟国家敦促中国改变海上行为，期间还发表慰安妇乃是“受人贩子之害”的荒唐言论。[5] 其次，日本扩军态势出现强化势头。3月23日，安倍在国会回答有关自卫队训练的质询时，将自卫队称作“我军”。3月25日正式服役的“出云”号“护卫舰”堪比意大利等国的航母，尽管拥有攻击型武器并不符合日本的宪法。[6] 7月16日，安倍利用自民党控制的众院，强行表决通过安保相关法案，扩大自卫队在海外的军事活动。[7] 再次，在经济关系上，日本疏离中国的趋势仍在继续。一方面，对华投资和贸易额不断下滑，另一方面在对待中国倡议的亚洲基础设施投资银行（AIIB）问题上日本疑虑重重，紧跟美国指责AIIB的治理结构和融资标准，并于5月21日提出

1《俞正声会见日本执政党代表团》，新华网，2015年3月23日，http://news.xinhuanet.com/politics/2015-03/23/c_1114735076.htm，2015年4月2日登录。

2《习近平在雅加达会见日本首相安倍晋三》，中新网，2015年4月22日，http://www.chinanews.com/gn/2015/04-22/7226822.shtml，2015年7月1日登录。

3《习近平出席中日友好交流大会并发表重要讲话》，新华网，2015年5月23日。http://news.xinhuanet.com/politics/2015-05/23/c_1115384356.htm，2015年7月1日登录。

4《首次中日高级别政治对话在北京举行 杨洁篪同谷内正太郎共同主持》，新华网，2015年7月17日，http://japan.xinhuanet.com/2015-07/17/c_134419867.htm，2015年7月26日登录。

5 David Ignatius, “David Ignatius’s Full Interview with Japanese Prime Minister Shinzo Abe,” Washington Post, March 26, 2015. http://www.washingtonpost.com/blogs/post-partisan/wp/2015/03/26/david-ignatiuss-full-interview-with-japanese-prime-minister-shinzo-abe/,2015-04-02.

6《安倍称自卫队为“我军”是口误还是蓄意》，载《中国青年报》，转自新华网，2015年4月1日，http://japan.xinhuanet.com/2015-04/01/c_134114899.htm，2015年4月2日登录。

7《日本众院强行通过安保法案》，新华网，2015年7月16日，http://xuan.news.cn/cloudnews/wyxh/20150716/2477933_c.html，2015年7月26日登录。

1100亿美元的亚行贷款扩容方案，专门用于建设亚洲的“高质量”基础设施。复次，日本国民对华好感度仍在下滑。据日本内阁府2014年12月公布的舆论调查显示（调查于当年10月进行），对华好感度达到历史最低点14.8%，比2013年下跌了3.3%。尤其值得注意的是，20—29岁年龄段的好感度从2013年的33%下降至2014年的25.7%，在各年龄段跌幅最大。[1]

中日两国是国际舞台上的重要国家，中日走向对抗冲突还是走向互利共赢，对于我国能否保持和平稳定的周边安全环境和实现“两个一百年”的宏伟目标，对于东亚乃至亚太地区未来是否和平繁荣，都具有重大影响。虽然中日关系近来有所改善，但中国国内在如何判断日本的战略地位、战略走向以及构建中日关系发展的基本架构方面仍存在多种迥然不同的声音，本文拟结合中国对日政策的战略目标对这些问题做进一步的探讨。

中国国内在如何判断日本的战略地位、战略走向以及构建中日关系发展的基本架构方面仍存在多种迥然不同的声音。

一、如何认识日本的战略地位

尽管日本是中国一衣带水的邻国，两国历史上长期往来，但互相之间的认识仍然有较大偏差。目前，中国对日政策严重缺乏共识，舆论宣传受民族主义影响很大，也带有较强的情绪化色彩。其中，尤以两种观点影响颇大。

第一种观点认为日本的实力与战略地位已明显下降，日本不再是具有影响力的大国。中国不必担心中日关系长期紧张乃至恶化，当中国综合国力全面超过日本时，一切问题都将迎刃而解。这种观点有两个突出特点。第一，将国家安全的立足点几乎完全放在实力对比上，认为实力强的国家更加安全。第二，认为中日之间的问题完全是由实力对比造成的。毫无疑问，增强综合国力有助于提升我国应对安全风险的能力，自1840年以来的中国近代史也的确证明了实力弱小的国家难以掌控自己的命运。近代日本的崛起以及发动的两场对华战争，某种程度上的确是在中日军事实力对比有利于日本的情况下发生的。

但这种观点同时也具有很危险的一面。在国际关系中对国家实力进行比较是一件很复杂的事情。不同的学说流派，在哪些因素构成国家实力方面存在很不同的看法。比如，现实主义通常认为军事力量是决定性的，而自由主义和马克思主义都强调经济因素的重要性，建构主义和英国学派则认为国家身份认同、国际社会接受度对一国实力有很重要的影响。一旦对国家实力判断有误，并进而冒险采取行动，很可能走向悲惨的结局。正如战争研究权威学者布莱内说的，“战争通

1 内閣府、『外交に関する世論調査』（2014年12月22日）, http://survey.gov-online.go.jp/index-gai.html, 2015年4月2日登录。

常在两国就其力量对比看法不一致的情况下开始，在交战国就其力量对比看法一致的情况下结束”。[1] 因此，综合地、全面地判断中日实力至为重要。第二次世界大战时期的日本就是从错误估算实力走向战争一败涂地乃至社稷倾覆的一个典型例子。冷战结束后，软实力成为综合国力的重要组成部分，单纯提高硬实力并不完全能够应对各项挑战。此外，就理论而言，也有一些问题需要加以讨论，譬如，实力强的国家是否一定是最安全的？国家实力与国家的安全是否是一种线性关系？目前，对这些问题还难以给出确切的结论。

在近现代史上，日本曾两次打断了中国现代化的进程。一次是通过甲午战争，葬送了晚清洋务运动的成果；另一次是通过20世纪30年代发动侵华战争，再一次阻止了中国现代化前进的脚步。这是一个不容小觑、须全力以赴认真对待的国家。20世纪前半期，日本穷兵黩武，给亚洲各国带来深重灾难，自己也最终落了个战败投降、本土被美军占领的下场。

战后日本在和平宪法下致力于走和平发展的道路，取得了举世瞩目的成就。1968年，其经济总量即跃居资本主义世界第二位。1978年中国开始改革开放时，综合国力远远落后于日本。按照安格斯·麦迪森的计算，以购买力平价衡量，1980年中国经济总量是日本的68.6%。[2] 同样以购买力平价计算，使用国际货币基金组织的数据，1980年中国经济总量是日本的30%，日本占世界比重为7.8%，人均GDP中国只有日本的3.5%。[3] 当时，美国和日本是中国争取有利于现代化建设的外部环境，实行改革开放的两个重要国家。日本对中国的改革开放也采取了积极支持的政策。

此后的30多年里，两国的经济力量对比发生了重大变化。自20世纪90年代初期起，日本经济停滞不前，而中国经济却加速发展。2010年，以市场汇率计算中国经济总量首次超过日本。之后，中国经济继续快速发展，加上日元大幅度贬值的因素，2013年按市场汇率计算的中国GDP总量达到9.5万亿美元，而日本为4.9万亿美元，中国是日本的近两倍。如果按照购买力平价计算，那么中国经济总量将达到16.2万亿美元，日本为4.7万亿美元，中国是日本的3.7倍。依照IMF的预测值，以市场汇率和购买力平价衡量，2014年日本经济总量占中国的比重分别为46%和27%。在此情况下，国内有相当多的人认为日本已经不行了，在中日竞争中，中国可以凭借自己不断增长的国力拖垮和压服对方。

但事实上，日本综合国力仍然强大。日本迄今仍是全球第三大经济体，2013

1 [澳] 杰弗里·布莱内：《战争的原因》，时殷弘译，北京：商务印书馆，2011年版，第259页。

2 [英] 安格斯·麦迪森：《世界经济千年统计》，伍晓鹰、施发启译，北京：北京大学出版社，2009年版，第172页。

3 数据来自 IMF, World Economic Outlook, 2014年版，http://www.imf.org/external/pubs/ft/weo/2014/02/weodata/index.aspx，2015年4月2日登录。

年军费开支排名世界第五（如果按现值美元计算则居第七位），[1] 其科技水平、民生与社会建设、环境保护、国际竞争力、国际形象等许多重要指标目前仍名列世界前茅，有些还远排在中国前面。根据世界知识产权组织（WIPO）提供的数据，2014年中国申请的专利数达到25539件（占全球11.9%），名列第三，而日本为42459件（19.8%），名列全球第二。[2] 2010—2015年中日两国的人均预期寿命（女性/男性）分别为76.6/74岁和86.9/80岁。森林面积占土地面积比例，中国为22.5%（2011年），而日本高达68.6%。[3] 在人类发展指数排名中，2013年中国列第91位，日本列第17位，属于极高人类发展水平国家。[4] 依据世界经济论坛2014年9月发布的《2014—2015年度全球竞争力报告》，中国在全球144个国家中排第28位，日本则是第6位。[5] 据美国皮尤研究中心（Pew Research Center）2014年9月完成的一份名为"亚洲国家如何看待彼此"的调查显示，亚洲11国中除了中韩两国不待见日本外，其他亚洲国家对日本以及安倍首相均持有较高的评价，尤其是泰国、菲律宾、越南和印度尼西亚等国家；泰国和印度尼西亚对中国评价也高，但不如对日本的评价，而对中国的评价高于日本的只有巴基斯坦、韩国和孟加拉国等三国。[6]

在看待中日经济实力时，还要注意流量和存量、"国内总产值"（GDP）和"国民总产值"（GNP）的区别。当我们说中国经济总量超过日本时，往往是指某一年在国内生产的增加值总额超过日本，并非指历年积累的财富总量超过日本。而且，GDP并不代表所有本国居民在这一年生产的增加值。计算一国的财富，还应该包括在海外的由本国居民控制的资产。发生危机时，这部分资产会极大地影响本国的经济面。比如，2011年日本发生"东日本大地震"后，日本在海外的公司回流了大量资本，对日本经济恢复起了一定作用。另外值得注意的是，日本公司在海外的直接投资存量远大于中国。按流量计算，2010年中国已经超过日本，但是按流出的存量计算，2013年中国不到6200亿美元，只占日本的61.8%。[7]

1 参考斯德哥尔摩国际和平研究所数据库，http://www.sipri.org/research/armaments/milex/milex_database/milex_database，2015年4月2日登录。

2 WIPO, "Who Filed the Most PCI Patent Applications in 2014?" March 19, 2015, http://www.wipo.int/portal/en/index.html，2015年4月2日登录。

3 数据源于联合国，参考 https://data.un.org/Default.aspx，2015年4月2日登录。

4 UNDP, *Human Development Report 2014: Sustaining Human Progress, Reducing Vulnerabilities and Building Resilience*, New York: the United Nations Development Programme, 2014, pp.160-161.

5 World Economic Forum, *The Global Competitiveness Report 2014-2015*, Geneva: The World Economic Forum, 2014, pp.154, 226.

6 "Chapter 4: How Asians View Each Other," July 14, 2014, http://www.pewglobal.org/2014/07/14/chapter-4-how-asians-view-each-other/,2015-04-02.

7 数据来源于 UNCTAD 网站。

中日力量对比的两大基础是经济实力与军事实力。尽管中国自从2010年起GDP总量已经超过日本，但是在质量和人均方面，日本仍占明显优势。在经济实力上，如果从动态发展看，中国经济迈入经济增速下行的“新常态”，国内各种不稳定因素上升，中央提出“四个全面”，“保增长”的任务十分艰巨。日本经济发展虽长期停滞，却一直保持了社会稳定，目前亦开始进行以“安倍经济学”为核心的结构性改革。两国经济实力对比的走向仍然存在某些变数。在军事实力方面，军费开支占比并不是衡量国家间军力差距的最佳指标，日本军费开支绝对值长期占据世界前三位，多年累积下来的结果是，日本在反潜、防空等领域仍占有优势。在中国军力日益增长和两国军费差距不断扩大的形势下（目前中国军费已约为日本的三倍），日本正在调整军事战略，增加军费（日本军费在连续10年下降后于2013年起开始增加），大力加强防卫力量建设。此外，日本完全具有发展核武的能力。

即便中日双方绝对力量对比继续朝着对中国有利的方向发展，考察力量对比也还须考虑其他变量。第一，美日同盟进一步强化。日本是美国亚太再平衡战略的重要组成部分。2014年4月美国总统奥巴马访问日本，宣布钓鱼岛属于美日安保条约第五条的防卫范畴。2015年是战后70周年，4月底安倍访美在美参众两院联席会议发表演讲，此前的日本首相只是在参议院或众议院发表演讲。日美还公布了第三个日美防卫合作指针，军事合作方面力度明显加大。第二，日本与美国在亚太地区的其他盟国的双边合作加深。2014年7月，日本与澳大利亚签署经济伙伴关系协定（EPA）。9月，日澳双方就加快缔结日澳军事合作新协定达成一致，日本将向澳大利亚提供潜艇技术。此外，日本显著加强了援助越南、菲律宾的态势，并特别增加对军事相关设施的支持力度，包括提供海事巡逻艇、协助举行海军演习等。[1] 第三，日本与俄罗斯关系的走向仍然存在不确定性。尽管乌克兰危机后西方加强了对俄制裁，但日本从未放弃利用国际形势转变改善对俄关系的努力。第四，西方主导的国际舆论的走势。中国在海洋政策上的举措，已经使国际社会的舆论质疑中国和平发展承诺的可信度，而美国深度介入南海争端、引导国际舆论，进一步压制中国的合理主张。日本在海洋领域的政策主张符合美国的利益需求。日本作为海洋强国，如果在美国主导下深度参与印度洋—西太平洋事务，将对中国军力发展起到明显的牵制作用。

总体来看，日本并不像一部分中国人想象的那样正在或已经衰落。在未来较长的时期内，如果中日关系持续恶化，甚至爆发军事冲突与战争，在上述国际因素的影响下，中日力量对比可能出现诸多变数，两败俱伤是较可能出现的前景。

1《英媒：日本悄然“潜回”南海 拉拢菲越对抗中国》，参考消息网，2015年3月12日，http://mil.cankaoxiaoxi.com/2015/0312/700758.shtml，2015年4月2日登录。

二、如何认识日本的战略走向

关于日本的战略走向，国内有普遍影响力的一种看法认为日本企图走老路、恢复军国主义，正在取代美国成为中国的主要安全威胁，未来“中日必有一战”，中国必须全力打压日本。这种观点忽视了冷战后军事在解决国家间争端中作用下降，全球军费开支占全球GDP的比重呈现缓慢下降态势等事实。[1] 此外，按照这种观点的推论，中国应采取“先发制人”的措施，遏制日本走向军国主义道路。严格地说，中外学界对“军国主义”的定义是有一定共识的。例如中国社会科学院蒋立峰认为，军国主义的基本特征是“军事至上，谋求霸权”。[2] 在西方语境中，“军国主义”的最初含义是军事部门在社会生活中占据主导地位，20世纪早期的含义则是整个社会的军事化，并且怀有征服世界的野心。[3] 当年的日本军国主义走的就是这样一条对内全面扼杀民主、法西斯军人当政，对外侵略扩张、进行殖民统治的道路。因此，问题的焦点在于，目前的日本政府是否怀有侵略扩张、征服世界的野心，且对外决策由军事集团所主导？

尽管国际舆论在此问题上与中国的看法差别甚大，但鉴于中国是日本军国主义者发动侵略战争的最大受害者，加上长期以来日本领导人对历史问题的看法反反复复，的确让人难以放心。不过，研判一国的战略走向，需要结合国内、国际两个大局加以考察，同时对领导层以及可能产生破坏力的群体加以分析。大体来讲，在可预见的未来，日本不会走上军国主义的道路，其主要依据为四个基本判断。

第一，日本政治右倾保守化的趋势在中长期内将继续发展，但国内国际环境的发展对日本走向军国主义仍具有很强的约束。冷战结束以来，日本国内革新势力遭到严重削弱，日本政治日益右倾保守化，这一发展趋势在中长期内将难以改变。但是，这种政治状况与日本历史上曾出现的军人操控国政、对外侵略扩张的军国主义仍有本质区别。当前，从国际环境看，包括经济全球化的发展、现代战争形态的变化、日本经济与他国的高度相互依赖、日本融入国际制度的深度、中国的强大以及美国的政治军事控制等，都将使日本主动发动对外战争的收益最小

---

1 Azar Gat, “Is War Declining—and Why?” *Journal of Peace Research*, Vol.50, No.2, 2013, pp.149-157; Mark Harrison and Nikolaus Wolf, “The Frequency of Wars,” *Economic History Review*, Vol.65, No.3, 2012, pp.1055-1076.

2 蒋立峰：《关于日本军国主义》，载《中国抗战与世界反法西斯战争——纪念中国人民抗日战争暨世界反法西斯战争胜利60周年学术研讨会文集（上卷）》，北京，纪念中国人民抗日战争暨世界反法西斯战争胜利60周年学术研讨会，2005年，引文见第206页。

3 Albert T. Lauterbach, “Militarism in the Western World: A Comparative Study”, *Journal of the History of Ideas*, Vol.5, No.4 (Oct., 1944), pp.446-478.

化、风险最大化；从收益成本角度看，日本的政治精英如果选择对外侵略，结果必将是惨败；从国内环境看，战后日本的民主制度建设、国内和平主义观念的深入人心、日趋严峻的高龄少子化社会问题，以及严峻的财政负担等，客观上也都难以为日本走军国主义道路提供支撑。

第二，日本摆脱战后体制、实现“国家正常化”的趋势正在加速发展，并已得到除中国和韩国等几个国家以外的国际社会的普遍接受。但我们也要认识到，日本民众与日本的最大外部倚靠美国对此问题也仍保有警惕性。日本借“正常化”之名、偷偷行侵略扩张道路的难度很大。虽然日本民众目前总体上支持“国家正常化”，但半数以上的人对解禁集体自卫权和修改和平宪法持反对或担心态度，最近日本国内各界民众爆发的反对安倍政府强行通过新安保法案的浪潮即突出地表明了这一点。据日本内阁府2015年3月7日公布的一份舆论调查，目前关心自卫队和防卫问题的人创1978年设置这一提问以来的最高值。其中，29.9%的日本民众认为“应当增强”防卫能力，几乎两倍于2009年，但是59.1%的日本民众仍然认为自卫队保持现有防卫能力即可。[1] 在克林顿时期任职于国务院和国家安全委员会的杰米·梅尔茨（Jamie Metzl）最近撰文，认为战后日本在联合国和多边国际组织中提供的援助堪称表率，一个正常化的日本有助于提高地区安全，特别是在平衡中国的单边行为方面扮演重要角色。但日本欲达到此目的，必先妥善处理好历史问题。[2] 从这个意义上说，美国与日本这个盟友之间的主要分歧点是历史认识问题，美国对此也有一定的戒备心理。正如梅尔茨在评论中提到的，美国的教科书对日本的侵略和慰安妇问题写得很明白，日本领导人难以否认这类罪行。

第三，安倍政权的对外政策代表了日本政府目前的看法，但并不能完全概括日本的民意。毫无疑问，安倍是一个具有浓厚右倾色彩的政治家，然而，他身上既有来自其外祖父岸信介的“基因”，也有现实主义政治家的一面，其执政受到国内外环境的制约，不能不考虑国内不同群体的接受度。安倍执政后一度获得较高的支持率并可能较长期执政，但这并非因为他推动修宪和美化侵略历史。民意测验表明，每当他在这些方面采取行动时，其支持率就有所下降。2014年12月14日，安倍政权赢得了众议院选举，但据日本共同社完成的一项舆论调查显示，55.1%的日本民众不支持安倍的安保政策，同时多数人也不看好安倍经济学的效

1《近六成日本民众望自卫队保持现状》，新华网，2015年3月9日，http://news.xinhuanet.com/world/2015-03/09/c_127557338.htm，2015年4月2日登录。

2 Jamie Metzl, “Japan’s Sensitive Military Normalization,” www. project-syndicate.org, March 4, 2015, http://www.project-syndicate.org/commentary/japan-military-normalization-by-jamie-f--metzl-2015-03, 2015-04-02日.

果。[1] 据日本NHK于2015年3月9日公布的一次舆论调查，安倍内阁的支持下跌8个百分点至46%，且53%以上的受访民众表示没有感觉到“安倍经济学”带来的景气恢复。[2] 7月份安倍内阁推动众议院强行通过新安保法案，导致安倍的支持率进一步下降。根据《日本经济新闻》8月初的民调结果，安倍内阁的支持率已下降至38%。[3] 安倍执政地位的延长很大程度上是因为形势使然，经历了20年经济萧条和2011年大地震的日本，需要一位强势领导人带领日本社会走出二战以来的最大困境。安倍本人也认识到这一历史性的挑战，并一直表示中日关系十分重要，希望发展两国“战略互惠关系”。

第四，日本确实有一小撮完全否认并美化侵略历史的极右势力，但他们得不到日本广大民众的支持，在国际上也十分孤立。这些人既反华，也反对美国，钓鱼岛危机的始作俑者石原慎太郎就是其代表人物之一。在当前这个时代，这一小撮严重排外的极端民族主义势力，难以左右日本政局。对于这些人，中国要做最坚决的斗争，但与此同时也不要因为一小撮人，而影响到对日本民众、包括各界精英的看法。

总之，日本仍是一个具有重要战略地位的大国。从其发展趋势看，国家“正常化”是国内民意和政治精英的最大公约数，而不是走军国主义老路。从目前的情况来看，日本发展军备还是有限的，难以成为我国和平发展的最大威胁。但这并不意味着，我们不需要重视日本。日本一直非常善于利用国际形势的风云突变，政策方向有时可能发生180度转弯。如其实现国家正常化后决心谋求军事大国地位，将可能对中国国家安全利益造成重大伤害；而如果日本能继续走和平发展道路，则将有利于地区的和平稳定与中国的发展。此外，正如当年英国失去霸权地位后仍然有力支持美国谋求世界霸权地位，日本即便衰落也可能继续在较长时期内发挥其特殊作用。有鉴于此，中国必须从全局和长远战略利益考虑，稳定、改善和发展中日关系。

从其发展趋势看，国家“正常化”是国内民意和政治精英的最大公约数，而不是走军国主义老路。

冷战结束以来，世界的主题是和平与发展，国与国之间的相互依赖加深，安全关系也是你中有我、我中有你。正如习近平主席在2015年博鳌亚洲论坛年会强调的，“各国人民命运与共、唇齿相依。当今世界，没有一个国家能实现脱离

---

1 “55% Do Not Support Abe’s Security Policies, Poll Shows,” *The Japan Times*, Dec 17 2014, http://www.japantimes.co.jp/news/2014/12/17/national/politics-diplomacy/55-do-not-support-abes-security-policies-poll-shows/#.VR5cMtKl-hg, 2015-04-02.

2 冯武勇、刘秀玲：《安倍支持率明显下滑》，环球网，2015年3月11日，http://world.huanqiu.com/hot/2015-03/5875437.html，2015年4月2日登录。

3《支持率出现黄色预警，安倍政权隐现变天危机》，新华网，2015年8月8日，http://news.xinhuanet.com/world/2015-08/08/c_128106568.htm，2015年8月9日登录。

世界安全的自身安全，也没有建立在其他国家不安全基础上的安全”。[1] 中国提出在亚洲建立命运共同体，为此需要全面、客观、准确地判断日本的战略地位，深入认识历史问题在日本战略走向上的作用，确定切实可行、有利于长远与全局的对日政策目标。

三、中国需要一个什么样的中日关系

2014年11月29日，习近平总书记在中央外事工作会议上提出要建立中国特色的大国外交，并强调今后一个时期对外工作要贯彻落实总体国家安全观，增强全国人民对中国特色社会主义的道路自信、理论自信、制度自信，维护国家长治久安。[2] 建立中国特色的大国外交，需要稳定、改善与发展中日关系。

自20世纪70年代中日两国恢复邦交正常化以来，双方的实力地位和所处的国际秩序发生了显著变革，中日双方都在适应这种新的国际秩序变革进程。有学者认为，“中日双方都需要调整思维方式和战略，对中国而言，迟早总是要给出一个对日根本态度宣告：在什么情况下，日本可以成为中国能接受的一个‘正常国家’？同时，日本民族可以期望一个什么样的强大和伟大的中国？”[3] 日本曾长达70年处于美国霸权的控制下，需要调整和适应的幅度远比中国大。日本选择走向“正常化”、“重振日本”，中国处于十分关键的地位。同样，中国选择建设亚洲命运共同体，推动建立以合作共赢为核心的新型国际关系，也需要理性考虑对日政策。

从中国的战略目标来看，中日关系的定位要置于建设亚洲命运共同体框架下，这一框架包括了2014年11月初中日四点原则共识中的“继续发展中日战略互惠关系”。在此框架下，中国应客观评估日本对中国和平发展与亚洲崛起的作用。作为地区内首屈一指的大国，中国应主动调整，帮助走向国家“正常化”的日本牢固树立对华友好合作、成为推动亚洲共同发展的伙伴这一基本思路。

从双边关系看，中日是邻国、亚洲两个主要大国、世界第二大和第三大经济体，双方在经贸合作和应对非传统安全方面有重大的共同利益。中日关系是中国最重要的双边关系、周边关系和大国关系之一。历史经验表明，两国“和则两利，斗则俱损”。稳定与改善中日关系，对两国发展经济、保持增长，开展非传统安全合作，具有重大意义。

从中美日三边关系看，在东亚乃至整个亚太地区，中美日三国关系是一盘

1 习近平：《迈向命运共同体 开创亚洲新未来》，中华人民共和国外交部，2015年3月28日，http://news.xinhuanet.com/world/2015-03/28/c_127632463.htm，2015年4月2日登录。

2《习近平出席中央外事工作会议并发表重要讲话》，新华网，2014年11月29日，http://news.xinhuanet.com/politics/2014-11/29/c_1113457723.htm，2015年4月2日登录。

3 时殷弘：《中国在对日关系中需要调整思维方式和战略》，《现代国际关系》，2014年第1期。

棋，对各方利益及地区和平与安全均具有重大影响。当前，中美共同探索构建新型大国关系，在美日同盟加强的情况下，如果中日走向对抗，这一探索几无成功的可能。更进一步而言，如果日本不断向美国靠拢，全面扩充军备对抗中国，中美日三边互动就变成了中国对抗美日同盟，这不符合中国的根本利益。中国应致力于培育合作为主、稳定发展、良性互动的中美日三边关系。

从东亚安全环境看，东亚是我国周边环境中最重要的地区，是我国国运之所系。中国在改革开放后的快速发展与东亚地区的总体和平、繁荣密不可分。中日交恶将使东亚安全环境日趋动荡，东亚经济一体化步伐放缓。尤其值得注意的是，日本从经济上疏离中国、向美国靠拢，最典型的体现是其积极参加美国主导的 TPP 谈判。有研究表明，中日两国是东亚生产分工型经济体系的两大核心驱动力，日本是迄今为止除香港地区外中国最大的外资来源国和技术来源国，中日经济关系仍具有相互依存、互惠共赢的显著特征。[1] 日本如再度被纳入美国主导的新型贸易投资体系，而10+3经济一体化进程却因中日交恶而止步，决不符合中国的国家利益。

从避免“修昔底德陷阱”、实现中国和平发展看，中国要走出一条新路，打破历史上崛起国和既有大国以战争手段对抗的历史循环。目前，中日实力对比正在发生急剧变化，两国间的摩擦迅速上升。如果说能否稳妥处理对美关系是中国和平崛起必须闯过的一道关，那么处理好对日关系则是中国要首先跨过的一道坎儿。能否改变中日关系持续恶化的状况，直接关系到中国能否牢牢抓住战略机遇期、实现和平发展的大局。

当前，中国正着力推进“一带一路”，建设亚洲命运共同体，目标高远，布局宏大。尽管日本和美国还没有申请参加中国倡议的亚洲基础设施银行，但加强基础设施建设应对全球经济低迷局势、推动发展中国家共同发展的中国方案得到了绝大多数国家的认可，中国构建地区发展的能力和视野有很大提升，维护地区和平发展的信心得到进一步增强。日本国内民众和工商界也在积极讨论如何从“一带一路”中获益。鉴于日本经济的实力以及在亚洲的长期经营历史，中日在新地区框架内加强经济合作、合力管控地区安全风险，符合双方的战略目标。

中日双方要从全球角度，将国际秩序变革、地区政经新环境以及国家利益调整纳入到亚洲命运共同体新框架中，推动构建中日新型关系。中日新型关系建设应以“和平共处、相互尊重、互利合作、共同发展”为指导方针，其目标至少包括：一、有效解决历史遗留下来的争端；二、相互支持共

中日双方要从全球角度，将国际秩序变革、地区政经新环境以及国家利益调整纳入到亚洲命运共同体新框架中，推动构建中日新型关系。

1 张玉来：《中日经济关系发展现状与未来趋势》，载王缉思主编：《中国国际战略评论2014》，北京：世界知识出版社，2014年版，第62—77页。

同走和平发展道路；三、通过战略互惠和战略合作，携手为亚洲振兴做出积极、重大的贡献。与此同时，中日双方应致力于提升四个方面的合作内容：一是加强对分歧的管控，特别是危机管理；二是努力消除误解与误判；三是不断扩大共同利益的交汇；四是逐步建立与加强战略互信。

四、推进中日新型关系建设的若干建议

中日新型关系的推进需要在战略层面明确发展目标，也有必要在外交工作、敏感问题以及舆论环境塑造上下功夫。为此，我们提出以下几条建议。

中日新型关系的推进需要在战略层面明确发展目标，也有必要在外交工作、敏感问题以及舆论环境塑造上下功夫。

第一，重新明确对日基本方针政策。对日基本方针是一个整体，是指导对日工作和处理中日关系最重要的思想武器。新中国成立以来，在毛泽东、周恩来、邓小平等老一辈领导下，中国对日工作富有成效，形成了一系列重要论述。比如，对日“两分法”、中日友好合作是亚洲和平的根本保证、“中日友好是百年大计、千年大计”等；中日四个政治文件确立的两国关系的政治基础——“一个中国”、正视历史、和平共处和不以武力解决争端、反对霸权主义、相互支持对方的和平发展等；中国提出并写入第四个政治文件的发展中日关系的十六字方针——“和平共处、互利合作、共同发展、世代友好”；钓鱼岛争端爆发以来中央做出的一系列重大决断，如坚定不移地维护国家主权、与日本的错误行为作坚决斗争；做好军事斗争准备，加强分歧与危机管控；保持战略定力、维护战略机遇期。此外，习近平主席也多次强调，处理中日关系要像老一辈领导人那样，体现出“国家责任”、“政治智慧”和“历史担当”。[1]

第二，明确具体政策目标，主动塑造中日关系。中国希望日本走和平发展道路，对华友好。随着中国实力的发展壮大，日本未来的走向将受到中国对日政策及中日双方互动的极大影响。在具体对日政策的目标设定上，中国近中期应该明确争取发展相对稳定、基本正常、合作与竞争并存的中日关系，长期目标则是努力发展世代友好、相互尊重、互利双赢的中日新型关系。这样一种中期和长期目标的结合，有助于打破中日关系发展的僵局，促使两国关系趋向稳定与改善。

第三，积极争取一切力量，适当调整与日本政府打交道的方式。为实现上述目标，中国应明确把对日政策的着力点放在最大限度争取日本国内一切可以争取的力量上。这些力量包括日本期望和平发展的广大民众，长期致力于日中友好合作的友好或知华力量，对安倍错误政策有制约作用的在野党，要求保持、发展日

1《综述：习近平对中日关系的五次表态都说了什么？》人民网，2015年5月25日，http://world.people.com.cn/n/2015/0525/c1002-27050604-5.html，2015年7月26日登录。

中经济关系的财经界，希望稳定与改善日中关系、发展两国新型关系的研究界人士，以及自民党及安倍政府内的知华派、理性派等。为此，必须坚持开展民间外交、地方外交和经济外交，这是新中国历史上对日工作的好传统，在新形势下更应积极开展。此外，针对两国力量对比的新形势，在两国关系摩擦的高发期，中国还应适当调整与日本政府打交道的方式，采取并坚持“统筹全局”、“斗而不破”的方针，努力做到“该斗就斗，该谈就谈，该合作就合作”，力避被动反应，更加积极主动地维护和运筹中日关系。

第四，重点处理好钓鱼岛问题和历史问题。经过两年多的较量，中国通过开展常态化巡航、建立东海防空识别区等一系列有力措施，打破了日方对钓鱼岛的长期单方控制。今后，中国宜坚持“有理、有利、有节”的方针，重在坚持、加强巡航和搞好危机管控，并随时间推移，争取日方接受新现实，就搁置争议与中方达成新的共识。

历史问题则完全是日本的负资产。安倍若继续在此问题上倒行逆施，不仅在国际上会十分被动，而且在国内也将遭致反对。在靖国神社等历史问题上，中国应继续对日本保持强大道义压力。2015年是纪念世界反法西斯战争及抗日战争胜利70周年，中国决定于9月3日举行阅兵。从长远看，促使日本正确认识与处理历史问题，朝着“以史为鉴，面向未来”的方向前进，仍是中国坚定不移的努力方向。

第五，加强中日经济合作，使之从双边关系的稳定器发展为推进器，进而推进东亚区域一体化进程。中日经济相互依存乃是一个事实。中日经济关系也是全球最重要的双边经济关系之一。中日同为东亚生产网络的核心——中国是世界制造中心，日本则是重要的零部件供给中心，两国在全球产业链上具有互补关系。对中国而言，日本是迄今为止的最大外资来源国，对技术进步意义重大。两国在降低关税、推进投资、发展服务贸易、环境保护、能源安全和国民老龄化等领域的合作都具有广阔的空间。

中国目前正积极推进“一带一路”和亚洲互联互通建设，若能与日本加强探讨，可发挥其积极作用。日本经济实力依然强大，特别是在东南亚、南亚和中亚地区有独特的影响力，中日经济关系的推进有助于亚太地区的共同发展。

第六，处理好改善中日关系与保持国内稳定的关系。保持稳定依然是中国各项工作取得进展的重要前提。要正确认识民意，注意舆论引导，始终掌握好中日关系发展的大方向，坚持正确的对日斗争策略，把握好两国关系改善的节奏。稳定与改善中日关系不仅不会影响国内稳定，而且会对保持国内稳定发挥重要作用。

第七，切实加强军事安全危机管理。当前，中日两国在东海海空域的摩擦风险很大，为防止意外事件引发军事冲突，必须把军事安全危机管理作为迫切任务落到实处。中国应继续加强在钓鱼岛已采取的各项危机管理措施，并通过磋商对话，争取使目前双方的自我克制与默契转变为信任措施。目前双方在钓鱼岛附近海域都比较谨慎，军事力量都未进入，但双方军舰、军机在东海其他海空域却频繁遭遇，一度险象环生。双方对后者的风险必须进一步明确措施，严加防范。2015年1月12日，中日两国防务部门在东京举行海上联络机制第四轮专家组磋商，双方一致认为，海空联络机制启动运行的基本技术条件已经具备，同意尽早启动该机制，并将“海上联络机制”改为“海空联络机制”。[1] 6月19日，海空联络机制第五轮专家组磋商在北京顺利举行。与此同时，中国也充分发挥智库的作用，与日本同行开展第二轨道危机管理对话，就危机管理的原则、机制与措施向双方政府提出政策建议。7月13日，以民间管道和二轨对话为基础，中日专家举行第四次“中日东海空域安全对话”。在会议文件中双方一致认为，应遵守基于职业道德航空器操作惯例避免事故和碰撞等，两国之间“建立信任措施”是确保该空域安全的有效方法。[2]

目前，中日关系已经进入了一个摩擦高发期，须将加强危机管理、建立双边危机管理机制作为一项长期任务落到实处。要使各有关部门明确认识危机管理的原则。危机管理须从国家利益出发而非从意识形态出发，目标是尽力维护自身利益，同时避免危机失控和引发军事冲突与战争。在危机博弈中，须追求有限的目标，采取大致对等的行动。如果一定要将对方彻底压倒，危机管理将注定失败。

第八，努力建立有利稳定、改善和发展中日关系的舆论环境。当前，在国内研究界与舆论界，就中日关系问题进行发言最容易被扣上政治帽子。中国一些媒体的涉日宣传报道，充斥着民族主义和各种渲染中日冲突与军事对抗的极端论调。多年来大量粗制滥造的抗日题材电视剧虽然早已引起广大观众的不满，但对文化水平偏低的受众却影响很大，他们眼中的日本还是当年那个军国主义的日本。多少年来，国内已经基本不播放或极少播放反映当代日本情况的影视作品。这种舆论环境不利于贯彻理性务实的对日政策。

针对这类不正常的情况，应该提出切实可行的改进措施。既要坚持宣传爱国主义、宣传抗日战争的伟大胜利，又要客观报道战后日本的发展变化；既要同日本的错误做法进行针锋相对的斗争，又要创造有利于改善中日关系的舆论环境。实事求是的报道，才是更有力的舆论武器；摆脱历史的悲情，才能重建健康自信的大国心态。

实事求是的报道，才是更有力的舆论武器；摆脱历史的悲情，才能重建健康自信的大国心态。

1《中日海上联络机制第四轮专家组磋商在东京举行》，新华网，2015年1月13日，http://world.people.com.cn/n/2015/0113/c157278-26375508.html，2015年7月26日登录。

2《中日专家为东海空域安全献策》，《参考消息》，2015年7月14日，第1版。

完善“一带一路”建设的“安全之翼”

翟 崑 周 强

内容提要：“一带一路”作为一项国家战略决策，是统筹内外的长线工程，发展动力与制约因素并存。由于“一带一路”建设可能导致更高层级的“国家风险”，因而具有安全属性，所面临的风险也将是各种安全风险的高端聚合，具有空间维度上的系统联动性、时间维度上的战略长期性、性质方面的应对局限性。由此，“一带一路”建设之初，须未雨绸缪，防患于未然。中国必须加强客观正确分析与预判形势的能力，统筹好“一带一路”进程中的发展与安全两件大事，将发展与安全的相互制约关系转化为相互促进关系，达致“有利于安全的发展，有利于发展的安全”的良性互动态势，确保“一带一路”趋利避害。

关键词：一带一路 安全风险 风险管控 国家风险

2015年3月28日，国家发展和改革委员会、外交部、商务部联合发布了《推动共建丝绸之路经济带和21世纪海上丝绸之路的愿景与行动》，标志着“一带一路”建设进入务实合作的新阶段。兴一利也生一弊，“一带一路”的初期运作在取得一定成效的同时，也将带来或面临一些问题、挑战、风险和困难。历史经验表明，任何一种国家战略行为都有成功和失败两种可能。“一带一路”是国家战略决策，是统筹内外的长线工程，发展动力与制约因素并存，开局成功并不意味着整个过程都会成功，能否行得通仍有待观察。“一带一路”本质上是个发展问题，也因导致更高层级的“国家风险”而具有安全属性。“一带一路”面临的风

翟崑 北京大学国际关系学院教授；周强 中国科学院信息工程研究所。

感谢北京大学国际战略研究院的课题支持。感谢中国现代国际关系研究院傅梦孜副院长，刘军红、付宇、韩立群等研究人员为本文提供的智慧和支持。

险是各种安全风险的高端聚合，具有三大特性，分别是空间维度上的系统联动性，时间维度上的战略长期性，在性质方面的应对局限性等。中国必须加强客观正确分析与预判形势的能力，统筹好“一带一路”进程中的发展与安全两件大事，在重视“发展之翼”的同时，也要完善“安全之翼”，形成推进“一带一路”建设的良性互动模式。

一、“一带一路”风险的系统联动性

从空间维度看，“一带一路”是立足国内，以周边为重点辐射全球的对外开放战略，是中国特色的大国外交的展开，其外部风险主要来源于沿线相关国家，周边整体，以及全球。

“一带一路”面临的全球安全环境总体趋紧。

“一带一路”面临的全球安全环境总体趋紧。在后金融危机时代，安全困境加剧、发展瓶颈突出、社会治理失衡等系统性风险联动，对“一带一路”的影响主要表现为四方面：一是金融危机加速格局转型，大国围绕世界秩序走向与战略地位的较量与斗争加剧。各大国均调整内外政策，以各自优势竞争领域为手段，争取在国际转型进程中掌握主动权。“一带一路”具有资金、技术、能力和地缘优势，是中国从地区大国成长为全球大国的主要战略手段，与各方既有利益交汇，亦存在明显的战略态势竞争，带有战略安全的属性，面临国际格局转型的风险。二是冷战结束以来，大国间的战争条件虽基本可控，但“阿拉伯之春”后中东乱局恶化与乌克兰危机、“伊斯兰国”兴起交织；从地中海到黑海、里海，直至中亚的古老丝绸之路地区涌动多种风险；在周边，朝核问题与东海、南海纷争联动，中南半岛新老问题交错，印巴局势尚待稳定。传统安全问题“共振”，难分轻重缓急，加大了“一带一路”走出去的安全风险。三是发达国家增长周期分化，新兴国家遭遇转型困境，增速下滑，“金砖”褪色，世界经济体系面临力量重新分布和增长结构的分化重组。发达国家试图利用规则、制度和政策优势重新主导世界经济的基本格局，对新兴国家实施保护措施，甚至不惜搞贸易战、汇率战和资源能源战，使“一带一路”面临全新的体制风险。四是全球生态、能源、气候变化、自然灾害等非传统安全问题错综交杂，衍生蔓延，相互联动，形成复合风险，现行的全球治理机制尚难有效应对，“一带一路”直面全球治理机制匮乏的“外部经济风险”。

“一带一路”面临的主要矛盾，是大国在周边的地缘战略反制。一是大国担心“一带一路”将改变地缘政治经济格局。二是大国反制“一带一路”，积极争夺地区主导权。三是日本已对中国展开海上丝绸之路的海外端点竞争。

“一带一路”面临的主要矛盾，是大国在周边的地缘战略反制。一是大国担心“一带一路”将改变地缘政治经济格局。“一带一路”开辟从波罗的海到太平洋、从中亚到印度洋和波斯湾的交通运输走廊，使得亚欧大陆经济“共振”，超越了美国的“新丝路”构想，涵盖了俄、印、伊朗等国提出的“北—南”国际运输走廊方案，欧盟的“欧洲—高加索—亚洲运输走廊”计划。“一带一路”重新开启阻滞多年的亚欧经济交通大动脉，实现各国互联互通，再辅以人民币走出去，势必改变目前的地缘政治和经济格局，被认为是对美欧主导的秩序构成挑战，引起美国及其盟友格外担心。二是大国反制“一带一路”，积极争夺地区主导权。在“一带”地区，中、俄、美、印、土耳其等国在中亚地区保持着竞争、共处、有限合作的关系。目前，中亚有两条丝路十字交叉：一条是美国主导的南北走向的丝路，另一条是中国主导的东西走向丝路。如果中国主导中亚的铁路并网对轨，则打破中亚现有的利益平衡，触动多方利益，问题会集中爆发。在“一路”地区，中国南向出海战略与美国的印度洋、太平洋两洋战略直接相对；中国在中南半岛的南北向的战略通道建设与日本主导的东西向的战略走廊交叉。中巴经济走廊、孟中印缅经济走廊均无法回避印度在本地区的主导地位。中国不仅要协调与印度等新兴大国在非洲的利益，更要协调与非洲旧宗主国及美日的利益问题。中东最大问题是美欧俄三方矛盾，激化西亚北非风险。在大洋洲，中国更是深入澳新传统后院，掌控能力更弱。三是日本已对中国展开海上丝绸之路的海外端点竞争。早在2011年5月，日本就挑选本国10个“能与中韩抗衡的战略港口”加大投入，积极竞争。之后，日本政府又对其中三个重点港口注资，国家控股30%，搞“国家战略港口”，扮演亚洲直航美欧市场的战略枢纽，参与国际战略竞争。当前，日本针对中国的21世纪海上丝绸之路，对印尼的流通系统实施战略投入，并拟构建从莫桑比克湾到斯里兰卡（印度南端点），再到孟加拉湾的海上油气运输线，充实港湾建设；在澳大利亚、巴布亚新几内亚构建油气基地、运输线路，展开安全合作、武器装备合作研发，加强对南向航线的掌控力。

“一带一路”面临的最直接风险，主要来自沿线的国家。一是一些国家陷入社会矛盾高发期。二是不少周边国家进入民主化转型阶段。三是国家发展不平衡导致诸多政策陷阱。四是一些国家的地缘战略地位比经济利益更重要。

“一带一路”面临的最直接风险，主要来自沿线的国家。如果说全球安全环境是背景，地区大国在周边地区的博弈是主要矛盾的话，那么“一带一路”面临的最直接的风险，则来自所涉及的诸多具体国家。“一带一路”需要长期稳定的投资，客观上增大了对所在国社会政治稳定的要求。“一带一路”地区多属于后发展中国家，政权结构不稳、民族宗教问题突出，地缘关系复杂多变，外部势力交错，非传统安全问题交织，对华多有疑虑，安全问题迥异。值得注意的有以下问题：一是一些国家陷入社会矛盾高发期。金融危机以来，发达与新兴大国都面临社会政治转型矛盾和动荡，不少国家进入社会风潮的高发期。各国固有的深层次矛盾在金融危机催化下全面放大激化，宗教、族群、阶层矛盾进一步加剧。国内社会秩序失和、摩擦加剧，给社会政治安全带来重大冲击，进而冲击市场投资环境，影响中资企业在当地经营。二是不少周边国家进入民主化转型阶段。最典型的案例是缅甸，缅甸自2010年大选后调整对华政策，中缅关系滑坡。2015年缅甸大选将再度考验中缅关系及“一带一路”项目建设。三是国家发展不平衡导致诸多政策陷阱。周边不少国家面临着国家发展不平衡的严重问题，市场运行与政府规划脱节、社会请愿与经济发展相悖、私人投资与国家需要相左的现象比比皆是，缺乏计划性、均衡性和统一性。中国企业和资本若是将在国内的做法搬到国外，用中国思维推断投资目的国政府、社会和市场的关系，极易遭受政策风险。非洲许多国家是英、法前殖民地国家，其公路、铁路到目前仍是“矿山—港口”模式，作为宗主国交通网的末梢、终端存在，中国若要参与改建将直接冲击老牌殖民帝国的利益。四是一些国家的地缘战略地位比经济利益更重要。阿富汗的战略地位重要，是“一带一路”的关键节点。中国进入阿富汗并不意味其他各方博弈的退出，也不排除美国重新回来。霍尔木兹海峡是“21世纪海上丝绸之路”的重要节点，伊朗的陆上边界则是“丝绸之路经济带”的路上必经之地。但伊朗是美俄欧三方力量博弈的交汇点，也是中东什叶派与逊尼派斗争的焦点，更是重要的石油出口国家，且国内形势复杂，“一带一路”在伊朗布局首先要考虑的是战略地位而非经济利益。

二、“一带一路”风险的战略长期性

从时间维度看，“一带一路”是统筹和兼顾内外两个大局，发展与安全、责任与贡献、历史与现实、传统与现代等多对矛盾的产物。随着“一带一路”规划由模糊变清晰，其目标也水涨船高，主动或被动地承载了具有不同历史阶段意义的战略含义。战略目标有多宏伟，战略风险就有多大。这不仅使“一带一路”将继承该地区原有的全部战略风险，而且会激发一些新的战略风险，两者相互叠加，将伴随“一带一路”建设的始终。

从五到十年的周期看，“一带一路”面临的主要挑战，是如何与全面深化改革协调共进。

从五到十年的周期看，“一带一路”面临的主要挑战，是如何与全面深化改革协调共进。“一带一路”最基本的目标就是统筹内外两个大局，服务对外开放战略，提供公共产品。全面深化改革的内容涵盖“一带一路”建设，为后者提供国内环境、制度基础和动力资源。“一带一路”为前者优化国际环境，谋求制度对接，提供倒逼动力，升级国家整体战略。反之，两者不协调，则相互掣肘。一方面，“一带一路”作为未来周边外交工作的重点和主要抓手，应带动国内工作与对外工作的协调发展，提高整体治理能力，使治理体系升级。另一方面，“一带一路”建设应致力于助推周边乃至世界经济的增长、经济结构转型，提升周边在全球经济体系中的地位和作用，带动亚洲继日本、“四小龙”、“四小虎”、中印之后的再一波经济增长。这需要中国按经济规律办事，不仅要投资互联互通，更要创造更高附加值，优化和提升沿路地区产业网络和全球产业链中的地位。目前来看，任何一个单一目标都是前无古人的挑战。

从十年到二十年的周期看，“一带一路”面临的主要挑战，是如何柔化“亚太双轨格局”的矛盾。

从十年到二十年的周期看，“一带一路”面临的主要挑战，是如何柔化“亚太双轨格局”的矛盾。根据2013年10月中央周边外交工作座谈会的精神，“一带一路”也被赋予通过经济手段，进一步优化周边环境的战略目标。当前，国际体系发展演变的主要矛盾仍是经济依存与安全对立同步上升，相互制约，主要体现为中美在亚太（周边）地区的合作与竞争的同步加强，南海、钓鱼岛、朝鲜半岛等一系列热点问题升温，以及跨太平洋伙伴关系协定（TPP）和区域全面经济伙伴关系（RCEP）之间的地区经济规则之争。从深层次看，亚太地区格局呈现向“双轨”结构演变的趋势。“双轨”是指美国主导的一轨，以及非美国主导的一轨。在经济方面，体现为美国主导的亚太经济体系，以及非美国主导的亚太经济体系，后者包括东亚经济合作和中国驱动的亚洲经济一体化等。在安全方面，体现为美国双边同盟体系，以及非美国主导的地区安全合作机制，后者包括亚洲中小国家建立的多边安全对话与合作机制和中国积极推动的多边安全机制等。目前，美国主导的一轨仍强于非美国主导的一轨，但后者处于上升势头，两轨既相互竞争又相互补充，其博弈结果将决定中美在亚太的权力分配、亚太秩序的走向。因而，美国一方面担心中国军力不断上升，中国在亚信等多边安全合作机制中的地位日益突出；另一方面担心“一带一路”建设将削弱美国主导的亚太经济体系，尤其排斥具有金融属性和另起炉灶性质的亚洲基础设施投资银行（亚投行），一度明确反对盟友加入亚投行。美国的逻辑是，如果任由中国与周边形成更加紧密深层次的物质、制度和人员互联互通，中国在亚太的中心地位将更加稳固，成为名副其实的“中间之国”。[1] 在这个意义上，“一带一路”被赋予了对抗“美国亚太战略再平衡”的意义。同时，中美围绕亚太格局塑造的竞合，使得本地区其他国家的战略地位和重要性凸显，它们的战略倾向和民心向背至关重要。总之，“一带一路”的推进能否柔化优化双轨格局，而不是硬化恶化双轨格局，其难度和风险也都是空前的。

中美围绕亚太格局塑造的竞合，使得本地区其他国家的战略地位和重要性凸显，它们的战略倾向和民心向背至关重要。

从五十年的周期来看，“一带一路”面临的挑战，是如何在更高层次平衡中国与世界的关系。“一带一路”也被赋予了助推“中国梦”的战略含义。如果按

1 参见王缉思：《东西南北，中国居“中”——一种战略大棋局思考》，《世界知识》，2013年第21期；王赓武：《中国已有条件回到“世界中央”位置》，联合早报网，http://www.zaobao.com/special/report/politic/cnpol/story20150402-463864，2015年4月20日登录。

照线性逻辑推论，中国将在本世纪中叶，也就是中华人民共和国建国100周年时，实现“三步走”计划，实现本届领导人提出的中华民族的伟大复兴。将面临“一二三四五”的挑战：“一”是指“一带一路”如何助推以中国为中心的地区经济一体化。“二”是中国作为“老二”，如何运用“一带一路”在海陆两翼与“老大”进行博弈。“三”是指中国如何处理好“一带一路”对“中—美—邻”这一大战略三方关系的影响，形成良性互动。“四”是指如何通过“一带一路”，形成周边而全球的，真正意义上的互联互通，所谓“四通八达”而非“四面树敌”。“五”是指“一带一路”提出的“五个通”，即“政策沟通、设施联通、贸易畅通、资金融通、民心相通”能否推而广之，成为新时期中国发展对外关系综合施策的政策篮子。

从五十年的周期来看，“一带一路”面临的挑战，是如何在更高层次平衡中国与世界的关系。

从五百年的周期来看，“一带一路”面临的挑战，是如何推动亚洲复兴的历史使命。1500年以来西方兴起，东方衰落。新加坡战略思想家马凯硕预言，人类历史进程已经进入欧洲衰落，亚洲崛起的阶段。“一带一路”致力于“亚洲命运共同体”建设，并与2014年5月提出的亚洲安全观相呼应，致力于中国引领的“亚洲振兴”，重塑亚洲秩序。几百年来，“亚洲振兴”的进程历经波折。从20世纪四五十年代亚非国家民族独立以来，不断受到市场经济周期、地缘政治博弈、国际格局对抗和意识形态斗争的影响。这些因素并没有随着时代的发展而消弭，而是会在一定时机条件下反复甚至是聚合，而“一带一路”的兴起，显然具有催化作用。

从五百年的周期来看，“一带一路”面临的挑战，是如何推动亚洲复兴的历史使命。

从千年周期来看，“一带一路”面临的挑战，是如何顺应国家兴衰的周期律。“反者道之动，弱者道之用”。古代丝绸之路的兴起与衰落有其规律，国家的兴衰是丝绸之路的最大战略风险。国家在崛起和兴盛时期如果摈弃了韬光养晦，尽管出于提供公共产品的好意，但是若采取了对抗冒进、自不量力、引发误解的战略行为，也会走向败落。同时，也不排除强大国家因为处理不好一些细微事件而崩盘的可能。新一代中国国家领导人熟知大国兴衰的规律，经历过“文革”的苦难，实际经验丰富，具有极强的进取意识、忧患意识和成事意识。即便在他们看来，国家实力强，政策储备多，符合时代潮流，也不必然保障“一带一路”的成功。他们对“一带一路”可能也是做成败各半的打算，在“底线思维”的基础上作最艰苦的打算、最大程度的努力。

从千年周期来看，“一带一路”面临的挑战，是如何顺应国家兴衰的周期律。

国家实力强，政策储备多，符合时代潮流，也不必然保障“一带一路”的成功。

由此来看，“一带一路”所赋予的战略目标周期越迫近，越短，积聚的战略风险就越多，越集中，越强大，并将影响周期更长的战略目标。我们在考虑和算计“一带一路”风险时，往往更注重空间维度的风险系统联动，因为它具体而明显；往往忽略风险在时间维度上所表现出来的战略长期性，因为它抽象而隐晦，不得不察。

三、“一带一路”风险的应对局限性

从各种迹象看，中国相关政策部门已注意到战略风险问题，并加以防范。比如，从外宣层面看，政府格外注意淡化其战略色彩，《“一带一路”愿景与行动》并没有采用更正式的由国务院新闻办发布白皮书的形式，而是采用发改委、外交部、商务部三部委联合发布报告的形式，而且报告强调“一带一路”的实质是对外开放战略，是区域经济合作倡议。尽管如此，“一带一路”风险的应对，也存在极大的局限性，不可能完全做到趋利避害。

认知差异。中国走出去往往是一边宣介一边落实，像“一带一路”不可能一切都准备停当后再干，往往会引起国内外的认知差异，从而影响风险防范的有效性。主要有如下情况：**1. 信息不对称**。从获取有关“一带一路”信息的多少、准确度和权威性来看，政策圈子内多于圈子外；精英层多于基层民众；国内多于国外。即使在中国政策圈子内部，也存在相关方信息不准确，不充足，不系统的问题。智力支撑往往跟不上现实政策的需求。比如，中国应加强对沿线沿途国情及风险的研究，但是负责“一带一路”设计和规划的官员很少有机会到国外深入调研。国内智库建设虽然大热，但刚起步，难以拿出有见地和可操作性的方案。**2. 看法不一致**。国内外对“一带一路”有很大的质疑。比如国内学者普遍怀疑“一带一路”是否经过严密的论证，是否做过科学的成本—风险分析，担心出现“一窝蜂”、“大跃进”等现象。外界怀疑“一带一路”的目的是经济性的还是战略性的，是提供公共产品还是另起炉灶。正如中国人想当然地认为，美国国务卿希拉里·克林顿于2010年提出的新丝绸之路战略是典型的地缘战略一样，有针对中国的一面。美国等也自然认为，“一带一路”是中国的地缘大战略，旨在对抗美国“亚太战略再平衡”，重塑地区和国际秩序。**3. 表达不匹配**。中国的对外政策语言包括了大量军事用语，比如“桥头堡”、“战略大通道”、“攻坚战”、“进军”、“经略”、“战略支点”、“内线、外线”、“保驾护航”等，足以引起外界质疑。而且，中国越强调中国特色，他者可能越反感；中国越强调互利共赢，他者可能越怀疑；中国越高调，他者可能更阳奉阴违。**4. 宣介不及时**。“一带一路”的对外宣介总体滞后，从2013年10月第一次正式提出“一带一路”，到2015年3月底才推出公开版的《“一带一路”愿景与规划》，长达17个月，期间足以引发大量不必要的错误解读和故意歪曲。

行动差距。“一带一路”是主动塑造周边环境，引导世界新变革的举措，其推进过程中的每个环节都将面临行动差距的问题，从而影响风险防范的有效性。**1. 内外政策优先性不同**。“一带一路”是中国2015年乃至更长时间段的重点工作，而外方很难把“一带一路”相关项目作为优先考虑战略。比如，东盟2015年的优先战略考虑是东盟共同体建设和RCEP，而不是中国提出的中国—东盟自贸区升级和21世纪海上丝绸之路。**2. 内外执行力和节奏不同。**中国可以做到“中央一分布置，地方九分落实”，相关省区均将“一带一路”列入政府工作计划。而外方的政治文化、管理风格、执行力和效率明显不同，不可能跟随中国节奏和中国方式起舞。**3. 内外制度体系不同。**中国在全面深化改革自身制度体系的同时，还要通过推动“一带一路”实现与不同国家的制度体系对接，这可能是最困难的政策环节。**4. 内外的支撑和保障力度不同。**中国政府能提供大量人、财、物、政策的支持，但国外政府更替往往带来政策的变动，比如泰国和斯里兰卡都曾出现政府更迭而与中国毁约的问题。另一方面，与发达国家相比，中国具有国际行动能力的民间组织还欠发达，严重制约海外风险防范。

防范困难。1. 高难度。“一带一路”倡议使我国与周边地区的发展形成海陆对接之势，并以周边为中心向全球扩散，因而风险来自全球、地区和国别等三个主要的层次，政治、经济、社会、生态、安全等多个维度，传统与非传统两大类型，可防范与不可防范两种性质，国家和非国家两类行为体，[1] 形成复杂聚合，系统联动局面，风险防范和治理的难度相当大。**2. 高频率。**以中国的体量，“一带一路”带动我国海外投资和人员加速、加力、加大规模走出去，中国与地区的互动更加频密，范围扩大，程度加深，势必牵一发而动全身，风险趋向于多点爆发、联动共振、反复不断，带来更大的复杂性、风险性和不确定性。**3. 高破坏性。**“一带一路”上的政治冲突、军事对抗、宗教事件、地区摩擦、贸易纠纷增多，网络攻击、环境恶化、能源危机凸显，各种冲突多发、频发、升级，全球化、信息化将风险叠加放大，增强风险的破坏性。**4. 高联动性。**单一风险如果不能及时加以控制，将带来一系列连锁效应，经济问题影响政治关系，政治问题影响经济关系，环境问题影响经济关系，等等。比如，世界经济增长缓慢和贫富差距拉大，加上人口发展失衡，往往导致跨国人口流动加速和城市化瓶颈突出，而这又导致能源和其他资源的需求超过供给，加剧生态环境恶化，传染性疾病迅速扩散，并导致部分地区和国家内部的民族分离主义上升，部族、教派矛盾突出，也有可能刺激恐怖主义和极端主义兴起，进而又会演变为传统安全问题。

四、完善“一带一路”的“安全之翼”

好的战略设计讲究受益与风险的平衡，在起始阶段就未雨绸缪，防患于未然。国家只有抓紧建设“安全之翼”，配之以已然成型的“发展之翼”，将发展与

1 非国家行为体，包括非政府组织、新媒体、反政府武装组织、恐怖分子、个人等，都有可能成为风险源。

安全的相互制约关系转化为相互促进关系，达致“有利于安全的发展，有利于发展的安全”的良性互动态势，才能确保“一带一路”趋利避害。

国家风险。1.“一带一路”建设面临的风险具有系统联动性，战略长期性，应对局限性，由一般的企业“走出去”风险，升级为典型的国家层次的战略风险，是国家风险。2. 应由国家设置“一带一路”总体战略规划，其内容既要包括《“一带一路”愿景与行动》等发展规划和对外宣介，也要包括建立相应的“一带一路”风险防范体系。3. 该体系由“一带一路”工作领导小组统筹内外两个大局，调动国家多种资源，因地制宜，整体规划，综合施策，使用合作方式分散风险，利用差异管理控制风险。4. 该体系的建立应与国内治理体系的改革一致，顺应国家总体安全观以及制定中的《国家安全法》，同时加强国内国外的风险防范能力与基础，在鼓励地方、企业、智库、民间机构发挥更大作用的同时，也要制定相应的规范。5. 对于“一带一路”的重点，即涉外和跨境基础设施项目，必须遵循国际通行规则严格进行可行性论证，既要考虑需要也要考虑可承受能力，防止出现后续项目的“无底洞”效应，应形成强制规定，没有安全和风险评估及保障措施的项目不予批准。

入乡随俗。“一带一路”一头在境外，防范风险的基本原则是入乡随俗。1. 舍得花时间、肯投入，展开境外多方调研，掌握基础数据，力求有的放矢，稳妥投资，确保有效有用。调研主要包括三方面的内容：一是自然情况。二是当地国家内部社会、宗教、国情。三是“政权结构”，如资源分布、地缘关系、外部势力，以及政治与国有战略资源企业关系，战略资源企业的股权构成，特别是外部势力对当地资源主权的掌控程度和利权关系。2. 国内外的国别研究、功能领域和战略问题的专家学者整合，形成合力，综合细致研究“一带一路”建设举措对相关国家的影响及其可能的反应，做好相应预案。3. 思考全球化、行动本地化，合起来就是“全球属地化”。中国企业“走出去”曾有忽视属地化的教训，应在“一带一路”的新进程中加以改善。4. 强化与当事国事先签订“投资保护协定”，用法律方式保护利益。需要事先安排“相通相融的法律制度”，确保法律的适用性，确保投资的有效性和利益的可控性。

国际合作。“一带一路”的风险既是中国的风险，也是利益相关方的共同风险，需要共同攻坚克难。因而，应采用全球通用的“多利益相关方”模式，展开多层次多维度的合作。利益相关方来自官方、商业、产业、学术、媒体、军队、民间、宗教等各个领域的组织。只有把这些利益相关方的利益考虑到，照顾到，协调到，才能最大程度地降低风险，顺利推进，共同受益。任何一方的利益考虑不周，就有可能造成行动不力，在某个环节掉链子，问题多发，影响全局。为此：**1. 大国协调**。“一带一路”推进的力度越大，地缘战略反制也就越明显，应与相关大国进行高层次的战略协调，争取理解支持。中美加强沟通，弥合差异，塑造共识，以不激化中美矛盾为前提，使“一带一路”成为推进两国新型大国关系的新的正面因素，而不是新障碍。倡议美国与中国共建“一带一路”并加入亚投行，降低美国的疑虑，吸引中间地带的国家，带动日本采取合作态度，为地区共同提供公共产品。在中亚与俄罗斯协调，在非洲需要加强与欧盟大国和美日的沟通与合作；在东南亚需要考虑与美国协调，克服地缘政治和经济风险；在南亚和印度洋妥善处理好同印度的关系。**2. 借助一些功能性国际组织**。内陆国家实现互联，确保交通运输的自由或便利，需要实现运输单证的标准化和统一海关手续，国际货物运输的海关公约（简称 TIR 公约）是一个全球性的、安全的、可以实现多种交通运输形式联运的联合国海关转运和保证体系，它采用一种简单的、相互认可的手续实现门到门的运输服务。**3.“一带一路”应以“惠及民众”为旗帜**。“国之交在于民相亲”，只有得到民心的“一带一路”，才有成功希望。

铁路与陆权："丝绸之路经济带"战略的历史借鉴

高 柏

内容提要：历史可以为中国的"丝绸之路经济带"战略提供什么样的借鉴？俄国和德国在19世纪末至20世纪初的经验显示，后起大国发展到与既存海权大国的利益开始碰撞的阶段，都面临来自海权大国的战略压力。受马汉的海权理论和与海权大国争霸野心的影响，俄国和德国都盲目地追求海陆并举的战略。其结果是虽然它们大力发展海军，仍然无法与海权大国在海上抗衡；尽管它们也试图通过建设铁路来改变地理条件对地缘政治的限制，加强自身与海权国家博弈的实力，却由于海陆并举战略造成的资源分散无法达到目的。中国的"丝绸之路经济带"战略与当年俄国和德国的陆权战略最大的不同是，后者把铁路作为地缘政治中军事对抗的手段，而前者则把铁路作为地缘经济中合作的手段。同时，与俄国和德国相比，中国面临的国际环境以及地理环境均更为有利，中国有更大的机会发展陆权。

关键词：铁路　陆权　对冲　丝绸之路经济带

2008年全球金融危机进一步改变了国际政治中的力量对比。为应对中国的崛起，美国"重返亚太"，并辅以"跨太平洋伙伴关系协定"（TPP）的经济手段。这一战略调整给中国周边环境带来急剧变化，一些邻国加剧与中国在东海、南海主权问题上的冲突。

面对新的外部环境，中国在战略思维、政策设计和制度建设方面出现重大转变。

战略思维转变的标志是陆权战略的提出。它主张中国向西开放，通过发展以

1 高柏　美国杜克大学社会学系教授，西南交通大学高铁发展战略研究中心主任。

铁路为代表的陆上交通基础设施促进欧亚大陆经济整合，建立以地缘经济为基础的陆权，在全球层面实现陆权与海权之间的战略对冲，并通过建设新的国际合作机制加强与未来大国的合作关系，逐步确立中国在国际事务中与中国国力相称的地位。[1] 这个地缘经济战略与传统的地缘政治战略最大的不同在于，它不是用军事力量占领欧亚大陆的交通要道，而是通过经济合作将中国与周边国家的利益进行绑定，建立利益和命运的共同体，从而保证中国西边的贸易、能源和资源战略通道，间接地实现地缘政治的目标。

政策设计转变的标志是中国政府提出的“丝绸之路经济带”和“21世纪海上丝绸之路”战略（简称“一带一路”）。丝绸之路经济带涵盖欧亚大陆和北非，海上丝绸之路涵盖大部分亚太地区。铁路建设是这个战略的重要组成部分。它不仅包括已经运营的穿越欧亚大陆的中欧铁路，酝酿中的莫斯科—北京高铁和中吉乌铁路，也包括酝酿中的连接中国内陆与印度洋沿岸的中巴铁路和涵盖中印孟缅以及东南亚各国的泛亚铁路。这个战略的实质是通过交通基础设施的互联互通开辟新的经济发展中心和交通要道，改变地缘政治中各国对自身利益和相关战略目标的界定，从而改善中国发展的外部环境。

制度建设转变的标志是中国推动建立的一系列为基础设施建设融资的多边金融机构，包括初始资本金均为1000亿美元的金砖国家开发银行和亚洲基础设施投资银行（简称“亚投行”），以及400亿美元的“丝路基金”。中国一改近年来在“第二个布雷顿森林体系”下通过购买美国债务的形式向世界经济提供流动性的做法，开始直接通过自己主导设立的金融机构为世界经济提供流动性。不仅如此，中国还在2014年的亚太经合组织（APEC）北京峰会上正式启动亚太地区自由贸易协定的议程，在上海召开的亚信峰会上推动地区安全磋商机制的建立。这些举措显示中国对自身的大国角色开始有明确的自觉，并以一个积极参与国际事务的姿态塑造世界政治经济的新格局。

西方有人担心，目前中国与美国面对的结构条件与第一次世界大战爆发前的德国和英国有很多相似之处。如果中美两国不能回避“修昔底德陷阱”，人类可能会重复100年前的悲剧。[2] 相互的经济依赖非但不会减少战争的危险，它一旦破裂带来的绝望反而更容易引起战争。由于真正决定战争与否的因素是一国的“贸易预期”，一旦失去必须依赖的能源，资源和市场，各国很容易走向战争。

1 高柏：《高铁与中国21世纪大战略》，《经济观察报》，2011年3月11日，第41—42版；高柏：《高铁对国内发展的战略意义》，《经济观察报》，2011年4月8日，第41版。高柏：《新陆权时代的中国高铁大战略》，《证券时报》，2014年6月16日；高柏、玛雅：《高铁与“一带一路”战略的大智慧》，观察者网，2015年3月29日，http://www.guancha.cn/gaobai1/2015_03_29_314045.html，2015年4月10日登录。

2 Steven E. Miller, “Introduction: The Sarajevo Centenary-1914 and the Rise of China,” in Richard N. Rosecrance and Steven E. Miller, eds., *The Next Great War? The Roots of World War I and the Rise of U.S.-China Conflict*, Cambridge MA: The MIT Press, 2015, pp.ix-xxiii.

当年德国参加一战的重要理由之一就是1896年以来其他大国对它实行的经济围堵。[1] 美国保守派战略家有人主张，必要时对中国实行远距离海上封锁和全面海上禁运，[2] 而美国一旦对中国贸易通道进行封锁将必然引起冲突甚至战争。

中国也有人担心，保持欧亚大陆力量均衡是美国的战略利益，中国向西开放会引起美国进一步围堵；同时中亚是俄国战略利益所在，中国进入中亚会引起俄国与美国联合制华，使中国腹背受敌；近现代史上还没有陆权成功挑战海权的先例，因此中国发展陆权成功的可能性很低。[3]

那么，中国为什么要发展陆权？历史上其他国家发展陆权的尝试可以为中国提供什么样的借鉴？

为回答这些问题，本文先分析19世纪末至20世纪初俄国修西伯利亚大铁路和德国修巴格达铁路发展陆权的历史，然后讨论中国目前的新丝绸之路战略与它们的异同。本文认为，控制通往经济和能源资源中心的交通要道是地缘政治的重要目标，历史上的陆上强国俄国和德国面对来自海权大国强大的战略压力时采取在地缘政治中进行军事对抗的立场。受马汉的海权理论和海外扩张野心的影响，

---

1 Dale C. Copeland, *Economic Independence and War*, Princeton: Princeton University Press, 2015.

2 Aaron L. Friedberg, *Beyond Air-Sea Battle: The Debate Over US Military Strategy in Asia*, London: The International Institute for Strategic Studies, 2014.

3 吴征宇：《向“陆”还是向“洋”？对〈高铁与中国21世纪大战略〉的再思考》，《二十一世纪》，2013年2月号，第105—113页；Wu Zhengyu, “Toward ‘Land’ or Toward ‘Sea’? The High Speed Rail and China’s Grand Strategy,” *Naval War College Review*, Vol.66, No.3, 2013, pp.53-66；张文木：《丝绸之路与中国西域安全》，观察者网，2014年3月29日，http://www.guancha.cn/ZhangWenMu/2014_03_29_217863.shtml，2015年4月10日登录。王缉思主张西进战略的着眼点与笔者主张战略对冲的观点有不同之处，王缉思：见《“西进”，中国地缘战略的再平衡》，环球网，2012年10月17日，http://opinion.huanqiu.com/opinion_world/2012-10/3193760.html，2015年4月10日登录。吴征宇在其英文版文章的注2中指出，他批评笔者观点的逻辑同样适用于批评王缉思的观点。然而，我们三人在看待中国向西开放对中美关系的影响时所持立场的关系要更复杂一些。首先，笔者认为美国最重要的战略利益是维持其海权，尤其是在亚太地区的军事存在。这是美国重返亚太的根本原因。王缉思也认为，中美在亚太地区的竞争已经形成“零和格局”。如果中国继续强化在亚太方面的发展，必然增加与美国冲突的几率。而吴征宇则坚称，维持欧亚大陆力量均衡才是美国的首要战略利益。他认为美国并不担心中国“面向海洋的外向型发展”，因为它将加强中国对美国领导的国际秩序的依赖。他主张中国今后“集中精力向海洋谋求发展”。吴征宇虽然批评笔者用陆权对冲海权的观点，但是他自己却回避使用海权一词，而是用“向海洋谋求发展”这种内涵不清的表述。如果“向海洋谋求发展”指的是发展军事实力意义上的海权，这马上就会暴露其逻辑的自相矛盾，因为美国不可能欢迎中国发展抵消美国海权的海上军事实力。如果“向海洋谋求发展”指的不是军事实力意义上的海权，这又与吴文通篇从地缘政治的角度讨论战略自相矛盾。其次，笔者认为，维持欧亚大陆力量均衡是美国的重要战略利益，中国向西发展会形成对美国战略利益的负面影响。正因为如此，中国向西开放才能以陆权对冲海权。换句话说，向西开放的目的在于对冲。而王缉思则认为，美国在中亚的战略利益相对较弱。因此中国西进的目的是有助于回避中美之间的冲突，并为双方提供很多机会进行合作。笔者与吴征宇之间的重要区别不在于我们对中国向西开放对美国战略利益影响的认识，而在于推理的下一步：笔者认为，正是因为中国向西开放对美国战略利益有负面影响，才能形成陆权对海权的对冲，才能向美国显示不合作的代价，从而有可能把美国拉回合作。当然，中国要想实现这一目标的前提条件是在制定和执行政策时不把对冲搞成对抗。而吴征宇则认为，如果中国向欧亚大陆发展，影响美国的战略利益，美国必然要加强对中国的围堵。

它们都实行海陆并举的战略。然而，与流行的说法相反，无论是俄国还是德国，压断它们走向与日本和英国战争的最后一根稻草都不是对陆权的追求，而是对海权的追求。尽管它们都想发展陆权，通过建设铁路改变地理条件对国家行为的束缚，扩大战略后方，对冲海权的战略优势，以改善本国的地缘政治环境，却都由于海陆并举战略造成的资源分散和顾此失彼而没有完满实现其战略目标。目前中国的陆权战略与当年俄国和德国的陆权战略最大的不同是回应来自海权大国的战略压力时的目的和手段：后者的目的是一家独霸重要的陆上战略通道，把铁路作为地缘政治中军事对抗的手段；而前者的目的是通过建设利益和命运的共同体化解矛盾与冲突，维系陆上战略通道的畅通，把铁路作为地缘经济中合作的手段。同时，中国面临的国际环境以及地理环境均与俄国和德国有较大的不同，中国更有可能以陆权对冲海权并发展自身。

西伯利亚大铁路

俄国早在19世纪70年代就开始讨论建设西伯利亚大铁路。虽然这条铁路的经济意义被经常提起，但是由于贝加尔湖以东人烟稀少，经济的理由一直没有能够说服沙皇和俄国政府内部的反对者。最终影响修建这条铁路的决定性因素是地缘政治，俄国修西伯利亚大铁路从一开始就受军事目标的驱动。

来自海权国家的威胁是俄国在19世纪末发展陆权的直接驱动力。当时英国与俄国就包括海参崴（俄称符拉迪沃斯托克）在内的普利茅叶地区的归属问题激烈地争执，俄国十分担心英国会进攻其太平洋沿岸。而英国也担心俄国在中亚的扩张最后要染指印度，两国有几次几乎在阿富汗这一俄国与英国殖民地印度之间的缓冲地带开战。在俄国看来，航海技术的发展使海权国家英国、美国和日本更容易进攻俄国的远东和西伯利亚地区。特别是当加拿大的太平洋铁路把英国原来经苏伊士运河去日本的时间由52天缩短到37天后，使英国对沙俄远东利益的威胁变得更为明显。[1]

俄国对海权国家在中国东北的扩张也深感不安。从1885年开始，当年与清朝签署北京条约的尼克拉·伊格纳铁夫的兄弟、伊尔库茨克省的督军阿列克斯·伊格纳铁夫数次警告俄国政府，清政府正在东北重新组织兵力，铺设电报线，装备蒸汽动力的河运船，英国的工程师正在帮助设计一条从中国东北的南部到离海参崴只有90公里的铁路，很多中国人开始移民贝加尔湖地区。与此同时，中国与英国和加拿大的贸易发展迅速。如果巴拿马运河打通，中国与美国的

1 Christian Wolmar, *To the Edge of the World: The Story of the Trans-Siberian Express, the World's Greatest Railroad,* New York: Public Affairs, 2013, pp. 36-37.

贸易也会进一步发展。他担心，在这些海权国家的帮助下，中国很有可能会夺回1858年和1860年失去的领土。[1]

俄国从他国和本国的历史经验中认识到铁路在控制疆域和战争中的重要作用。有人指出，英国在印度修建的铁路网是它能够有效控制这块殖民地的前提条件；如果加拿大没有横跨北美大陆的太平洋铁路，人烟稀少的不列颠哥伦比亚地区很有可能要独立出去；西伯利亚与远东地区地广人稀，要想有效地维持这块版图，俄国必须依靠西伯利亚大铁路从欧洲部分快速运兵。在俄国—土耳其的战争中和与英国在阿富汗博弈时用铁路运兵的效率对俄国的帮助，以及克里米亚战争中由于没有铁路运兵保卫塞瓦斯托波尔时的失败与耻辱也成为俄国最后下决心修西伯利亚大铁路的重要原因。[2]

然而，俄国以西伯利亚大铁路为基础的陆权战略却受到其海权战略的严重制约。与以防守为主要着眼点的西伯利亚大铁路不同，俄国的海权战略是进攻性的。受特殊的地理条件限制，俄国虽然想大力发展海军，却不得不在波罗的海、黑海和日本海三个方面面对不同的强敌德国、英国和日本。到底是以欧洲为主，还是以亚太为主，一直在俄国内部争论不休，占上风的主导意见经常变化。由于工业落后，经济欠发达，俄国的财政能力其实根本无法支撑其争霸的野心。然而，即使面临着预算的严重束缚，俄国仍然追求在欧洲和亚洲同时发展海权，并实行海陆并举的战略。[3]

俄国在战略资源分配方面的顾此失彼使得海权和陆权都没有获得充分的发展。尽管在日俄战争爆发前的七年里，俄国海军军费增长了66%，而陆军只增长了12%，前者仍然不及后者的三分之一。[4] 俄国海军在日俄战争中失败后一蹶不振。也正因为如此，俄国不再是对英国的威胁，这成为英国与俄国在第一次世界大战中联手打击德国的基础。

军费与西伯利亚大铁路建设资金之间的竞争使得后者的进度和规模受到影响。日俄战争时，俄国需要从西伯利亚和欧洲部分向远东调派援兵。尽管西伯利亚大铁路对日俄战争的作用至关重要，在1904年2月日俄战争爆发时，外贝加尔段铁路以及中东铁路的运输能力每天不超过四对列车，南满铁路的运输能力每天不超过三对列车。[5] 可是，将一个军的兵力调赴前线聚集并展开就需要90—92列火车。当时的俄国根本无法立即将足够的兵力和给养运至远东。在日俄战争前夕，俄国在远东的陆军兵力总共不过12万左右；而日本陆军仅在中国和朝鲜的

1 Harmon Tupper, *To the Great Ocean: Siberia and the Trans-Siberian Railway*, Boston: Little, Brown & Company, 1965, pp.76-77.

2 Christian Wolmar, *To the Edge of the World: The Story of the Trans-Siberian Express*, pp.37-38.

3 曹群：《论日俄战争前的俄国海权战略》，《俄罗斯研究》，2013年第2期。

4 同上。

5 同上。

驻军便有20万人左右。运兵的能力与速度与战争的胜负直接相连。[1]

通过中长铁路[2]从中国东北打通入海口通常被认为是引发日俄战争的重要原因。然而，修建这条铁路虽然引起日本对俄国战略意图的警惕，却并不是导致日俄走向战争的直接原因。其直接的原因是俄国的海权战略：俄国于1897年强行租借了在中日甲午战争后逼迫日本退还给中国的旅顺港。即使在八国联军与清政府签订《辛丑条约》、各国军队陆续撤离北京的1901年底，日本政府内倾向于对俄妥协的伊藤博文仍然访问了俄国，提出日俄之间的妥协条件，即俄国彻底向日本让出朝鲜；日本则容忍俄国占领关东州并修筑通往旅顺口的中东铁路支线，但要俄国从满洲撤军并实行门户开放政策。但是俄国并未接受伊藤博文的提议，而是用反建议把日本人最核心的要求顶了回去。这加速了英、日两国关于英日同盟的谈判。[3]

西伯利亚大铁路的地缘政治意义在英国引起巨大反响。麦金德认为它将对国家实力对比产生深刻影响，随着这条铁路把俄国变成欧亚大陆上的陆权大国，英国的海权将受到巨大的威胁。在麦金德看来，俄国哥萨克在16世纪中叶跨过乌拉尔山脉进入西伯利亚是与麦哲伦航海同等重要的历史事件。虽然英国的海权实力能在1900年的布尔战争（Boer War）中用军舰把25万士兵送到6000英里之外的南非作战，但是俄国的陆权实力也可以在日俄战争中用铁路把超过25万的士兵运到中国东北。[4]英国当时关注的焦点是它在波斯湾和印度洋的殖民地利益。俄国进入中亚并南下不仅对伊朗和土耳其形成巨大的威胁，也同时挑战英国在印度的利益。当西伯利亚大铁路建成后，东欧、俄国南部、中亚和中国新疆地区作为世界岛中枢的意义进一步凸显，掌握世界岛中枢者得天下。[5]

虽然麦金德的理论引起人们对陆权的关注，但是它也误导了后世对俄国陆权战略的评价，因为人们总是用麦氏的标准来评价俄国的陆权战略。在他们看来，虽然西伯利亚大铁路帮助俄国控制了世界岛，却没有帮助俄国控制全世界，因此它是失败的。然而，俄国建西伯利亚大铁路的初衷并不是要控制全世界，而是要加强运兵的能力，防止英国从远东和中亚入侵，并帮助它继续扩大陆上版图。

从长期来看，西伯利亚大铁路修建的结果是，迄今为止没有他国入侵远东和西伯利亚或肢解俄国。十月革命以后，西伯利亚大铁路在内战中成为苏俄红军打

---

1 曹群：《论日俄战争前的俄国海权战略》，《俄罗斯研究》，2013年第2期。

2 中长铁路，是中国长春铁路的简称，是沙俄建成由满洲里至绥芬河全长1481公里的中东铁路干线（又称东省铁路、东清铁路）和自哈尔滨经长春至大连、旅顺的987公里中东铁路支线。第二次世界大战之后受苏联控制，1952年9月中苏两国发布公告，中长铁路正式移交给中华人民共和国。

3 曹群：《论日俄战争前的俄国海权战略》，《俄罗斯研究》，2013年第2期。

4 Halford John MacKinder, *Democratic Ideals and Reality: A Study in the Politics of Reconstruction*, New York: Henry Holt and Company, 1919, p.141.

5 Halford John MacKinder, "The Geographical Pivot of History," *The Geographical Journal*, Vol.23, No.4,1904, pp.421-437.

败白匪的重要工具。这条铁路支持的工业化是第二次世界大战中苏联能打败德国的基础，更保障了在德国全面进攻苏联时从西部运兵支援以及把迁往西伯利亚的兵工厂生产的武器运往欧洲前线。[1] 在冷战时代和后冷战时期，这条铁路一直被用来布置移动的车载陆基核导弹以保持对美国的核威慑。按俄国人自己的初衷评判，这个陆权战略在很大程度上毋宁说是成功的。

巴格达铁路

德国最初设想修建巴格达铁路时也曾注重经济因素。19世纪80年代德国工业化的迅速发展导致对金属、矿藏以及食品需求的快速增长。而奥斯曼帝国拥有现代工业亟需的铅、锌、铜、铬、褐煤以及石油。[2] 但是，真正使威廉二世决定上马这条铁路的却是地缘政治。他即位后一改俾斯麦重视欧洲势力均衡的地区安全政策，提出具有进攻性的“世界政策”，追求与德国日益上升的国力相称的国际地位。巴格达铁路是德国作为后起的帝国参与解决由于奥斯曼帝国日渐衰落带来的“东方问题”，争夺新的势力范围的重要步骤。

然而要正确地评估巴格达铁路的战略意义，我们必须把它置于德国的整体战略视野内，其中一个重要的理由是德国以巴格达铁路为基础的陆权战略与其海权战略相比处于次要地位。

德国的世界政策追求的也是海陆并举战略。如果说巴格达铁路代表的是其陆权战略，战列舰队的建设则代表德国的海权战略。

当时的海军元帅蒂尔皮茨（Alfred von Tirpitz）提出著名的“风险理论，”即只要德国舰队大到使英国海军即使能战胜它，造成的损失也使得英国无法再与另外两大对手法国和俄国作战，英国就不会冒险与德国开战并会对德国在国际政治和殖民地问题上让步。[3] 在这个理论的指导下，德国采取了一个激进的海军扩张计划。

当军事冲突的可能性日增，特别是欧洲列强从1896年开始在经济上围堵德国之后，[4] 德国开始通过建设巴格达铁路发展陆权。它看中的是这条经过奥匈帝国和奥斯曼帝国的铁路对德国与英国和俄国争夺欧亚大陆时的军事意义。一旦欧洲大国之间的战争爆发，奥匈帝国可以在东边帮助德国减轻俄国的压力，而奥斯曼帝国的地理位置既能威胁俄国薄弱的腹地高加索地区，又能威胁大英帝国的咽喉要道——埃及和苏伊士运河。要想使奥斯曼帝国发挥这一作用，前提条件是有

1 Christian Wolmar, *To the Edge of the World: The Story of the Trans-Siberian Express*, p. 258.

2 Sean McMeekin, *The Berlin-Baghdad Express: The Ottoman Empire and Germany's Bid for World Power*, Cambridge MA: Harvard University Press, 2010, p. 37.

3 Patrick J. Kelly, *Tirpitz and the Imperial German Nany*, Bloomington: Indiana University Press, 2011, p.5.

4 Dale C. Copeland, *Economic Independence and War*, pp. 124-129.

一条通往近东的铁路干线来强化它对其边缘地带的控制。[1] 德国企图通过经过现土耳其、叙利亚和伊拉克区域的铁路来打通去波斯湾的通道从而威胁英国在印度的利益，同时绕道进入红海地区，帮助德国运兵到苏伊士运河附近，以己之强攻敌之弱。

德国修建巴格达铁路的陆权战略对地区国际秩序有直接影响。与俄国在本国境内修西伯利亚大铁路不同，巴格达铁路必须经过当时的奥匈帝国和奥斯曼帝国，它需要建立国际联盟。在德国陆权扩张的过程中，伊斯兰世界是其施策重点。为打通去波斯湾和印度洋的战略通道，德国积极发展与奥斯曼帝国的战略联盟。1914年8月双方发表泛伊斯兰圣战的联合公告。这份用土耳其语、阿拉伯语、波斯语、乌尔都语，以及鞑靼语在伊斯兰世界广泛宣传的公告号召穆斯林们发动反对协约国的圣战。德国与奥斯曼帝国在公告中运用大量的泛伊斯兰口号动员北非、中东俄国和印度的穆斯林社会。[2]

然而，德国海陆并举战略的后果之一是导致其陆权战略无法获得足够的经费。巴格达铁路的建设比预想的慢很多。与俄国修建西伯利亚大铁路不同，德国无力为其建设全部融资，又不愿意让他国参与进来。由于德国与奥斯曼帝国在铁路路线方面的分歧以及最初通车的路段无法盈利，这条铁路曾经被整整停建了三年。德国的工程师们在打通土耳其境内的金牛座山隧道时又遇到技术难题，同时德国在外交方面也遇到困扰。这些因素导致巴格达铁路到1914年第一次世界大战爆发时还有900多公里未能完工。即使是到1915年底，它还有480公里未完工。[3]

最终，德国的陆海双重战略均以失败告终。

巴格达铁路是促成德国的强敌英国和俄国摈弃前嫌，联手打击德国的原因之一。这条铁路代表德国在东南欧和中东地区的影响，它既使英国感到威胁，也引起俄国的恐惧，并使得俄国更容易接受英国联手遏制德国的建议。换言之，德国的陆权战略改变了原来欧洲列强之间的关系，并导致了对德国不利的后果。[4]

有人认为建巴格达铁路是引爆第一次世界大战的导火索。这种观点至多只是部分正确。虽然德国修巴格达铁路有军事意义，但是德国与英国之间非常激烈的海军军备竞赛才是当时英国人眼中最大的威胁。[5] 巴格达铁路即使是引起战争的导火索，也只是其中之一，而决不是唯一，更不是首要的原因。如果德国没有建设强大的战列舰队，直接挑战英国的海上霸权，英国不至于恐慌到全面摊牌。

---

1 Sean McMeekin, *The Berlin-Baghdad Express*, p. 48.

2 David Motadel, *Islam and Nazi Germany's War,* New York: Belknap Press, 2014, p. 8.

3 "Baghdad Railway," Wikipedia, http://en.wikipedia.org/wiki/Baghdad_Railway,2015-04-10.

4 David Blackbourn, *History of Germany 1780-1918: The Long Nineteenth Century*, Oxford: Blackwell Publishing, 2003, p.337.

5 Ibid.

事实上，在德国大力发展海军之前，英国一直视陆权大国德国为抗衡法国和俄国的天然盟友。甚至在1898至1901年期间，英国仍然三次试图与德国结盟。然而，威廉二世深受马汉的海权理论影响和对英国海权的羡慕，固执地认为德国的世界政策离不开一只强大的海军，对英国结盟的建议无动于衷。德国发展强大海军的国策把它推向与英国正面冲突的不归之路，逼着英国转而与宿敌法国和俄国联手。[1]

同样的道理，修建巴格达铁路本身也不构成俄国与德国摊派的全部理由。如果威廉二世即位后，德国与俄国在1890年续签俾斯麦时代两国之间缔结的相互保障条约，俄国不会对德国有如此大的战略猜疑，以至于在1894年迅速地与宿敌法国和解，为日后联合打击德国留下伏笔。德国的全面出击、四面树敌对其走向战争的贡献要远远大于修巴格达铁路。

德国虽然花费巨资追求海权，发展海军，在第一次世界大战时其海上实力与英国相比仍然严重落后。尽管德国在与英国的日德兰海战中取得战术上的胜利，但它的军舰在剩下的战争期间却基本上被英国封锁在海港里无所作为。在当时的历史条件下，德国的海权战略根本没有成功的可能。德国发展海权根据的是风险理论，它的基本假设是英国不会选择走自掘坟墓的路。然而英国却并没有按常理出牌。它选择了与德国开战，并打败了德国，成为一战的战胜国，尽管其霸权地位也一落千丈，无可挽回地被美国取代。

同时，从财政的角度看，德国的海陆并举严重地分散了资源。如果德国把资源集中在发展陆权，而不是海权，巴格达铁路的建设就不会因为资金短缺被冻结三年。如果德国赢得这三年的时间，它可能完全改写第一次世界大战的历史。有史家认为，哪怕巴格达铁路能在1916年底，而不是实际上的1918年8月完工，德国仍然可以发动一场对苏伊士运河的致命攻击。这将会严重地威胁大英帝国的生命线，迫使它在战争中进行政治妥协。如果历史沿着这条轨迹发展，德国将成为一个在近东地区有重要影响力的强权国家。[2]

1919年的《凡尔赛条约》使英国、法国和土耳其瓜分了德国对巴格达铁路的所有权利。伊拉克1932年独立后从英国手里买回其境内的路段。从君士坦丁堡到巴格达的路段在1940年才全线完工并通车。

虽然德国建立陆权的努力失败了，但是德国对陆权重要性的认识在第一次世界大战后有了进一步发展。这在德国两次大战期间以及第二次世界大战期间的地缘政治战略得到充分的体现。纳粹德国的重要人物鲁道夫·赫斯 (Rodulf Hess) 的老师、生存空间概念的提出者、德国地缘政治的代表人物卡尔·豪斯霍费尔

1 Walter A. McDougall, “20th Century International Relations,” *Encyclopaedia Britannica*, 2014,file://localhost/Users/baigao/Dropbox/20thcentury%20international%20relations%20_%20politics%20_%20The%20threats%20to%20Britain’s%20empire%20_%20Encyclopedia%20Britannica.html, 2015-04-10.

2 Sean McMeekin, *The Berlin-Baghdad Express*, pp. 341-342.

(Karl Haushofer) 认为麦金德是地缘政治理论的翘楚。[1] 同时德国对中东地区战略地位的认识和与伊斯兰世界结盟反对海权国家的战略在二战中继续发挥重大的作用。希特勒一直把现代土耳其的开国之父凯末尔奉为楷模。[2] 即使在二战中，导致德国失败的也不是其陆权战略，而是其四面出击、到处树敌的打法。

新丝绸之路

中国目前追求的陆权战略与当年俄国和德国相比有相似之处，但是更有本质上的不同。

相似处包括中国目前面临与当年俄国和德国相似的来自海权国家的战略压力；中国也在大力发展海军，但在可以预见的未来无法与美国的海权全面抗衡；虽然中国国力的绝对上升伴随着美国国力的相对衰落，但是二者之间不仅在人均国内生产总值（GDP）上，而且在军事实力上仍然相距甚远；与当时俄国和德国一样，中国也在试图通过修铁路来发展陆权，增加应对海权挑战的实力。

当时的俄国完全在本国境内建西伯利亚大铁路，而德国只通过当时的奥匈帝国和奥斯曼帝国建巴格达铁路。与它们相比，中国在打通欧亚大陆桥时要遇到更多的困难，因为所有的路线均要经过更多的国家。同时，中国对向西开放不可回避的伊斯兰世界还没有发展出像德国那样清晰有力的政策，其部分原因是中国在其国内的宗教族群关系方面仍然面临诸多挑战。

然而，中国的陆权战略与俄国德国当年的陆权战略之间本质上的不同使得中国的陆权战略有更大的成功可能性。

其最大的不同在于，俄国与德国的陆权战略的基础是地缘政治，俄国修西伯利亚大铁路和德国修巴格达铁路的主要目的都是军事对抗，而中国陆权战略的基础却是地缘经济，中国推动与邻国互联互通的主要目的是加强经济合作。地缘政治重视国与国之间的利益冲突，倾向用零和的角度看问题。而地缘经济则重视国与国之间的利益交集，倾向用合作和利益捆绑来减少和控制冲突。中国之所以采用地缘经济战略是因为中国在处理对外关系时不仅已经完成从内陆国家思维向海洋国家思维的转变，摆脱了当年使俄国和德国步入陷阱的零和思维，甚至还超越了第二次世界大战结束之后一直让地缘政治因素影响其贸易政策的西方传统的海洋国家美国。这一地缘经济战略更符合后冷战时代的

中国的陆权战略与俄国德国当年的陆权战略之间本质上的不同使得中国的陆权战略有更大的成功可能性。

其最大的不同在于，俄国与德国的陆权战略的基础是地缘政治。

1 Brian W. Blouet, *Halford MacKinder: A Biography*, College Station TX: Texas A & M University Press, 1987, pp.177-178.

2 Stefan Ihrig, *Atatürk in the Nazi Imagination*, Cambridge MA: Harvard University Press, 2014.

国际环境。

一国在处理对外经济关系时是开放还是保守可以分为海洋型思维和内陆型思维。海洋型思维是海洋国家常见的思维方式，以开放与合作为特征。海洋国家既包括岛国，也包括位于海岸线，有直接海洋通道的国家。受惠于温和的气候和适量的降雨，海洋国家很容易与世界上其他被地理条件屏蔽的国家接触。这些国家积极发展对外贸易，并通过移民带来族群、文化和语言方面的多样性。他们更易于参加国际分工，与他国之间的商品交换也经常带来政治方面更多的自由。而内陆型思维则是在内陆国家常见的思维方式，以封闭和保守为特征。内陆国家通常有严酷的气候条件并远离海洋。由于山脉、沙漠和高原的阻碍，内陆国家通常与世界上其他国家接触较少。在历史上，这些国家的经济更呈现自给自足的形态。它们的政治体制，由于相对缺少新思想的影响，也倾向于更加封闭和专制。[1]

建立这种地理条件与思维方式之间的因果关系固然会启发我们的思路，但是这二者之间的关系并不是单向固定的，经常有更为复杂的结合。虽然俄国、德国和中国都有海岸线，但当年的俄国、德国和改革开放前的中国却都属于内陆型思维。虽然日本是岛国，但是在德川时代也曾闭关锁国。

在封闭的计划经济条件下，中国不愿意参与国际分工，把对外经济联系视为威胁。在改革开放的三十多年里，中国发生的最深刻变化就是在经济方面从内陆型思维转向海洋型思维。中国开始积极吸引外资和开放国内市场，深度参与全球生产体系，迅速地从单纯的产业间贸易向产业内部贸易和企业内部贸易发展。

与此同时，一国在处理对外经济关系时是否受地缘政治因素的影响又可以分为地缘政治型思维和地缘经济型思维。尽管西方的国际政治经济学文献通常强调战后美国主导的以关税贸易总协定和世界贸易组织为代表的多边国际贸易体制的开放性，却忽视了美国虽然支持自由贸易，但是在冷战期间为了与前苏联争霸，在国际贸易中实行非对称合作的策略，即允许盟国向美国市场大举出口他们的产品，同时对美国的产品关闭他们的本国市场。[2] 与此同时，美国主导的西方阵营对社会主义阵营实行经济禁运。即使在冷战结束之后，美国仍然经常用经济制裁作为地缘政治的手段。

而中国在开展对外合作，推动地域经济一体化的过程中则很少受地缘政治的束缚。无论是“丝绸之路经济带”还是“21世纪海上丝绸之路”，都显示中国通过鼓励自由贸易来与他国利益捆绑，建立利益和命运的共同体，不让地缘政治因素来影响对外经济合作。中国推动的10+1、中日韩、10+6等地域经济合作项目均不问政治体制，只要是地域内国家都可以参加。正像国家发改委、外交部和商

1 Saul Bernard Cohen, *Geopolitics: The Geography of International Relations*, Lanham MD: Rowman & Littlefield Publishers, Inc., 2009, p. 34.

2 Bai Gao, *Japan's Economic Dilemma: The Institutional Origins of Prosperity and Stagnation*, New York: Cambridge University Press, 2001.

务部联合发布的《推动共建丝绸之路经济带和21世纪海上丝绸之路的愿景与行动》主张的那样，这个以地缘经济为基础的陆权战略虽然由中国推动，但是将遵循“共商，共建，共享”的原则，并“积极推进沿线国家发展战略的相互对接”。[1] 2015年5月，中国政府与俄罗斯联邦政府发表联合公报，推动丝绸之路经济带与欧亚经济联盟之间的对接就是一个用地缘经济思维取代地缘政治思维的最新范例。

反观美国，在推动其“跨太平洋伙伴关系”计划时把中国这一世界第一贸易大国排除在外，奥巴马在向国会成员游说时一直强调地缘政治的理由。最近，美国还强力反对其盟国加入中国推动的亚洲基础设施投资银行。而英、法、德、意、澳、韩等盟友不顾美国的反对加入这个组织清楚地表明，美国坚持用地缘政治观点来对待地域经济合作的做法已经远远跟不上时代的潮流，而中国的地缘经济战略则显示出号召力。

中国比较彻底的地缘经济思维是在后冷战时代深度参与全球生产方式的过程中形成的。在全球生产时代，跨国公司成为全球化的主要推手，它们主导的企业内部贸易不断蚕食传统的产业间贸易。[2] 在这种新的经济形态中，民族国家的利益边界与以前相比变得模糊，出现了更多的利益交叉。随着参与国际分工的程度大大加深，中国看待对外经济合作的观点变得日益开放，相信各国之间的利益冲突可以通过经济合作来化解。[3] 在后冷战时代，用地缘政治手段干涉地域经济合作变得很不合理。不论一个国家的政治体制如何，只要参与地域经济合作，市场都会进一步扩大。这种经济合作带来的互补超越政治体制和意识形态的限制。

即使在技术的层面，中国目前推行铁路等交通基础设施的建设与当年的俄国和德国相比，也有更有利的地方。与当年的铁路技术相比，如今的高铁技术大大地改变人们对空间和时间的概念。计划中的北京—莫斯科高铁只是第一步。如果欧亚大陆从东到西的高铁路线全面贯通，三至四天之内可以乘高铁从北京到达伦敦，欧亚大陆的经济地域一体化将不再是遥远的梦想，它将有变为现实的强烈可能。

目前的国际环境与100年前相比也更有利于中国追求以地缘经济为基础的陆

---

1 国家发展和改革委员会、外交部、商务部：《推动共建丝绸之路经济带和21世纪海上丝绸之路的愿景与行动》，国家发展和改革委员会网站，2015年3月28日，http://www.sdpc.gov.cn/gzdt/201503/t20150328_669091.html，2015年4月10日登录。

2 Robert Gilpin and Jean Gilpin, *Global Political Economy: Understanding the International Economic Order*, Princeton: Princeton University Press, 2001.

3 Bai Gao, “Neoliberal and Classical Developmentalism: A Comparative Analysis of the Chinese and Japanese Models of Economic Development,” in Xiaoming Huang, ed., *Modern Economic Development in Japan and China: Developmentalism, Capitalism, and the World Economic System*, Basingstoke: Palgrave MacMillan, 2013.

目前的国际环境与100年前相比也更有利于中国追求以地缘经济为基础的陆权战略。

权战略。

第一次世界大战的起因涉及在西方国家普遍奉行帝国主义的时代守成大国英国封杀后起的德国，而德国决定铤而走险。二战后，美国对此深刻反思，并主导建立了以多边自由贸易为基础的国际经济秩序。虽然美国正在试图对冲中国的崛起，但是它至少到目前为止并未要与中国发生正面的对抗。与所有国家一样，美国不只有一种声音。美国的确有人主张与中国对抗，但关键是这些主张能否变成国家持续的政策范式。美国对华政策的选择在很大程度上也取决于中国自己如何应对美国的挑战。中国提出“丝绸之路经济带”和“21世纪海上丝绸之路”以及过去两年强化与俄罗斯合作的举措已经对美国的重返亚太和地缘政治版的“跨太平洋伙伴关系协定”产生有效的对冲效果。[1] 美国已经在与中国谈判中美投资保护协定，美国的智库甚至已经有人主张中美就自由贸易协定进行谈判。[2] 同时，与当年俄国与日本、德国和英国之间相比，中美两国之间目前发展出来的多层面的沟通协调机制均有助于减少战略误判。

美国主导的国际经济秩序与中国并没有根本性的冲突。在改革开放的三十多年里，中国一直依靠的是美国海权主导下的多边自由贸易体制。现在中国发展陆权是准备万一这个体制出于地缘政治的想法不再容纳中国时的对冲措施。中国推动欧亚大陆经济整合不是为了与美国主导下的环太平洋经济整合对抗，而是向美国显示把中国排除在这个多边自由贸易体制之外的代价，从而促使美国在环太平洋经济整合里早日接纳中国。当美国欢迎中国参与环太平洋经济整合时，中国也会大力推动欧亚大陆对美国开放，向美国开放中国与俄国实现丝绸之路经济带与欧亚经济联盟对接后的地域经济合作。这与历史上俄国与德国拒绝日本和英国提出妥协和结盟的建议，一味地对抗有重大区别。

中国的地理位置与俄国和德国的不同也增加了中国地缘经济战略成功的可能性。

中国的地理位置与俄国和德国的不同也增加了中国地缘经济战略成功的可能性。中国既有漫长的海岸线和较多的不冻港，又有广泛的陆上战略纵深。[3] 中国可以在海权和陆权的战略方向上进行转移，而俄国和德国则不具备进行这种转移的地理条件。与“丝绸之路经济带”相似，中国推动的“21世纪海上丝绸之路”也是一个以地缘经济为基础的海权战略。中国正在利用自身地理条件的优势，在追求地缘经济战略中的海陆并举。如今能够参加欧亚大陆经济整合与环太平洋经济整合的国家很不相同。前者的参

1 高柏、玛雅：《高铁与“一带一路”战略的大智慧》。

2 C. Fred Bergsten, Gary Clyde Hufbauer, and Sean Miner, *Bridging the Pacific: Toward Free Trade and Investment between China and the United States*, Washington DC: Peterson Institute for International Economics, 2014.

3 Halford MacKinder, “The Geographical Pivot of History”.

与者是中国、俄国、欧盟、印度、伊朗，土耳其，再加上中亚国家、部分中东国家和中东欧国家。而能参与后者的国家主要是像美国、澳大利亚、日本，以及东南亚这些海洋国家。上述两组国家在环太平洋经济整合和欧亚大陆经济整合的过程中很少有交集。中国如果能打通多条欧亚大陆桥，建设新丝绸之路，就会形成与环太平洋经济整合之间的战略对冲。

讨 论

接下来的问题是，中国和美国之间在多大程度上面临着与德国和英国在第一次世界大战前相似的局面？中国从俄国和德国的历史经验教训里可以获得哪些启示？

与当年俄国和德国相似，中国作为后起大国已经进入与既存海权大国美国的利益发生碰撞的阶段，也已经面临着来自海权大国的战略压力，中国也在试图发挥自己的陆上优势，通过铁路这一新的重大交通技术来改变地理条件对地缘政治的限制，加强自身与海权大国博弈的实力。

即使后起大国不发展陆权，也难得与海权大国相安无事。如果当年俄国和德国不追求陆权，不修西伯利亚大铁路和巴格达铁路，英国也仍然有可能通过染指中亚威胁俄国的西伯利亚和通过中国东北威胁俄国的远东地区，它也会尽量把德国海军势力封锁在北海的范围之内。第一次世界大战爆发的重要原因之一是各方均认为战争是解决问题的唯一途径，无法避免。[1] 同样的道理，在美国重返亚太，使中国周边环境恶化的条件下，如果中国对外部挑战缺乏有效的应对措施，必然要激起民族主义的强烈反弹，从而使局面彻底失控。自由主义的外交政策并不能永远导致和平，绥靖政策反而容易导致战争。俄罗斯在20世纪90年代初为此付出极为沉重的代价。中国如果不建设丝绸之路经济带，在亚太地区与美国发生激烈利益冲撞的可能性只能更高。

但是，中国以地缘经济中的合作为目标的陆权战略与当年俄国和德国以地缘政治中的军事对抗为目标的陆权战略有本质上的区别。中国的陆权战略体现的是现实自由主义。

中国目前采用的现实自由主义部分接受现实主义关于国际关系性质的基本假设，即国家之间存在利益的冲突。但是与现实主义单纯强调冲突和对抗不同，现实自由主义认为国与国之间也存在利益的交集，冲突和交集何者占上风取决于国与国之间的战略互动。现实自由主义与自由主义都重视合作，但是它们之间最大的区别在于寻求合作的手段。自由主义单纯强调合作的好处，遭遇他国制衡时唯一的办法就是多向对方输送好处。而现实自由主义则转而强调不合作的坏处，对

1 Steven E. Miller, “Introduction: The Sarajevo Centenary-1914 and the Rise of China”.

冲的目的是通过向对方显示不合作的代价与利益损失来诱使对方合作，同时也为自己准备在对方不合作时的反制手段。[1]

中国的现实自由主义基于对国际政治中存在利益冲突的国家之间合作需要实力做后盾有清楚的认识。正是因为保持欧亚大陆力量均衡是美国的重要战略利益，中国只有积极发展陆权才能有效地对冲美国海权的压力。中国发展陆权并不以挑战美国海权为战略目标，而是显示美国在战略上挤压中国要付出的代价。如果美国不想把中国逼上与俄国结盟共同对抗美国的道路，建立与中国的新型大国关系就成为一个现实的选项。美国提出的“重返亚太”和“跨太平洋伙伴关系协定”已经逼着中国推动欧亚大陆经济整合，这一政策的后果已经导致对美国自己主导的国际秩序的直接挑战。

当传统的自由主义和现实主义手段在目前条件下都无法应对外部严峻的挑战时，中国通过交通基础设施的建设来改变地理条件对地缘政治环境的约束，利用自身独特的战略地理优势，以地缘经济为手段来稀释、转移来自美国海权的战略压力。这既维护世界和平和自由贸易，又可以实现自身发展并获得在新的国际秩序中与中国实力相应的地位。

中国要引以为戒的是，不能像当年俄国和德国那样用单纯的地缘政治的零和思维去看待国际关系，盲目地进行军事对抗。当年俄国和德国追求陆权时从一开始就以地缘政治中的对抗为目标，以军事实力为手段。像文中揭示的那样，如果俄国和德国不是一味地追求海权，或者在追求海权的过程中懂得妥协，它们可能不会那么快就与日本和英国彻底决裂，走向战争。中国以地缘经济，而不是地缘政治为基础的陆权战略在本质上是一个对冲战略，其目的从来就不是要冲突，或者是对抗，而是向对方显示不合作的代价，把对方从冲突引回合作。

俄国和德国追求海陆并举的战略对其陆权战略有很大的负面影响。两国的传统优势都在陆地，但却为了与既存海权大国争霸而积极地发展海军。由于双方之间巨大的差距，它们虽然竭尽全力，却仍然没有能够与海权大国的绝对优势抗衡。

尤其对中国有启示意义的是，德国以“风险理论”为依据发展海权。这一理论的基本假设是守成的海上霸权会基于理性的判断行动。但它的根本缺陷是没有认识到即使与新兴大国的对抗会加速其衰落，世界上也没有哪个霸权国家愿意自动退出历史舞台。就像当年英国一样，美国在进行军事决策时也有可能理性让位于感情冲动、意识形态，或者国内政治压力。国内反对陆权战略的人主张发展海权才是中国唯一的发展方向，而俄国和德国的历史却表明，走激进发展海权的道路很有可能导致与守成海权大国的正面对抗甚至战争。中国近年来积极发展海权已经引起美国、日本、印度和澳大利亚等大国，以及东南亚的一些小国的恐惧，

---

1 高柏、玛雅：《高铁与“一带一路”战略的大智慧》。

并开始结成对抗中国的联盟。西方关于海权的定义是拥有必要时排他性地控制全世界最重要海洋通道的军事实力，支撑海权的不仅仅是航空母舰，更重要的是海外军事基地网络和与多国的军事联盟。

中国应该发展海上军事力量，捍卫自己的领海主权和海上权益。无论是发展西方讨论甚多的“区域进入阻止能力”，还是填海造岛，都属于防御，而不是进攻的范畴。然而，我们也应该认识到，国际政治永远是各国之间的战略互动，最终影响他国对中国发展海权做出反应的是他国怎样看中国的海权建设，而不是中国自己如何看。如果中国想避免与既存海权大国美国的正面对抗，就应该避免追求西方理解的排他性地控制重要海洋通道意义上的海权，掌握发展海上军事力量的节奏和时机，同时大力加强与相关各国之间的沟通，并懂得何时进行妥协。目前对中国而言的一大风险是像当年德国一样一厢情愿地假设美国不会与中国在海上对抗，并天真地认为造出两艘航母就等于有了海权，在既没有海外军事基地网络，也没有海上联盟支持的条件下把自己引向与美国领导的多国联盟之间的一场根本打不赢的海上战争。美国重返亚太到目前为止虽然在经济上没有什么成果，但是已经激活冷战时亚太地区的海外军事基地网并建立了针对中国的海上联盟。可以说，对美国而言，海战的组织准备已经基本就绪。在这种时候还一厢情愿地认为美国不会与中国开战，很有可能重复文章中描述的当年德国犯下的错误。

目前中美双方战略判断之间的落差可能会产生严重的后果。一方面，在美国很多人认为，“华府已经做出判断，就对美国主导的战后国际秩序的挑战而言，中国在南中国海填海造陆之举比俄罗斯介入乌克兰内战更为严重”。[1] 另一方面，在中国却仍然有很多人认为，从重要性角度看，美国在南海的三项利益，即和平与稳定、商船自由航行权和专属经济区内的军事活动权，都不属于其核心国家利益。[2] 在美国看来，这一轮南海冲突已经是美国对华政策范式可能发生重大变化的征兆。但是，从中国国内看，这只不过是中美周期性矛盾起伏的一个浪花而已。历史将证明两国是否将为这一认知的鸿沟付出巨大的代价。

大国之间走向对抗和战争的决策过程通常都很曲折，因为在巨大的代价面前各国体制都有较强的反战惰性。然而，同样的道理，当大国真正地开始认真思考对抗，整个体制开始向战争动员的方向使劲，大众传媒开始认为只有战争是解决问题的唯一方法时，再想逆转也同样不容易。要避免陷入“修昔底德陷阱”，在未来十年中对中国智慧的最大考验是能否既捍卫国家主权和领土完整，同时又避免刺激既存海上霸权美国的国家机器全面转向与中国的对抗和战争。对中国而言，最大的得不偿失将是为了战术上的一时占上风而刺激美国的整个体制转向正

1 薛理泰：《南中国海对峙——新一轮中美博弈》，共识网，http://www.21ccom.net/articles/world/zlwj/20150529125241.html，2015年4月20日登录。

2 薛力：《中美并未进入南海军事冲突倒计时》，FT中文网，http://www.ftchinese.com/story/001062226，2015年4月20日登录。

式的对抗甚至是战争。

与有些人担心的完全相反，中国向西开放并没有引起美俄联手制华。其重要的原因是，中国以地缘经济为基础的陆权战略的基本原则是追求与其他国家的利益捆绑，建立利益和命运的共同体。俄国正在认识到中国推动的“丝绸之路经济带”对其自身利益的契合处。两国政府刚刚签订的把丝绸之路经济带与欧亚经济联盟对接的协议如果能真正落实，将会极大地推动欧亚大陆的经济整合，产生出一个前所未有的欧亚大陆国际政治经济新秩序。

美国也没有因为中国向西开放就加强围堵。强化美日安保条约，强化与澳大利亚、印度和东盟国家的关系本来就是“重返亚太”战略的应有之意，中国向西开放并没有对此有任何影响。如果我们把2015年5月份美国在南海问题上的强硬立场视为是加强围堵的话，其直接原因恰恰是中国的填海造岛这一建设海权的举动。这并不是说中国应该放弃填海造岛和发展海上军事实力，而是要掌握节奏、时机和进退，决不应该因小失大。 当然，美国也在试图阻碍中国以地缘经济为基础的陆权建设，劝阻众盟友加入亚洲基础设施投资银行就是一个例子。然而，其结果却显示，即使美国想强化对中国地缘经济战略的围堵，成功的可能性也已经越来越小，因为其他国家很容易从中国的“一带一路”倡议中看到自己的利益所在。

本文认为，保障通往经济和能源资源中心的战略通道是地缘政治的基本目标。重大交通技术，尤其是像铁路这种跨国应用的技术，直接影响国际体系中各国之间的互动能力——各国交通技术能力与对国际体系规范的共同理解的结合。交通技术可以直接影响人类的实践和规范实践的制度安排，而国际体系的互动能力界定各个民族国家之间互动的程度和类型。[1] 虽然许多技术能改变人类的生活，但是只有极少数的技术可以改变这个世界运行的方式。原因很简单，地理是静止的，只有非常少的技术可以从根本上改变人类与地理的互动，能改变民族国家互动方式的技术体系更是凤毛麟角。这种技术不仅改变国家之间互动的新规则，更是规定时代的基本特征。[2] 中国推动的以铁路为代表的重大交通基础设施的建设，以地缘经济为基础的陆权战略将会在维护世界和平和推动自由贸易的前提下带来一个欧亚大陆经济整合的新时代。

---

1 Geoffrey L. Herrera, *Technology and International Transformation: The Railroad, the Atom Bomb, and the Politics of Technological Change*, Albany NY: State University of New York Press, 2006, pp. 7-8.

2 Peter Zeihan, *The Accidental Super Power: The Next Generation of American Preeminence and the Coming Global Disorder,* New York: Twelve, 2014, p. 23.

全球能源版图调整与中国—中东能源命运共同体建设

查道炯

内容提要："一带一路"的战略构想，为深化和拓展我国的能源国际合作提供了全新的发展机遇。中国要与"一带一路"沿线各国共建命运共同体，努力实现"政策沟通、道路联通、贸易畅通、货币流通和民心相通"，这一总体的战略性要求也同样适用于中国与中东地区各国的能源共同体建设。全球能源版图在变化，中东地区自身也在寻求应变。从中东地区获得足量、稳定的能源供应，应该成为中国重要的而不是唯一的目标。通过参与中东地区的核能、可再生能源等能源项目建设，为该地区国家的能源供应多元化作出贡献，应该是能源命运共同体建设的必要选项。

关键词：能源　中东　风险　能源命运共同体

2013年，国家主席习近平在访问中亚和东南亚国家时先后提出"丝绸之路经济带"和"21世纪海上丝绸之路"战略构想（合称"一带一路"）。"一带一路"是重大战略构想，为深化和拓展我国的能源国际合作提供了全新的发展机遇。在众多的境外能源供应来源地中，中东地区的权重将长期保持高位。因此，本文努力探讨"一路一带"框架下，中国与中东地区的能源命运共同体建设课题。

一、全球能源版图调整：美国走向"能源独立"

在过去半个多世纪，中东地区一直是全球的能源中心。世界上多数大国都需要从中东源源不断地进口石油。2011年美国成为石油类产品净出口国，这是该国

查道炯　北京大学国际关系学院教授。

能源供需状况变化中62年来第一次。虽然在2011年美国仍然是世界上第一大原油进口国，国际间的诸多研究机构都开始讨论美国“能源独立”及其对全球油气格局带来的可能影响。

判断美国走向“能源独立”趋势的主要依据包括以下四点。

（一）随着技术进步，非常规油气资源可以向常规油气供应转化

从油气开采的技术和经济角度界定，常规油气是指应用现有技术方法能够经济有效开采的油气资源。非常规油气是指现今无法用常规技术方法进行经济性勘探开发的油气资源，资源规模大，储层物性差。一般认为，世界上常规油气资源比例一般占20%，非常规油气占80%。2010年和2011年美国非常规天然气中的页岩气产量分别为1378亿立方米和1800亿立方米，分别占美国天然气总产量的23%和34%。从此后的美国自产天然气来源构成看，页岩气的贡献呈持续上升态势（见图1）。

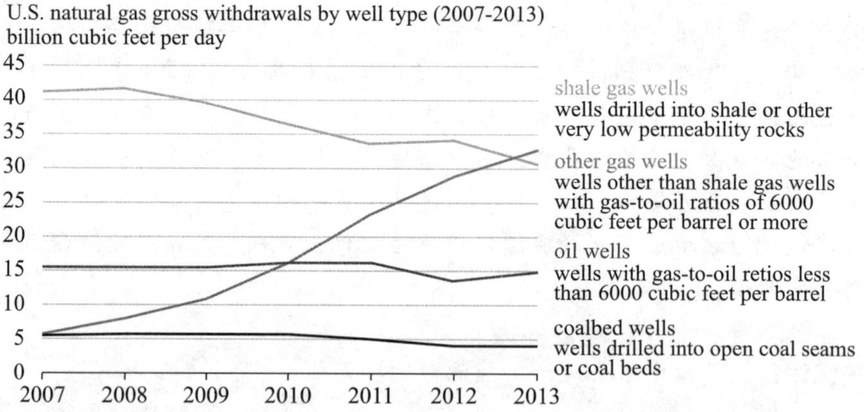

图1　美国的自产天然气来源构成（2007—2013年）

资料来源：美国能源信息署（U.S. Energy Information Agency）。图中右侧的英文对曲线的解释，从上到下依次为：页岩气井、其他气井、油井、煤层气井。http://www.eia.gov/todayinenergy/detail.cfm?id=18951，2014年11月29日登录。

（二）北美地区有望成为全球能源生产的“新轴线”

借助于开采技术的突破，从加拿大艾伯塔省的油砂，经美国北达科他州和得克萨斯州的页岩气，到法属圭亚那沿海的一处新发现的大油田，最后到达在巴西的深海“盐下油”，非常规油气资源的储量，有了新的评估。加拿大艾伯塔省已探明的石油可开采量为1693亿桶，约占全球原油储量的12%，仅次于沙特阿拉伯的石油储量，这些石油99%存在于油砂。加拿大1967年即开始进行油砂矿的商业化开采。最近几年，随着技术创新，油砂开采取得重大突破，目前加拿大油

砂产量每天超过150万桶，十年后则可望翻一番。加上加拿大其他石油产量，加拿大将超过伊朗，成为世界上仅次于俄罗斯、沙特、美国和中国之后的第五大产油国。

在美国，北达科他州和得克萨斯州蕴藏有丰富的页岩气（页岩气也可转化为油）。根据美国能源部情报局的数据，美国可开采的页岩气达862万亿立方英尺，可满足美国100年的需求。2000年美国页岩气产量折合成石油约为每天20万桶，仅占美国国内总产量的3%，但目前开采量已达到每天100万桶，到2020年，这一产量将达到300万桶。按照一些美国能源专家的判断，借助于页岩气开发，美国数年后甚至可能取代俄罗斯，成为世界最大的能源生产国。

在巴西，随着勘探技术的深入，在过去几年，接连发现多个海上大油田。这些属于盐带下层的石油储量可能高达1500亿桶。按照目前的开发速度，到2020年，巴西日产石油将达到500万桶，相当于沙特产量的一半以上。届时，巴西将取代委内瑞拉，成为拉美最大的石油生产国。

（三）美洲邻国已经成为美国原油进口来源的主力

如表1所示，自2003年到2013年的十年间，美国原油进口的头十个来源国中，一半来自美洲。其中，在2013年，头位原油来源加拿大占美国总进口的比例（33.3%）是第二位来源沙特阿拉伯（17.2%）的一倍。其余两个中东石油来源（伊拉克和科威特）对美国原油进口的贡献，都在4%左右。

表1　美国的十大石油进口来源国所占比例变化（2003—2013年）

国名	进口量（百万桶 / 天）	2013年占总进口量比例	自2003年以来的变化
加拿大	2.57	33.3%	65.8%
沙特阿拉伯	1.33	17.2%	−23.2%
墨西哥	0.85	11.0%	−45.8%
委内瑞拉	0.76	9.8%	−36.2%
哥伦比亚	0.37	4.8%	121.1%
伊拉克	0.34	4.4%	−29.1%
科威特	0.33	4.2%	56.7%
尼日利亚	0.24	3.1%	−71.3%
厄瓜多尔	0.23	3.0%	64.0%
安哥拉	0.20%	2.6%	−44.4%

资料来源：作者依据美国能源信息署数据整理。

促成美国原油进口国别来源变化因素众多。既有石油生产能力、石油加工链条中的油品与提炼设施的匹配、油田因技术维护需要而调整产量、运输途径保障和运费等市场因素，有石油金融追求利润最大化的因素，也有进口国因政治和外交需求而偏好或打压某个具体油源的因素。

我们也应该看到，虽然“美国能源独立”的舆论甚嚣尘上，美国在2014年的自产量与进口量基本相当。也就是说，未来——不论是为了满足自身的消费需求，还是为了追求美国在全球油品以及化工产品贸易中的利益——美国并没有以国别为标准而从事排他性地进口的选择。类似“世界石油能源的轴线从东半球转向西半球”的判断，是否能够成为不可逆转的历史趋势，还有待观察。

（四）“西半球能源市场”的经贸制度性保障

伴随美国自产能源能力的提高，以美国、加拿大、墨西哥为核心成员的西半球能源市场在全球能源市场中的相对独立程度在提高。对美、加、墨三国而言，如何将各自的出口和进口需求，通过贸易条约等制度性安排稳定下来，是具有共通性的能源和整体经济利益保障的途径。设立以三国为成员的北美自由贸易区(NAFTA)，并在其中规定能源条款以保障加、墨的石油能源得以长期供应美国市场。这是北美三国间能源关系安排的基本逻辑。

1994年1月1日生效的北美自由贸易协定中，能源条款在第二部分货物贸易的第六章。具体内容以美加自由贸易协定中的能源条款为基础进行了完善。其主要条款包括禁止在任何情况下实行任何形式的数量限制、最低或最高出口价格的要求，除非当执行反补贴和反倾销命令时，禁止实行最低或最高进口价格要求；任何成员方不能对任何出口到另一个成员方的能源或基本石油产品采用或保留任何的税收和费用，等等。

北美自由贸易协定对成员国之间的能源贸易安排具有战略性。这种战略性体现在成员国之间在能源贸易领域的相互优先。协议不仅保障了美国能够以符合美国需求的“公平合理”价格获得加拿大和墨西哥的油气和其他能源资源，也通过为美洲能源经济区的形成奠定法律和政策框架的途径提高了整个北美地区应对全球油气供应态势变化的相对独立程度。[1]

北美自由贸易协定对成员国之间的能源贸易安排具有战略性。

归纳起来看，美国自产能源量的上升，释放了全球油气供应市场的空间。也是2014年全球贸易油价大幅下滑的重要物质诱因。未来美国的“能源独立”之路，同样会受到全球能源金融等多种因素的影响，没有可做出不可逆转的结论的基础。对包括中国在内的非美国战略盟国而言，更值得关注的是北美和南美能源

1 参阅查道炯：“北美能源局势的变化与中国的能源安全”，载史丹主编：《中国能源安全的国际环境》，北京：社会科学文献出版社，2012年版，第1—33页。

市场之间的制度性安排。从我国能源外交所面临的外部环境看，美洲能源自我供给能力的变化，仅仅是全球能源贸易态势中的重大变量之一。近40年来，中国在没有能够从美洲获取大量油气供应的情形下，做到了维护自身的能源安全。面对可能出现的未来，我们需要有足够的自信。

二、全球能源版图调整：中国在中东地区的挑战与机遇

一方面，美国能源独立取得重要进展，减少了对中东地区的依赖。从地缘政治学的教科书理论层面看，这为美国的全球战略布局调整提供了巨大空间。中东、北非地区一些产油国政局动荡和存在战争风险，给全球石油市场带来不确定性。中国已经成为全球第一大能源消耗国，且以中东地区为主要进口来源。统计显示，2013 年，中国从海湾国家进口原油9912万吨，约占中国石油进口总量的35%。这样，中国不得不面对全球石油消费中心东移，生产中心西移；东亚及太平洋地区正成为新的石油消费中心的新格局。也就是说，似乎可以肯定，中国所要面对的挑战大于机遇。

另一方面，我们也有必要从地缘经济学的角度，对新格局做出适切的判断。

（一）能源地缘经济态势的发展，有利于强化能源作为中国与中东北非地区的经贸纽带

受欧美发达国家石油供应来源多样化战略和国际石油市场板块化的影响，过去10年，海湾国家逐渐失去了美国和欧洲第一大石油供应来源的地位。而中国经济的快速增长、石油需求的迅速增加，恰恰为中东北非国家寻求长期稳定的石油出口市场提供了重大战略机遇。

（二）从能源产业链条的角度把握中国的进口需求

国内外对相关态势的观察，多半集中在中国整体经济的增长速度的变化以及相应的对进口油气的需求。2014年，国际原油价格以30%的幅度下滑，其中一个公认的原因便是中国的国内生产总值（GDP）增速进入了“新常态”（即：在重视总量增长的同时，更加注重包括环境成本控制在内的质量追求）。其实，影响中国经济对进口原油的需求的一个产业内因素是中国的原油加工产能。

2009 年中国的原油一次加工能力由2000年的2.76亿吨猛增至4.77亿吨，激增了72.8%，稳居世界第二。2011年中国原油年一次加工能力达到5.4亿吨，2012年达到5.75亿吨，2013年突破6亿吨。如果目前在建、拟建和规划中的炼油项目全部建成，2015 年底我国炼油能力将达到7亿吨。[1] 原油加工产能的增长，

1 陆鱼：《我国炼油进入“6亿吨时代”》，《中国石化报》，2013年8月13日，第5版。

解释了2014年为什么中国的进口总量增幅较小，而同年成为石油产品的净出口国。至2014年10月，中国表观石油需求同比上升2.9%至4265万吨（平均每天1009万桶），环比下降2.5%；本年度前10个月，中国总体表观石油需求为每天996万桶，比去年同期增加2%。中国10月成品油进口量同比大幅下降22.2%至228万吨，而出口量却大幅上升30.3%至314万吨，中国在10月成为成品油净出口国，净出口量达到了创记录的86万吨。

在炼油产能快速增长的同时，中国炼油工业规模化、一体化和集约化发展，是一个渐进的过程。在这个产业背景下，未来驱使中国进口的力量之一便是满足国内炼油和化工产能的需求；总体经济状况变化仅是进口需求刚性的来源之一。

（三）全面认知美国在中东北非地区的油气与战略利益追求

正如曾任美国外交委员会研究员的瑞秋·布朗森（Rachel Bronson）对美国与沙特阿拉伯的历史回顾所得出的观察，美国在中东和北非的卷入程度主要受三大因素影响，一是油气，二是宗教，三是军事设施。[1] 宗教因素是指支持和维持中东各国政权中的世俗力量不被激进的伊斯兰力量所取代，在犹太教与伊斯兰教之间出现矛盾时，坚定地站在犹太教这一边，同时兼有保护并扩大中东地区基督教力量的努力。军事设施因素是指美国在中东部署军事力量，一方面是维持在当地的军事威慑力，另一方面将中东作为向地区外投放军事力量的基地，二者相辅相成，不可偏废。冷战期间，美国与前苏联对抗，冷战后攻打、占领阿富汗，没有在中东的军事存在，是不可能完成的。现代武器也受到作战半径限制，开战在即才从美国本土发送武器装备、组织地面部队，是临阵抱佛脚。美国军方为准备未来可能的中东地区之外战事而部署基地的做法，需要纳入我们观察的视野。这三个因素相互交织，又各具结构性。

也就是说，若将美国在中东的战略存在理解成仅仅“为石油而战”，是只见树木不见森林。面对国内外种种中国取代美国在中东北非地区“履行国际责任”或“填补战略空间”的舆论鼓噪，中方必须保持清醒的头脑，做出更为适切的判断。

若将美国在中东的战略存在理解成仅仅“为石油而战”，是只见树木不见森林。

（四）认知美国对中国与沙特阿拉伯交往的关注点

在中东石油出口国中，沙特阿拉伯所处的独特地位一直为国际能源观察界所公认。近半个世纪以来，沙特阿拉伯一直承担着国际石油市场最大“机动国”的角色。目前，沙特阿拉伯拥有1250万桶/日的原油生产能力，石油产量一般在

---

1 Rachel Branson, *Thicker Than Oil: America's Uneasy Partnership with Saudi Arabia*, Oxford: Oxford University Press, 2006.

900万桶/日至1000万桶/日之间摇摆。当利比亚减产时，沙特阿拉伯曾通过增产弥补市场的空缺；当利比亚的石油重回国际市场时，沙特阿拉伯则通过减产来调节市场供应量；当利比亚再次减产，沙特阿拉伯又再次增产。同样地，当伊朗受到制裁时，沙特阿拉伯也采取了增产措施。沙特阿拉伯一直是当今国际石油市场一个较为机动的力量，维护着市场的稳定。不难理解，沙特阿拉伯是大国对中东石油外交的重要争取对象：即便不是为了直接从沙特获取油气，也有必要通过密切与之交往而提高把握全球石油产量变化态势的能力。

早在十年前，美国国际战略研究界就出现了对“利雅得—北京战略轴心”形成的忧虑。[1] 在国际贸易层面，该种忧虑的基础是：当沙特和中国的关系密切到双方同意用人民币结算油气贸易的程度，那将是对美元作为国际大宗商品结算货币的统治地位的致命性打击。在军事安全层面，当中国与沙特之间出现武器贸易时，美方会视为对其在中东霸主地位的直接挑战。

这并不是说中国对沙特的外交需要以美国的关切为向背。而是提醒我们自己：政治与经济因素的紧密交叉在中国与沙特的关系中尤为复杂。中国要加强研究，慎重行事，降低不利因素。

（五）从伊朗的对外合作合同模式入手处理好中资的投资进度[2]

伊朗的石油和天然气储量，一直因受到西方制裁而未能得到充分释放。这一方面给中资企业提供了机遇，另一方面，从政府外交的角度，也应充分把握经营伊朗油气开发市场的独特挑战。

伊朗实施的是在全球能源开采与服务中独特的回购（buy back）合同模式。外资石油公司在伊朗回购合同模式下的地位，是一个带资打工的产能建设总服务商，不是常规意义上的业主。真正的业主，是伊朗国家石油公司（National Iranian Oil Company, NIOC）。

伊朗的回购服务合同，不同于委内瑞拉早期的增产服务合同，也不同于秘鲁、厄瓜多尔曾经有过的服务合同，与苏丹产品分成合同也有很大差别，更不同于哈萨克等地的公司制许可证合同。其主要特点，可以归纳为五个“一定”，即合同者是在“一定的时间之内、以一定的投资、完成一定的工作量、达到一定的产量，实现一定的回报。”在满足前四个“一定”的前提条件下，才能实现最后一个“一定”（即结果）。

从回购合同实施11年来的情况看，参与伊朗石油项目的各国公司，包括法国的道达尔公司（Total）、意大利的艾尼公司（Eni）、日本的国际石油开发帝石株式会社（Inpex）、马来西亚的马来西亚国家石油公司（Petronas）、越南的越南

1 Gal Luft & Anne Korin, “The Sino-Saudi Connection,” *Commentary*, March 2004, pp. 26-29.

2 本节的写作基础是本课题成员，长城钻探公司伊朗测井作业区行政经理朱丹先生提供的专题分报告。

石油公司（Petro Vietnam）等，几乎没有任何一家能在伊朗实现四个“一定”的前提，预期“一定”的利益都相应受损。

回购合同是伊朗针对所有进入该国的外资而实施的唯一模式，对中资没有例外或优待。基于此，未来有必要审慎推进一些中资油气企业在该国“做大中东”的举措。对企业而言，回报收益必须是投资进度最重要的指标。唯有如此作为，才能使一家企业在国际市场获得尊重，也才能对整个国家国际竞争力的提高作出正面贡献。

综合来看，我们不妨认为，要给出一个类似“机遇”与“挑战”孰重孰轻的判断，并不存在逻辑基础。但是，可以说，机遇主要体现在贸易领域（作为进口方所面对的竞争态势），挑战主要体现在投资领域：在市场准入和项目运营环节，以伊朗市场为例，中资企业所面对的竞争态势，并没有因为全球能源格局的变化而更“友善”。此外，本文认为，中东市场的美国因素是多元的，也将是一个长期存在，不会因为美国从该地区进口比例的下降而减少，更不会消失。

三、能源生产全球化背景下，中东国家的自我调整[1]

作为全球油气投资目的地，中东地区的吸引力在全球范围内出现了下降的趋势。原因之一是国际油气生产商在担心该地区逐年下降的石油储量。2013年中东石油储量占世界总储量的48%，而2005年这一比例是56%，1993年则是64%。而从1993到2013年的20年中，中东国家的油气储量增长了1%，而世界其他地区则增长了4.2%。从总产量变化情况看，路透社2013年发布的世界能源统计数据显示，海湾和阿拉伯地区的石油产量占全球石油产量的33%，天然气产量占到17%，其增长幅度持续三年持平。

作为全球油气投资目的地，中东地区的吸引力在全球范围内出现了下降的趋势。原因之一是国际油气生产商在担心该地区逐年下降的石油储量。原因之二是主要中东产油国的能源政策。原因之三是政治和社会环境动荡。

原因之二是主要中东产油国的能源政策。其中，沙特阿拉伯的油气资源仍不对外国公司开放；伊朗虽然受国际制裁的影响明显，依然没有从根本上改变其让外资却步的“回购合同”要求。伊拉克是第三个主要资源丰富国家，但其政府的政策执行力之低，有目共睹。

原因之三是政治和社会环境动荡。制约伊朗油气产量变化的外部制裁，短期没有取消的机会。叙利亚和伊拉克则是深陷内战和冲突之中。这使得跨国油气巨头在中东地区开采的人员、设备等安全成本急剧上升。油气公司不把鸡蛋放在一

1 本节内容主要参考了加璐、安林红、张兵：《中东油气产业现状与发展前景》，《当代石油石化》，2012年第2期，第38—45页。

个篮子里，实施多样化的经营策略。

以常规天然气为例，主要的天然气出口国澳大利亚正在建设多个液化天然气(LNG) 项目，未来5到10年内，将有十几个大型液化天然气项目陆续建成投产，届时总产能将达1.1亿吨 / 年以上，预计到2017年将取代卡塔尔成为世界第一大液化天然气出口国；肯尼亚、坦桑尼亚以及莫桑比克等东非国家已探明天然气储量约253万亿立方米，莫桑比克有望于10年后成为世界第六大天然气出口国。

但是，我们也应看到，面对总体不利的国际能源格局，中东国家在努力应对。例如，在天然气利用方面，中东海湾国家根据各自的资源状况制定了不同的天然气产业发展战略。沙特开发利用天然气是为了节约石油消费，出口更多的石油，同时以天然气为原料大力发展石化工业，增加天然气资源的附加价值，因此生产的天然气全部用于国内消费，不出口天然气。卡塔尔和伊朗拥有巨大的天然气资源，因而采取了全面发展天然气产业的战略，既鼓励国内消费天然气，替代石油消费，增加石油出口，也利用廉价的天然气原料大规模发展石化工业，同时又制定了雄心勃勃的管道天然气和液化天然气出口计划，使天然气生产和出口成为与石油产业并驾齐驱的国家支柱产业。伊拉克计划增加天然气产量用于石化生产与出口，以减少对石油的依赖。阿联酋和阿曼鼓励国内天然气消费，天然气消费量快速增长，今后两国将从卡塔尔或伊朗等国进口更多的天然气供国内消费或转变成液化天然气出口。科威特和巴林的天然气产量则全部用于国内消费，但随着国内天然气消费量的增长，今后将大量进口天然气。

预计2015年，海湾地区对天然气的年需求量将达4400亿立方米，其中用于发电和海水淡化的天然气消费将以8%—10% 的年均增长率增长，使发电和海水淡化用天然气的需求占需求总量的50%，工业用天然气占需求总量的35%，其他15% 用于油田注气进行气驱，提高油田采收率。

沙特拥有海湾地区最大的炼油能力，也是海湾地区最主要的油品出口国。为扩大油品出口，沙特专门建设了3座出口型炼油厂。20世纪90年代中期开始，沙特实施了为期十多年的炼油厂全面扩建和升级计划，总投资160亿美元，是世界规划最大的炼油改扩建项目之一，在加氢裂化、催化裂化和焦化装置上大规模投资，旨在提高原油转化率，改善油品质量和油品结构，发展国际化经营，使沙特成为炼油大国和强国。目前，沙特有7座炼油厂，炼油能力约10 560万吨 / 年，居世界第9位，每年出口油品5000万吨以上。沙特正进一步扩大炼油能力，升级改造炼油厂，并在国内或国外新建炼油厂。

伊朗的炼油能力居世界第15位，在海湾地区居第2位，目前共有9座炼油厂，炼油能力为7255万吨 / 年。伊朗将对部分现有炼油厂进行扩能改造，尤其是多产国内短缺的汽油产品，同时提高油品质量。扩建项目主要集中在增加催化裂化能力，减少燃料油产量、异构化提高汽油质量和馏分油加氢处理降低柴油硫含量等。

发达国家的炼油投资重点集中在炼油厂升级改造，提高深度加工能力和综合配套能力，以满足严格的汽柴油环保质量规格要求。而沙特和科威特等海湾产油国，利用手头积攒的石油美元和丰富而廉价的石油资源，陆续推出一批大型炼油厂项目，提高自身的炼油能力。沙特和伊朗的能源政策目标，不仅仅是扩大原油市场，而是努力提高资源的附加价值，并借此强化国际经营战略。

本文之所以选择这些信息，是为了提醒我国相关的决策部门一个现实：中东油气出口国家多年来在努力创造自身在全球油气产业链中的竞争优势，通过创造附加值而应对原油贸易态势（产量和价格）的变化。同时，中东地区的石油加工市场的变化，是全球范围内变化的一环。我们因此而有必要动态地跟踪形势，寻找其中的缝隙机会。

四、中国—中东地区的能源命运共同体

（一）在向全球开放的视野中推进命运共同体建设

如前所述，中国对境外化石能源的持续稳定供应需求，部分因国内业已建成的炼化能力所致，具有刚性。与此同时，而中国的化石能源进口来源对全球开放；中东地区国家的化石能源出口也是对全球开放的。因此，中国与中东地区市场之间，在原油、成品油、化工产品、液化天然气等化石能源贸易领域，其根本性出发点，不应是、也不可能是建立起某种供应量方向的政策安排。双边贸易的结构性稳定，才应是共同体建设的首要目标。

（二）将中国—海湾合作委员会（GCC）自由贸易区建设作为稳定双边贸易的基础性工具

中国—海湾合作委员会自由贸易谈判也已进入第十个年头。中方应更积极主动，加速完成谈判并批准实施，使之成为共同体的机制性载体。在中韩、中澳自贸区相继结束实质性谈判，中美在双边投资协议谈判时间表进一步明确的背景下，中方更为主动地推进与海湾合作委员会之间的自贸区建设谈判，将有利于应对中东国家对其在中国整体对外经贸关系中的地位变化的关切。

（三）将促进双向直接投资摆在共同体建设更为突出的位置

中国对中东国家的经济外交思维，必须走出如何稳定和扩大中国从该地区石油和天然气进口这个狭窄的议题。其实，即便是在化石能源领域，上下游合作、装备和技术服务出口等油气产业链条中的各个环节，也应是中国与中东能源关系的必要内容。在与包括中东投资来源互动的过程中，中国应着眼于如何有利于提高自身石化产品的附加值。

基于国内的产业状况与发展趋势（过剩）的需求，对中东地区的能源外交应

拓展到促进中资参与该地区各国的新能源、可再生能源工程建设，海外承包工程市场（铁路、港口、电站、房建、路桥、市政、电信等诸多领域）等领域。政府在谈判与海湾合作委员会的自贸区的同时，有必要把保障和促进投资纳入谈判内容。

（四）从长远着眼，坚持不懈地参与中东地区的民用核能建设竞争

2014年11月，中国国家核电、西屋公司和土耳其国有发电公司（EUAS）签署合作备忘录，启动对包括在土耳其建设CAP1400核电机组等内容的排他性谈判。这一进展，是我国外交部门协助有国际竞争力的中资企业走进中东能源市场的重大成果。应在此基础上，进一步拓展中资企业进入中东核能市场的力度。而这种拓展，需要遵循核电建设过程本身的规律，不因一时一事的挫折而后退。

同时，我国政府应加大力度，推动中国的企业在中东地区从事风能、太阳能项目建设。中国在促进中东国家能源建设多元化领域所做的具体项目越多，为相关国家和社会创造环境福利越多，也就越有利于营造中资企业在当地经营的社会环境。

（五）加大中资企业在中东地区管理政治风险的力度

利比亚撤侨、在数个中东市场上出现的大型工程合同纠纷等现实，提醒我们：我国政府的职能部门有必要促使中资企业提高其政治风险管理水平。通过与国内企业的互动，形成一种新的共识：企业必须是风险管理的主体；通过提高尽职调查水平，用好、用足政府间投资保护机制，通过细化合同，将政治风险管理内在化；运用国际投资争端解决行业市场力量应对企业间的争端，降低对政府外交斡旋的成本，甚至需求。唯有政府外交和企业管理部门、企业主管、境外工作团队之间强化在制度性保障层面的互动，才能提高日常性风险管理水平，处世不惊，应对自如。

（六）创造良好舆论环境

与中东地区国家和社会的政府、企业、学术机构、民间多种力量一起，以受众乐于接受的方式和途径，广泛宣传共建“一带一路”战略构想的“1+2+3”合作格局中的早期收获，以促进“民心相通”，提高中国在该地区社会的软实力，为中资企业在该地区经营所面临的激烈国际竞争创造良好舆论环境。在这个议程上，中国政府应该鼓励并督促中资企业摒弃“酒香不怕巷子深”的惰于与其经营项目所在地社会（以及更广泛的“利益相关者”）沟通的传统。

（七）中方主动寻求与美国、欧盟以及其他域外大国展开中东经济和安全事务的沟通、寻求三方合作

这种努力，并不仅仅是为了减少来自其他大国、针对中方与中东建设命运共同体努力的阻力，其实，地缘政治思维下大国竞争的惯性，很有可能不会因中方的良好愿望而减弱。但是，这种举动所展示的是中方的自信：随着我国国际经济地位、国际影响力的提升，我国在国际社会中的地位，已从原来的“追随者”转变成为“塑造者”。中方不将中东作为大国竞争的场所，也通过三方合作探讨，敦促其他大国与中方一道，为中东的稳定和发展贡献正能量。

结　语

与包括中东地区国家在内的各国共建“一带一路”的战略构想，在我国政府外交和相关部门的领导下，已经有了包括“1+2+3”在内的顶层设计，合作的方向和目标也已经很明确。命运共同体建设过程中，做到“政策沟通、道路联通、贸易畅通、货币流通和民心相通”的总要求也同样适用于中国与中东地区能源共同体建设的努力。

本文从学术观察的角度，围绕能源共同体建设，提出三个基本观点：(1) 全球能源版图在变化，中东地区自身也在寻求应变；(2) 从中东地区获得足量、稳定的能源供应应该是中国的重要而不是唯一的目标；(3) 通过参与中东地区的核能、可再生能源等能源项目建设，为该地区国家的能源供应多元化作出贡献，应该是能源命运共同体建设的必要选项。

总而言之，面对种种不确定性，稳健的对中东能源外交决策，应该建立在我国自身政府与企业（包括国内高管和境外主管）之间在政策层面的充分沟通基础之上，政府行为和企业行为相互促进。通过将每一个具体投资项目做稳、做实，将共同体的理念落实在中国和中东地区的大地上。

1990年以来中国—中东欧国家关系的新发展

朱晓中

内容提要：1990年之后，中国与中东欧国家关系进入一个新的历史时期。在这个新的历史时期中，中国与中东欧国家关系的发展大致可以划分为四个阶段。每个阶段都有其各自的内容和特点。本文试图荦荦大端地勾勒新时期中国与中东欧国家关系的演化过程，剖析中国与中东欧国家开展全面合作的内在动机，探讨双方合作中面临的主要问题，最后提出可能有助于中国与中东欧国家16+1关系可持续发展的几点政策建议。

关键词：中国　中东欧　欧洲　中国对外关系

以往以执政党关系为基础的国家关系不复存在，在经过一个短暂的相互摸底和重新定位之后，中国与中东欧国家的双边关系重新起航。继1995年中国提出恢复和发展与中东欧国家的“布达佩斯原则”和2004年提出“布加勒斯特原则”之后，双边关系不断发展，关系质量不断提升。2012年4月，中国时任总理温家宝在波兰提出了中国同中东欧国家发展新型关系的十二项举措后，中国和中东欧国家关系进入了发展新阶段。在此基础上，中国和中东欧16国又先后发表了进一步开展务实合作的《布加勒斯特合作纲要》(2013年）和《贝尔格莱德合作纲要》(2014年)。借此，中国与中东欧国家的全方位各领域务实合作全面发力。

一、新时期中国—中东欧国家关系发展的四个阶段

1989年底到1991年，东欧国家的政治和经济体制先后发生根本性变化，从

朱晓中　中国社会科学院俄罗斯东欧中亚研究所研究员。

那以后，中国和东欧国家之间的关系也进入了一个新时期。这个新时期大致可以划分为四个阶段。

第一阶段（1990—1995年），尊重中东欧国家人民的选择，恢复同中东欧国家的正常关系。这一阶段的基本特征是：东欧国家政局剧变导致中国—中东欧关系的基础和内容发生重大变化。政治上，双边关系的意识形态基础不复存在。经济上，双方的经贸关系重点均面向西方，中国和中东欧国家相互视为次要地位。这些重要变化导致在1990年代初期双边关系一度停滞不前。在经过短暂的“接触空白”之后，中国意识到，同中东欧国家高层政治领导人长期缺乏接触将会使后者同台湾、达赖和中国持不同政见者接触和发展关系。于是，随着中国国内政治局势逐渐稳定，中国开始在部长一级对中东欧国家进行实地考察式访问，相互摸底，重新再认识。中国时任外长钱其琛在访问中强调指出，社会制度、意识形态和价值观念的差异不应成为发展国家关系的障碍。中国尊重中东欧各国有权选择自己的社会制度和发展道路，愿在和平共处五项原则的基础上同这些国家保持和发展良好的双边关系。

第二阶段（1995—2004年），在“布达佩斯原则”指导下发展同中东欧国家的友好关系。1995年7月，时任中国国家主席江泽民访问匈牙利。期间，江主席阐述了中国同中东欧国家发展双边关系的四项基本原则：第一，尊重中东欧国家人民的制度选择；第二，希望在和平共处五项原则基础上发展同中东欧国家关系；第三，中国和中东欧国家之间没有根本的利害冲突，双方的合作遵守双边原则；第四，支持中东欧国家和平解决纠纷，以及提升地区合作的努力。

“布达佩斯原则”宣示之后，中国和中东欧国家之间的双边政治和经济关系逐步回暖。双方进行了一系列首脑会晤，加深相互政治理解和解决经济合作中的障碍。但双边关系的发展不时受到若干不利因素的影响。其主要表现是，部分中东欧国家领导人受西方价值观的影响，以及在大选年迎合民众在中国问题上的“口味”，在台湾问题、西藏问题和人权问题上同中国的摩擦开始增多。[1]

第三阶段（2004—2011年），在“布加勒斯特原则”指导下提升同中东欧国家关系质量。2004年5月—2007年1月，10个中东欧国家先后加入欧盟。[2] 入盟后，中东欧国家被纳入欧盟的对华政策框架内。中东欧国家与中国关系因此具有了二重性：既拥有同中国的双边关系，也参与欧盟对华的多边关系。

面对这一新形势，中国与中东欧国家通过高层互访，相互沟通，政治互信不断增加，双边关系质量大幅提升。2004年6月8—14日，中国国家主席胡锦涛先后对波兰、匈牙利和罗马尼亚进行国事访问，并分别同这三国发表联合声明，提

1 在联合国成立50周年特别纪念会议期间的记者招待会上，捷克公开鼓吹“两个中国”、支持台湾“重返”联合国。1999年，马其顿共和国同台湾当局“建交”。2001年，马其顿恢复同中国的外交关系。

2 2013年7月1日，克罗地亚加入欧盟。

升双边关系水平。在罗马尼亚访问期间，胡锦涛主席提出了发展同中东欧国家关系的四点新建议：第一，增进政治互信，扩大共识，相互照顾和支持对方的重大政治关切。第二，拓展经贸合作，提高经济合作中的投资和技术含量，使中东欧与中国成为稳定的经贸合作伙伴。第三，扩大文化交流，丰富合作内涵。第四，加强国际合作，共同应对挑战。在反对恐怖主义、防扩散、打击跨国犯罪和发挥联合国作用等问题上加强战略对话和合作。应该指出的是，中国首次提出在反恐和其他国际事务方面同中东欧国家合作，这表明，中国对后者的认识在发生进化，承认中东欧国家在入盟之后的国际地位有所提高。

第四阶段（2012年至今），中国提出同中东欧国家发展关系的十二项举措，中国与中东欧国家进入全面合作的新阶段。

二、中国与中东欧合作进入新阶段

2012年4月26日，中国时任总理温家宝访问波兰，并在华沙举行的中国—中东欧论坛上提出了全面发展同中东欧国家关系的令人鼓舞的“十二项举措”。这些举措有三大亮点。

亮点一，中国政府首次提出中东欧16国概念。这16国包括波兰、匈牙利、捷克、斯洛伐克、罗马尼亚、保加利亚、斯洛文尼亚、克罗地亚、塞尔维亚、马其顿、波黑、黑山、阿尔巴尼亚和波罗的海三国（爱沙尼亚、拉脱维亚和立陶宛）。将这16国视为一个整体反映了中国政府对冷战结束后欧洲政治、经济发展的基本认识，体现出中国政府对东欧剧变、苏联解体、欧盟不断东扩后欧洲地缘政治新格局的新认识、新战略，以及中国对欧洲大陆不同地区的细分策略。

亮点二，温家宝总理提出中国与中东欧16国全面发展关系的“十二项举措”。这些举措涵盖了扩大经贸合作、提升投资合作水平、增加人文交流、举办学术论坛和建立相关机构等五大方面内容。

在扩大双边经贸合作方面，中国提出了4点有针对性的计划：1. 设立总额100亿美元的专项贷款，重点用于双方在基础设施建设、高新技术、绿色经济等领域的合作项目；2. 设立“中国—中东欧投资合作基金”，首期募集基金目标为5亿美元；3. 中方将向中东欧地区国家派出“贸易投资促进团”并采取切实措施推进双方经贸合作；4. 根据中东欧国家的实际情况和需求，推动中国企业在未来5年同各国合建1个经济技术园区；同时，中国还愿与中东欧16国积极探讨金融合作，以及探讨通过合资合作、联合承包等形式开展区域高速公路或铁路示范网络建设的可能性。

在人文交流方面，中国提出了4项倡议：1. 在未来5年向中东欧16国提供5000个奖学金名额、计划邀请1000名各国学生来华研修汉语。中国派出1000名学生和学者赴16国研修；2. 中国教育部计划在2013年在华举办“中国—中东欧国家教育政策对话”，举办首届“中国与中东欧青年政治家论坛”，邀请双方青年代表出席，增进相互了解与友谊；3. 成立“中国—中东欧国家旅游促进联盟”，加强相互推介和联合开发旅游线路，并探讨开通中国与中东欧16国更多的直航航线；4. 为推动双边关系研究，中国政府设立“中国与中东欧国家关系研究基金”，每年提供200万元人民币支持双方研究机构和学者开展学术交流。

亮点三，2012年9月6日，“中东欧国家合作秘书处”在北京成立。这是中国外交部首个以推动中国与某一特定地区双边关系发展而设立的机构。该秘书处的职责是负责中方机构的内部协调，开通中国与中东欧主管部门的协作，落实中国—中东欧国家合作成果，规划中国—中东欧国家未来合作重点方向和领域，组织推进各项合作，有助于提升中欧合作的机制化。

中国在华沙公布的“十二项举措”，开启了中国—中东欧国家全面合作的大幕。2013年3月以来，以李克强任总理的新一届政府继续推动发展与中东欧16国关系。李克强总理先后于2013年11月在布加勒斯特、2014年12月在贝尔格莱德出席了第二次、第三次中国—中东欧国家首脑会晤，提出了中国与中东欧国家拓展合作规模、提升合作水平的诸多新倡议。

第一，中国—中东欧国家领导人会晤制度化。2013年11月发表的中国—中东欧国家合作《布加勒斯特纲要》中提出，中国与中东欧国家领导人将每年举行会晤，梳理合作成果，规划合作方向。此前，中国与中东欧之间举行过各层次的会谈，但不是每年，也没有明确领导人级别。

第二，中国与中东欧国家根据迄今合作情况，决定在2015年启动制定《中国—中东欧国家中期合作规划》，与《中欧合作2020战略规划》相配套。这表明，中国—中东欧合作既是中欧关系的一部分，又特别强调与中东欧国家的合作是中欧关系的增长点。

第三，打造中国与中东欧合作新亮点。中方提出，以基础设施建设为牵引，以产能合作为抓手，以金融合作为支撑，充分照顾各方关切，推进合作不断取得新进展。在构建互联互通新走廊方面，力争在两年内建成从布达佩斯到贝尔格莱德的符合欧盟标准、适合各方需求的现代化快速铁路。同时，继续推进中欧国际铁路集装箱班列建设，将其作为中欧深化互利合作、建设亚欧大通道和大市场的重点项目。加强在公路、铁路、港口、机场等基础设施建设领域的合作，并积极探讨合作构建区域交通网络。中方还表示，欢迎中东欧国家积极参与中国提出的“丝绸之路经济带”和“21世纪海上丝绸之路”建设。

第四，搭建投融资协作新框架。为解决当前双方合作中存在的投融资瓶颈，中方决定建立中国—中东欧协同投融资合作新框架，举措有三：(1) 鼓励中东欧国家继续充分利用100亿美元专项贷款余下的70亿美元额度，考虑到中东欧国家的实际负担能力，中方将根据项目情况，提高贷款优惠力度，降低融资成本，并适时扩大贷款规模。(2) 中方鼓励本国企业和金融机构积极参与中东欧国家的“公私伙伴合作制”（PPP）合作和私有化进程。中方将设立30亿美元规模投资基金，以多种方式推动本地区国家股权投资。同时，中国将启动第二期10亿美元的中国—中东欧投资合作基金，支持对中东欧投资项目。(3) 中方欢迎中东欧国家企业及金融机构在中国境内发行人民币债券，探索设立人民币中东欧合作基金。

第五，充分发挥中东欧国家各自优势和积极性，建立专业领域的地区合作联合会、商会或秘书处。例如，塞尔维亚牵头组建中国—中东欧国家交通基础设施合作联合会；在波兰华沙组建中国—中东欧国家联合商会执行机构；在北京和华沙建立中国—中东欧国家投资促进机构联系机制的秘书处；保加利亚牵头组建中国—中东欧国家农业合作促进联合会，在匈牙利成立中国—中东欧国家旅游促进机构和旅游企业联合会等。

为扎实推进务实合作，贝尔格莱德首脑会晤后，公布了《中国—中东欧国家合作布加勒斯特纲要》相关措施执行情况，以便有关各方切实推进相关合作。

三、中国同中东欧国家进行全面合作的动机

中国近年来如此高调全面推动中国与中东欧国家关系发展，是中国和中东欧国家各自政治和经济发展，以及所处国际环境而导致双方重新评估对方实力和在各自外交政策和实践中地位与作用的结果。

对中国而言，发展与中东欧国家关系既具有战略考虑，也含经济意义。在战略方面，中国发展同中东欧国家关系至少具有四个方面的考虑。

第一，中国当下面临极其复杂的国际形势和险峻的外部挑战。中国人应以新的世界观，重新检视我国外交中所谓“抓大放小”的得失，释放非线性思维，在发展大国关系时，高度关注包括中东欧国家在内的中小国家，团结一切可以团结的力量，毕竟当今的世界是由200多个国家和实体组成的。在宣示和平崛起的同时，我们韬光养晦，但亦应有所作为，绝不能自我营造“非敌非友”，甚至“高处不胜寒”的艰难时世。

第二，中国—中东欧关系应成为中欧关系的助推器。2007年以来，中欧关系演进虽总体平稳，但日益复杂，暗流时隐时现。为改善中欧关系的总体气氛，在积极推动中欧双方共同打造和平、增长、改革、文明这四大伙伴关系的同时，中国亦应致力于同欧盟成员国建立和发展良好的双边关系，这当中也自然包括如何在与中东欧国家发展更积极的、高水平的双边关系，使后者在改善和发展中欧关系中发挥建设性作用是中国外交政策制定者必须思考的课题。因为，中东欧国家入盟后，参与欧盟的运作与决策，为中国加强和扩大与欧盟的关系提供了一条新渠道。在把握欧盟对华政策双轨制特点的基础上，中国可在进一步发展与中东欧国家双边关系的同时，促其在欧盟发展对华关系上发挥建设性作用。

第三，中东欧是中国在国际事务中的重要合作伙伴。中东欧国家入盟后更加积极、频繁地参与国际事务，以通过自身努力争取更大利益，增加在大国关系中的回旋余地。随着中国国力不断增强，在世界的政治和经济影响力不断提升，中国与中东欧国家在重大国际和热点问题上协调立场，加强战略对话与合作的必要性增强。

第四，在美国重返亚洲之时，中国需要更多的国家理解中国的和平崛起，规避外交困局。中国在扩大和巩固其在非洲、拉丁美洲友好国家关系的同时，也要开拓中东欧这一“潜力股”。

在经济方面，同中东欧16国进行务实经贸合作是中国可持续发展战略的有机部分。与20世纪80年代以来改革开放主要面向发达国家不同，中国现在需要新形式的开放。中国现在是中等收入经济体，下一步是要提升为高等收入经济体。世界银行分析了第二次世界大战结束后一百多个国家的经济发展情况后发现，只有十几个国家逃避了中等收入陷阱，进入高收入国家行列。因此，中国经济必须持续发展，不断寻找新的经济增长点。

同时，中国经济的现状也督促我们要走出去。首先，中国改革开放三十多年以来，已经从资本高度短缺的国家发展成为资本过剩的国家。这是了不起的成就，同时中国国内的资本也需要新投资空间。其次，中国拥有巨大的产能。随着中国国内大规模的基础设施建设已基本完成，产能过剩已经成为中国经济结构调整的一大难题。过剩的产能需要寻找新的市场。

从中东欧方面来说，在欧盟经济危机和欧元区债务危机的背景下，中东欧各国努力希望加强同中国合作的愿望不断增强。同时，随着中国经济和政治影响力不断提升，重新认识中国并与之打交道已经成为越来越多国家的“新常态”，少数原来坚持以意识形态作为对外关系基础的中东欧国家改弦更张，僵化的政治框框让位于现实的经济考虑。此外，近年来，随着欧洲政治思潮普遍偏向保守，部分中东欧国家的执政者政治家的思想趋势亦是如此，在外交政策上的反映就是“向东看”。这些因素导致中东欧国家都同中国建立了良好的国家关系，使中国可以将16国视为一个地区来发展关系。

近年来中国—中东欧国家的关系快速发展是政治上彼此重新发现，经济上相互需求而产生的必然结果。

因此，可以说，近年来中国—中东欧国家的关系快速发展是政治上彼此重新发现，经济上相互需求而产生的必然结果。

四、全面发展双边关系需要解决的问题

如今，中国与中东欧国家在各领域开展务实合作的大幕已经拉开，但要切实推进中国与中东欧国家各领域合作并使之可持续发展，还需要解决如下几个

问题。

第一，双方关系中存在着若干不均衡

中国—中东欧国家关系中至少存在着四种不均衡，如何看待和应对这些不均衡，不仅将影响到中国对中东欧16国的整体观，而且会事关中国与中东欧国家关系的质量。

（1）国情和价值观不均衡。在中国政府决定大力发展同中东欧国家关系的背景下，中国如何在与社会制度、国情、价值观等方面存在差异的中东欧国家求同存异，确定清晰的"利益"领域，寻找利益共同点，维系和大力发展同中东欧国家的友好合作关系，在双方关切的重大问题上彼此理解（甚至相互支持），这是中国方面需要认真思考的重要现实问题。

（2）战略需求不均衡。在重大战略问题上，中国对中东欧地区的需求多于后者对中国的需求。具体而言，中国需要中东欧国家的支持（西藏、台湾、人权、欧盟解除对华军售支持）和理解（打击"疆独"、南海和东海岛屿归属）。相反，中东欧国家（塞尔维亚在科索沃问题上需要中国的支持）似无重大问题需要中国予以支持。

（3）贸易关系不均衡。根据商务部欧洲司的数据，在双边贸易中，中国对中东欧国家长期保持贸易顺差（见表1）。中国对中东欧国家贸易失衡程度远超过与发达国家的贸易失衡程度，而且贸易结构较为单一。目前，中方的大量顺差尚不能被中国和中东欧国家的企业级经贸所改善。同时，中国和中东欧国家之间的相互投资虽有所增加，但也不能为改善双方的贸易不平衡状况作出贡献。

表1　2005—2014年中国同中东欧国家贸易顺差一览（单位：万美元）

年份	2005	2006	2007	2008	2009	2010	2011	2012	2013	2014
贸易总额	1317739	2435654	2972971	3837653	3239576	4388043	5292021	5206047	578[illegible]621	6022813
中国出口	1099502	2129614	2497832	3057794	2887067	3639328	4016523	3880570	4301128	4371090
中国进口	218255	31394	475132	579858	632066	928719	1275507	1324580	1480493	1651451
中国顺差	881247	1815680	2022700	2477936	2255001	2710609	2741016	2555990	2820635	2719639

资料来源：中华人民共和国商务部欧洲司：http://ozs.mofcom.gov.cn/article/date/?，2015年4月6日登录。

（4）对话关系不均衡。到2013年底，已有11个中东欧国家加入欧盟。入盟后，这些国家的对外政策受到欧盟外交框架政策的一定约束，对华政策也不例外。因此，在中国与中东欧国家的关系中，作为对话一方，中国既要同欧盟打交道（多边关系），也要同单个中东欧国家直接对话（双边关系）。1997年以来欧盟先后发表了6个对华政策文件，但欧盟至今没有形成统一的对华政策。其后果是，由于主体不清，在一些问题上，中国有时感到无所适从。这一困境在2012年中国宣布全面发展同中东欧国家的“十二项举措”之后越发明显。如何利用这种“双轨制”，在多边层面发展与欧盟的关系，同时巧妙地利用双边关系发展与中东欧国家关系，的确是中国面临的一个挑战。

第二，中国对中东欧国家缺乏了解

客观地说，目前无论是中东欧国家对中国，还是中国对于社会全面转型后的中东欧国家都不大熟悉，双方的政治家、企业家都是如此。中东欧地区国家众多，语言、文化、民族、宗教和历史发展复杂多样，经济发展水平和消费水平不一，为中国了解该地区增加了难度。中国企业在与中东欧国家开展合作前应深入了解当地的国情、政情、民情、社情和商情，不能把在拉丁美洲、非洲、亚洲等地的投资经验复制和照搬到中东欧地区。在同中东欧国家开展经贸合作之前，应加强对中东欧国家政治、经济、社会、法规和投资环境的调查研究，在环境许可的前提下实施相关计划。如果再发生类似中国企业承包波兰高速公路那样的不良案例，[1] 中国以及中国企业在欧盟不仅形象受损，而且“走进欧洲”之路将更加艰难。

第三，如何在不同层次和规模上同中东欧16国进行合作

自2012年以来，中国把中东欧国家作为一个相对独立的单元进行政策设计。但在实施过程中有两个情况需要特别注意。首先，中国与中东欧16国的国家关系处于不同“层级”。目前，中国同中东欧国家的关系处在五个层级上：战略伙伴关系（塞尔维亚和波兰）、全面友好合作关系（罗马尼亚）、友好合作关系（匈牙利）、全面合作伙伴关系（克罗地亚）、一般关系（其他中东欧国家）。虽然有五种国家关系，但是，这些不同表述的关系在中国的外交实践中是否存在本质差异？如果存在本质性差异，很可能对中东欧16国产生心理影响，也会对中

1 2009年，中国海外工程有限责任公司和中铁隧道集团有限公司为主组建的联合体中标波兰A2高速公路项目中的A、C两标段，总长49公里。该项目是中国企业首次进入欧盟国家的大型基础设施项目，同年9月28日中国中标方与业主签署了施工合同，合同总额4.47亿美元（约合13亿兹罗提，不到波方预算28亿兹罗提的一半），总工期32个月。中海外是中国第一家在欧洲获得如此大型高速公路项目的公司。该公司原本希望以此作为敲门砖，在该地区招揽更多业务。然而，项目开工不久，该公司就遇到了财务问题，中海外未及时向波兰分包商支付工程款项，A2高速公路工程建设被迫停工。2011年6月13日，业主方波兰高速公路管理局突然宣布解除与中海外签署的工程承包协议，并可能向中海外索取7.41亿波兰兹罗提（约合2.71亿美元）的赔偿和罚款，同时禁止中海外三年内参与波兰的公开招标。此次海外承包工程失利的主要原因是：1. 中国企业太急于进入波兰市场，忽视前期调研工作，投标体系不规范；2. 抱着在国内做工程的思维在波兰做事，缺乏合同意识，合同管理不科学；3. 风险意识淡薄，风险控制机制不完善。这对今后意欲走出去的中国企业是一个典型的投资失败案例。

国—中东欧16国的一揽子合作计划产生意想不到的影响。其次，中东欧16国国情的异质性突出。在地理上，它们分为中欧、巴尔干和波罗的海沿岸三个部分；各国在语言、文化、宗教、社会习俗与传统、经济规模、自我认同等方面存在差异；在与欧盟的关系上它们又分为欧盟与非欧盟成员国、欧元区与非欧元区成员国、欧盟潜在候选国与非潜在候选国等类别。

国家关系的不同层级和国情差异使得中东欧国家难以形成一个战略整体，也就很难形成与中国合作的统一协调机制。

国家关系的不同层级和国情差异使得中东欧国家难以形成一个战略整体，也就很难形成与中国合作的统一协调机制。面对复杂的情况，中国能否以一个框架政策涵盖如此多样化的中东欧16国？针对中东欧国家的多样性，在统一的政策框架下，中国在发展同中东欧国家的关系时是否应该考虑多数中东欧国家的需求，而不仅仅是少数重点国家，否则，16+1便名不副实。当然，像波兰和罗马尼亚这样的中东欧大国理应获得更多的关注，但资本信贷和其他建设项目过分集中在少数国家，会使一些中东欧国家对中国的政治和经济意图产生怀疑，不利于中国在这一地区的政治平衡，更不利于中国在这一地区广交朋友。目前，一些中东欧国家十分关注中国美元信贷额度的去向，已经表达出希望中国能够照顾弱小国家资本需求的愿望。因此，在开展经贸合作中需要创新合作方式，以点带面。

第四，来自欧盟的限制

随着越来越多的中东欧国家加入欧盟，准备与这些国家开展经贸合作的中方企业家或投资人必须深入了解欧盟的相关法规。因为欧盟的某些法规限制了来自中东欧地区的欧盟成员国开展与中国的经贸合作。欧盟的限制主要包括三个方面：(1) 欧盟国家以中国没有开放政府采购市场为由，对中国企业在中东欧地区开展承包工程持谨慎排斥立场。(2) 中东欧国家基础设施项目建设多利用欧盟基金，在投标过程中，经常会出现对中国企业不利的条件。(3) 欧盟技术标准严格，设备和劳务输入困难，中国企业无法完全照搬在亚洲和非洲等地承包工程经验。

第五，中国欠缺软实力

中国与中东欧国家地理上相隔遥远，社会制度、价值观念、文化传统和发展模式存在差异，加之中国对外宣传中存在一些问题，致使中东欧地区大多数人，特别是年轻人对中国了解不多且肤浅。虽然中国拥有丰富的文化资源，但由于缺乏强大而且有吸引力的文化产业，反映当代中国现实的主流文化的对外传播非常有限。中东欧人民对中国人的印象，主要来自生活在中东欧国家的华人华侨，到中东欧学习、访问或旅游的华人以及本人逗留中国期间的感受。这导致中东欧的青年一代对当代中国的了解极其有限。同时，中东欧国家的主流媒体多为西方传媒集团控制，对中国的负面报道较多，这使得当地人民对中国的有限了解以负面形象为主。

虽然中国在中东欧国家建立了几十所孔子学院和孔子课堂。但少数孔子学院和孔子课堂没能发挥应有的作用，有的甚至与其成立宗旨背道而驰。这些孔子学院的主要问题是机构定位不清，管理机制存在弊端，部分中方管理者不敬业，缺少适合各国的本土化汉语教材，教学质量不高，未能实现建立孔子学院的初衷。

五、有关中国—中东欧国家合作的几点思考

与1989年前相比，冷战后中国和中东欧国家关系出现了重大变化，以往基于相同社会制度和价值观念基础上的国家间关系不复存在。同时，随着中东欧国家老一代政治家淡出政治舞台，中国与中东欧国家“传统友好关系”的基础日渐薄弱。“利益主导型”的双边关系日益成为中东欧与中国关系的主流。为切实推进中国与中东欧16国在各领域的务实合作，中国还需要做出如下努力。

第一，加强对外传播与信息交流，宣传中国主张的在双边关系中的平等、互利互惠和双赢的外交理念，使中国与中东欧国家的合作成为同发展中国家、中小国家以及地区组织中的成员国合作的模式。

第二，为减少欧盟的猜疑和干扰，中国应继续强调中国与中东欧16国的合作是中国欧盟合作的一部分，并在条件许可的情况下，吸收其他欧盟成员国进行项目合作，以期减少来自欧盟成员国的阻力。

第三，正确认识中东欧国家在中国外交实践中的地位和作用，协调中国—中东欧16国合作与“丝绸之路经济带”的交叉和合作关系。

第四，考虑到中东欧国家的历史传统，特别是与俄罗斯之间的关系，中国与中东欧国家的合作应更多聚焦于经贸领域，少谈或不谈政治和战略合作。

第五，大力加强文化和教育交流，尽早启动留学生互派项目，通过扩大人员交流推动中国和中东欧国家之间的相互了解，使双方的合作在雄厚的人文基础上得以持续和发展。

第六，在实施经贸合作过程中要务虚与务实相结合，而且重点应该在务实。自2012年中国提出促进与中东欧国家全面合作多项举措以来，中国与中东欧国家召开了一系列不同层级和多领域的论坛。这些论坛和智库会议对营造合作气氛，规划未来合作自然是需要，但如何将这些看上去十分热烈的气氛和美好的规划转化为务实合作是中国和中东欧国家都需要思考的大问题。目前，一些合作举措已在逐步落实，消除了部分中东欧人当初对中国能否具体实施这些举措的怀疑。但同时也出现了另一种声音，即认为目前双方“纸上谈兵”过多，务实合作还太少。应让中东欧国家尽早品尝到合作的果实，以期真心诚意地和积极地同中国展开合作。既然是全面合作，除了经贸合作之外，其他领域的务实合作也应该及时跟上，尤其是对有利于夯实合作基础和有助于可持续合作的项目应该优先推进。

如何将这些看上去十分热烈的气氛和美好的规划转化为务实合作是中国和中东欧国家都需要思考的大问题。

与此同时，我们对于欧洲的认识和研究也需要升华。客观地说，欧盟的东扩，不仅给欧盟新老成员国带来了诸多重要变化，也对中国的欧洲观产生了重要影响。中国对中东欧国家的认识也因此逐步深化。

首先，越来越多的中东欧国家加入了欧盟，正日益成为欧盟政治中的一支重要力量。在政治上，新成员国在欧盟重大内政外交事务上的作用日益彰显；在经济上，中东欧国家经济持续增长，部分国家已经成为欧洲经济新的增长点。中东欧国家的转型和成长正导致欧洲的政治经济格局正从原来的东西结构向南北结构转变。正在发生的这种变化可谓近代以来欧洲政治和经济版图最大的变化。中东欧国家的崛起是欧洲历史上的大事件，必将对欧盟的未来产生深刻影响。中国的欧洲研究者在关注“欧洲”的时刻，更应该胸怀“大欧洲”，给予欧盟的这些新角色足够的重视。我们与欧盟的关系也应该从双边转向多边。

其次，虽然加入欧盟的中东欧国家日益增多，他们也具有越来越多的欧洲（共）性，但称其已是完全意义上的“欧洲国家”则大谬不然。在一段时间内，这些国家的过渡型社会的诸多特征，以及各自具有的将“如影随形”，更重要的是，它们还带有中世纪以来就不曾泯灭，并借以区别于欧洲其他地区（国家）的若干特性。认识这些特性，有助于我们理解欧洲大陆和中东欧地区发展中的共性与个性。为此，中国的研究者应深化对中东欧国家间差异化的理解和研究，以便我们在16+1框架性政策背景下，充分考虑不同国家的特质，开发有针对性的双边策略，实现多样性中的统一。只有这样才能真正推进全面发展同中东欧地区国家的多领域关系。

最后，中国与中东欧国家开展多领域合作具有多重意义：(1) 中国与中东欧国家关系是中国与欧盟关系的重要组成部分，发展与中东欧国家的关系与发展中欧关系相向而行。(2) 发展同中东欧国家的关系有利于中国更好地发展中欧关系，这是一对耦合关系。(3) 中东欧国家是丝绸之路经济带上的重要环节，且中国与中东欧国家多领域的合作先行几年，合作中的若干制度安排和方式对即将大规模建设的丝绸之路经济带具有示范意义。(4) 中国处于新一轮改革开放过程中，需要良好的外部支撑，虽然中东欧国家对中国不具有直接的地缘政治意义，但与其保持和发展良好的多领域合作关系，对中国处理涉及核心利益的重大问题，这些国家对我们具有积极意义。

上述因素要求中国的研究者不仅要深化对中东欧国家的认识，更应该将其置于中国外交整体框架内进行考察。唯此，我们才能真正认识到发展与中东欧国家多领域合作关系的历史意义，冷静客观地检视16+1合作中现实和潜在的问题，提出建设性解决方案，使中国与中东欧国家多领域合作不断前行。

当前全球环境治理的特点与中国的应对

王志芳　张海滨

内容提要：当前全球环境治理呈现出多方面的特点：工业污染控制类环境问题受到更多关注；政府将长期主导全球环境治理；非政府组织对全球环境治理决策的影响逐渐加强；公私合作的环境治理模式在积极探索中；城市治理行动正推动次国家层面全球环境治理的进程；不同多边环境机制之间协同合作加强；发展中国家对技术援助的需求日益强烈，在全球环境治理中的影响力上升，但其内部分化越来越严重；全球环境治理在全球治理中的地位不断上升，相关机制的改革迫在眉睫。上述特点揭示了全球环境治理正在日益强化的大趋势。在此背景下，中国参与全球环境治理的机遇和挑战并存。若想有效参与全球环境治理，中国需要在全球环境谈判和全球环境政策实践两方面采取正确对策。

关键词：全球环境治理　环境治理　可持续发展　环境战略

自2012年里约联合国可持续发展峰会举行以来，全球环境治理获得了新动力。2014年联合国首届环境大会召开，其成果标志着全球环境治理在改革道路上向前迈出了重要一步。进入2015年，年底将召开的巴黎气候谈判备受瞩目，各种多边和双边外交活动正紧锣密鼓地展开。上述事实表明，近年来全球环境治理的重要性日益凸显，因此，深化对全球环境治理的认识和研究十分必要。当前全球环境治理的主要特点是什么？中国在参与全球环境治理时面临哪些机遇和挑

王志芳　北京大学国际关系学院博士后，高级工程师；张海滨　北京大学国际关系学院教授、博士生导师。

本文为中国清洁发展机制基金赠款项目“气候公约外减缓合作机制对德班平台谈判的影响研究”（编号：2013020）的阶段性成果。

战？中国如何应对挑战？目前国内学术界对这些问题的研究还比较缺乏，本文尝试回答以上问题。

一、当前全球环境治理的特点

近年来，全球环境治理呈现下述特征日益明显。

（一）工业污染类环境问题的全球关注度上升

迄今为止，区域性和全球性的多边环境公约与协定（Multilateral Environmental Agreements，MEAs）共签署了约750个，涉及的领域主要是自然资源保护（能源、淡水、物种、栖息地）和污染防治水、大气、海洋、废弃物。与污染防治相关的公约和协定只占全部签署文件的大约四分之一，但近年来这个领域因工业污染对环境的严重影响受到格外关注。图1显示，有关污染防治（包括生化武器和核武器的污染防治）多边环境公约与协定的签约量随时间的推移呈上升趋势，而自然资源保护类公约则呈下降趋势。

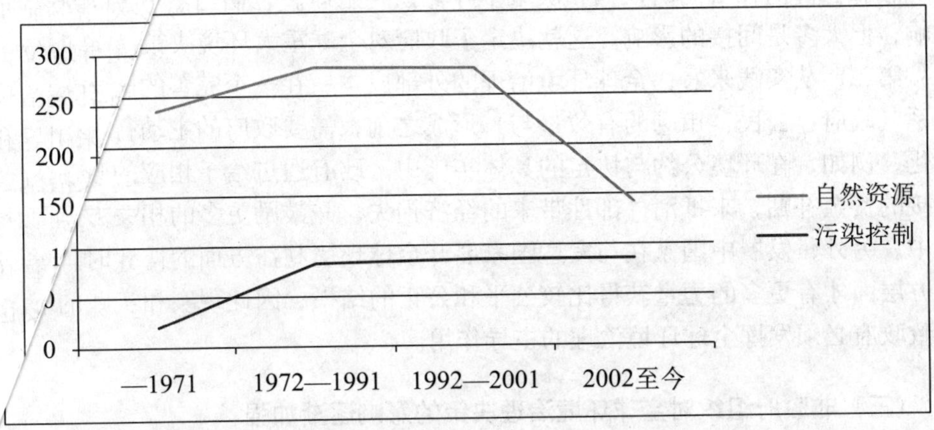

图1 自然资源保护级污染控制类多边环境公约与协定的签约量变化

资料来源：根据国际环境条约统计网站信息整理，参见 http://iea.uoregon.edu/page.php?query=base_agreement_list&where=start&InclusionEQ=MEA&SubjectIN=Weapons/Environment/Nuclear，2015年4月10日登录。

包括气候变暖、臭氧层破坏、持久性有机污染物（包括二恶英、滴滴涕等化学品）以及汞等重金属污染在内的全球环境问题，主要源于现代工业的发展。因此，全球最大的环境援助基金——全球环境基金（Global Environmental Facility，

GEF）[1] 对于工业领域的环境援助份额在不断增加，持久性有机污染物控制领域的资金分配额度已从第一次增资期间的2% 增长到现在的10% 以上。[2] 近十年来全球经济不景气，发达国家不再主动承担责任。尽管各类新的环境问题不断涌现，但在全球范围内要达成一项环境保护行动的共识非常困难。不过鉴于汞污染对环境的巨大负面影响，国际社会还是于2013年签署了《关于汞的水俣公约》。由此可见全球对这一领域的极大关注。

（二）政府将长期主导全球环境治理

国际环境法的发展和全球环境治理的实践表明，政府在全球环境治理领域发挥着主导作用。

多年来，尽管不少人在观察全球环境治理时非常强调官方之外的参与者的作用，但国际环境法的发展和全球环境治理的实践表明，政府在全球环境治理领域发挥着主导作用。其主要原因在于：

第一，从国际环境法来看，政府是全球环境治理领域中有完整的权利与义务的国际法主体。在国家间所缔结的环境公约与协定等法律文本中，政府（包含一部分国际组织）是签约主体。其他社会组织和私营部门在公约的谈判和决策中并非谈判主体。它们当然可以对谈判施加影响，但大多是间接的影响。这就决定了政府对全球重大环境决策的主导地位。

第二，从实践来看，全球环境治理的外部成本，在一个完善的国际环境治理体系（政府、公民、市场的有效参与）形成之前，需要政府的主动行动来引导和消化。例如，在环境公约与协定的具体实施中，政府通过给予相应的政策措施或直接的资金补贴，来抵消外部性带来的经济损失，并鼓励更多的相关方主动参与其中。另外，发展中国家在与发达国家展开全球环境利益方面的博弈时，只有在官方层面才有更多的力量获得比较公平和公正的结果。因此现实和实践的需求也导致政府必须发挥全球环境治理的主导作用。

（三）非政府组织对全球环境治理决策的影响逐渐加强

非政府组织（Non-Governmental Organizations，NGO），或曰民间社会组织，不是国际环境法主体，不能直接享有国际环境法权利，并承担相应的义务。但这些组织或凭借在联合国经社理事会的咨商地位，或通过其他方式，如提供实地调

---

1 全球环境基金，成立于1991年10月，是一个由183个国家和地区组成的国际合作机构。资金主要来自发达国家的捐助。资金的受益者主要是发展中国家和经济转型国家。其宗旨是与国际机构、社会团体及私营部门合作，协力解决全球环境问题。自1991年以来，全球环境基金已为165个发展中国家的3690个项目提供了125亿美元的赠款并撬动了580亿美元的联合融资。20多年来，这些资金支持与生物多样性、气候变化、国际水域、土地退化、化学品和废弃物有关的环境保护活动。网址为：www.thegef.org。

2 根据全球环境基金网站公开的数据信息整理，具体参见全球环境基金网站：OPS5 FIFTH OVERALL PERFORMANCE STUDY OF THE GEFFIRST REPORT: CUMULATIVE EVIDENCE ON THE CHALLENGING PATHWAYS TO IMPACT, http://www.thegef.org/gef/OPS5,2014年11月20日登录。

查证据、科学信息和政策建议等方式，参与全球环境治理的各类论坛、谈判、协商会议等，并通过实施社会监督、开展第三方评估等活动，推动治理的具体实施，从而间接或部分直接地影响着全球环境治理决策。

以《关于持久性有机污染物的斯德哥尔摩公约》为例。在每年召开的新增持久性有机污染物的审查会议上，来自美国化学理事会（American Chemistry Council，ACC）、[1] 国际溴科学与环境论坛(Bromine Science and Environmental Forum，BSEF)、[2] 大自然保护协会(The Nature Conservancy，TNC)[3] 等非政府组织所提供的研究和评估信息，都是开展各类议题谈判的重要参考。[4] 再以气候变化谈判为例。参与缔约方大会（Conference of the Parties，COP）的非政府组织数量逐年大幅度增加（见图2）。[5]

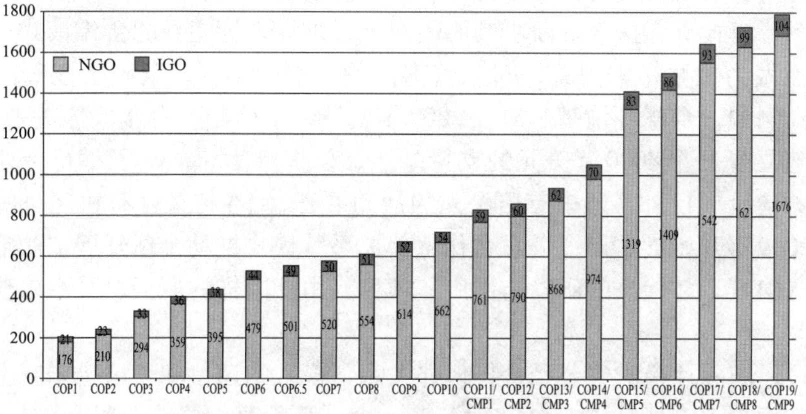

图2 历届参与COP会议的观察员（NGO及IGO[6]）数量变化趋势

---

1 美国化学理事会，是总部设在美国华盛顿的一个非政府组织，涉及的主要领域是化学工业。每年这个机构花费数千万美元开展化学品的安全性研究。此外，这个机构还通过参与全球有影响力的会议或活动，来宣传化学品安全使用的理念。网址为：https://www.americanchemistry.com/。

2 国际溴科学与环境论坛，成立于20世纪90年代，是国际溴工业组织。主要致力于向各方提供溴化阻燃剂等溴化物的科学知识。通过收集各方的专业知识、开展科学和政策交流，这个组织在相关领域中产生了广泛影响。网址为：https://www.bsef.com/。

3 大自然保护协会，成立于1951年，是国际上最大的非营利性的自然环境保护组织之一，致力于在全球保护具有重要生态价值的陆地和水域。其公开的宗旨是：维护自然环境、提升人类福祉。网址为：http://tnc.org.cn/。

4 参见《关于持久性有机污染物的斯德哥尔摩公约》网站历届缔约方大会参会记录及报告，http://chm.pops.int/TheConvention/ConferenceoftheParties/Meetings/COP7/tabid/4251/mctl/ViewDetails/EventModID/870/EventID/543/xmid/13075/Default.aspx，2015年4月10日登录。

5 参见《气候框架公约》网站：Cumulative admissions of observer organizations COP 1-20,17 November,2014. http://unfccc.int/parties_and_observers/ngo/items/3667.php#Statistics，2015年4月10日登录。

6 IGO的全称是Intergovernmental organizations，是指政府间国际组织。其成员都是主权国家。典型的政府间国际组织有联合国、欧盟、东盟等。

（四）公私合作的环境治理模式在积极探索之中

私营部门的生产和销售行为在全球化过程中对全球环境产生着越来越大的负面影响，同时，政府部门的环境治理资源（资金、技术、人才等）不足，这使私营部门参与环境治理成为必然。另外，私营部门拥有一批环境友好型技术、巨大的社会资本以及对行动效率的天然敏感性，若能参与到全球环境治理中，正好可以弥补政府的不足。

然而，在私营部门中，趋利性与环境保护所要求的公益性是一对天然的矛盾，这令私营部门缺乏自觉参与全球环境治理的动力。而“公私合作伙伴关系（Public Private Partnerships，PPP）”为政府与私营部门各取所需、实现双赢目标提供了逻辑上合理的思路。迄今为止，国际社会在环境治理领域中的“公私合作伙伴关系”模式仍在探索阶段。其原因在于，以官方为主导的合作模式，并不将经济利益做为主要考虑因素，对私营部门的吸引力不强，限制了该部门的实质性参与。例如，全球环境基金早在2007年就发起了“公私合作伙伴关系”计划，并为此建立了一个8000万美元的支持基金。但迄今为止，除了举行会议和实施小型能力建设项目外，还未有更深入的活动展开。[1] 在持久性有机污染物的减排方面，2009年开始尝试以“公私合作伙伴关系”模式推动全球开展“防疟疾领域滴滴涕（DDT）替代品的研发与推广”项目，由于同样的原因，至今未获实质性进展。[2]

不过，国际社会对“公私合作伙伴关系”模式的期待和热情仍未减退，并努力在合作理念上有所拓展。自2013年起，全球环境基金将“公私合作伙伴关系”作为未来开展全球环境治理融资和具体实施的重要方式，并专门为此开辟新资源以推动相关工作。[3] 2014年召开的亚太经合组织（APEC）财长会议也决定把利用“公私合作伙伴关系”进行资源开发与环境保护作为重要的工作模式，其中提到将商业可行性作为工作中的重要考虑因素。[4]

（五）城市作为次国家层面的环境治理主体作用重大

都市化规模的扩张以及由此带来的环境污染正在成为全球环境治理的重要内容。根据联合国预测，到2030年全世界将有三分之二的人口居住在城市，到

---

1 参见全球环境基金网站：http://www.thegef.org/gef/PPP，2015年4月10日登录。

2 参见持久型有机污染物公约网站：http://chm.pops.int/Implementation/DDT/Meetings/2ndGlobalAllianceAssembly2013/tabid/3853/Default.aspx。

3 Naoko Ishii,“Time for Transformational Change The Role of the GEF,” Washington: Global Environmental Facility,16 August 2014, http://www.thegef.org/gef/pubs/time-transformational-change, 2015-04-10.

4 肖光睿：《APEC 搭台 PPP 唱戏》，《中国经济周刊》，2014年11月6日。

2050年城市人口预计会达到50亿。[1] 关于城市的环境污染，联合国环境规划署（United Nations Environment Programme，UNEP）的报告显示，城市消耗着全球约三分之二的能源，并排放了超过全球四分之三由能源消费而造成的温室气体。[2] 单是某些大都会区的碳排放量甚至就有可能超过一个中等国家的碳排放量。[3]

事实上，早在1987年发布的《布伦特兰报告》中就有专门章节关注城市环境问题的应对。报告认为城市作为越来越重要的人类聚居之地，应该成为追求可持续发展性的中心。[4] 1992年《21世纪议程》的第28章又提到"地方行为者规划自身的《地方21世纪议程》"，强调地方行为者在环境议程倡议、技术创新和行动实施中的重要性，[5] 随着《地方21世纪议程》的颁布，城市环保行为已成为推动全球环境治理的重要动力。

以气候变化领域为例，气候变化议题在各国国内政治议程中的地位不断上升，地区层面的气候变化倡议行动推动了城市自觉减缓气候变化的行动。欧盟国家自1992年到2009年已有274个城市制定了应对气候战略。[6] 根据政府间气候变化专门委员会 (Intergovernmental Panel on Climate Change，IPCC) 第五次气候变化评估报告，在一份对全球城市开展的调研中，在所有反馈的城市中，48% 的城市正在开展气候减缓的计划和行动论证。[7]

值得一提的是，全球城市间所建立的城市气候网络，在促进相关信息、知识和技术的交流、推动城市在气候政治中的资源调动能力和全球影响力方面，正在发挥越来越重要的作用。[8] 目前具有代表性的城市网络有国际地方政府环境行动

1 United Nations Department of Economic and Social Affairs, World Urbanization Prospects (The 2014 Revision): Percentage of Population at Mid-Year Residing in Urban Areas by Major Area, Region and Country, 1950-2050, CD-ROM Edition, New York: United Nations, 2014.

2 UNEP, *Climate Finance for Cities and Buildings — A Handbook for Local Governments, UNEP Division of Technology,* Paris: Industry and Economics (DTIE), 2014, p.4.

3 Ibid. p.59.

4 Michele M. Betsill and Harriet Bulkeley, "Cities and the Multilevel Governance of Global Climate Change," *Global Governance*,No. 12, 2006, p.142.

5 李昕蕾：《全球气候治理中的跨国城市气候网络——以C40为例》，《社会科学》，2011年第6期，第40页。

6 Hakelberg Lukas, "Governance by Diffusion: Transnational Municipal Networks and the Spread of Local Climate Strategies in Europe," *Global Environmental Politics*, No.2, 2014, pp.107-129.

7 Carmin, J., N. Nadkarni, and C. Rhie, *2012: Progress and Challenges in Urban Climate Adaptation Planning: Results of a Global Survey*, Cambridge: Massachusetts Institute of Technology, 2012, p.30；转引自 IPCC Group II, *Climate Change 2014 Impacts, Adaptation, and Vulnerability*,Cambridge: Cambridge University Press, 2014, p.734.

8 Marco Keiner and Arley Kim, "Transnational City Networks for Sustainability," *European Planning Studies*, Vol.15,No.10, 2007, pp.1369-1395.

理事会（International Council for Local Environmental Initiatives，ICLEI）[1] 和C40城市气候领导联盟（C40 Cities Climate Leadership Group，C40）。[2] 后者所开展的创新最优实践交流和相关数据库的建立，[3] 使城市气候网络正在成为资源聚集平台和技术创新领导者。而且随着跨国城市气候网络的发展，越来越多的发展中国家城市开始加入其中。以国际地方政府环境行动理事会为例，该组织网络积极协助其会员制定地方温室气体减排行动策略，自2009年以来已经有超过1000个发达国家和发展中国家城市参与其中。可以大胆预言，今后城市治理行动将在次国家层面全球环境治理的进程中发挥不容忽视的重要作用，成为全球环境治理的一道亮丽的风景线。

今后城市治理行动将在次国家层面全球环境治理的进程中发挥不容忽视的重要作用。

（六）资源竞争促使不同环境机制加强协同合作

由于全球环境治理领域现有资金来源所能提供的资金数额与实际需求差距很大，不同领域环境机制之间的竞争性增强。[4] 这种竞争的压力也来自于全球有众多环境领域需要开展治理行动，而这些领域的环境治理机制大多独立运行，这就进一步加剧了资源的短缺。

资源竞争的压力促使国际社会不断推动环境公约与协定之间的协同合作，并在一些重要的联合国文件中融入相关理念。例如，2012年联合国可持续发展大会成果文件明确提出加强环境公约与协定之间的协同合作。[5] 尽管最初由于担心协同会导致更大的资源（主要是资金）竞争压力，协同的思想一度受到抵制，但联合国考虑到自身机构管理效率的紧迫需求，努力推动了一些领域环境机制间的协同合作。[6] 例如，《关于持久性有机污染物的斯德哥尔摩公约》、《控制危险废料越

---

1 国际地方政府环境行动理事会，是一个地方政府间国际组织，1990年成立于纽约。由200个地方政府所发起，其宗旨是促进永续发展。目前已有81个国家，超过800个地方政府作为会员。为了支持会员在地方层级上落实永续发展，这个组织向地方政府会员提供关于落实永续发展的技术咨询、训练与资讯服务。网址为：https://www.iclei.org/。

2 C40城市气候领导联盟，于2005年在伦敦市长肯 · 利文斯顿的提议下成立。该联盟是致力于应对气候变化的国际城市联合组织。主要围绕《克林顿气候倡议》实行减排计划，推动C40城市的减排行动和可持续发展。至今已有75个成员城市。网址为：https://www.c40.org/。

3 参见C40网站信息：C40 Best Practices, http://www.c40cities.org/bestpractices，2015年4月10日登录。

4 全球环境基金独立评估办公室：《全球环境基金第五次整体绩效研究总结报告：全球环境基金面临提升影响力的关键抉择》，华盛顿：2014年全球环境基金独立评估办公室，2014年，第8页。

5 Untited Nations, A/RES/66/288: The Future We Want, Geneva: United Nations, 2012, p.18.

6 参见《关于持久性有机污染物的斯德哥尔摩公约》、《控制危险废料越境转移及其处置巴塞尔公约》、《关于在国际贸易中对某些危险化学品和农药采用事先知情同意程序的鹿特丹公约》整合的网站信息：Review of the Synergies Arrangements Compilation of Responses Received from Partiesto the Secretariat and to the UNEP and FAO Questionnaire，http://synergies.pops.int/Implementation/ReviewofArrangements/tabid/2620/language/en-US/Default.aspx，2015年4月10日登录。

境转移及其处置巴塞尔公约》、《关于在国际贸易中对某些危险化学品和农药采用事先知情同意程序的鹿特丹公约》的协同机制，就是在经历了四五年的讨论之后最终于2013年被各方接受。[1]

（七）发展中国家的技术援助需求日益强烈

近些年发展中国家在参与国际环境合作的过程中，申请援助资金越来越困难。发达国家作为全球环境治理援助资金的主要捐资方，由于金融危机和经济低迷的影响以及合作意愿的下降，已经大大缩减这方面的支出。尽管覆盖的环境改善领域越来越宽泛，[2] 以全球环境基金为核心机构的全球环境援助基金，资金总额的增幅并不明显。另外，单纯的资金援助对发展中国家内部环境改善的促进作用并不理想，这些国家对环境国际合作的重点正逐渐转向提升持久的环境改善能力。环境友好型技术所能带来的环境和经济的双重效益，正好迎合了发展中国家的需求。

以气候变化领域为例，近几年发展中国家对环境友好型技术的需求呈现井喷式增长。发展中国家缔约方向公约秘书处提交的技术援助需求的报告（图3）显示：2010年联合国德班气候大会建立相关技术机制之后，发展中国家提交的技术需求报告数量前所未有地增加。

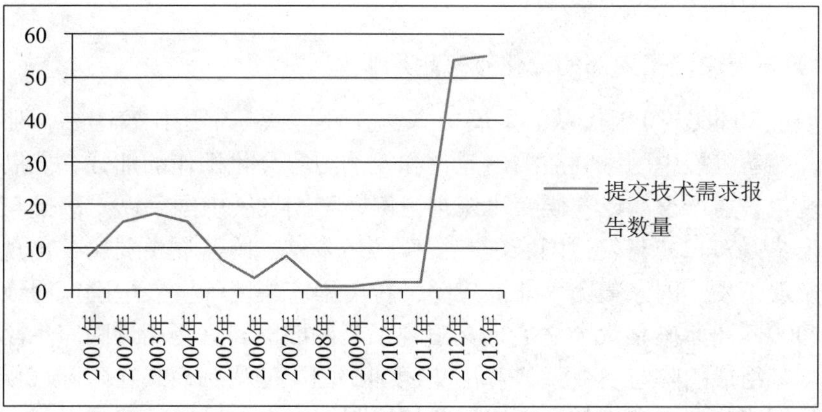

图3　发展中国家缔约方向气候变化公约秘书处提交的技术需求报告趋势

---

1 参见《关于持久性有机污染物的斯德哥尔摩公约》、《控制危险废料越境转移及其处置巴塞尔公约》、《关于在国际贸易中对某些危险化学品和农药采用事先知情同意程序的鹿特丹公约》整合的网站信息：Review of the Synergies Arrangements Compilation of Responses Received from Partiesto the Secretariat and to the UNEP and FAO Questionnaire，http://synergies.pops.int/Implementation/ReviewofArrangements/tabid/2620/language/en-US/Default.aspx，2015年4月10日登录。

2 全球环境基金独立评估办公室：《全球环境基金第五次整体绩效研究总结报告：全球环境基金面临提升影响力的关键抉择》，华盛顿：2014年全球环境基金独立评估办公室，2014年，第8页。

（八）发展中国家对全球环境治理的影响力上升

与其他类型的多边机制相比，多边环境治理机制是发展中国家在外交经验比较丰富、发展目标比较明确之时能够比较充分参与的外交舞台。自20世纪70年代全球环境治理正式展开以来，多边环境治理机制为发展中国家提供了相对公平的平台，所以发展中国家通常能以积极的姿态参与其中，并使自身的利益体现在签署的法律性文件及随后的履约实践之中。但总体而言，在南北环境关系中，发达国家由于占有资金、技术和智力方面的强大优势仍处于主导地位。

近年来，随着发展中国家的群体性崛起及其对环境议题日益上升的国际影响，发展中国家在全球环境治理中的发言权和影响力不断增强。发达国家在环境谈判中不得不认真对待来自发展中国家的意见与诉求。2009年哥本哈根气候谈判会议上，正是由于“基础四国”（巴西、南非、印度和中国）的努力协调，最终促使差点无果而终的会议达成了不具法律约束力的《哥本哈根协议》。此后，“基础四国”通过有意识地团结、协调并坚持自身立场，在气候谈判中统一发声，已对谈判进程产生了重大影响，成为气候谈判中能与发达国家抗衡的重要的发展中国家力量。[1] 也正是由于发展中国家的积极努力，“共同但有区别责任原则”的适用性在遭到发达国家不断挑战的情况下，仍然被写入2012年里约20+会议成果文件《我们憧憬的未来》之中。[2]

（九）发展中国家内部的分化越来越严重

如果说20世纪80年代以前发展中国家在环境谈判中还比较团结，那么冷战结束后，随着发展中国家利益的多元化和发达国家分化工作的加强，发展中国家的分化现象日益严重。以气候变化谈判为例，早期发展中国家以“77国集团加中国”的模式（77+1）与发达国家展开博弈。后来这一阵营逐渐弱化，出现了小岛屿国家及最不发达国家集团、非洲集团、拉美国家集团等发展中国家组成的不同集团。2009年哥本哈根大会之后，又出现了基础四国和立场相近国家集团等多个发展中国家组成的阵营。今天“77国集团加中国”的谈判模式在国际气候谈判中实际上是形式多于内容。其他环境议题的谈判情形也大致相同。[3]

（十）环境治理在全球治理中的地位提高

冷战结束以来，全球环境治理在全球治理中的重要性不断增强，这种情况在

1 参见《气候变化国际谈判中“基础四国”机制的作用和影响》，2014年9月15日，人民网：http://world.people.com.cn/n/2014/0915/c187656-25663802.html，2015年4月10日登录。

2 United Nations, A/RES/66/288:The Future We Want, Geneva: United Nations, 2012, p.3.

3 张海滨：《纸上得来终觉浅，绝知此事要躬行——随中国代表团参加联合国首届环境大会有感》，《国际政治研究》，2014年第6期。

当今情况更加明显。这主要体现在两个方面：一是全球环境问题的严峻性和紧迫性日益突出。在世界经济论坛发布的《全球2015年议程展望》中，最受关注的世界前十大议题有三个与环境相关，它们分别是“发展中国家的环境污染”、“极端天气频发”和“水资源加速枯竭”。[1] 该报告明确指出：“环境议题已经前所未有地成为全球对话的重要关注领域。”[2] 另一方面，与其他领域的全球治理相比，国际环境谈判的广泛性和参与度十分突出。根据联合国环境规划署的统计，1971—2007年，《巴塞尔公约》、《气候变化公约》、《生物多样性公约》的批准国越来越多，加入其中的成员国数量之多是其他类型的国际公约或协定无法比拟的。在联合国《气候变化公约》、《有关气候变化的京都议定书》、《巴塞尔公约》等14个最重要的国际环境条约中，成员国超过100个的有13个，其中5个条约的成员国数目超过180个。[3]

表1是几个重要的多边环境公约与协定参与方数量变化的统计与对比，表明参与环境公约及谈判的机构和领域越来越广泛。

表1　重要多边环境公约与协定参与方的数量统计

环境协定	签约国	缔约方大会谈判参与方
生物多样性公约[4]	1992年150个，2014年193个	第一次缔约方大会：95个缔约方，7个联合国机构，27个国际组织，120个非政府组织。 第十一次缔约方大会：169个缔约方、16个联合国机构、41个国际组织、8个相关公约秘书处、270个非政府组织等。
臭氧保护公约[5]	1989年47个，2014年197个	第一次缔约方大会：31个缔约方，51个观察员国；18个国际组织。 第二十五次缔约方大会：142个缔约方，7个联合国机构、54个产学研机构代表。
关于持久性有机污染物的斯德哥尔摩公约[6]	2001年90个，2014年176个	第一次缔约方大会：79个缔约方、55个观察员国、9个联合国相关机构、5个国际组织、63个非政府组织。 第六次缔约方大会：153个缔约方、14个观察员国、16个联合国相关机构、3个国际组织、16个相关秘书处、74个非政府组织。

1 World Economic Forum, *Outlook on the Global Agenda 2015*, Geneva: World Economic Forum, 2014, p.4.

2 Ibid., p.7.

3 UNEP Division of Environmental Law and Conventions, AUDITING THE IMPLEMENTATION OFMULTILATERAL ENVIRONMENTAL AGREEMENTS (MEAs): A PRIMER FOR AUDITORS. Nairobi:UNON Publishing Services Section,2014,pp.25-34.

4 根据生物多样性公约缔约方大会信息整理，具体参见：www.cbd.int/cop/。

5 根据臭氧层保护公约网站信息整理，具体参见：http://ozone.unep.org/new_site/en/index.php。

6 根据《关于持久性有机污染物的斯德哥尔摩公约》网站信息整理，具体参见：http://chm.pops.int/TheConvention/ConferenceoftheParties/OverviewandMandate/tabid/578/Default.aspx。

（十一）全球环境治理机制的改革迫在眉睫

现有的全球环境治理机制分散、机构重叠，由此造成的环境治理体系的碎片化、多中心和效率低下已是不争的事实。根据联合国环境规划署的报告，截至2012年，在已确认的320个全球环境治理目标中，有一半目标未获进展甚至情况恶化。[1] 与此同时，全球经济整体陷入低迷，传统发展模式与有限资源的矛盾是重振全球经济的最大瓶颈之一，寻求可持续的绿色发展模式正在成为世界各国的发展理念。以联合国为核心的全球环境治理机制要承担起更大的责任，必须进行改革。

2012年联合国可持续发展大会的成果文件《我们憧憬的未来》第88条明确提出：联合国环境规划署将在未来全球环境治理中发挥重要的协调作用，并提出改革该机构的具体建议，以便从法律地位、能力建设、业务界定等方面对联合国环境规划署领导全球环境治理进行铺垫。2013年联合国大会同意成立联合国环境大会（United Nations Environment Assembly，UNEA）。2014年联合国环境大会召开首次会议，拉开了联合国全球环境治理改革的序幕。可以预见，在全球环境恶化的压力下，改革的速度和力度还会加大。

二、中国参与全球环境治理面临的机遇与挑战

在中国与世界其他各国的经济依存度和环境依赖度、影响度不断加深的大背景下，在全球环境治理呈现出日益强化的大趋势下，中国参与全球环境治理面临着重大的机遇和挑战。

（一）机遇

第一，全球环境治理改革的快速推进为提升中国的话语权及影响力、参与全球环境治理游戏规则的制定提供了良好机会。

联合国关于全球环境治理的重大改革计划，始于2012年里约20+会议。会议在全面评估了全球面临的环境恶化现状的基础上，提出对联合国环境规划署进行改革，[1] 构建联合国环境规划署牵头下的全球环境治理体系。随后，2013年联合国大会决议（A/RES/67/251）将联合国环境规划署理事会更名为联合国环境大会（UNEA）（仍隶属于联合国环境规划署），并将理事会从原有的58个成员国扩大为包含联合国所有成员国的普遍会员制。2014年6月联合国环境大会召开第一次会议，旨在商讨和确定一系列目标和指标，推动联合国千年发展目标的实

---

1 参见UNEP网站有关里约+20后改革信息：http://www.un.org/en/sustainablefuture/index.shtml，2015年4月10日登录。

现。[1] 这一系列重大行动，表明了联合国在全球环境治理改革方面的巨大决心。

鉴于全球环境恶化已经影响到人类发展的其他领域，世界各国对环境治理给予空前重视。“可持续发展”的理念以及发展绿色经济的具体举措，将全球环境治理与经济社会发展紧密联系到一起，意味着全球环境治理将对未来的全球经济乃至政治格局产生直接影响。中国主动参与其中，尤其是参与环境治理机制的建设，对自身在未来世界秩序中的作用，包括为发展中国家争取更公平的权益，都有重要意义。因此，联合国对全球环境治理的改革，为中国参与全球环境事务、增强中国对全球环境治理的影响力，提供了绝佳机遇。

联合国对全球环境治理的改革，为中国参与全球环境事务、增强中国对全球环境治理的影响力，提供了绝佳机遇。

第二，中国国内环境战略及政策的调整为中国参与全球环境治理提供了强大动力。

近年来，中国政府把环境置于前所未有的重要位置，这突出表现为战略上重视环境议题，规划上落实环保措施。

环境保护的国际合作已被提升到国家战略层面。2007年10月，中国共产党第十七次全国代表大会首次将环境保护的国际合作作为国家和平发展道路的重要组成部分，与对外政治、经济、外交、文化和安全等重大战略并重，这标志着环境保护国际合作进入到国家环境保护战略的核心。[2] 2012年11月，中国共产党第十八次全国代表大会确定了全面落实经济建设、政治建设、文化建设、社会建设、生态文明建设五位一体总体布局和建设美丽中国的战略目标。[3] 十八大第一次把生态文明建设纳入了中国特色社会主义事业总布局，更加突出了生态文明建设的重要地位。这为中国参与国际环境合作和全球环境治理提供了战略方向和强大的推动力。

在国家规划政策层面，环境保护“十二五”规划对环境国际合作做出了重要部署：“加强与其他国家、国际组织的环境合作，积极引进国外先进的环境保护理念、管理模式、污染治理技术和资金，宣传我国环境保护政策和进展。加大中央财政对履约工作的投入力度，探索国际资源与其他渠道资金相结合的履约资金保障机制。积极参与环境与贸易相关谈判和相关规则的制定，加强环境与贸易的协调，维护我国环境权益。”[4] 这个规划为中国开展环境领域国际合作的内容、

1 参见UNEP网站有关第一次联合国环境大会信息：http://www.unep.org/chinese/unea/docs/UNEAcalendar_final.pdf，2015年4月10日登录。

2 胡锦涛：《高举中国特色社会主义伟大旗帜 为夺取全面建设小康社会新胜利而奋斗——在中国共产党第十七次全国代表大会上的报告》，《人民日报》，2007年10月25日，第1版。

3《胡锦涛在中国共产党第十八次全国代表大会上的报告》，人民网：http://cpc.people.com.cn/n/2012/1118/c64094-19612151.html，2015年4月29日登录。

4《国家环境保护“十二五”规划》重点工作部内分工方案，环境保护部，http://www.mep.gov.cn/gkml/hbb/bgth/201212/t20121205_243258.htm，2014年9月1日登录。

资金和技术支持等提出了具体要求，为落实相关工作做了切实安排。

第三，中国通过参与国际环境合作不仅收益良多，而且积累了丰富经验，这将使中国未来参与全球环境治理时更加自信。

多年来中国参与环境国际合作采取的是“以外促内”的政策，[1] 即通过争取国际援助（资金、技术、管理等）参与全球环境改善的同时，促进国内环境改善。由于对国际资源的依赖，中国参与度较高、实施比较有效的环境治理领域，一般是国际上援助资金比较充足的领域，也是发达国家优先关注的领域，如保护臭氧层、保持生物多样性、控制持久性的有机污染物，等等。中国在实施这些领域的多边环境公约与协定方面收获明显，主要表现为资金、技术及能力建设三个方面。

资金：1991年至今，中国从全球环境基金获得的资金量为10.21亿美元，约占全球环境基金全部赠款额的8%。在全球183个国家共同申请全球环境基金的资金情况下，中国获得的资金量已经相当突出——中国在生物多样性、气候变化、国际水域和持久性有机污染物等领域的资金引进量占比很大，生物多样性领域甚至占有全球半数以上援助资金。[2]

技术升级：在多边环境机制的支持下，中国通过环境技术转移及其相关的能力建设活动，在技术更新换代方面受益良多，履约职责成绩显著。例如，在执行《蒙特利尔议定书》的过程中，在冰箱制造技术方面，中国企业从20世纪90年代初开始实施多边基金项目，共有超过13个行业获得替代技术转移和应用援助，先后有53家企业得到对无氟改造技术的资金支持。通过改造，这些企业的技术水平显著提高，中国冰箱对外出口稳定上升。一些价格较高、技术先进的替代品出口数量已经超过国内使用量。[3]

能力建设：“十二五”规划发布之后，中国将环境国际合作作为快速提升国内环保综合能力的重要平台，[4] 在履行重要领域的多边环境公约与协定方面取得了快速进展。以《关于持久性有机污染物的斯德哥尔摩公约》为例，有关持久性有机污染物自上到下的法律法规体系的构建都借鉴了国际经验；多年来中国建立的专门从事多边公约谈判和履约的机构，通过对多边环境公约与协定的参与，积累了比较丰富的经验，成为中国环境外交及环境管理人才培养的重要来源。通过

1 参见环境保护部网站有关十五、十一五、十二五规划关于环境国际合作的内容：http://www.mep.gov.cn/zwgk/hjgh/，2014年9月1日登录。

2 根据全球环境基金网站数据统计得出，参见http://www.thegef.org/gef/country_profile/CN?countryCode=CN&op=Browse&form_build_id=form-d2153d07e92837fa7450a5882ec8013a&form_id=selectcountry_form#，2015年4月10日登录。

3 参见中国履行《蒙特利尔议定书》官方网站：http://www.ozone.org.cn/，2015年4月10日登录。

4《国家环境保护“十二五”规划》重点工作部门分工方案，环境保护部，http://gcs.mep.gov.cn/hjgh/shierwu/201210/t20121029_240586.htm，2014年9月1日登录。

各种活动，这些机构的人员在传递国际先进环保理念和经验，推动国际环保经验本土化，提高国内民众环保意识方面发挥了重要作用。

总之，中国与国际社会在环境合作领域实现了良性互动。这使中国未来参与全球环境治理时有“底气”，有信心。

（二）挑战

第一，资金短缺是中国环保事业面临的长期性问题。

环保投入是解决环境问题的重要物质保证。自改革开放以来，中国的经济快速增长，目前已成为世界第二大经济体。中国的财力也日益强大，对环保的投入逐年增加。但由于中国的最大发展中国家的地位没有根本变化，且面临的环保任务又极其艰巨，因此，尽管中国政府已经做出很大努力加大环保投入，但与繁重复杂的环境改善需求相比，差距仍然巨大。以中国《持久性有机污染物的斯德哥尔摩公约》的履约情况为例，按照中国承担的减排责任评估，仅二恶英的控制到2015年就需要约50亿美元的资金投入，[1] 而全球环境基金在其20多年的运行中，分配给中国所有环境领域的履约资金只有约10亿美元。从国内的环保投入来看，环保部的研究显示，环保工作要想与中国的经济发展速度相匹配，环保投入占国内生产总值（GDP）的比重必须达到2%以上。但事实上，整个20世纪90年代，环保投入占GDP的比重最高也只是1.6%。[2] 迄今为止，中国的环保投入一直在2%以下。环保部副部长吴晓清2014年两会期间透露，2011年，全社会环保投入是6026亿元，2012年是8253亿元，分别占国内生产总值的1.59%。[3] 2013年中科院的一项研究表明，中国环境污染尚未得到控制，环保投入的欠账和不足是重要原因。过去10年，中国的环保总投入大致为3万亿至3.5万亿元之间。今后10年，若要控制环境污染，改善环境质量，环保投入占国内生产总值比重应提高到2%—3%，并力争达到3%，工业污染控制投资占其固定资产投资比例提高到5%—7%。因此，10年之内大致需要投入10万亿元。这需要同时加大政府环保投入、企业环保投资力度以及银行绿色信贷力度，任务艰巨。[4] 国际国内的现状，决定了中国环保资金需求与供给之间缺口巨大。中国对环保资金的来源和使用效率的关注会长期存在，认为“中国环保不缺钱”是个误解。

1《中华人民共和国履行〈关于持久性有机污染物的斯德哥尔摩公约〉国家实施计划》，环境保护部对外合作中心，http://www.china-pops.org/guide/popskt/200807/P020121210421015511833.pdf，2015年4月29日登录。

2《曲格平：环保投资占GDP比重须达到2%以上》，《华夏时报》，2014年6月5日，http://www.chinatimes.cc/hxsb/comment/sheping/140604/1406042038-135707.html，2015年5月1日登录。

3《吴晓青：2014年财政节能环保投入会较大幅度增长》，中国网，http://news.china.com.cn/2014lianghui/2014-03/08/content_31718552.htm，2015年5月1日登录。

4《中科院王毅：环保投入占GDP比重应尽快提高至3%》，新华网，http://news.xinhuanet.com/energy/2013-04/15/c_124580875.htm，2015年5月1日登录。

第二，争取国际环境技术援助的难度加大。

解决环境问题，归根到底取决于技术的进步，可是技术的进步和突破非短期所能实现。中国正在大力进行科技创新，但与中国的实际需求相比，与发达国家相比，中国的环境科技水平还有相当大的差距。以气候变化为例，60% 以上的低碳核心技术都掌握在发达国家手里。另一方面，由于中国经济的快速发展，许多发达国家认为中国已从发展中国家"毕业"，对中国进行技术援助的政治意愿大大下降。中国依然会利用全球环境治理的平台，继续积极争取技术援助，但难度会越来越大。环保技术援助涉及的知识产权保护和市场利益问题，需要通过新的合作机制加以解决。

第三，中国环境治理体系和治理能力的现代化极为紧迫。

从根本上说，中国能在全球环境治理中发挥什么作用，这取决于中国国内的环境质量。中国共产党的十八届三中全会为全面深化改革制定了"完善社会主义制度，推进国家治理体系和治理能力现代化"的总目标。在当前国内经济发展面临资源和环境强大约束的背景下，解决中国环境问题的根本之道无疑在于实现国家环境治理体系和治理能力的现代化。而这涉及环境治理的核心理念、各类治理主体之间的关系、治理方式和治理绩效评估等众多新课题。目前，中国的环境治理仍未摆脱"应对型"和"反应型"的模式，缺乏预防性和系统性，这对中国参与全球环境治理是一个很大的约束。因此，中国未来参与全球环境治理的力度在很大程度上取决于中国自身环境治理体系和治理能力现代化的进程。

解决中国环境问题的根本之道无疑在于实现国家环境治理体系和治理能力的现代化。

第四，中国面临的国际压力和大国责任越来越重。

由于中国经济和环境的影响越来越具有地区性和全球性，在全球环境治理中，国际社会对中国的期待和要求也越来越高，对中国形成了日益增大的国际压力。这些压力主要表现在：1. 中国在环境领域申请外部资金甚至技术援助的空间大大缩小。从全球环境基金的资金分配趋势看，已经明显压缩对中国各个环境领域的资金量。由于发达国家的"中国已从发展中国家毕业"论影响，加之对中国崛起的防范心理作祟，中国申请技术援助变得更加困难。2. 国际舆论对中国环境问题的关注增多，要求中国采取更大力度减排措施的呼声越来越高，甚至出现所谓"中国环境威胁论"。3. 在国际环境合作中，一些发达国家要求中国像发达国家一样向发展中国家出资，和他们承担类似的国际环境责任，这就是所谓的"中国环境责任论"。4. 在中国大力推进"一带一路"战略和组建亚投行的过程中，环境标准都会受到国际社会高度关注。这意味着中国在资本、产能和技术的输出中转移"污染"的空间大幅缩小，而在中国经历的对外开放进程中，发达国家向中国输入了大量污染。如果中国不能重复发达国家通过产业转移向外输出污染的模式，就必须探索出全新的国际经济合作模式，其中的挑战之大前所未有。在上述背景下，如何在维护本国发展权益和承担更大国际责任之间达到合理平衡，是中国参与全球环境治理面临的最大挑战。

如何在维护本国发展权益和承担更大国际责任之间达到合理平衡，是中国参与全球环境治理面临的最大挑战。

三、中国参与全球环境治理的对策

展望未来，中国如何更有效地参与全球环境治理？以下从全球环境谈判和全球环境政策两个方面提出对策建议。

（一）关于全球环境谈判

第一，从被动响应转向主动应对。

由于观念、经验和人才的局限，中国以往在参与环境谈判时往往以“被动响应”为主：中方对议题的理解和研究能力有限，难以提出有效的应对方案，谈判对案以简单的同意或不同意为基调，缺乏富有针对性的论证和说明。经过20多年的锤炼，国内在全球环境治理的谈判和实践中已经培养了一批具有丰富经验的人才。同时，国内学术界在支持和跟踪政府谈判过程中，不断加强自身对相关问题的研究，现已具备对谈判进行基础性科学支持的能力。因此中国已可以根据自身及其他发展中国家的利益，设计环境国际合作的机制和实施进程，主动应对谈判过程，甚至引导谈判的方向。

第二，坚守“共同但有区别的责任”原则。

借助多边环境公约与协定构建对发展中国家比较公平的合作机制，是发展中国家重新构建国际秩序的一个机会。中国作为发展中大国，可以利用其在国际舞台上日益增强的影响力推动公平机制的建立和发展。中国最早参与提出的“共同但有区别的责任”原则在多边环境公约与协定中的成功引用，即是这方面努力的显著成果。现在发达国家正在以经济低迷为由，试图与发展中国家承担相同的环境责任，这对发展中国家非常危险。以气候变化为例，发展中国家若在技术、政策、机制等方面没有做好准备之前，就冒然承诺与发达国家担负相同的环境责任，这意味着放弃未来清洁能源的技术市场、丧失相关资源的主导权。坚守“共同但有区别责任”的原则是保持国际环境公平和正义的底线。当然，坚守并不意味着僵化和一成不变，而是需要从机制运行上提出更多创新方式。气候变化领域有关温室气体减排的“清洁发展机制”就是这种创新的典范。

第三，以全球视野综合应对环境议题。

环境问题跨越国界之后，永远与国际政治相伴。因此，在参与全球环境保护的行动时，对政治因素的考量必不可少。近年来，在全球环境谈判中，除了环境与发展问题外，有关环境与主权，环境与安全的关联性讨论越来越重要，环境领域的国际政治博弈日趋激烈。中国应加强相关问题的研究，将中国的利益置于全球框架下加以定义，从环境、经济、政治和安全等多角度对全球环境治理进行综合应对，力求在全球环境谈判中争取主动，扩大影响。

第四，增强对环境谈判的科技支撑。

由于环境问题的技术性较强，科学信息的支撑对环境谈判的成败至关重要。目前中国与全球环境谈判领域相关的科学跟踪研究已取得一定进展，但科研工作还缺乏对谈判需求的准确对接，相关研究的前瞻性和支撑作用都亟待进一步提升。建立和加强中国在环境科学方面的权威性，可对中国参与相关领域的多边环境谈判起到关键的智力支撑作用。

第五，加强前沿领域的合作研究。

从全球环境治理的发展进程来看，已经建立起来的环境合作机制的发起者几乎都是发达国家。正是靠着对环境领域前沿问题的敏感性和大量研究投入，发达国家才能够将自身利益巧妙地包装在全球治理的框架下，并利用联合国等国际平台，及时将治理的想法转化成环境法律等制度化的机制，既维护和强化了自身利益，又占据了舆论与道义的制高点。由于缺乏研究与准备，发展中国家在环境治理上往往不得不追随发达国家的步伐，处境被动。包括中国在内的广大发展中国家要真正从全球环境治理的追随者变成引导者，就必须提升自身对环境前沿问题的敏感度和研究能力。作为第一步，中国可借助西方在环境前沿问题上的研究优势，加强相关合作，尽快提升自身在这方面的能力。

第六，力争2015年巴黎气候谈判成功。

2015年的巴黎气候大会是全球环境治理中的一件大事，其成败事关未来全球环境治理进程的走向。由于中国在国际气候谈判中发挥着举足轻重的作用，巴黎气候谈判的成功将成为近年来中国积极参与 全球环境治理最具里程碑意义的成果。当然，这个目的能否达到，还有赖于所有利益相关方的努力与共识。

（二）关于全球环境政策实践

第一，优化引进成效。

最近十几年来，中国通过参与全球环境谈判，在引进国外先进环保经验方面加大了力度，在完善环境保护法律法规与政策、研发推广环境技术、提高公众环境意识等多方面都获得了国际援助与支持，这对我国改善环境治理、更新技术理念、融入全球环保主流等作出了有益的贡献。但从我国以往的履约实践来看，过多关注国外经验，过度重视对外国的学习和模仿，反而弱化了对相关经验的消化与吸收，以至于履约实践缺乏适用于本土的经验总结，令履约行动的示范效应和成果推广难获佳绩。因此，今后中国在对多边环境公约与协定的履约实践中，应将重点放到“先进经验的本土化”上，下大气力研究国内的实施环境与国外的差别，以及如何修正国外经验，这样才能准确地指导国内环保实践。

第二，确立中国作为南北环境合作桥梁的定位。

相比其他发展中国家，中国的确在资金、技术及管理经验等方面从全球环境治理合作中获益较多。以平衡援助资源的分配为由，联合国等多边机构对中国的援助已经开始有意识地实行总量控制。但中国在环境改善方面的条件和能力确实还需要外部资源助推。在目前变化了的国际国内背景下，中国需要重新判定参与对策，以确保可能获得的外部资源。

中国多年来在全球环境治理合作中获得了丰富的实践经验，具备一定能力帮助更落后的发展中国家。中国以发展中国家身份在参与全球环境治理时获得的经验，对其他发展中国家也有典型示范意义。有针对性地对其他发展中国家开展援助，也符合联合国在环境援助方面的“种子”原则，可以成倍放大前期实践的效果。因此，如果中国将自身定位为南北环境合作的桥梁，符合中国在环境治理能力方面略优于其他发展中国家、但总体低于发达国家的现实，同时可保证国际援助资源得到有效利用及成效的可持续传承，吸引全球环境援助资源优先流入中国。

第三，统筹国际援助资源。

目前发展中国家参与全球环境治理的资金来源主要为国际多边援助。与全球改善环境的任务相比，多边援助资金规模远小于需求。而中国在参与多边环境合作的同时，在双边环境合作方面也非常活跃，而且很多双边环境合作领域与多边领域重合。为了充分利用这些宝贵资源，需要对国内既有的不同渠道所获得的资金进行统筹，避免重复安排项目。统筹安排涉及不同资金来源的管理部门，所以应当通过顶层设计，加强政府高层对资金投入领域的协调，提高国际援助资源的利用效率。

第四，大力培养全球环境治理事业的复合型人才。

人才培养是个老话题，但如何培养人才却是需要在实践中不断调整和提升认识的过程。在参与全球环境合作实践中，中国已经从最初的引进探索阶段走到了深入实践阶段，因此对人才的培养需要做到国际化和本土化意识相结合。在多边环境公约与协定的履约实践中，除了一如既往地要重视相关人才的国际化意识（全球公民意识、外语能力、外交谈判技巧、环境技术等知识和经验的积累，等等）外，还需要有针对性地强化人才的本土化意识（中国文化与传统、中国现代化发展道路的特点、国内环保实践经验的积累和总结，等等）。只有兼具国际化和本土化意识的复合型人才才能担负起拓展中国参与全球环境治理空间、发挥中国作为负责任大国的环境影响力的重任。

最后，必须强调的是“打铁还得自身硬”。把中国国内的环境问题解决好，把中国的生态文明建设好，是中国有效参与全球环境治理的最佳途径。

西方作者眼中的近现代中国

[美] 潘 文

皮尤研究中心的民调显示，“喜欢”中国的美国人数量在明显下滑——2005年是43%，2014年跌到35%；而“不喜欢”中国的人数，则从2005年的35%增到今天的55%。美国商界原本寄望于中国的威权政府给予其宽厚待遇，现如今也兴趣欠奉，美国在华许多商会对业务的年度报表信心下降。

中美两国关系中近来的这种冷意，自然不光会影响对中国的当下评价，同样也包括对中国历史的叙述。毕竟最好的历史从不是在象牙塔中写就的，一定带着现实视角。

中美两国关系中近来的这种冷意，自然不光会影响对中国的当下评价，同样也包括对中国历史的叙述。毕竟最好的历史从不是在象牙塔中写就的，一定带着现实视角。在当下中国历史的写作中，现实占有重要的位置。西方的这种研究潮流，其领袖并不是主流历史学家，起到最核心作用的其实是卸任的记者和外交官，但也有些历史学家参与其中，部分原因是当代美国汉学一直致力于更微观的主题，把广深的历史叙述空间留给了他人。

这一潮流最新的例子，是《中国1945：毛泽东的革命与美国注定的抉择》，[1] 作者理查德·伯恩斯坦（Richard Bernstein）是前《时代》周刊驻华办事处的主任，也曾在《纽约时报》做过文化记者。

伯恩斯坦的作品选取二战亚洲战场波澜壮阔的最后一年，讲述中美日苏四国之间跌宕起伏的故事。他探讨的中心问题是：20世纪40年代末，中美是否本可能不陷入将近30年的敌对状态，从而使美国避开此后朝鲜战争的浩劫、越战的失败以及今时今日与北京方面的张力？

[美] 潘文（John Pomfret） 原《华盛顿邮报》驻北京首席记者。

1 Richard Bernstein, *China 1945: Mao's Revolution and America's Fateful Choice*, Alfred A. Knopf, 2014.

20世纪70年代越战之后，几乎所有的美国学者都认为倘使1945年美国找到机会和毛泽东握手言欢，美国和亚洲的历史将会完全改写。但是现在中共的观点相反却很强硬，这和伯恩斯坦在书中对上述观点有力的严密反驳如出一辙。他坚持认为，在中国问题上，美国从来就没有“错失机会”。伯恩斯坦在书中写道，毛泽东当时对中美友好的主张、对西式民主的承诺和对援华美资支持中国现代化的请求，使得彼时的美国官员以及70年代的美国学者都理解错了。

伯恩斯坦认为，故事中的关键节点出现在1945年8月9日午夜，苏联11个集团军共100万人，装备了约27000门火炮、5500辆坦克和自行火炮、3700架飞机，高喊着“干掉鬼子！”的口号突入日据满洲。苏日战争成为二战最伟大的军事胜利之一，日本关东军被击溃。由于苏联对日宣战于美国在广岛投放原子弹的三天之后，因此一直以来它被历史所遗忘。但是伯恩斯坦有力地证明，恰是因为苏联对伪满洲国的占领，促成了美苏两国成为“塑造中国与中国未来关系的决定性力量”。而讽刺的是，这一行动恰恰是在罗斯福总统敦促之下，并得到美国《租借法》支持得以进行的。紧随着苏军的占领，毛泽东的军队涌入东北，苏联红军向其移交了日军装备，并使共产党在这里成百上千地招兵买马，以应对接下来与国民党蒋介石的军队展开的解放战争。

随着斯大林的军队占领中国东北，毛泽东与困窘的国民党蒋介石之间，所有和谈的可能性化为了乌有，即使杜鲁门总统任命乔治·马歇尔作为特使来华，下大力气斡旋亦是枉然。伯恩斯坦认为，此时毛泽东明白胜利已经可期。他写道：“中国可能……是被蒋介石‘丢掉’的，但主要还得归功于斯大林和毛泽东，赢下了这个国家。”

还可举另一个例子，证明现在的观念如何影响伯恩斯坦的治学。20世纪70年代，美国学者们认为搞砸与中共关系的恰是美国自己，因为这些学者真心相信，美国是全能的，甚至可以一手掌握中国的命运，并独立为中国的未来负责。这些学者总为他们反帝的立场而自豪，却在研究中赋予彼时的美国如此大的权重，不能不说是一种讽刺。伯恩斯坦生活在今天的美国，这是一个历经伊拉克战争、阿富汗战争和金融危机之后的美国，因此他得以理解“即使在全盛期的巅峰美国也并非全能”的道理，何况还有其他因素影响了中国命运，这就是苏联进攻东北。

为了证明他的论述，伯恩斯坦研读了新近出现的一批文献，这些研究的作者分布于中美俄，较少为意识形态所限。伯恩斯坦的全书正文和注释大量引用史学家盛慕真（Michael Sheng）、杨奎松、亚历山大·潘佐夫、斯蒂文·列文和余茂春等人的作品。

伯恩斯坦的书中，还细致陈述了参与中美俄这场跌宕博弈的士兵和外交官们的生平，他尤其精妙地描写了美国外交官戴维斯（John Paton Davies）和谢伟思（John Stewart Service）。书中展现了他们的英雄气概：“这些人勇敢、智慧、诚实、令人感佩，对真理孜孜以求。”但他也指出，这些外交官吁请美国国务院放弃援蒋转而支持毛泽东是完全错误的。谢伟思直到离世之前依然坚持自己认为正确的主张；戴维斯在1999年去世前终于承认想把中共拽出苏联的控制实在“不现实”。

伯恩斯坦还梳理了周恩来的生平，书里详尽记述了他复杂的人生。亨利·基辛格非常推崇周恩来。

《中国1945》是一部很重要的作品，伯恩斯坦20世纪80年代担任过《时代》周刊的记者，之后几十年致力于中国研究（他之前的作品研究了西方对亚洲女性的性幻想，还预言过今后与中国必有一战）。这本书意在以史为鉴，而现在美国正面临着太平洋彼岸重新崛起的共产党中国，双方重建互信希望渺茫。

1971年，当越南战争进入到关键阶段，巴巴拉·塔奇曼（Barbara Tuchman）出版了一本讨论美国和中国的书——《史迪威与美国在华经验（1911—1945）》（*Stilwell and the American Experience in China, 1911-1945*），该书一经出版非常畅销。这位颇有名望的历史学家也因此第二次获得普利策奖。塔奇曼反对印度支那战争，她写作这本书的部分目的是向美国人揭示支持一个亚洲的独裁破落户会有哪些危险。她说美国人已经在这里跌过跤——二战期间，美国与腐败无能的蒋介石政权结盟。这种错误以后不应该再犯了。

塔奇曼的作品是越战阴影下诞生的诸多中美关系研究中最有影响的一部。即使到今天，这一派研究依然在一般中美关系的话语中占有统治地位。其概要如下：美国努力帮助中国在二战中抗击日本。但美国选择的政府实在太腐败无能，罗斯福政府——其驻华力量由英勇的“醋乔”史迪威将军领导——实在是对中国爱莫能助。蒋介石和他的指挥官们在抗日中无时无刻不想着溃逃。

真正想要拯救中国的是中共，其领导人是毛泽东。但是塔奇曼的文章指出，美国无视了毛泽东的爱国主义，并囿于和红色势力的对立立场站错了队，把毛泽东推到了另一边。中国出现了一个反美的共产主义政权——这是必然的结局吗？

但在过去十几年间，美、英、俄、台湾（地区）甚至中国大陆的历史学家已经一点点解构了塔奇曼的叙述。从美国前外交官陶涵（Jay Taylor）所著非常权威的蒋介石传记，到盛慕真、陈兼、齐锡生、杨奎松、沈志华、冯筱才，以及过世了的高华和任东来等，这些作品的观点和塔奇曼迥然不同。首先最重要的是，蒋介石的军队确实奋力抗日并为国家流血牺牲，独力苦撑了四年，然后与美英联手又战斗了四年。单凭一项就能证明这个论点——中国方面90%的伤亡人员都是国民党士兵。

其次，史迪威没有什么战略远见，相反还要为一些灾难性的军事错误而负责，正是因此而导致了上千中国士兵被杀戮，损耗了国民党抗日和之后国共内战中可用的有生力量。最后一点，上述伯恩斯坦的书中也已经谈到了，即认为“美国拱手放弃了把毛拽离苏联阵营的机会”是没有任何根据的——塔奇曼对此却言之凿凿。

拉纳·米特（Rana Mitter）是牛津大学的历史学教授。他认为，理解二战中的中国所经历的一切——从遭到日本帝国主义的蹂躏，到与美国关系进展的停滞，再到国共双方对人民的索求——对于理解今天中国的许多问题至为关键。他相信，中国最近爆发的反日游行，中国人对钓鱼岛的异常敏感，再有中国人对美国爱恨交织的情绪，都可以追根溯源到二战。

理解二战中的中国所经历的一切——从遭到日本帝国主义的蹂躏，到与美国关系进展的停滞，再到国共双方对人民的索求——对于理解今天中国的许多问题至为关键。

在《被遗忘的盟友》[1]一书中，他重点关注了三个人：蒋介石、毛泽东和汪精卫。汪精卫英俊倜傥，是近代中国版的本尼迪克特·阿诺德（Benedict Arnold），他主张抗日无用，1938年与蒋介石决裂，并领导了亲日的卖国伪政府。把汪精卫加入到研究范畴中来，是非常好的一个学术贡献，因为这可以让作者厘清，面对20世纪早期日本和西方列强的挑衅，中国人到底采取了哪三种不同道路：蒋介石与西方建立了紧密联系，先是德国，后是美国；毛泽东虽则有自主的倾向，但还是依赖苏联；汪精卫则相信，中国应该与其他亚洲国家联合起来对抗白种人的侵略。每一种观点的要素，都依然在当下中国心理中起到非常重要的作用。

米特认为中国的二战史从没被充分发掘过。他写道，这个国家的角色总是被描述成"小配角儿、跑龙套的"。但他指出，实际上中国是战争的头一个受害者，比英法早两年，比美国早四年。法国短短六周就投降了，中国却一直坚持到战争结束，英勇抗击了50多万日本军队——否则这些荷枪实弹的部队会直接威胁到英属印度甚至是美国本土。书中还说，中国本身在战争中的付出极其惨烈——1400万人死亡、8000多万难民之外，还有被彻底粉碎的中国尚在萌芽中的现代化。

米特将战争、饥荒、屠杀、外交与阴谋的故事巧妙地编织起来，环环相扣。其中间有对于普通士兵、教士、记者和老师的描述，展现了战争年代中国社会各阶层的百态。为了呈现1942年河南饥荒的细节，他引述了《时代》杂志记者白修德（Theodore H. White）的有力报道，其中有段著名的记述："路有狗食人尸，夜里农民食人。"而他笔下日军对中国的战时陪都重庆残暴轰炸后的情形，写到收尸小分队从废墟中将遇难者拖出来沿着长江岸边埋葬，有些碎肢只好扔到江中顺流东去。

书中还写到花园口旧事，蒋介石做了这一悲壮的决定，下令将堤坝扒开，通过行洪阻止日军前进，黄河泛区面积超过马里兰州两倍，死难者逾80万，造成了300万—500万难民流离失所。行文时米特将读者的视角拉到基层——国民党士兵原本计划是炸开大堤，但是堤坝修筑得非常坚固，未能成功。军人们只能靠

1 Rana Mitter, *Forgotten Ally: China's World War II, 1937-1945*, Houghton Mifflin Harcourt, 2013.

铲子挖，才最终完成了这一任务。

这本书非常出色，最精彩的部分是作者解构了史迪威（Joseph Warren Stilwell）神话。这位美国将军受罗斯福总统派遣来到中国，帮助中国军队战胜敌人。本书中的史迪威，与塔奇曼版传记中被奉为战神的军人形象迥然不同。米特的叙事技巧非常精妙，他提及史迪威在空降中国之前并没有任何的指挥经验。在中国战场，他脾气暴躁、心胸狭窄，没有战略眼光，也不领会任何外交斡旋，独独对缅甸穷追不舍，而缅甸在米特看来，是一个“并无可靠价值”的目标。

史迪威1942至1944年两次迫使蒋介石将中国装备最精良、训练最有素的部队派到缅甸，试图从后方打击日本军队，这些堂吉诃德式的行动，每次后果都是灾难性的。1944年，正当日军在中国东部沿海发动战争中最猛烈的一波攻击时，他强迫蒋介石再次派出远征军赴缅。而当部下请求他支援华东方面的国军哪怕就1000吨供给时，他甩出的回答是“让他们熬着吧”。在米特看来，史迪威与蒋介石的糟糕关系只是中美关系那时不正常关系的最明显表征之一。他认为，这段被误读的历史依然影响着今天这两个大国之间的关系。

历史学家文安立（Odd Arne Westad）也为重新思考中西之间的关系作出了贡献。他是挪威人，在美国受的教育，现为伦敦政经学院的教授（现已转任哈佛大学教授——译者注）。文安立的书《不安分的帝国》(2012)[1] 展示了历史学家们如何从新闻报道中汲取素材研究外部如何看中国，摈弃意识形态而根据一些最近澄清的事实来描述中国。其中不再有几十年来关于“中华帝国”的学术文献里普遍存在的政治正确倾向，也排除了将中国视为另一个世界的“异国情调”的影响。

《不安分的帝国》讲述了外国人参与中国发展进程的故事，叙事范围从中西交流甫一出现直到当代。文安立因此非常委婉地纠正了西方和亚洲的学界前辈们在中国研究中生造出来的许多错误概念。

除了文安立的书之外，还有普拉特（Stephen Platt）著《天堂王国》(*Autumn in the Heavenly Kingdom*)、潘佐夫和列文合著的毛泽东传记等，为我们拓展了前所未有的中国研究路径。普拉特将太平天国时期的中国置于世界中央，这场世界上最血腥惨烈的大起义发生在19世纪，死难者将近4000万人。而那本毛泽东传记则将毛描写成了一个与外部世界相关的国家领袖，书中的他并不是一个什么东方的“农民革命家”，而是斯大林的忠实追随者。

文安立的书较之这两本走得更远，它展示的外国在华人士，立场并不属于美国大学课堂主流的邪恶帝国主义论，故事更丰富、更有意义。《不安分的帝国》的出色之处在于，除了写在和西方和日本打交道时中国感受的根本威胁之外，也写出了在开启中国民智方面，西方和日本起到关键作用，以及它们如何给当时中国人带来惊奇和启发。

---

1 Odd Arne Westad, *Restless Empire, China and the World since 1750*, Basic Books, 2012.

文安立挑战了大陆和海外“中国人民的老朋友”们提过很多次的看法，即中国从来不是一个扩张性的国家，清代是“孤立的、内向的”末代王朝——错了！文安立争论道：“清代一直在对外扩张。”的确如此，18世纪清政府灭中亚的准噶尔，被文安立称为第一场近代的种族灭绝，这一事件使新疆这一幅员辽阔的省份被纳于清代版图之中。他还说，除此之外，往昔对于清代对外贸易的认识也是完全错误的，清王朝喜欢对外贸易。更广义地来讲，我们对旧中国“永远停滞不变”的印象并不符合事实。他写道：“一旦有机会，中国吸纳新鲜事物的能力远超他人之上。”任何过去30年来过中国的人，都绝对会赞同这个论断。

文安立的核心论点是，外国人是中国现代化的关键要素。英、美、日、德、俄都起到了中国的顾问、榜样、老师、引导、启蒙的作用。文安立无意淡化帝国主义侵略对中国的掠夺，但他的重点在故事的另一面——美国的传教士将教育、科学和近代医药传播到了中国；英国人引进了现代行政体系；德国人教授中国大量有关战争的知识，而法国人甚至创建了中国的邮政系统。

文安立对于日中关系的分析尤其精妙，他认为这一关系犹如精神分裂，部分是仿效榜样，部分是敌对关系。两国之间始终存在各种问题，新近中共支持反日游行，这样看来会越发觉得这一描述非常贴切。

文安立提示读者，两次大战中的中国并不是几十年来美国人描述的那样乱成一团糟。诚然如是——这要归功于民国的外交家们，以弱国之身巧妙周旋回护，使中国在19世纪的大帝国如奥匈帝国、奥斯曼土耳其和大英帝国等当中，成为唯一一个几乎原封不动的国家。

文安立给予了民国统治者正面的评价，这是有其他学者的研究作为佐证的，例如2009年陶涵所著的出色传记《总司令：蒋介石与现代中国的奋斗》[1]等。在这个“19世纪中期以来中国最高效的政府”中，蒋介石是舵手。而且文安立认为，蒋介石的另一大功绩是抗战。

文安立书中最精彩的部分之一，是揭示中国与美国的复杂联系，他称之为“情结”。他写道，过去40年间对中国崛起的影响，美国无出其右，其开放市场、社会和高校助力了中国的现代化。文安立对美中关系的研究是笔者非常艳羡的。他指出，两国社会较之其他国家有一种共同的特征：都“对生活日新月异的变化有充分思想准备”。对中国人来说，这是出于复兴往昔的迫切心理；而之于美国人，则是着眼于塑造未来。

这边陶涵、文安立和米特在构造观察蒋介石的新视角，另一边，凯斯西储大学（Case Western University）的俄裔历史学家亚历山大·潘佐夫（Alexander Pantsov）和美国历史学家斯蒂文·列文（Steven Levine）也在重新审视20世纪伟大的中国领袖——毛泽东。

---

1 Jay Taylor, *The Generalissimo: Chiang Kai-Shek and the Struggle for Modern China*, Belknap, 2011.

中国是唯一一个从未抛弃斯大林的共产主义大国。苏联人从1953年斯大林去世之后就开始了去斯大林化的进程，东欧紧随其后。但中国始终与这位巨人联系在一起。而且长期以来在所有中国的官方机构驻地，这位大胡子共产主义领袖的肖像（眼睛很像亚洲人）都被挂在显要位置上。

而潘佐夫和列文的历史研究试图解释，为什么中国愿意捍卫斯大林主义。他们认为真正的原因在于，斯大林最忠实的追随者其实正是毛泽东。

几十年来，在包括斯诺（Edgar Snow）和费正清（John K. Fairbank）等许多中国问题专家的教育影响下，毛泽东在美国人心中的形象是一个独立自主的革命家，他创造性地将左派理论应用于中国实践。有些颇具影响的美国人认为，毛泽东仅仅是一位农民改革家。

“毛泽东是斯大林忠实的追随者，为了证明自己的忠诚，他付出了代价，直到斯大林死后才敢走上与苏联模式不同的道路。”潘佐夫和列文的这本700多页的巨著开宗明义。

在新民主主义革命胜利之后，毛泽东又照搬了斯大林的方针，向小农阶级宣战，搞无情的农业集体化，消灭资本主义和资产阶级。

潘佐夫五年前写过一本俄文版的毛泽东传记，广受欢迎，这也是现在这本书的重要基础；而列文是备受尊敬的历史学者，两人将这本书定名为《毛泽东：真实的故事》。[1] 该书使另一本关于毛泽东的大书，即张戎（Jung Chang）和她的丈夫乔·哈乐戴（Jon Halliday）所著的名为《毛泽东：鲜为人知的故事》（*Mao: The Untold Story*）相形见绌。张戎也是畅销书《鸿：三代中国女人的故事》（*Wild Swans: Three Daughters of China*）的作者。

也有些西方人致力于反学界潮流而行，其中最著名的，当属长期担任哈佛大学教授的傅高义（Ezra Vogel）。

26年前，美国副总统乔治·H. 布什到访中国西南城市成都，带来了致中国的信息：美国愿意帮助中国。在四川大学的演讲中，他提到美国将允许中国更大范围地接触先进技术——有些可供军用——这是其他共产党国家所没有的待遇。他声言，美国公司非常愿意来华投资，并预言美国消费者即将追捧中国商品。他对听众说：“我们非常愿意帮助中国，非常、非常愿意。”

再次有美国副总统访华则是2011年了。乔·拜登在同一座城市、同一所大学，面对着相似的观众群也发表了一次演讲。而这一次，传递的信息却截然不同，拜登不再强调前途光明的市场、投资和技术，而是许诺美国一定会用好欠中国的数万亿美元国债。

老布什和拜登两位副总统的四川之旅，给这个世界上最伟大的事迹——中国崛起并成为全球主宰之一——做出了标记。2010年中国超越日本成为世界第二大

1 Alexander V. Pantsov and Steven I. Levine, *Mao: The Real Story*, Simon & Schuster, 2013.

经济体，超越德国成为出口量最大的国家——中国一路走来的历程成为傅高义在《邓小平时代》[1]一书中故事的主干。新近出版的这本历史著作，讲述了中国改革开放的精彩历史。该书将许多访谈和回忆录组合起来，清晰地描绘了中国如何从极权主义的一潭死水中走出来，发展成今天这样一个强国。

傅高义是哈佛大学教授，其学术生涯的研究兴趣始终在中国和日本。他选择了邓小平作为主人公（1904—1997年），邓小平是著名的共产党领袖，16岁离开四川农村老家前往法国勤工俭学。这本书的传主虽然个子矮小，但篇幅光文字部分就有714页，块头堪比姚明。

傅高义要讲的故事意义深远。他的主要观点是：邓小平足以在20世纪最伟大的政治领导人群像中占据核心地位。他不仅开启了中国市场导向的经济改革，也同样收获了200年来中国历任领袖孜孜以求的东西：世界上最古老的文明得以成功转型，成为一个现代国家。

他不仅开启了中国市场导向的经济改革，也同样收获了200年来中国历任领袖孜孜以求的东西：世界上最古老的文明得以成功转型，成为一个现代国家。

傅高义问道：“有其他任何一位20世纪的领袖能更好地惠及这么多人吗？有其他任何一位20世纪的领袖对世界历史的影响能如此巨大而长久吗？”

傅高义写道，在邓小平的领导下，中国从年均贸易总量只有100亿美元跃升到现在的100倍之巨。邓小平执政的前期，他请求美国允许中国派遣数百名学生赴美，而至今中国已经有140万学生赴海外留学。邓小平比世界上其他政治领袖都更欢迎全球化，这使中国成为从全球化中获益最多的国家。他也为巨大的人口迁移打下了基础——到2015年，中国一半以上的人将居住在城市里。这一规模，将使中国历史上其他因战争或起义而导致的人口变动相形见绌。

傅高义的作品在很多方面都非常出色。首先，它回答了一个问题，即邓小平在毛泽东时代是怎样生存下来的。傅高义认为，这是因为邓小平在毛泽东早年不得志的时候依然不离不弃，这样从革命的草创时期开始，未来的领袖就相信邓小平的忠诚。毛泽东很快就开始倚赖邓作为其亲信。毛泽东也总是需要依赖他来挽救遭到破坏的中国经济，而邓小平正是他的救急药之一。

毛泽东也让邓小平在20世纪60年代中苏论战时挑大梁，与苏共主要理论家苏斯洛夫和苏共领袖赫鲁晓夫对峙。傅高义写道，毛泽东害怕其继任者会像赫鲁晓夫对待斯大林那样声讨自己。在邓小平刻薄地攻击苏联人之后，毛泽东终于相信，自己的政治遗产可以放心地传递下去了。

而最关键的是，虽然毛泽东在1966至1976年间的“文革”中一手制造了邓小平的“三起三落”，将他下放到江西多年，任由红卫兵折磨邓的一个儿子，迫

1 Ezra F. Vogel, *Deng Xiaoping and the Transformation of China*, Belknap Press, 2013.

其跳楼导致颈部以下瘫痪，可是，毛泽东还是放心交棒给邓小平。

到邓小平1977年重回领导岗位开始“拨乱反正”时，他避开了所有对毛泽东的直接批评。关于邓小平如何成功解构对毛的盲目崇拜，将中国经济从意识形态的荒诞桎梏中解放出来，并依然维护毛泽东“中国人民大救星”的形象，傅高义的分析非常具有启发性。他指出，邓小平之所以这么做，是因为他相信，如果公开批判毛泽东，将会威胁到中共的统治根基。邓小平认为，必须不惜一切代价维护党统治正当性的光环，因为只有共产党才能救中国。邓小平的成功模式非常简单，如傅高义所说，“不争论，先尝试，见效之后再推广”。

傅高义称邓小平为中国这场新革命的“总设计师”。他推动这个国家进入了现代世界。邓小平非常注意不使自己突出于变革的前台。傅高义说，邓小平甚至实际上没有出现在许多最关键政治经济行动的现场——例如1976年逮捕包括毛泽东遗孀江青在内的“四人帮”，以及设立市场导向的经济特区进行资本主义试验等。

傅高义还列出了邓小平努力增进与美日的关系促进中国发展的许多细节，颇具启发。毛泽东向西方敞开大门，是为了制衡苏联；邓小平却深知，美日的技术、投资和知识将会成为中国发展的关键因素。的确如此，在中国的现代化进程中，美国的重要性无出其右——只是中国的官员们不公开宣称而已。

傅高义的这本书并非完璧无瑕。他对于邓小平的褒扬过于溢美，有些地方读来甚至像是出自中共高层的手笔。他还将那些与中国威权体制作斗争的不同政见者，描述为阻碍邓小平进行现代化的捣乱者。傅高义似乎特别认同邓小平（当然还有中共）的观点，即如果中国允许更多的自由，则可能会发展成混乱，这样一来，拥护党的领导还是陷入混乱状态，似乎成了非此即彼的单项选择。

傅高义为我们加深对邓小平的了解做了大量工作，也给西方记者留下了解读邓小平政治遗产的空间。

说中国过去几十年来仅仅是“转变”太过于轻描淡写。从前的这个“东亚病夫”，现在已经自豪地跃升为世界第二大经济体，贸易伙伴的数量和贸易额多于全世界其他任何国家。1989年，中国人均GDP不足430美元／年，而2014年这个数字已经超过了7000美元。

但是，从第三世界中脱颖而出跻身为全球性大国，这一路不是没有遭遇挑战的。中国的碳排放量超过其他所有国家；中国的空气、土壤和水资源被重金属和其他毒素污染。贫富差距比美国还要大。

欧逸文（Evan Osnos）在《纽约客》刊发的文章，堪称描述、解释和嘲讽这一崭新中国有趣之处的最好作品。在《野心的时代》[1] 这部著作中，欧逸文将其

---

1 Evan Osnos, *Age of Ambition: Chasing Fortune, Truth, and Faith in the New China*, Farrar, Straus & Giroux, 2014.

报道又推进了一步，以一种很少有人尝试的方式展示了他称之为“中国的镀金时代”的欲望、挑战和困境。

在其对当代中国的引人入胜的考察中，有两个主题占据显要位置。一个是饥渴。欧逸文在行文伊始就指出，中国正在经历的是“一个贪婪的阶段”。这不仅是说缺肉吃——中国从20世纪70年代到现在荤食消费量已经翻了六番。毛泽东时代已经结束40年，中国人正在为寻求商品、财富、经验和尊重而搅动全球。另一个是追逐。欧逸文写道：“所有中国人都在踏上旅程，加入到历史上最大规模的人类流动中。”这并不仅是指身体的位移。全书中随处可见的是各种故事，讲述各色人等的精神、经济、情感和哲学之旅，这既改变了他们自己，也改变了我们所熟知的世界。

毛泽东时代已经结束40年，中国人正在为寻求商品、财富、经验和尊重而搅动全球。

一切都来得如此迅速。欧逸文注意到，20世纪80年代的中国的权威字典《辞海》将个人主义描述为“资产阶级世界观的核心，损人利己的行为”。但是今天，自己可以把握命运——这种思想在中国传播的迅猛程度，也许只有美国观察家才能真正体味。

欧逸文的书分为三个部分，分别描述了对财富、自由和精神的追寻。其中读者可以看到许多关于中国学者的详细描述。例如林毅夫，他曾经是台军的年轻军官，1979年做出横渡台湾海峡来到大陆的惊人之举，后来又在芝加哥大学拿到了经济学博士，成为世界银行首席经济学家，他是中国混合经济体制的主要支持者之一。

还有农村出身的龚海燕，创办了相亲网站世纪佳缘，其经历是典型的白手起家，这种特质现在已经是中国自我认识的一部分。唐杰，上海一所顶尖大学哲学专业的学生，对西方媒体关于西藏问题的报道不满，他让欧逸文认识了非常重要的中国民族主义群体，以及他们要求西方势力滚出中国的坚定立场。书中也深入探讨了著名的不同政见者艾未未和刘晓波。总之，欧逸文各方采撷，书中包罗万千——无论贫富、基督徒、佛教徒、爱国者、被压迫者、权贵、黑社会、民主主义者、不同政见者和体制的坚定支持者等，都囊括其中。

欧逸文的书让人想起1894年美国传教士明恩溥（Arthur H. Smith）的名著《中国人的气质》（*Chinese Characteristics*），这是20世纪20年代流传最广的关于中国的著作。《中国人的气质》虽然充满了屈尊俯就的种族主义情绪，但依然是一部深刻的作品。明恩溥对中国人“脸面”概念的定义，启发了中国著名作家鲁迅写出他最著名的短篇小说《阿Q正传》。

欧逸文对于中国人野心的研究也同样是野心勃勃的，这可以从他试图揭示当代中国国民性的努力中看出来。欧逸文在书中某处写道，中国人一般形容自己比美国人要更审慎，但心理学研究显示，较之财力相近的美国人，中国人在投资上更愿意冒风险。在另一章中欧逸文提到，在多数发展中国家，父母的教育程度是孩子成年后收入水平的决定性因素；但是在中国，“父母的关系”——而不是教育程度——才是关键，这使得中国的城市成为世界上社会流动性最差的地区。

最后，欧逸文对中国“镀金时代”的观察是，虽然活力鼎盛、经济增长堪称奇迹，但是这个时代中并不存在任何“主旋律”，中国人的灵魂中出现巨大的精神真空，而且他认为，这一点使这个大国的未来不甚确定，无论于人于己都有些可怕——这个结论，也许明恩溥也会理解。

（陈宇慧 译；于铁军 校）

朴槿惠“东北亚和平合作构想”刍议

沈定昌

内容提要：为克服“亚洲悖论”、防止本地区的争端和冲突，把由历史、领土等问题引发的矛盾转换成以信任、合作为基础的新局面，朴槿惠在竞选韩国总统时就提出“东北亚和平合作构想”，主张相关国家能像欧洲的赫尔辛基进程那样，把双边的关系发展与三边关系、东北亚多边关系、亚欧合作等相结合，在构建信任关系的同时开展经济合作。当选后，朴槿惠将这一构想作为韩国重要的外交政策加以推行。通过韩国政府的持续宣传和解释，“东北亚和平合作构想”已经获得众多主要国家和国际组织的理解与支持。“东北亚和平合作构想”为世人展示了实现东北亚和平合作的蓝图，但在推行过程中仍将面临诸多挑战。

关键词：韩国　朴槿惠　东北亚和平合作构想

朴槿惠总统执政后，谋求将主要国家的双边关系发展与三边关系、东北亚多边关系、亚欧合作等结合，构建信任关系，促进经济合作。同时，她改变上届政府对朝鲜一味实施强硬政策的做法，采取了“施压加上对话”的双轨并行对朝政策，试图通过区域合作，诱导朝鲜融入国际社会，改善国内经济状况，缓和南北关系。2013年5月8日，朴槿惠总统在美国国会发表演说时，正式提议推行“东北亚和平合作构想”（以下简称“构想”），即“首尔进程”。这一构想包括三大愿景：构筑朝鲜半岛和平与统一基础，建立东北亚地区和平与合作体系，为世界和平与繁荣作出贡献。[1]

早在2012年11月13日，朴槿惠在竞选总统时就撰文阐述了“构想”，认为东

沈定昌　北京大学韩国学研究中心教授。

1 韩国《联合新闻》，2013年5月8日电，www.yonhapnews.co.kr，2015年2月10日登录。

北亚国家构建信任关系非常重要，希望能像欧洲的赫尔辛基进程那样，将主要国家的双边关系发展与三边关系、东北亚多边关系、亚欧合作等结合，构建信任关系，促进经济合作。为宣传和推动“构想”，韩国政府派遣由青瓦台、外交部的官员以及专家、学者组成的工作小组，前往中国、美国等相关国家，宣讲“构想”的特点、目标和推进路线图。2014年7月29—30日，韩国副外长赵兑烈率领政府代表团访华，向中方介绍了韩国政府的“构想”。朴槿惠倡导的这一“构想”的目标究竟是什么？区域内国家对“构想”将会有什么样的反应？实现这一“构想”的可能性有多大？这些问题还有待深入研究，本文是对相关问题的初步探讨。

一、出台背景

区域合作带来的效果从来就不限于经济，如能顺利实现合作，会随之出现扩散效果。许多区域外国家会同区域内国家建立起经济、社会文化以及政治上的关系，同时区域内国家之间的经济、社会文化以及政治关系也会得到进一步发展。在东北亚地区，最不稳定的因素在朝鲜半岛，通过东北亚地区合作进行的经济交流与合作，这种不稳定因素将会减少。而且，资源分配会更为合理、有效，从而产生出经济方面的协调效应，使该地区的紧张局势逐步缓和。由于东北亚地区问题具有的复杂性，这一地区的合作还存在不少障碍：从二战后到现在，东北亚一直未能摆脱冷战的范式，例如朝鲜半岛的南北分裂、中国的台湾问题；各国社会制度不同、经济发展水平差异显著，大国之间复杂的利害关系很难轻易得到解决；因历史、领土等问题，困扰着区域内中日、韩日等国家关系的发展。由于这一地区的民族主义倾向强烈，历史问题的矛盾与竞争关系不易解决，因此加强区域内相互信任和区域合作尤为重要。[1]

从20世纪80年代起，区域内有关国家就曾多次提出多边（安全）合作构想。韩国对东北亚地区的合作持比较积极的态度。随着经济发展和国力的增长，韩国为了提升国家形象、扩大国家影响，加强与区域内国家的交流与合作，也曾多次倡导建立东北亚地区合作机制。1988年10月，卢泰愚总统为了推进“北方外交”，在联合国大会上提议创设“东北亚和平协议会”。[2] 1988年11月10日，韩国政府成立了以外交部长为委员长的促进委员会，但在与相关国家的协商中，美国和中国对此并不积极，朝鲜反对，该提议未能实现。受东盟地区论坛（ARF：ASEAN Regional Forum）、亚太安全合作理事会（CSCAP：Council for Security Cooperation in Asia-Pacific）及东北亚合作对话（NEACD：Northeast Asia

---

1 沈定昌：《朴槿惠政府外交趋向》，载北京大学亚太研究院编：《亚太研究论丛》（第十辑），北京大学出版社，2013年版，第116页。

2 某种意义上讲也是对戈尔巴乔夫提议的回应，戈尔巴乔夫曾于1986年7月提议在东亚地区建立多边安全合作机制。

Cooperation Dialogue）等机制设立的影响，金泳三总统于1994年5月在第一届东盟地区论坛高官会议上提议设立东北亚安保对话，由于没有具体推进措施，未有结果。金大中总统曾分别在韩日（1998年10月）、韩中（1998年11月）、韩俄（1999年5月）的首脑会谈中阐述了东北亚多边安全对话的重要性，但由于与相关国家事先协商不够或后续措施跟不上等原因，均未能取得进展。卢武铉总统上台后，强调东北亚多边安全合作的重要性，对“和平繁荣的东北亚时代”的构想表现出关注和期待，表示要“通过定期的多边安保对话，扩大信任，提高安全合作水平”。卢武铉政府的构想是通过定期多边安全对话，扩大信任，提高安保合作水平，从共同关心的环境、跨国犯罪、保健等领域着手，逐步扩大议题范围，利用现有的多边安全对话机制，主导区域内的多边安全对话，诱导朝鲜参与，以此为基础，逐步加强建立军事信任的措施。[1] 卢武铉政府大力推进的“东北亚均衡论”，由于朝核问题，未获主要国家及国内的支持等原因，也没有取得实质性进展。

朴槿惠从小随父亲朴正熙在青瓦台生活、成长，亲身经历、见证了父亲领导韩国摆脱贫困、实现工业化和经济腾飞的整个过程。朴正熙总统执政期间，在积极治理国家的同时，大力开展外交活动，为韩国营造了一个良好的国际环境，促进了韩国的经济发展。朴槿惠效仿其父的做法，在国家安全得到保障的前提下，积极实施“实用主义”的外交政策，以获取有利于韩国经济发展的外部环境。目前，韩国的周边安全环境正在进入一个特殊的转型期，其外部环境充满了许多不确定性、不稳定性和不可预测性。为了应对体制不稳定的朝鲜、长期得不到解决且有不断升级的趋势的朝核问题、陷入困境的南北关系等一系列问题，朴槿惠上台伊始便提出旨在实现南北关系正常化的“朝鲜半岛信任进程”，试图引导朝鲜成为国际社会负责任的一员，并构筑南北和平与统一的基础。而“构想”则是通过区域内国家的合作与对话，间接营造解决朝鲜半岛问题的氛围。

二、“构想”概述

朴槿惠上台后，将“构想”作为韩国的重要外交政策加以推行。韩国外交部在2013年3月的工作报告中提出，“随着区域内各国相互依存关系的不断深入，东北亚国家间双边层面的不信任和矛盾持续得不到缓和的‘亚洲悖论’现象应该予以克服，并进一步将其转变为信任和相互合作的关系，构建区域内各国间的信任机制，寻求可持续的和平发展。通过与核心利益当事国的‘双边和小双边’协商进程，促进协商和纽带关系的确立，以此为基础，构建东北亚和平合作的机

1 韩国国家安全保障会议秘书处（NSC）：《和平繁荣与国家安保》，2004年3月1日，http://cafe.daum.net/ssrchoi/DUgR/，2015年5月12日登录。

制”。[1] 随后，朴槿惠总统在访问美国、中国等国家时，对“构想”进行了阐述；韩国外交部主要领导利用出访或参加国际会议的机会，对相关国家的领导人和专家、学者介绍“构想”的内容；由总统府青瓦台、外交部官员及大学教授组成的“构想”项目组也前往中、美、俄等国以说明会等形式进行宣讲。综合韩国方面的表述，“构想”大致包含下列内容。[2]

（一）“构想”的目标

2013年3月，韩国发行的《第18届总统职务移交委员会白皮书》，把“构想”的目标确定为“将东北亚地区内的双边矛盾结构转换为多边合作框架”。2014年5月30日，韩国总理郑烘原表示，韩国希望亚洲各国在信任与合作的基础上实现“和平与繁荣的亚洲时代”，为此韩国将推进“构想”。该“构想”旨在让本区域内国家通过有关环境、救灾、核能安全、反恐等共同议题的对话合作积累信任，在此基础上逐步向其他领域延伸，从而扩大合作范围，形成多边对话体系。[3] 韩国峨山政策研究院崔刚副院长在“东北亚和平合作构想的背景与目标”一文中将“构想”的目标描述为：“通过以软安全问题为中心的功能性合作，消除区域内成员国之间存在的不信任和质疑，培养互信，逐渐扩大合作范围，从多层次、多元化角度，确立信任的文化、合作的习惯和新的区域同一性，最终在东北亚区域内构建可持续的和平、稳定、繁荣的框架和基础。”[4]

“构想”不仅是朴槿惠总统任期内要推行的外交政策，而且是韩国要长期推进的战略性外交课题。因此，“构想”设定了短期目标和长期目标。短期目标：今后五年内，实现“东北亚首脑会谈”、发表“东北亚和平宣言”等能反映区域内首脑间意志的目标。在实现这一短期目标过程中，营造和平共存和文化的氛围，签署“计算机安全协议”、“环境保护协议”、“自然灾害共同合作方案”等。在区域内国家达成共识的前提下，在首尔设立秘书处，以便一揽子解决区域内的各种问题。长期目标：1. 通过形成多边对话与合作惯例建立信任，使东北亚地区的和平与合作文化得以扎根；2. 通过构建区域内合作机制，确保可持续和平与繁荣的基础；3. 引导朝鲜融入国际社会，为解决朝核问题作出积极贡献。通过进一

1 韩国外交部政策研究室：《“为国民幸福和希望开启新时代的信赖外交”——2013年外交部工作报告》（附件3），韩国外交部官网：http://www.mofa.go.kr/webmodule/htsboard/template/read/korboardread，2015年5月15日登录。

2 “构想”所包含的内容，是作者参照韩国“东北亚和平合作构想”项目组撰写的、由韩国奥罗门（音译）图书出版社出版（2014年2月14日）的《东北亚和平合作构想》（韩文）一书有关内容翻译编撰的。

3 参见《韩国总理：推进“东北亚和平合作构想”》，福建日报网，2013年5月31日，http://fjrb.fjsen.com/fjrb/html/2013-05/31/content_630508.htm?div=-1，2015年5月15日登录。

4 崔刚：《东北亚和平合作构想的背景与目标》，载《2013年世宗国际学术会议论文集：东北亚和平合作构想》，第4页。转引自朴柄奭：《朴槿惠政府东北亚和平合作构想的具体化和改进方向》，《当代韩国》，2014年第1期，第63页。

步发展“构想”，建立一个东北亚多边安全协商机制。

为了切实有效地推行“构想”，韩国政府还制订了实施“构想”的五年路线图，计划分四个阶段推进。第一阶段：环境形成期（2013），建立机构、制订和宣传“构想”的原理及推进战略（制订路线图，通过政府及民间专家、学者的宣传，赢得国际社会的支持）；第二阶段：出台期，获取国内外对“构想”的支持及公开发表具体的合作方案（向有关国家积极宣传、选定合作的切入点、召开东北亚和平合作论坛等）；第三阶段：成果期，通过首脑会谈，取得“构想”的核心成果（举行东北亚首脑会谈、发表“东北亚10年和平宣言”、通过合作获取共同利益等）；第四阶段：成型期，东北亚文化合作的形成及与朝鲜半岛文化的互动（定期举行首脑会议及外长会议、加强东北亚民间的联系等）。

韩国认为，为了夯实合作的基础，需要从文化的角度建立区域内成员国之间的信任关系，而不是将重点放在应对现实问题或一般的合作，要在各个领域创造更多的协商和合作机会，不断积累合作的经验，探索可持续的合作模式，谋求范围广、内容丰富的一揽子合作。同时，韩国政府一再强调，“构想”应与朝鲜半岛和平进程相联系，营造能解决和调控朝鲜问题的氛围。

（二）“构想”的基本原则

1. 通过对话，分阶段、循序渐进地进行合作；2. 从易于合作的领域、负担小的实质性事务着手，与愿意合作的国家进行合作，根据参与国所达成协议的情况，分阶段扩大合作；3. 完善和扩大现有亚太地区合作机制，例如中韩日三国合作机制、东盟地区论坛、东盟10+3、东亚峰会、亚太经合组织等各种多边合作机制；4. 开展多层次、多形式的合作，除政府的努力外，还要积极促进非政府组织（NGO）等民间团体的合作，在核安全、能源、环境等各种领域分别进行合作，并以自下而上的方式推进合作（通过个别合作追求更高水平合作，以及通过域内国家之间高层磋商来确认合作的政治意向）；5. 开放性的对话与合作，以东北亚地区所有利益相关方参与为基础，循序渐进地与东南亚、欧洲等其他地区建立相互合作的关系；6. 以主人翁态度参与合作。“构想”并非由特定国家主导，而是由对合作有创意的国家共同推进，韩国愿意发挥积极的促进作用。

（三）“构想”的参与国

韩国认为，比较理想的是区域内的国家——韩国、朝鲜、美国、中国、日本、俄罗斯、蒙古等7国均能参与，不过在初期的时候，朝鲜的参与可能性很小，蒙古对“构想”是否感兴趣也是个未知数。因此，在实际的推进过程中，将会以韩、美、中、日、俄的五方会谈形式出现。东北亚地区与国际安全、世界经济、全球金融、国际文化潮流等有着非常密切的关系，因此在成员构成方面应具有一定的开放性，可让东南亚的主要国家（如印度尼西亚、马来西亚、越南等）、澳大利亚、加拿大、欧盟等国家与机构以及联合国的国际机构等参与，这将有助于“构想”的实施。

（四）“构想”拟探讨的合作议题

韩国认为，首先应着手探讨对东北亚造成共同威胁的因素——“非传统软性安全议题”，如环境（雾霾等）、能源安全、核电安全（核泄露事故等）、救灾、网络安全等。随着合作的发展，在域内国家达成共识的基础上，可将合作议题扩展到传统安全领域，即政治、军事问题。尽管“构想”未将引导朝鲜变化作为主要目标，但对朝鲜社会的变化和解决朝核问题施加影响是基本前提。

朝鲜的变化将有利于东北亚的区域合作。2013年6月29日，朴槿惠总统在清华大学演讲中明确提出了“朝鲜变化——新朝鲜半岛——新东北亚”的三阶段构想。她从两个方面阐述了东北亚和平合作与新朝鲜半岛、朝鲜变化之间的密切联系。首先，朝鲜的变化是朝鲜半岛和东北亚变化的钥匙。朴槿惠强调说：“我认为，要想取得东北亚真正的和平与合作，最紧迫的是要建立‘新的朝鲜半岛’。我心目中的‘新的朝鲜半岛’是和平稳定、南北自由交往、为建设稳定富饶的亚洲作出贡献的‘新朝鲜半岛’。我期待着朝鲜半岛取得真正的变化，尽管目前南北之间尚未摆脱不信和对立的恶循环，但肯定会建立起新的南北关系，建设成新的朝鲜半岛。因此，解决威胁朝鲜半岛和东北亚和平的朝核问题，使朝鲜成为国际社会负责任的成员尤为重要。”另外，朝鲜的变化对朝鲜半岛和东北亚的发展具有积极的影响。[1]

（五）“构想”的特点

韩国强调，朴槿惠总统提出的“构想”是东北亚具有特色的多边安全合作体，它是在区域内“亚洲悖论”的特殊情况下诞生的。其基本目的是将以往由历史、领土问题引发的矛盾，如因美中势力范围的重组、中日之间新的竞争等引起的东北亚矛盾，转换成为信任、合作为基础的新局面。其特点如下。

1. 不是注重实力，而是以相互信任和尊重为基础，重视建立新的秩序、规范、惯例和机制的重要性，通过普遍价值的实现，谋求东北亚地区所有成员的幸福。与以往重视实力和利益相比，朴槿惠政府的“构想”是建立合作与信任。

2.“构想”不偏向某一个特定国家，而是谋求责任共担、利益均享的双赢。而且，“构想”不局限于以国家或政府为主的合作，还谋求与非国家行为体的多层次、多元化、多领域的合作，构筑新东北亚时代的多元文化和合作网络。

---

1 韩国青瓦台网页：http://www1.president.go.kr/president/speech.php?srh%5Bpage%5D=13&srh%5Bview_mode%5D=detail&srh%5Bseq%5D=32，2015年5月15日登录。

3.“构想”中的安全概念与传统的安全概念不同，与过去历届政府以安全为重点的多边安全合作相比，其概念更为广泛。

4.“构想”的首要目标不是诱导朝鲜变化，但引导朝鲜变化是基本的前提。迄今为止，韩国的东北亚和平合作构想主要集中在直接解决朝鲜问题，而朴槿惠政府的“构想”则是选择了通过多边合作，间接引导朝鲜变化的新战略。“构想”是朝鲜半岛信任进程的延续，强调朝鲜半岛的和平与繁荣是东北亚整体和平的一环。

表一　东北亚和平合作构想与亚太地区现有合作机制的区别

	东北亚和平合作构想（NAPCI）	东盟地区论坛（ARF）	中日韩三国合作（TCS）	东盟+中日韩（ASEAN+3）	东亚峰会（EAS）	亚太经济合作组织（APEC）
议题	以非传统软性安全为中心	传统、非传统安全	政治、经济、环境等	经济、政治、环境等合作	包括政治、安全、经济悬案	以经济合作为中心
参与国	东北亚国家（韩国、朝鲜、中国、美国、日本、俄罗斯等）	成员国、中国、美国、日本、俄罗斯、韩国、朝鲜等27个国家	中国、韩国、日本	东盟成员国、中国、韩国、日本等13个国家	东盟成员国、中国、美国、韩国、日本、俄罗斯等18个国家	中国、美国、日本、俄罗斯、韩国等21个国家
其他	对话合作进程	安全对话机制	一揽子协商机制	一揽子协商机制	一揽子协商机制	经济协商机制

资料来源：韩国外交部《东北亚和平合作构想》宣传手册。

（六）“构想”的推进方式

1. 形成国际社会的共识：韩国政府一直在各种双边、多边会谈中对“构想”进行说明。过去的一年多时间里，通过韩美（2013年5月）、韩中（2013年6月和2014年7月）、韩俄（2013年11月）的首脑会晤以及东盟有关的峰会（2013年10月）、韩国欧盟峰会（2013年11月）、韩国加拿大峰会（2014年3月）等，向有关国家阐述了“构想”的宗旨与概念。同时，还以美国（2014年2月）、日本（2013年12月）、中国（2014年3月）等国家为对象，在当地举办了“构想”说明会。今后，韩国还将利用核安全峰会、东盟地区论坛（ARF）外长会议、联合国大会等政府间的国际会议召开的契机，并通过与欧盟、北大西洋公约组织（NATO）的研讨会以及东北亚和平合作论坛等多种半官半民的国际会议以及在相关国家举办当地说明会等多种形式，继续推动相关国家达成对“构想”的共识。

2. 形成东北亚国家之间的合作惯例：在核电安全、能源安全、环境、救灾、网络空间等非传统软性安全问题上，按议题分别推进具体的合作项目，从而形成合作的惯例。合作惯例的形成将以两种方式推进：第一，举办东北亚国家政府代表会议。以现有国际会议的举办为契机，或者通过单独举办会议，将东北亚国家的政府代表汇聚一堂，按议题分别举办探讨特定议题的会议。第二，进一步激活东北亚现有协商机制，或者扩大参与国范围，从而促进区域内对话与合作。

3. 在东北亚国家之间建立稳固的合作框架：通过实现各种会议和各议题合作项目的定期化，达成对“构想”的共识，以此完善现有东北亚地区的多边协商机制，最终在东北亚地区建立多领域、多层次的多边协商机制。

（七）“构想”进展情况

“构想”出台以来，通过韩国政府的宣传和解释，已经取得了一定的进展。

1. 韩国政府利用首脑会晤、高层外交人员的会谈等机会进行解释、宣传，已得到了中、美、日、俄等周边主要国家以及欧盟、东盟、加拿大、澳大利亚、哈萨克斯坦、土库曼斯坦等国家和地区组织对“构想”的理解和支持。

2. 韩国副外长和“构想”项目组前往有关国家，通过举办说明会、发放宣传材料等形式，向这些国家的高层官员、专家和学者介绍“构想”。

3. 举办各种类型的国际学术会议，对“构想”进行研讨。继2014年7月韩国峨山政策研究院与瑞典斯德哥尔摩国际和平研究所共同举办国际学术会议后，9月份韩国将与欧盟共同举办研讨会，对“构想”进行探讨。另外，韩国政府还在2014年10月举办了“东北亚和平论坛”，[1] 12月份“世界政策会议”在韩国召开。[2]

4. 推动具体合作项目，通过促进核安全、能源安全、环境气候变化、毒品、网络安全、救灾等领域各项目的合作形成合力。

---

1 “东北亚和平论坛”由韩国国立外交院主办，于2014年10月28日至30日在韩国首尔举行，中国、美国、俄罗斯、日本、蒙古、韩国等国的专家、学者、外交人士以及国际机构的代表200多人出席了会议。大会开幕式上播放了朴槿惠总统贺词的录像。

2 由法国国际关系学院（IFRI）主办的第七届世界政策大会（WPC）2014年12月8日至12日在首尔举行，这是本大会首次在亚洲地区举办，韩国总统朴槿惠在开幕式上发表主旨演讲，呼吁东亚各国构建信任关系。“世界政策大会”由法国国际关系学院于2008年发起并主办，宗旨是在全球化背景下，为世界各界领袖提供可以就当前重大国际话题进行交流的平台。此次论坛上，与会方就朝鲜半岛和东北亚局势、中美关系和全球秩序，中东和非洲问题等主要国际政治事宜进行深入探讨。尤其是在8日举行的“朝鲜半岛和东北亚展望”单元中，与会各方将讨论由韩国政府推进的“朝鲜半岛信任进程”和“东北亚和平合作构想”。《朴槿惠在第七届世界政策大会上呼吁恢复东亚和平》，人民网，2014年12月8日，http://world.people.com.cn/n/2014/1208/c1002-26168276.html，2015年5月15日登录。

表二 各领域合作的计划及推进情况（2014年）

合作领域	具体合作
核安全	举办核安全研讨会（TRM+）（9月/11月）
能源安全	* 设立天然气交易中心研讨会（3月5日） * 东北亚五国协商亚洲天然气降价问题（3月23日） * 东北亚石油中心研讨会（6月17日） * 太平洋能源峰会（6月30日—7月1日） * 第二届东北亚能源合作论坛（12月）
环境	东北亚跨境大气污染领域合作圆桌会（4月30日）
毒品	* 利用出席国际毒品会议（IDEC）的机会，召开东北亚国家毒品领域碰头会（6月18日） * 利用出席第24届消除毒品国际合作会议（ADLOMICO）的机会，召开东北亚国家毒品领域碰头会（10月1日）
网络空间	召开第一届中、日、韩网络空间政策协商会（10月）

资料来源：韩国驻华使馆2014年7月提供的宣传资料。

三、周边大国对“构想”的反应

“构想”出台以来，通过韩国政府的宣传和解释，已得到了中、美、日、俄等周边主要国家以及欧盟、东盟、加拿大、澳大利亚、哈萨克斯坦、土库曼斯坦等国家和地区组织的理解和支持。

（一）美国

奥巴马政府表示，原则上支持“构想”。随着中韩经济合作的深入，即便韩国不愿意，它也有可能被纳入中国的影响范围。因此，从韩国的立场来看，阶段性地推行“构想”的路线图是谋求中韩关系圆满发展与加强韩美同盟并行发展的最佳战略方案。美国将进一步发展亚洲地区既有的核心同盟关系，关注中国影响力的持续提高，最大限度地防止美国在这一地区安保作用的削弱。因此，在韩美同盟巩固、韩美日安保合作加强的情况下，美国对“构想”将持积极态度，不过也对若干问题有所担心。

美国担心的是：1. 随着中国安保作用的扩大，中韩关系进一步加强，双方将谋求长期的战略利害关系。在这一过程中，中韩关系将超过韩日关系，且其战略比重随之增强。在解决包括朝核问题在内的朝鲜半岛各种问题时，中国的作用有可能超过美国。2. 朴槿惠政府的“构想”是以中美为中心的韩国“均衡政策”，卢武铉推行的“东北亚均衡论”有根本的区别，这将弱化韩美日安保合作关系；

3.“构想”的核心议题是大对话和克服历史、领土等矛盾，尤其是设定以中韩日为轴心的“未来志向型”关系。如果韩日、中日之间长期无法解决矛盾，将对朝鲜半岛的安全带来负面影响。

从目前的情况看，奥巴马政府不会反对“构想”，而更有可能通过加强韩美同盟，使“构想”有助于美国的亚洲战略。为此，奥巴马政府将重视下列原则：1.“构想”的推进，不仅要有助于韩美同盟，也要符合美日、美澳等区域内主要同盟关系的利益；2. 美国对“构想”的核心部分之一，区域内相关国家间的对话持乐观态度，但认为克服韩日间的矛盾是其中一个很重要的因素，韩日应改善关系；3. 美国支持中韩加强合作，高度评价中韩首脑会谈。尽管美国持这种态度，但其仍认为韩美日三角合作关系是维持东北亚秩序的核心。因此，在“构想”的具体实施过程中，美国将会以不弱化韩美日合作关系为前提。

（二）日本

日本曾表示，原则上支持“构想”，但认为改善日韩关系应是推进“构想”的先决条件，且目前有可能合作的领域是救灾、环境领域等。目前，韩日间对话受阻，在韩日关系尚未解冻的情况下，日本不太可能积极参与韩国主导的“构想”。另外，韩日之间对安保认识的差异，也将对日本参与“构想”产生负面影响。从以往的情况来看，如果美国积极参与、中国也参与的话，日本从战略角度考虑参与“构想”的可能性很大。但是，日本担心韩国会通过“构想”来解决历史、领土问题，尤其是韩国的“亚洲悖论”，似乎并不是针对中国的崛起，而是针对日本。因此，日本对“构想”存有疑虑，认为：1. 在历史问题方面，中韩间可能会通过国际合作向日本施压；2. 在韩日关系不稳定的情况下，如果美国积极参与，东北亚地区将会出现日本影响力削弱、中美政治妥协的局面，这将促使中韩关系更为紧密。

（三）中国

韩国认为，为了“构想”顺利出台、圆满推进，中国的参与尤为重要。中国正在崛起，对多边合作及合作机制的建立持积极态度，对东北亚地区的合作、安保、繁荣作出了间接和直接的贡献。因此，对朴槿惠总统以“克服亚洲悖论、谋求相互合作和消除东北亚矛盾”为取向的“构想”持肯定态度。中国表示支持“构想”，具体的态度是：1. 对构想中提出的“亚洲悖论”有同感；2. 对利用“信任”这一非政治性的概念能否解决“亚洲悖论”存有疑惑；3. 希望“构想”有朝鲜的参与；4. 从最近东北亚地区发生的情况来看，也能反映中国对“构想”的合作态度。随着中国和日本的矛盾不断激化，中国认为与韩国加强合作是重要的外交资源。中国也对“构想”的具体内容及其推进战略仍可能存在以下担忧：1. 最担心的是与六方会谈的重复问题。从长远的角度来看，中国考虑将六方会谈转变为处理亚洲安保问题的多边安保合作机制；2.“构想”中的韩美同盟作用问题。中国认为美国“重返亚洲政策”的核心是遏制中国，而“构想”中主要方案之一就是加强美日同盟、美韩同盟；3. 所谓“人权问题”可能会给中国造成压力。

（四）俄罗斯

俄罗斯把迅速应对本国受到的安全威胁作为外交重点，在推行多边主义的同时，谋求国家利益、安全优先的实用主义外交路线，在对外关系中谋求国防力的加强、经济现代化和软实力等。普京执政后，俄罗斯表示要与亚太地区国家一起推进能源、社会间接资本、投资等领域的合作，在西伯利亚东部和远东地区的社会、经济发展和亚太地区多边安保合作中发挥主导作用。俄罗斯有可能对“构想”采取中立，担心“构想”会在中美韩的构思下稳步发展。一旦“构想”得到推进，俄朝关系将是俄罗斯介入、解决本地区问题的唯一途径，在俄日领土争议很难解决的情况下，只好通过与中国的合作，谋求本国的利益。另外，随着东北亚地区多边合作的积极推进，俄罗斯担心原有的重要合作框架——韩朝俄三角合作结构将与“构想”发生冲突。

四、影响“构想”推行的因素

目前，东北亚地区以历史、领土等问题为导火索的纠纷不断，各种矛盾亟待解决。朴槿惠总统倡导的“构想”在应对这些挑战、克服“亚洲悖论”等方面具有积极意义。在韩国政府努力工作和大力宣传下，“构想”获得了相关国家的理解和支持，但能否顺利推进，仍存在许多不确定因素。

（一）朝核问题对“构想”的影响

朝鲜的核问题极其复杂，它不仅仅是个核能利用问题，还涉及朝美关系、朝鲜半岛安全机制、相关大国的利益均衡等问题。自20世纪90年代至今，朝核问题一直是困扰东北亚地区的一个日益严重的难题。始于2003年8月的六方会谈，自2009年朝鲜宣布退出之后，由于各方分歧（主要是美韩与朝鲜）严重，至今未能复会。实现朝鲜半岛无核化，是解决朝核问题的最终目标，尽管朝鲜也标榜要致力于实现半岛无核化，但鉴于当前的国际环境与国内状况，朝鲜不会轻言弃核。至少在朝鲜停战协议改为和平协议之前，在没有得到安全保障之前，在朝美、朝日、朝韩关系正常化之前（起码是朝美建交之前），朝鲜不会真正弃核。而一旦朝鲜再次进行核试验，必将导致朝鲜半岛的局势再度紧张、恶化。

（二）美国“重返亚洲”战略对“构想”的影响

美国“重返亚洲”战略的提出与实施，在一定程度上导致了东北亚地区安全局势趋于紧张。强化美国在东亚地区构筑的军事同盟体系（美日、美韩等同盟）、掌握亚太地区的控制权、应对中国的崛起是美国“重返亚洲”战略的重要内容。美国高调介入中国与东南亚国家之间的南中国海争端以及中国与日本之间的钓鱼岛领土争端之中，并且明显地偏袒、支持东南亚有关国家以及日本的立场。中美之间围绕对台军售、达赖、谷歌搜索业务、人民币汇率、南海岛礁建设等问题的纷争，使得两国关系呈现出某种博弈态势。有些国际观察家甚至预言，中美有走向“新冷战”的风险。[1] 这样的中美关系，对韩国既有利，也不利。对韩国来说，有时很有可能会被迫在美国和中国之间做出选择。美国虽然欢迎和支持韩国发展同中国的关系，但也担心韩国会向中国倾斜。如何处理好与美国、中国的关系，韩国需要智慧。

（三）日本现行政策对“构想”的影响

几十年来，日本右翼采取种种手法企图为侵略罪行翻案，不停地参拜靖国神社，篡改历史教科书，淡化日军强征慰安妇责任。日本首相安倍晋三从2012年底第二次上台以来，在右倾化的道路上越走越远。首先，安倍及其内阁成员在国内、国际等重要场合公开否认历史，宣扬“侵略定义未定论”、“‘慰安妇’必要论”等，并在上台一周年之际悍然参拜靖国神社。其次，安倍内阁加速扩充军备，自2013年首次实现11年来的防卫预算实质性增加后，2014年又将防卫预算增加到创历史新高的95万亿日元。2014年3月11日，日本政府召开国家安全保障会议，通过“防卫装备转移三原则”，[2] 取代了延续近半个世纪的武器出口三原则，为日本武器装备出口、军工产业走向世界打开大门。7月1日，日本内阁会议批准了修改宪法解释，以解禁集体自卫权，做出日本自卫队成立60年来最重大的政策转变，使日本在自身未受到攻击的情况下，也可以走出去为协助他国而行使武力。此外，安倍政府不仅通过历史教科书美化侵略战争，而且还将与邻国的领土争端写进教科书。2014年1月28日，日本政府决定在教科书编写指南中明确写明，钓鱼岛和竹岛（韩国称独岛）是“日本固有领土”，引起中韩两国强烈反弹。2015年5月14日，日本内阁通过与行使集体自卫权、强化日美军事一体化相关的一系列安保法案，只要国会通过这些法案，日本即可派兵海外作战，改变二战以来的现状。日本的右倾化使中日、韩日等关系持续恶化，搅乱了东北亚地区的安全局势，对东北亚、亚太，乃至世界的安全和政经

1 张小明：《美国重返亚洲战略与东北亚安全局势的发展》，载北京大学亚太研究院编：《亚太研究论丛》（第十辑），北京大学出版社，2013年版，第12—18页。

2 “防卫装备转移三原则”的内容为：日本不向明显妨碍维护国际和平与安全的场合出口防卫装备；对允许出口的情况进行限定和严格审查；出口对象将防卫装备用于目的之外或向第三国转移时，需获日方事先同意并置于适当管理之下。「防衛装備移転三原則」，日本外務省，平成26年4月1日，http://www.mofa.go.jp/mofaj/press/release/press4_000805.html，2015年5月15日登录。

格局带来重大影响。

（四）朝韩关系对“构想”的影响

朴槿惠当选总统后，改变了上届政府对朝鲜一味实施强硬政策的做法，采取了“施压加对话”双轨并行的对朝政策，提出了“朝鲜半岛信任进程”，[1] 试图通过对话、人道主义支援，与朝鲜重新建立信任关系。金正恩也通过朝鲜中央电视台等媒体，在新年讲话中呼吁南北双方停止互相诽谤和诋毁，积极营造有利于改善朝韩关系的环境，并在与韩国的交流合作中表现出了“罕见”的灵活性。[2] 尽管朝韩双方均有改善关系之意，但尚未取得实质性进展。而且，韩国针对朝鲜的“5·24措施”至今没有解禁。[3] 针对韩国提出的“构想”，朝鲜明确表示反对。2014年5月15日，朝鲜中央通讯社报道称，“朝鲜半岛信任进程”与李明博政府的“无核、开放、3000政策”[4] 的本质没有不同，是过去失败政策的复制品。

当前，朝鲜深感其安全环境不佳，因此在对外关系问题上抱有强烈的警戒心。对于以信任与合作名义开展的双边、多边对话，只要这种努力是以无核化为目标，那么朝鲜就会认为是在企图瓦解其体制，并表现出强烈的抵制态度。因此，在朝韩关系没有实质性改善的情况下，朝鲜不可能参与“构想”。朝鲜半岛是东北亚安全结构中的敏感地区，南北关系能否改善、朝鲜半岛能否实现永久和平与稳定，直接影响到东北亚乃至整个亚太地区的和平与安宁。如果“构想”没有朝鲜一方的参与，仅仅讨论除朝鲜问题之外的议题，那么就很难成为真正意义上的东北亚和平合作机制。

（五）现有东北亚合作机制对“构想”的影响

为了和平解决处于南北分裂的朝鲜半岛问题、构筑东北亚安全和平体系，长期以来，各国领导人提出了各种各样的东北亚安全合作方案，有些方案已形成了

1 “朝鲜半岛信任进程”方案的主要内容是：韩朝通过非政治领域的交流和人道主义问题来增进“低层次”的信赖，然后根据核问题的进展情况，分阶段推进由朴槿惠提出的为建设朝鲜半岛经济共同体的大规模援助方案。韩国《联合新闻》，2013年1月16日电，www.yonhapnews.co.kr，2015年5月15日登录。

2 2014年2月，朝韩拟定的离散家属团聚活动，正值韩美鹞鹰军事演习期间。朝方要求韩方取消、延期举行军事演习的要求分别被拒绝后，仍同意如期举行离散家属团聚活动。而以往每当韩美举行军事演习，朝方均强烈抗议，并宣布全国进入战争状态。

3 该措施包括：停止朝鲜船只在韩国内海的航行，禁止运输南北之间的交易物资和“来料加工”形式的原材料等；禁止韩国国民访问除开城工业园区和金刚山之外的朝鲜其他地区，并禁止韩国国民与朝鲜居民接触；禁止包括开城工业园区在内的对朝投资；逐步缩减开城工业园区内的韩国工作人员；停止除了对婴幼儿和弱势群体的人道主义援助之外的所有对朝援助。

4 即，如果朝鲜弃核，实行改革开放，韩国愿意提供帮助，让朝鲜在10年内实现人均国民生产总值3000美元的目标。

机制。例如，东北亚合作对话、亚太安全合作理事会、亚洲相互协作与信任措施会议（简称“亚信会议”）、东盟地区论坛等。这些机制基本上都是探讨亚洲国家之间增进理解、信任和加强合作。其中，“亚信会议”是一个有关安全的多边论坛，共有20个成员国和10个国家或地区组织作为观察员参与，其宗旨是在部分亚洲国家之间讨论加强合作、增加信任的措施；“东北亚合作对话”是探讨东北亚安全合作与对话的非正式磋商机制，其目的是增进中、美、日、俄、朝、韩之间的相互理解、信任与合作。在这些机制运行的情况下，“构想”若作为新的机制登场，相关国家的关注程度和参与热情势必会受到一定影响。

五、结语

朴槿惠上台后，为克服“亚洲悖论”、防止包括朝鲜半岛问题在内的地区矛盾发展为争端，将由历史、领土等问题引发的矛盾转换成信任、合作为基础的新局面，提出了东北亚和平合作构想。韩国政府将“构想”作为重要的外交政策加以推行，就“构想”的目标、基本原则、特点、拟探讨的合作议题及推进方式等对相关国家进行了宣传和解释。这个“构想”与20世纪80年代末区域内很多国家提出的“多边安保合作”方案相比，内容更为广泛、形式更为多样，最明显的特征是省略了“安保”一词。“构想”从非政治的、容易形成共识的气候变化、能源、环境、疾病、救灾、网络空间、核电安全、反恐、跨国犯罪等议题上的合作着手，在区域内国家之间建立起互信关系的基础上，推动政治领域的合作，以渐进方式解决“安保问题”，是一种新型的、容易被接受的合作方式。

“构想”为世人展示了实现东北亚和平合作的蓝图，但在推行过程中，将面临诸多挑战。首先，东北亚地区目前尚未完全摆脱冷战体系，由于历史等原因，纠纷不断，矛盾重重：朝核问题非但得不到解决，且越来越严重；日本的右倾化使中日、韩日等关系持续紧张；朝韩关系得不到改善，导致半岛摩擦不断，有时甚至发展到一触即发的战争边缘；美国“重返亚洲”战略的提出与实施，在一定程度上导致了东北亚地区安全局势趋于恶化。在本区域内各种矛盾得不到有效解决，中日、韩日、朝韩等双边关系没有改善，朝鲜半岛乃至东北亚局势未能缓和的情况下，“构想”能否顺利推进不容乐观。其次，通过韩国政府的反复解释和大力宣传，“构想”尽管得到了相关国家的理解和支持，但不少国家心存疑虑。美国担心韩国以中美为中心的“均衡政策”，会弱化韩美日安保合作关系，影响美国“亚太再平衡”政策的有效实施；日本则担心如果美国积极参与“构想”，东北亚地区将会出现日本影响力削弱、中美政治妥协的局面，这将促使中韩关系更为紧密；中国认为，从长远的角度来看，六方会谈应转变为处理亚洲安全问题的多边安全合作机制，担心“构想”会淡化六方会谈的作用；而俄罗斯则担心，随着“构想”的积极推进，原先重要的韩朝俄三角合作框架将会与“构想”发生冲突。另外，在美国是否应该作为成员国参与“构想”的问题上亦存在不同看法。一些专家、学者认为，从地理区域划分上，美国并不是域内国家，但从功能层面或国际政治层面上将美国纳入“构想”，这将对其他国家参与“构想”产生不小的影响，对区域内议题的选择也会引发争议。[1]

1 朴柄奭:《朴槿惠政府东北亚和平合作构想的具体化和改进方向》,《当代韩国》,2014年第1期，第61页。

金正恩时期的朝鲜经济：回顾、分析与展望

李婷婷

内容提要：金正恩执政三年以来，朝鲜的经济政策呈现“发展型”基调，谋求对内发展生产和对外招商引资，经济表现总体稳中有升。朝鲜的经济决策遵照金正恩既发展经济又维护现行体制的双重意愿，由内阁领导相关经济部门和技术官员等制定并完善配套措施。政策的执行曾因国内既得利益者和基层负责人的阻力而有所延迟，对外招商则因政策模糊性以及核问题引发的外交困境而收效有限。未来朝鲜的经济政策和表现在短期内将基本保持稳定，国内生产仍有一定增长空间，但如果长期不能切实改善对外关系和引进外部要素，难免会遭遇发展的瓶颈。

关键词：金正恩　朝鲜经济　朝鲜式经济管理方法

金正恩担任朝鲜最高领导人已逾三年，此间朝鲜的经济情况受到各方高度关注。这一方面是因为金正恩执政以来屡次强调要发展经济，在“经济与核武并进路线”中经济被置于国家战略的首要位置，成为研判朝鲜政权稳定程度和未来方向的重要依据。另一方面，2015年既是金正恩三年“守孝期”的结束之年，也有世界反法西斯战争胜利70周年等重大国际纪念活动，引人猜测金正恩是否会借此契机，在对内外政策上作出某些重要调整。在此背景下，本文尝试对朝鲜过去三年的经济情况进行回顾与分析，并据此对其未来经济前景加以展望。

鉴于朝鲜经济存在高度的信息不对称性和政策依赖性，本文在研究方法上对政策、现象和统计数字等不同类型的信息进行了综合比对，并注重探讨政策制定和执行过程中的政治经济机制。首先，高度的信息不对称性使现有关于朝鲜经济的研究陷入了“盲人摸象”的状态，根据研究对象和论据等的不同，在对近期朝

李婷婷　北京大学外国语学院助理教授。

鲜经济的基本评价及原因分析上出现了较大分歧。[1] 本文在回顾朝鲜经济情况时尽量参考多种信息，既梳理了金正恩执政以来朝鲜推出的主要经济政策，又从直观现象和统计数字两方面考察其经济表现，以期尽可能全面客观地呈现出朝鲜经济的总体情况。此外，朝鲜经济正处于调整期，对政府政策高度敏感，这在很大程度上反映出金正恩政府的执政思路和政策执行能力。本文借助朝、韩、中、美等多种渠道的公开信息，尝试对朝鲜当前制定和执行经济政策的政治经济机制加以考察，进而对其政策稳定性和未来方向，现阶段政策执行情况，以及执行难点和改善重点等进行初步探讨。

一、金正恩时期朝鲜经济回顾：经济政策与表现

过去三年朝鲜的经济政策大体呈现发展型基调，即：对内通过制度改善和政府推动鼓励发展生产，对外借助制度建设和政府招商谋求创汇引资。在对内政策上，金正恩政府一方面尝试调整政府和社会在经济资源配置中的作用，推出了“朝鲜式经济管理方法”和多种配套措施，另一方面加强了对部分重点产业和企业的微观推动与引导，尤其强调农业、轻工业、能源行业和基础设施建设。关于涉外政策，朝鲜政府既注重制度建设，修订和出台了有关外商投资和经济特区的法律法规，又直接牵头以多种形式争取吸引外部经济资源。

过去三年朝鲜的经济政策大体呈现发展型基调，即：对内通过制度改善和政府推动鼓励发展生产，对外借助制度建设和政府招商谋求创汇引资。

（一）对内政策：“朝鲜式经济管理方法”与微观推动

“朝鲜式经济管理方法”是金正恩执政后朝鲜推出的首要对内经济政策。据悉，金正恩接任朝鲜最高领导人后不久，便宣布把经济指挥权重新集中于内阁，并责成以内阁为中心，组织各经济部门研究制定“朝鲜式经济管理方法”。综合各方信息，基本可以认为这个方法于2012年中期出台，此后被反复强调和深化。首先，朝鲜式经济管理方法于2012年6月28日在朝鲜系统内首次公布，原计划年内开始正式实施，这一版本被海外媒体和学界称为“6 · 28方针”。[2] 随着2013年3月31日朝鲜推出“经济与核武并进路线”，新经济管理方法被公开提

1 参见이석,“총론: 2014년 북한경제 평가와 2015년 전망”,〈KDI북한경제리뷰〉, 2015년1월호, pp. 3-15。

2 [韩] 郑在垶:《金正恩首次经济改革,“先国家投资，后分配”》,2012年7月11日, [韩] DailyNK (中文版), http://www.dailynk.com/chinese/read.php?cataId=nk00600&num=10681，2015年3月20日登录。参见박형중,“북한의 새로운 경제관리체계(6 · 28 방침)의 내용과 실행 실태”,〈KDI 북한경제리뷰〉, 2013년 10월호, pp. 14-35; 김석진,“북한의 ‘경제관리방법’ 개혁 동향과 전망”,〈통일경제〉, 2013년겨울호, pp. 18-25; 양문수,“김정은 체제 출범 이후 ‘우리식 경제관리방법’ 의 모색 : 현황과 평가”,〈KDI 북한경제리뷰〉, 2014년3월호, pp. 3-24。

上日程。在当天召开的朝鲜劳动党中央委员会全体会议上，金正恩在讲话中提出“应按现实发展要求，研究完成朝鲜式经济管理方法”。[1] 2014年5月30日，朝鲜式经济管理方法被再次公开提及，据称金正恩当天发表重要讲话，宣布将全面铺开和深化该管理方法，后俗称“5 · 30讲话”。[2] 此后，朝鲜劳动党机关报《劳动新闻》又于同年9月3日在头版头条发表长篇社论，引用金正恩原话，强调要“决定性地改善对经济工作的指导和管理”。[3]

从具体内容来看，“朝鲜式经济管理方法”分别涉及农业和工厂企业。农业方面的主要措施为缩小基层农业生产单位，并调整计划外超额产量在国家和基层间的分配比例。朝鲜从2012年中开始实行“圃田担当制”，将基层农业生产单位的规模从10—25人缩小到4—6人，并允许基层生产小组在超额完成生产计划时留存超额产量的30%；2015年还计划进一步推行“家庭承包制”，并将留存比例提高至60%，[4] 近期已有实际推行的案例见诸报端。[5] 工厂企业则被赋予更大的自主经营权，继2002年“7 · 1经济管理改善措施”允许基层负责人自主调整生产计划和通过市场筹集生产资料以后，金正恩政府在销售签约、产品开发、品质管理、人事管理和超额收入的支配等方面扩大了基层自主权，据称未来还计划全面推行“厂长负责制”。[6]

“朝鲜式经济管理方法”的核心原理，类似于中国改革开放早期实行的放权让利。

“朝鲜式经济管理方法”的核心原理，类似于中国改革开放早期实行的放权让利。从产权角度来看，它在保持社会主义生产资料所有权不变的前提下，将部分管理权下放到基层，并向基层代理人出让一定的剩余索取权，以激励基层经济行为者的积极性。这也相当于在某种程度上调整了国家的经济资源配置方式，在完全服从于国家计划的资源配置流程中，允许社会成员通过代理行使国有资产的管理权，根据基层供求情况自主交换和分配部分经济要素，对国家计划构成某种补充和替代，从而提高整体资源配置效率。简言之，这

1 “경애하는 김정은동지께서 조선로동당 중앙위원회 2013년3월 전원회의에서 하신 보고”,〈로동신문〉, 2013년4월2일.

2 진징이, “북한의 조용한 변화와 남북관계”,〈한겨레신문〉, 2014년9월22일; 김치관, “김정은 ‘5 · 30 담화’ 와 내각 상무조”,〈통일뉴스〉, 2015년1월6일, http://www.tongilnews.com/news/articleView.html?idxno=110421.

3 “우리식의 경제관리의 우월성과 위력을 높이 발양시키자”,〈로동신문〉, 2014년9월3일.

4 이부형 외, “북한 농업개혁이 북한 GDP에 미치는 영향”, 현대경제연구원,〈현안과 과제〉14-36호, 2014년9월24일.

5 송창윤, “단 한해동안에 비약을 일으킨 비결, 지난해 1,000t을 증수한 선천군 석화협동농장 일군들의 사업에서”,〈로동신문〉, 2015년4월7일; 장용훈, “북한 포전담당제는 사실상 ‘가족 중심 영농제’”,〈연합뉴스〉, 2015년4월12일, http://www.yonhapnews.co.kr/northkorea/2015/04/10/1801000000AKR20150410161300014.HTML.

6 박형중, “북한의 새로운 경제관리체계(6 28 방침)의 내용과 실행 실태”, pp. 17-18; 김석진, “북한의 ‘경제관리방법’ 개혁 동향과 전망”, pp. 21-23; 김치관, “김정은 ‘5 30 담화’ 와 내각 상무조”.

些政策在原理上相当于扩大了激励机制和资源自主流动空间，有利于提高基层经济行为者的积极性和资源配置效率，从而在一定程度上释放出此前受到扭曲或压抑的经济潜能。

对内经济政策的另一主线是产业政策，表现为政府对重点产业或企业的直接推动。对重点产业的定义基本延续了金正日末期的既定方向，仍以农业、轻工业和煤炭、电力、金属、铁路等“四大先行部门”为重点发展对象，但在产业排序和各产业具体任务方面也有所调整。就产业排序来讲，2014年的新年贺词较前年更强调农业，把轻工业放在了相对靠后的位置，并称金属和化学工业为经济强国的“两大支柱”；2015年则将畜牧和水产业与农业并列为首需解决的三大“吃饭问题”，轻工业提至次席，林业也被单列为重要经济课题之一。[1] 在对各产业任务设定上，近一两年的提法也更加具体务实。以轻工业为例，金正恩执政之初的新年贺词只是笼统地将轻工业定义为经济建设的“主攻战线”，但近两年则指出要通过生产的正常化保障消费品供给，并提到了工厂的“CNC化”（即推广应用计算机数字控制机床）、原材料的国产化，以及地方工业生产等问题。[2] 纵观《劳动新闻》近年来的报道，朝鲜政府此间频繁对上述重点产业和相关企业给予点对点微观指导，也不乏在管理方法、设备和原料供给、建设资金等方面予以直接支持。

（二）涉外政策：《经济开发区法》与政府招商实践

招商引资是朝鲜近三年来涉外经济政策方面的突出主题，可从制度建设和政府的直接招商实践两方面加以回顾。制度建设方面的主要举措是制定《经济开发区法》和增设经济开发区。《经济开发区法》继朝鲜劳动党全体会议2013年3月通过关于各道根据自身情况和特色创建经济开发区的决定后不久，于5月29日由朝鲜最高人民会议常务委员会正式颁布。该法在税制等优惠政策上与原有个别开发区法基本类似，但在区分综合和专项经济开发区，以及允许外企和地方政府申请创建新区等政策上有所创新。[3] 2013年10月，朝鲜以最高人民会议常任委员会政令的形式，宣布新设13个道级经济开发区，分别是清津、鸭绿江、满浦、惠山经济开发区，兴南、岘洞、渭原工业开发区，稳城岛、新坪旅游开发区，松林、卧牛岛出口加工区，以及渔郎和北青农业开发区。2014年7月朝鲜政府又决

1 “경애하는 김정은동지께서 주체103(2014년) 새해를 맞으며 하신 신년사”,〈로동신문〉, 2014년 1월1일 ; “경애하는 김정은동지께서 새해2015년을 맞으며 하신 신년사”,〈로동신문〉, 2015년1월 1일 . 参见김옥 , “신년사 경제부문 비교(2010—15년) 및 국내외 분석자료”,〈KDI 북한경제리뷰〉 2015년1월호 , pp. 92-107.

2 同上。

3 김영희, “집권 2년차, 김정은 정권의 경제개혁 평가”,〈KDI북한경제리뷰〉2014년3월호, pp. 27-28; Andray Abrahamian et al., *The ABCs of North Korea's SEZs*, US-Korea Institute as SAIS, Johns Hopkins University, 2014, pp. 12-17.

定在平壤市、黄海南道、南浦市、平安南道和平安北道增设6个经济开发区，并将新义州市的部分地区命名为国际经济地带。[1] 2015年1月，朝鲜政府确定元山—金刚山国际旅游区为“年度重点项目”，并宣布首批13个经济开发区的开发总计划已制定完成，即将进入正式推进阶段。[2]

应当指出，建立经济开发区并非金正恩政权首创。朝鲜在20世纪80年代中期就开始制定关于对外经济合作的法律法规，1991年首创了罗先经济贸易特区，本世纪初又设立了新义州特别行政区、金刚山观光特区和开城工业园区，在中朝边境和朝韩边境完成了所谓“两线四点”的布局。2011年金正日任内公布的“经济开发十年战略计划”，进一步为当前的经济开发区政策打下了基础。[3] 但金正恩执政以来不但加快了立法和建区步伐，还细化和放宽了管理规定，并且将经济开发区从边境扩展到了内地和平壤地区，应该说在改善招商引资的制度环境方面颇有推进。

朝鲜政府的直接招商实践主要表现为三种形式：一是召开国际商品博览会或招商政策说明会，二是常设海外招商机构，三是在外交协商中兼顾招商引资问题。第一种是最为常规的招商形式，从每年定期举行的平壤国际商品博览会、罗先国际商品展览会和中朝经贸文化旅游博览会等，到为配合某些重大政策、项目或外访日程而不定期举行的说明会，如2013年和2014年两次增设经济开发区时邀请多国专家参加的平壤国际讨论会，以及近期有关元山—金刚山国际旅游区的投资说明会等。[4] 第二种形式的典型案例是位于北京市朝阳区的朝鲜投资事务所，据称该机构是朝鲜内阁直属的合营投资委员会在海外设立的唯一办事机构。虽然韩联社近日报道称事务所目前已处于实际停业状态，但该机构2012年高调成立后积极开展招商业务，在政策说明、项目信息发布与推广，以及组织中方投资者赴朝

---

1 “조선에서 도들에 경제개발구들 내오기로 결정”,〈조선중앙통신〉, 2013년 11월 21일; “신의주시의 일부 지역에 특수경제지대 내오기로 결정”,〈조선중앙통신〉, 2013년 11월 21일; “도들에 경제개발구들 내오기로 결정”,〈조선중앙통신〉, 2014년 7월 23일; “신의주시의 특수경제지대를 신의주국제경제지대로”,〈조선중앙통신〉, 2014년 7월 23일.

2 “경애하는 김정은동지께서 새해2015년을 맞으며 하신 신년사”; “조선에서 13개 경제개발구 개발총계획 작성”,〈조선중앙통신〉, 2015년 1월 14일.

3 参见金哲、卞晶:《朝鲜“国家经济开发十年战略计划”探析》,《辽东学院学报（社会科学版）》,2012年2月，第20—26页；郭锐、苏红红:《“朝鲜式经济特区”与中朝边境经济区合作》,《亚太经济》，2013年第2期，第119—125页；[朝] 李纯哲:《朝鲜的外资引进政策与保障》,《东北亚论坛》，2014年第1期，第62—64页。

4 “조선의 특수경제지대개발에 도움을 준 토론회”,〈조선중앙통신〉, 2013년 10월 17일; “경제개발구전문가토론회”,〈조선중앙통신〉, 2014년 5월 2일; 신민재, “외자 유치 바쁜 북한, 동포 경제인 구애 ‘눈길’”,〈연합뉴스〉, 2014년 9월 20일, http://www.yonhapnews.co.kr/bulletin/2014/09/20/0200000000AKR20140920059200097.HTML,2015-04-01; 신민재, “북한, 중국서 원산-금강산 개발 투자유치 설명회”,〈연합뉴스〉, 2015년 3월 17일, http://www.yonhapnews.co.kr/bulletin/2015/03/17/0200000000AKR20150317161300097.HTML.

考察和协助洽谈等方面活动频繁。[1] 在外交层面，朝鲜近来也多次把招商引资作为改善对外关系的重要议题，如2014年5月朝日斯德哥尔摩协议中以调查日本被绑架人质事件交换日本撤销单边制裁和提供可能的人道主义援助；同年底崔龙海作为金正恩特使出访俄罗斯时敲定了一系列经贸和基建合作项目；以及每次提及改善朝韩关系都把开城工业园区正常化和重启金刚山旅游列为重要议题，等等。

二、朝鲜经济表现回顾：直观现象与统计数字

关于金正恩执政以来朝鲜的经济表现，可以从现象和数字两方面加以对比分析。这里所说的现象多为对朝鲜日常消费、终端流通和各经济环节中市场经济元素的直观观察，数字则是指联合国各机构和韩国银行等统计公布的朝鲜各行业生产和贸易总值。考虑到有关朝鲜经济的信息存在高度不对称性，本文将综合考察现象和数字两种信息，以期更加全面均衡地理解朝鲜当前的经济表现。

多种现象和统计数字表明，朝鲜经济在过去三年中总体保持稳定，并出现了不少改善迹象。就现象来讲，关于朝鲜经济新气象的报道在过去三年中频繁见诸各国媒体，在多位资深朝鲜问题专家的近期访朝纪行和一些基于“脱北者”访谈的学术研究中也得到了印证。归纳起来，首先在综合市场和超市等终端流通领域，据悉朝鲜目前的产品供应明显比前几年更加充足，产品种类更加丰富，各地市场的柜台数大幅增加；需求也更显旺盛，不但国内市场不乏拥挤热闹的场面，还有部分朝鲜富裕阶层在境外大手笔“扫货”。在日常消费方面，朝鲜街头的女性时尚、手机等电子通讯产品的热销、出租车的大量出现、各地餐馆和旅游景点里的大量朝鲜居民，以及日益增多的房地产交易，无不反映着朝鲜经济活力的增强。此外，在各种与朝鲜有关的国内外商品博览会上，朝鲜自产的产品种类和企业的参与程度都有显著提升。与此相关的是各个生产和交易环节中基层能动性的发挥，如企业自主开发和销售产品、从事个人商贸活动时向原单位缴纳“忠诚金”以换取挂靠权和自由度，以及个别先富起来的“钱主”经营公路运输网络或出资参与房地产等建设项目，等等。[2]

统计数字也显示朝鲜经济走势稳中有升。如表1所示，据联合国和韩国银行统计，金正恩执政前两年的总体和人均国内生产总值（GDP）都在相对高位上有

1 孙杨：《探秘朝鲜招商“驻京办”》，《凤凰周刊》，2013年第11期；홍제성，이준삼，“북한 첫 외자유치기구 베이징 ‘조선투자사무소’ 폐업 상태”，〈연합뉴스〉，2015년4월8일，http://www.yonhapnews.co.kr/bulletin/2015/04/08/0200000000AKR20150408084600083.HTML, 2015-04-01。

2 参见梅新育：《朝鲜经济出现复兴迹象》，《中国经济报告》，2013年第1期，第108—110页；임강택，〈북한경제의 비공식（시장）부문 실태 분석：기업활동을 중심으로〉，서울：통일연구원，2013년；김석진，“2014년 북한 사경제 동향과 향후 전망”，〈KDI 북한경제리뷰〉2015년 1월호，pp. 16-28; 鸣鹤：《如何看待朝鲜近期的经济改善？》，《世界知识》，2015年2月1日，第26—27页。

小幅增长，其中2013年联合国统计数字的下降被指因信息缺失所致。具体到不同产业，如表2所示，农林业延续了金正日末年的增长势头，在2012和2013年中分别保持着3.9%和1.9%的年度增长率；矿工业和电力、天然气、自来水行业则在扭转负增长的基础上有所上扬；建筑业是唯一出现负增长的部门；服务业则表现平平，基本维持历年水平。朝鲜的国际贸易在2012年和2013年也保持高位(图1)，在此基础上加入朝韩贸易额后，两年的进出口总额分别为87.8亿美元和84.8亿美元，总量因朝韩关系的冷却有所回落，但同期贸易赤字也从8.84亿美元缩小到了8.06亿美元。[1]

表1　朝鲜2000—2013年国内生产总值（GDP）数据

单位：总体——亿美元，人均——美元

		2000	2001	2002	2003	2004	2005	2006	2007	2008	2009	2010	2011	2012	2013
韩国银行	总量	167	157	170	184	207	241	255	266	247	223	258	291	295	307
	人均	737	684	737	790	885	1025	1075	1117	1032	927	1068	1196	1207	1251
联合国	总量	106	110	109	111	112	130	138	144	133	120	140	157	159	155
	人均	462	476	468	471	473	548	575	597	551	494	570	638	643	621

资料来源：联合国（http://unstats.un.org/unsd/nationalaccount），韩国银行（http://ecos.bok.or.kr），转引自남진욱，“2014년 북한경제동향 관련 통계자료”，〈KDI 북한경제리뷰〉2015년1월호，p. 66。

表2　朝鲜2000—2013年国内生产总值（GDP）增长率（单位：%）

	2000	2001	2002	2003	2004	2005	2006	2007	2008	2009	2010	2011	2012	2013
总量	0.4	3.8	1.2	1.8	2.1	3.8	−1.0	−1.2	3.1	−0.9	−0.5	0.8	1.3	1.1
农林业	−5.1	7.3	4.2	1.7	4.1	5.3	−2.6	−9.1	8.0	−1.0	−2.1	5.3	3.9	1.9
矿工业	2.7	3.7	−2.2	2.9	1.0	4.3	0.9	1.0	2.5	−2.3	−0.3	−1.4	1.3	1.5
电气水	3.1	3.9	−4.0	4.3	4.7	4.4	2.7	4.8	6.0	0.0	−0.8	−4.7	1.6	2.3
建筑业	13.5	7.1	10.5	2.1	0.4	6.1	−11.5	−1.5	1.1	0.8	0.3	3.9	−1.6	−1.0
服务业	1.1	−0.3	−0.2	0.6	1.3	1.3	1.1	1.7	0.7	0.1	0.2	0.3	0.1	0.3

资料来源：韩国银行（http://ecos.bok.or.kr），转引自남진욱，“2014년 북한경제동향 관련 통계자료”，p. 67。

注：本表为根据韩国银行统计的韩元数值直接计算的结果，如按上表一样将韩元数值换算成美元，增长率数字会更高。

1 통일부，〈남북교류협력 동향〉，2014년1—12월호；韩国大韩投资振兴公社：《北韩贸易动向》，2012年，2013年号，转引自林今淑、金美花：《金正恩执政后朝鲜对外贸易及其政策变化》，《延边大学学报（社会科学版）》，2015年第1期，第43—44页。

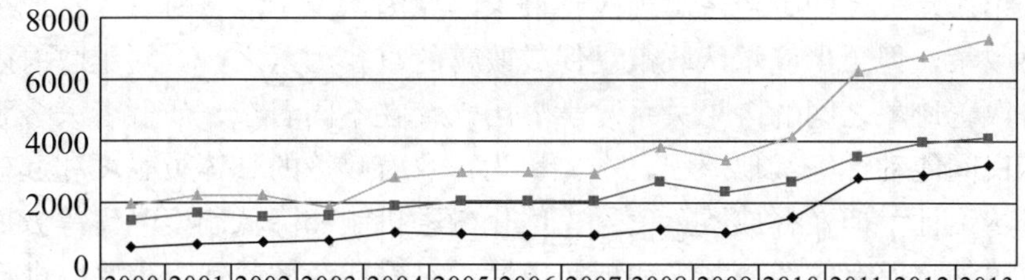

单位：百万美元	2000年	2001年	2002年	2003年	2004年	2005年	2006年	2007年	2008年	2009年	2010年	2011年	2012年	2013年
出口	556	650	735	777	1020	998	947	919	1130	1063	1513	2788	2880	3220
进口	1414	1620	1525	1614	1837	2003	2049	2022	2686	2351	2660	3528	3931	4120
合计	1969	2270	2260	1837	2857	3002	2996	2941	3816	3414	4174	6316	6811	7340

图1　朝鲜2000—2013年贸易总量

资料来源：韩国KOTRA，《北韩贸易动向》各年号，转引自林今淑、金美花：《金正恩执政后朝鲜对外贸易及其政策变化》，《延边大学学报（社会科学版）》，2015年第1期，第43页。

国际学界曾对金正恩时期的朝鲜经济持有不同判断，但近来多数研究者已认可其经济确有改善迹象，尽管对改善程度及其原因仍存有争论。针对相关争论的主要议题，笔者有以下三点简要评论。第一，朝鲜经济的总体改善程度应处于现象观察与统计数字所显示的程度之间。直观现象反映着朝鲜经济的最新动向，变化幅度应大于经济的整体改变程度，尤其是终端流通领域的活跃，在一定程度上是因为部分替代了配给制的原有功能。如果把市场和消费层面的新气象简单等同于朝鲜经济的整体状况，容易对后者做出高估。反之，经济数字受统计机构对朝鲜信息的获取和整合能力所限，难以全面纳入朝鲜各方面的总体产值，容易造成低估。仅以表2为例，建筑业的增长率显示为负，但考虑到朝鲜近两年来新建了多处公共设施、工厂和公寓等事实，该数字很有可能低估了实际增长情况。

第二，从各经济部门来看，朝鲜的经济改善大体呈现出农业好于工矿业、内部生产优于对外引资的局面。统计数字显示的农业增产幅度明显高于其他行业，2014年的联合国和韩国银行统计报告尚未公布，但联合国粮农组织曾指出当年朝鲜农业生产情况良好，预计粮食缺口将进一步缩小至34万吨。[1] 相比之下，工矿业的增产程度稍嫌逊色，虽然终端市场上据称产品供应充足且品种多样，但这些计划外产量也可能会影响到工厂企业的计划内生产，在总体增量上有所抵消。此外，招商引资方面虽有朝鲜政府频繁推动，实际落实合作的案例在媒体报道中

1 이상현, “북한, 올해 식량 부족분 72% 확보〈FAO〉”,〈연합뉴스〉, 2014년12월12일, http://www.yonhapnews.co.kr/bulletin/2014/12/12/0200000000AKR20141212061500014.HTML,2015-04-01；据同一报道，朝鲜2011年至2013年的粮食缺口分别为108.6万吨、73万吨和50.7万吨。

却不多见。

第三，关于朝鲜经济出现改善迹象的原因，虽不能将所有改善成果都归因于政府政策，但至少应承认政策是促成改善的重要因素之一。对于政府政策和朝鲜经济改善迹象之间的因果关系，学界历来存在不同看法，质疑者大多强调天气条件和民间能动性等其他原因。本文认为，政府政策的具体贡献度和起效机制仍需进一步论证，但在释放政策信号、优化激励机制和降低制度障碍等方面无疑有助于改善朝鲜原有的经济制度和现实环境，对提升经济起到了重要促进作用。

三、朝鲜经济的政治经济分析：政策制定与执行

基于上文对朝鲜近三年来主要经济政策和经济表现的考察，本节将从金正恩政府的角度着眼，初步探讨其经济决策者和政策方向的特点，以及政府在执行现有经济政策时遇到的难点，以期进一步理解朝鲜经济政策与表现背后的政治经济机制。

（一）政策制定：决策者与政策方向

金正恩在经济问题上的意愿具有双重性，既强调经济发展，又坚决维护现行体制。

朝鲜最高领导人对经济决策起着决定作用。金正恩在经济问题上的意愿具有双重性，既强调经济发展，又坚决维护现行体制。关于经济发展，金正恩在接任领导人职务以前就多次参与经济现场指导，据称他在金正日葬礼当天就指示相关官员着手准备经济改善措施，此外也在多次讲话和新年致辞中强调发展经济和改善民生，得到了国际媒体的广泛报道。作为拥有留学经历和长期执政预期的年轻领导人，金正恩改善经济现状的意愿相当明确，无论是出于自身施政理念还是迫于经济困难或市场压力，至少可以认为这种意愿不会轻易改变。与此同时，金正恩维护现行体制的立场也十分坚决，每次提及新政时都强调要严格坚持朝鲜劳动党的领导，对改革开放持高度谨慎的态度。这种双重意愿在金正日时期的经济政策中也有所体现：金正日试图区别于前苏联地区在苏联解体后的激进转型和中国的渐进转型，寻找能最大限度维持现行体制的第三条路，在此过程中也曾表现出一些摇摆和反复。[1] 目前金正恩在放权让利和容忍市场要素等方面表现出了更大的灵活性，但未来能否找到同时满足上述双重意愿和朝鲜实际情况的政策方案，仍可能影响到朝鲜经济调整的步伐和进程。

金正恩执政后，朝鲜还对经济机构进行了改组，并重用新老技术官员制定

1 参见刘鸣：《朝鲜的经济改革：第三条道路的探索及其不确定的未来》，《世界经济研究》，2008年第7期，第75—89页。

具体的经济政策。在机构层面，金正恩继任后不久便把经济指挥权重新集中于内阁，据悉不久后又在内阁新设了“经济管理方式改善准备小组”，任命副总理卢斗哲为组长，负责带领国家计划委员会等经济相关部门制定和完善“朝鲜式经济管理方法”。[1] 2013年10月，朝鲜把国家经济开发总局改称国家经济开发委员会，并于次年6月将该委员会和合营投资委员会并入贸易省后改称对外经济省，统一管理对外经济事务。[2] 在人员层面，2013年朝鲜在推出“经济与核武并进路线”的次日，宣布任命朴凤柱为新任总理，[3] 自此这位改革派代表人物继金正日时期以后再次成了具体经济决策的总负责人。据称一些年轻精英也在金正恩执政后的权力重组过程中进入了相关机构，成了经济决策的有生力量。这些年轻官员大多对外国发展经验较为了解，并希望在体制内获得更多上升空间，因此在经济政策的研讨开发方面表现相当积极。[4] 此外，少数国际专家和学者也曾受邀到平壤参加政策研讨会，就经济开发区的建设等问题为朝鲜政府提供政策咨询。[5]

就政策方向来讲，朝鲜近三年来的经济政策总体服务于金正恩的双重意愿，具体体现为以扩大国内生产和招商创汇为主的发展型政策。在这样的总体框架下，朝鲜政府陆续推出了多项配套措施，如在地方建立“直接交易销售所”供企业间进行原材料交易，允许企业间使用现金结算，以及允许非创汇企业开设外汇账户，等等。[6] 这些配套措施既有助于新经济政策和原有体制之间的对接，也部分起到了将新兴市场经济元素纳入政府监管范围、维持甚至加强政府对经济管控能力的作用。如果说金正日时期的经济调整未能在放权和允许市场活动扩展的同时充分建设相关配套措施，导致后期只得收紧政策以确保经济控制力，那么相比之下，金正恩执政以来的做法似乎更有利于经济调整的稳步和有序进行。

（二）政策执行的现实难点

任何政策在执行过程中都存在难点，对这些难点加以分析，有助于进一步思考政策优化方案。朝鲜式经济管理方法牵涉到朝鲜内部的经济权力重组，即便朝鲜政府具有很强的政策执行能力，也难免在平衡国内阻力时遇到困难。国内的阻

1 이헌진, “김정은 특별지시, 농지 사유 - 협동농장 개협 나선다”, 〈동아일보〉, 2012년6월26일.

2 “국가경제개발총국을 국가경제개발위원회로 하기로 결정”, 〈조선중앙통신〉, 2013년10월16일; “무역성을 대외경제성으로 하기로 결정”, 〈조선중앙통신〉, 2014년6월18일.

3 “박봉주총리의 략력”, 〈조선중앙통신〉, 2013년4월1일.

4 양문수, “김정은 시대 경제정책의 변화 가능성: 새로운 ‘경제관리방법’ 을 중심으로”, 〈한국과 국제정치〉 2014년제1호, pp. 119-120.

5 “조선의 특수경제지대개발에 도움을 준 토론회”; “경제개발구전문가토론회”.

6 박형중, “북한의 새로운 경제관리체계(6 · 28 방침)의 내용과 실행 실태”, pp. 17-18; 김영희, “집권 2년차, 김정은 정권의 경제개혁 평가”, p. 30.

国内的阻力既来自党政军系统内对部分经济实体拥有实际控制权的即得利益者，也来自面临现实困难或厌恶风险的基层负责人。

力既来自党政军系统内对部分经济实体拥有实际控制权的即得利益者，也来自面临现实困难或厌恶风险的基层负责人。新经济管理方法自2012年6月28日首次内部公布以来被反复提出，且目前仍处于试点阶段，这在一定程度上印证了该方法在执行上遭遇阻力。据韩国媒体报道，新经济管理方法最初计划于同年10月1日起全面推行，但在随后的内部政策宣讲、基层巡视调研和试点运营过程中，因基层存在设备老旧、原材料短缺和其他软硬条件不足等困难，未能如期实行。直到朝鲜推出经济与核武并进路线以后，新经济管理方法才正式扩大了试点范围，但直到现在仍未能全面铺开。[1]

在对外招商引资方面，朝鲜的《经济开发区法》和招商活动收效不甚显著。这一方面是因为在海外投资者看来，朝鲜经济开发区法的某些条款仍显模糊，[2]政府对外开放的决心和力度也还有待观望。另一方面，朝鲜在无核化等问题上与国际社会的立场分歧，也是招商引资难以取得实质性突破的重要原因。面对联合国针对朝鲜第三次核试实施的经济制裁，以及朝鲜和中国、韩国等主要经济合作对象国关系的冷淡，国际私有部门的对朝投资贸易也难免受到影响。尽管朝鲜近来曾尝试改善与日本和俄罗斯的关系，但日俄在对朝关系改善空间或经济影响力方面存在明显局限，难以充分满足朝鲜当前的引资创汇需求。

四、朝鲜经济前景展望

基于上述回顾与分析，笔者对朝鲜经济的未来前景有三点简要展望。第一，如无重大外生刺激，朝鲜当前的发展型经济政策在短期内仍将延续。鉴于金正恩巩固现行体制、谋求经济发展的“双重意愿”暂无转变迹象，经济机构和决策人员梯队的建设也较为平稳，预计今后仍将在现有经济政策的大方向下，针对政策执行过程中的困难，继续出台配套措施，深化扩大政策的落实范围。

第二，朝鲜国内经济仍有增长空间，短期内应该能够维持稳中略升的发展态势。朝鲜式经济管理方法在激励基层能动性和优化资源配置方面仍有余地，政府在基础设施、工厂建设和设备更新方面的投入也将产生积极作用。另外，铁矿石和无烟煤等朝鲜主力出口产品的国际价格自2014年起持续走低，作为这些产品的主要购买方，中国的进口需求也随着环境标准的提升有所下降，[3]这在给朝鲜

1 参见박형중，“북한의 새로운 경제관리체계 (6 · 28 방침) 의 내용과 실행 실태”，pp. 17-22。

2 Abrahamian et al., *The ABCs of North Korea's SEZs*, p. 13.

3 参见이종규，“북한의 대외무역：2014년 평가 및 2015년 전망”，〈KDI 북한경제리뷰〉2015년 1월호，pp. 52-61。

的出口创汇造成压力的同时，也可能会使更多资源型产品转作国内用途，促进朝鲜的国内生产。此外，如果朝鲜的经济决策机构能根据现实情况出台更多配套措施，不断改善制度环境，甚至参考中国的改革经济，在放权让利的基础上再有制度突破，还有可能释放出更多的经济增长空间。

第三，从中长期来看，朝鲜必须切实改善对外关系，在引进外部资源方面实现突破，否则当前的经济改善进程难免会遭遇瓶颈。考虑到朝鲜经济的总体规模较小，基础较为薄弱，如不通过外部资源来解决物资、设备、人才和技术等方面的现实困难，仅靠内部资源的优化重组，改善势头必然难以持续。当前国际媒体已不时有报道指出朝鲜政府的外汇储备和投资能力出现困难，尽管其真实性尚有待核实。朝鲜要想突破瓶颈，最根本的出路是在核问题上充分考虑国际社会的诉求，做好真诚协商和合理让步的准备，并重点改善与中国和韩国两个主要经济合作伙伴国的关系。这种做法不但有助于解决眼前的经济困难，从长远来讲也将符合金正恩政权的双重经济需求和朝鲜人民的根本利益。

朝鲜要想突破瓶颈，最根本的出路是在核问题上充分考虑国际社会的诉求，做好真诚协商和合理让步的准备。

安倍经济学的失败

[美] 理查德 · 卡茨

内容提要：本文逐一指出了“安倍经济学”的“三支利箭”为什么正在走向失败。关于第一支箭——宽松货币政策，本文认为安倍过于迷信通货膨胀对经济增长的促进作用，并指出事实上日本经济的深层次问题也让通胀目标难以实现。同时，安倍增加消费税的错误政策使得第二支箭——财政刺激没有收获预期的效果。本文指出，真正能带领日本走出长年不景气的是第三支箭——旨在增强日本竞争力的改革措施，但安倍却在这方面无所作为。因此，“安倍经济学”难以让日本走向复苏。

关键词：安倍经济学　通货膨胀　日元贬值　财政刺激　消费税　生产率

请想象一下越来越多30岁刚出头的日本男人现在所面临的困境吧：虽然花了很多时间念完了高中和好大学，许多人仍然无法在一家体面的公司里找到一份全职工作。由于日本刻板的劳动法规几乎不允许公司在不景气的时候裁掉长期工，因此企业现在更倾向于招聘兼职工或者临时工，而后者的工资要比前者少三分之一。现在，25—34岁的日本成年男子中就有17%的人从事着这种低人一等的工作，比1988年上升了4个百分点。同时，拿着微薄薪水的兼职工或者临时工人数目前竟然占到日本全部就业人口的38%（包括各年龄段和男女两性）。对一个曾经标榜“平等”的社会而言，这是一个令人震惊的数字。

2012年12月，在安倍晋三正式就任首相的时候，他承诺过要让日本走向复苏。自此之后，他就不停地吹嘘自己的工作成果。然而，所有的新增就业均来自非正式岗位，而正式岗位的职位数跟19个月前安倍刚上任的时候相比没有任何

[美] 理查德 · 卡茨（Richard Katz）　日本问题观察家、《东方经济学家警言》（*The Oriental Economist Alert*）半周刊主编、《东方经济学报道》（*Oriental Economist Report*）月刊主编。

变化。结果，在安倍任内，实际人均工资反而下跌了2%。在这种情况下，也难怪消费支出一直萎靡不振。

也请感受一下非正式工们的挫败感吧：少得可怜的工资让他们放弃了成家的念头。有稳定工作的30多岁男子中有70%已经结婚了，而在没有稳定工作的30多岁男子中已婚率仅为25%。

打工仔个人的悲剧同时也是日本整个国家的经济灾难。对非正式工的过分依赖逐渐侵蚀着这个国家最重要的资本。这就是使日本的工人学习掌握最尖端技术的人力资本。因为非正式工往往不具备雇主所需求的技能（部分原因是公司不愿意把他们当作正式工培训），他们在这种毫无前途的工作中沉沦越久，就越难找到一份固定工作。结果，更多的人力资本被浪费了，经济增长也因此放缓。

同时，临时工们的低结婚率也加速了日本的人口减少，从而加重了日本的经济和预算压力。具体而言，就是创造国内生产总值（GDP）的在职员工人数在不断减少，而税收供养的退休员工的人数却在节节升高。在1990年的时候，在职员工与退休员工的比例是6∶1。到了2010年，这个数字是2.5∶1。预计到了2020年就只有1.8∶1了。

既然这些紧密联系的症状是日本经济不振的核心所在，人们想当然地认为它们也应该是安倍日本再兴战略的重中之重。然而，这些问题在安倍眼中却好像不值一提。他甚至没有提出过最起码的解决措施，例如立法规定公司必须实施同工同酬，让非正式工在跟正式员工做同样的工作时能拿一样的工资。除非日本更彻底地改革劳务实践，招用大批非正式工还是继续让企业能根据销售情况的上下波动来调整薪水支出。而实施同工同酬则可以让企业不再单纯地为了减少薪水开支而用非正式工代替正式员工。

一、一场关于信心的赌博

真正阻碍增长的问题，例如僵化的劳动市场，并没有引起安倍的重视。相反，安倍的经济复苏计划——也就是所谓的“安倍经济学”——的核心，是一场志在恢复民众信心的赌博。安倍和他的智囊认为日本经济增长乏力的根源在于不安全感。根据他们的理论，只有日本国民对他们国家的前景更具信心，消费者才会花更多的钱消费，企业才会扩大投资、招聘更多的员工。在他们看来，通货紧缩是日本各种困境的主要原因。“因为长达20年的通货紧缩，日本遭受了严重的信心不足。”安倍在2013年的一场演讲中这样说道。[1]

1 Shinzo Abe," Speech on the Third Round of Policies under the Growth Strategy by Prime Minister Shinzo Abe at the Research Institute of Japan," Cabinet Public Relations Office, June 5, 2013, http://japan.kantei.go.jp/96_abe/statement/201306/05speech_e.html, 2015-02-01.

为了恢复信心，安倍实施了他所命名的“三支箭”政策：旨在扭转通缩的宽松货币政策，旨在扩大短期支出的财政刺激政策，以及旨在恢复长期增长的结构改革。如果这三支箭都能命中目标，还是可以实现景气的。然而，在现实中，这三支箭只不过是口号而已。财政刺激之箭成了投向相反方向的飞镖：为了减少政府债务而过早实施的加税抵消了短期刺激的效果。同时，所谓的结构改革也只是停留在口号层面上，并无实质推进。

信心必须建立在比通货膨胀更具实质的基础之上，这就是通过有意义的结构改革来扭转日本企业竞争力不足的局面。

那么就只剩下最后一支箭了：宽松的货币政策。然而，单单依靠这三支箭中的其中任何一支都是不会有成效的。信心必须建立在比通货膨胀更具实质的基础之上，这就是通过有意义的结构改革来扭转日本企业竞争力不足的局面。否则，任何短期的繁荣假象终究走向破灭。

为了恢复民众对经济的信心，同时拉高他的支持率，安倍可谓费煞苦心。由于许多日本选民把股市的表现当作判断经济复苏的指标，安倍在他的办公室里放了一台股市行情显示器，然后用税收和养老金在股票市场上进行赌博，以求股价升高。2014年10月31日，日本央行不仅推出了又一轮庞大的量化宽松计划来提振股市，而且提高了国内股票在政府控制的年金投资基金（GPIF，日语为“年金積立金管理運用独立行政法人”）的投资组合（总值1.1万亿日元）中所占的比例，从15%提升至25%。日本央行已经决定把每年要购买的日本国债金额提升至30万亿日元，这个数字正好等于GPIF购买日本国内股票和国外资产所需的资金。然而，在一个股价大幅波动的股票市场里——而且股价始终低于20年前——政府又如何能通过股票市场来为养老金融资呢?

尽管安倍很努力地营造景气的假象，但人们已经开始醒悟了。在2014年12月份进行的一次民意调查中，安倍的反对率达51%，超过了38%的支持率。选民们表示，虽然安倍的政策能提振股市，但一般人却没有从中获益。随着安倍的支持率在不断下滑，人们对安倍经济学也逐渐丧失信心。在他任期的头六个月，他的支持率比反对率高了足足50%（70%支持对20%反对）。然而，在过去的几个月，其支持率已经不比反对率高多少了，某些民调还显示反对率比支持率要高。

安倍的自民党在刚刚结束的大选中获得大胜，但大胜的主要原因不过是较低的投票率而已。跟2012年时候的59%相比，这次选举的投票率只有52%。而且选民们甚至更加不信任反对党。主要的反对党，日本民主党，在2009年至2012年执政期间表现实在太过业余，同时在任内也违背了2009年竞选的时候不增税的承诺，因此选民不愿意再给他们一次机会，尽管他们对安倍也很不满。结果就是对安倍不满的人只能待在家而不去投票。虽然我们不知道具体人数有多少，但如果没有这批选民的支持，2012年选举时自民党获得的选票可能比2009年惨败的时候还要少。此外，安倍和自民党在这次竞选的过程中避免谈及一切有争议的政策方案。安倍又获得了一个四年的任期，不过他至今还是无所作为。

有些乐观人士认为安倍会利用这次选举的大胜来推进切实的经济改革。但随着他的支持率不断下滑，这变得更不可能了。如果安倍在风头正盛的时候都不愿意向既得利益开刀、推进改革，那很难想象当他的支持率在不断下降的时候他还能有所作为。

二、通货膨胀的幻想

当安倍在2013年2月任命黑田东彦为新一任日本央行总裁的时候，黑田承诺要在两年之内为日本带来2%的通胀，并为此供应所需的货币。安倍和黑田宣称在这方面进展顺利。毕竟，消费者物价比2013年上升了1.5%（2014年4月1日以来实施的上调消费税的效果并没有计算在内）。

问题是，物价的上涨主要是由日元的贬值所引起的——日元足足贬值了23%。由于日元的贬值，包括电子产品零部件、食品、原材料（如石油）在内的进口物，以及由这些物资制成的产品普遍变贵。国际货币基金组织的一份报告指出，除了那些明显受汇率波动影响的产品外，通货膨胀几乎不存在。[1]

这种通货膨胀对日本其实是有害的。日元的贬值非常有效地把收入从日本消费者和日本企业转移到国外石油大亨、农场主和制造商的手上。下文我们还会具体讨论为什么这种通货膨胀其实弊大于利。除此之外，为了保持通胀的势头，日元必须以同样速度对外贬值。然而，自2013年5月以来，日元汇率开始渐趋平稳，到10月的时候也就只能再贬值几个百分点而已（比2012年11月的时候贬值了24%）。结果，日元贬值所带来的通胀效果似乎也会减退，甚至可能已经消失了。毕竟，通胀率的最高记录不过是4月时候的1.5%。因此，日本央行在2014年10月31日的时候推出了第二轮“火箭筒货币政策”，试图进一步压低日元汇率。到12月初的时候，日元又下跌了，跟2012年11月的时候相比贬值了31%。

彭博社在2014年10月访问了33位经济学家，其中的29位认为日本央行不可能在2015年财政年度（2015年4月1日至2016年3月31日）之内实现2%的通胀目标。事实上，由于油价的下跌，以及其他一系列的因素，越来越多的经济学家认为2015年上半年的通胀率可能跌至0.5%。此外，即便在日本央行的政策委员会[2]之内也产生了不同意见。9名委员中的4名投票反对黑田在10月31日推出的第二轮量化宽松计划。

即便黑田果真在2015年年中或年末实现了2%通胀的目标，这也不会给经济

1 Toshihiko Ogata, “IMF Calculations Show Little or No Inflation Abe Hoped for,” *Asahi Evening News*, November 23, 2014, http://ajw.asahi.com/article/business/AJ201411230020, 2015-02-01 .

2 日本央行的最高决策机构。——译者注

增长带来多大的帮助。黑田以为如果消费者预期物价会上涨，他们现在就会去购物，这样就能避免以后花更多的钱去买同样的东西，而消费支出的增长也会让企业增加投资、雇佣更多的员工。然而，过去十年的数据表明，当日本消费者预期物价会上涨的时候，他们往往减少支出，而非增加消费。理由很简单：如果物价上升的速度快于收入的增加，人们就负担不起了。但是，沉醉于抽象经济学理论而不能自拔的黑田并没有太在意这些证据。安倍本人也很喜欢这种理论，因为这意味着他可以通过增加货币供应这样简单直接的方式来振兴日本，而不需走结构改革这条艰难的路。

从1997年到2014年10月，日本的实际工资已经下降了9%，而安倍就任首相后也下跌了2%。尽管数百家大企业宣扬他们提高了工资（这得益于日元的刻意贬值所带来的海外销售的增加），但日本的实际工资估计还是会持续下跌。安倍在2014年1月发表文章，承诺要给民众带来一个加工资的“大惊喜”。他的推理是，一旦员工和企业预期通胀会发生，工资就会增加，在他眼里通货膨胀就好像万能药似的。他在文章里是这么写的：

> 政府、商界领袖和工会所达成的共识将促使更多企业承诺大幅提高工资和福利。这就是“惊喜”的本质。这将会是全新的景象，而同时高达5万亿日元（约合470亿美元）的财政刺激将完全抵消增加消费税所带来的消极影响［指从2014年4月1日起消费税税率从5%上调到8%——作者注］。更重要的是，这将会使日本走在持续增长的轨道上。我非常肯定［原文着重强调——作者注］。[1]

问题是事情的发展往往不如安倍所想象的那样确定无疑。跟安倍的承诺相反，工资的小幅度上涨完全跟不上物价和税率的上升。结果就是，到2014年10月的时候，实际工资比一年前还下跌了2.8%——连续第16个月年同比实际工资下跌。

要想通过通货膨胀来解决日本的经济乏力问题，无异于在温度计上放冰块来治疗发烧。

通缩并非日本各种问题的成因，只不过是表面症状。要想通过通货膨胀来解决日本的经济乏力问题，无异于在温度计上放冰块来治疗发烧。

安倍和他的团队夸口说到（2014年）10月初的时候他们已经使得日元对美元贬值31%。同样，他们的乐观态度也是被误导的结果。货币贬值可以让出口产品在海外市场变得更加便宜，从而增加一个国家的出口。但货币贬值的另一面是进口成本上升，而在日本，进口成本上升给消费者和日本企业所造成的损害已经超过了出口的收益。实际出口量——以钢铁的吨数、汽车的

1 Shinzo Abe, “Japan’s Coming Wage Surprise,” *Project Syndicate*, January 6, 2014, http://www.project-syndicate.org/commentary/shinzo-abe-unveils-a-concerted-effort-to-raise-japanese-workers--pay-, 2015-02-01.

数量等来衡量——跟安倍刚上任的时候相比几乎没有任何增加。索尼的问题不在于日元的价值被高估了，而在于他们再也无法生产人们想要的创新产品；他们在智能手机和平板电脑方面的努力也失败了。同样，汽车出口没有起色是因为生产商把生产线转移到海外而不再从日本出口，而非汇率的问题。本田在全球所生产的汽车中只有22%产自日本；而日产汽车则只有17%。尽管根据物价水平调整后的日元汇率处于1970年代以来的最廉价水平，日本仍无法摆脱贸易逆差。这一事实表明，日本正面临着深层次的竞争力不足的问题。要解决这一问题，不能只治标不治本。

事实上，日元贬值的弊远大于利，以至于越来越多的政界和商界领袖对安倍经济学表示反对。2014年10月，就连自民党的领袖之一二阶俊博也要求政府考虑改变量化宽松的政策。颇具影响力的日本经济同友会主席长谷川闲史在某新闻发布会上如是说："弱势的日元对国家和业界而言并无益处。"[1] 同月，代表中小型公司的日本商工会议所在其会员中进行了一次调查。其中39%的公司认为1美元兑100—105日元是理想汇率，30%则主张1美元兑95—100日元。80%的公司认为现在的1美元兑109日元的汇率是"令人不快的"。这些公司抱怨他们不可能把上涨的能源和原材料进口成本转嫁给消费者，同时由于走弱的日元打击了消费者的需求，实际工资只能下跌。静冈县的电子零件生产商对《日经新闻》的记者说："因为我们客户企业［例如这些中小企业一直供货的跨国公司——作者注］的生产都转移到海外了，走弱的日元不会带来更多的订单；而进口物件的价格上涨却在挤压利润。"[2]

三、一脚狠踩刹车，一脚轻踩油门

所谓的第二支箭，即财政刺激政策，本意是想让人们有更多的钱可以花。此外，向市场注入购买力也可以增加对劳动力的需求，工资就会因此升高，其幅度足可以抵消通胀影响。

减税或者减少消费者的其他开支都可以达到这一效果。然而，当安倍一只脚在踩着油门的时候，另一只脚却重重地踩着刹车。他的政府开支计划，主要是各式各样的政治分肥措施，其效果却被消费税的上调抵消了。

安倍的顾问们从来没有想过这么一个简单的问题：当安倍没有给日本国民留下多少钱的时候，人们怎么可能会消费更多呢？经济常识给了一个同样简单的答案：不可能！刚开始实施加税，消费者支出就大幅下降。2014年4月，根据物

---

1 Nihon Keizai Shimbun, "Once Seen as Boon, Falling Yen May Now be Bane to Japan Inc.," *Asian Review*, October 1, 2014, http://asia.nikkei.com/Politics-Economy/Economy/Once-seen-as-boon-falling-yen-may-now-be-bane-to-Japan-Inc, 2015-02-01.

2 Ibid.

价调整的实际支出同比减少了5.8%。5月份的时候政府官员就急着声称消费支出已经止跌企稳。大部分的媒体也在吹捧这一成绩。事实上，消费支出还在继续下跌。2014年4—9月的数据表明，根据物价调整的消费支出跟2013年相比平均减少了5.2%，这比1997年增税所导致的消费萎缩还要严重。

当令人沮丧的（2014年）8月份经济数据出来以后，就连安倍的核心顾问都在劝止继续增税了。40名来自自民党的众议院议员组成了一个小组，明确反对在2015年10月前把消费税税率提升至10%。

增税和通胀所导致的消费萎缩让日本经济再次陷入衰退。日本第二季度的GDP同比暴跌了7.3%，而在第三季度继续下跌1.6%。数据公布两天后，安倍宣布推迟第二轮增税计划至2017年4月，同时宣布解散众议院，举行大选。

尽管财务省和央行曾向安倍保证日本的经济能够承受增税带来的冲击，但2014年4月以来的衰退让安倍不再相信这两家的保证了。尽管推迟增税是一个正确的决定，但安倍并没有搞清楚一个问题：为什么要推迟增税？本来小幅度的增税是不可能对一个健康的经济体造成如此之大的冲击的。

此外，安倍还在想其他的办法来减少债务规模，却又下调了公司税。这不过是为了取悦他在商界里的支持者而已，对经济增长没有太大帮助。

安倍的团队也宣称为了避免日本成为下一个希腊，有必要实施财政紧缩。那不过是以黑田为代表的官僚们所散布的一个耸人听闻的故事而已，他们理应知道事实并非如此。意识形态再一次压倒了证据支持，这恐怕跟财务省多年以来对财政紧缩的迷信是密不可分的（黑田的仕途几乎都是在财务省渡过的）。事实上，外债才是真正的问题。它跟内债一样，同样可以把一个本来可以处理好的问题转化为危机。在欧洲，只有那些同时背负着沉重外债（罪魁祸首是多年以来累积的贸易赤字）和内债的国家才会深陷金融危机。在这些国家，外国债权人往往抽离其资金，结果利率激增，这些国家的经济也就随之崩溃了。与之相反，有着庞大内债而没有、或只有少量外债的国家，如比利时、法国、德国等，则避免了危机。

跟希腊等遭受危机的国家不同，日本并非国际借贷市场上的净债务人，而是一个净债权人。这得益于日本长期以来的国际收支经常项目顺差（而这又得益于对外贸易顺差和海外投资收益）。虽然现在日本处于小幅度的贸易逆差，但总体而言经常收支项目还是保持着顺差。即便陷入了长期的逆差状况，日本也已经积累了高达占GDP 60%的外汇储备，而当中的三分之一由日本政府所有。这足以应付热钱流出了。

正因为日本为本国的政府债务融资，日本央行有能力把利率维持在低水平。这一点是黑田在告诉安倍没有财政紧缩利率就会飙升的时候所忽略的。2014年12月初，日本十年期政府债券的利率低至0.398%，接近历史记录水平——比安倍上任前一年的平均0.86%低了超过一半。

此外，由于量化宽松的政策，日本央行大幅购买日本国债，以至于其他投资者手中的国债规模从安倍刚上任时的占GDP154%下降到9月时候的142%。这意味着日本政府将在继续背负庞大赤字的同时减少私人投资者所持有的国债占GDP的比重。可以这么说，尽管日本央行在不停地鼓动安倍通过征税来减少赤字，但日本央行自己就在消化债务，爆发债务危机的可能性并不大。

安倍声称不会再推迟增税，但谁又能保证到2017年的时候日本经济足够坚挺呢？为什么在日本仍有时间应对其财政问题的时候就要走上财政紧缩这条路呢？要成功不仅需要做正确的事情，还要在正确的时候、依正确的顺序来做正确的事情。日本的首要任务应该是恢复增长，然后再去应对赤字问题。

四、浮泛无根的第三支箭

归根到底，还是安倍的第三支箭——结构改革——将决定日本的长期实际增长率是否能从1992年以来的平均0.8%升高至安倍所承诺的2%。即便是日本的经济学家也认为，如果没有结构改革，日本的长期增长率不可能超过0.5%到1.0%的区间。

由于工龄人口不断减少，唯一可以拉动增长的方法就是提高每个工人的生产效率。日本每小时工作所创造的GDP比发达国家的平均水平要低25%。而非正式工的增加所导致的人力资本萎缩会进一步拉低日本的生产效率。

为了提高生产率，日本需要切实的改革来促成所谓的“创造性毁灭”，即用充满活力的企业取代那些死气沉沉的企业，用新兴产业取代夕阳产业。直面国际竞争的行业，如汽车产业，往往具备较高的生产率。问题是：大多数的行业都属于内向型经济，国内法规以及卡特尔式的做生意方式让他们免受国际甚至国内竞争的压力。在这些行业里，日本要远远落后于其他发达国家。例如，现有法规不允许在网上销售非处方药物，否则实体药房的利益就要受损。安倍的改革顾问小组里一位来自业界的成员[1]曾主张废除这项限制。当他的动议被官僚们阻挠时，他愤而辞职，暂时离开了顾问小组。

或者可以看一眼日本效率低下的奶业吧。同样，由于日本政府不愿意对外国开放，直接导致了有12个国家参与的跨太平洋伙伴关系协定（TPP）自由贸易谈判停滞不前。日本的奶业市场甚至不对国内竞争者开放。势力庞大的日本农协一直在阻挠着牛奶从北海道更大、更有效率的奶场配送到全国其他地方，从而保护了这些地方效率低下的奶农。东京方面对这一行径却是睁一只眼闭一只眼。毕竟，日本农协是自民党的重要选举盟友，日本农民在国会也不成比例地控制了过多的议席。尽管最高法院数次呼吁更平等的投票权，占日本人口50%的农民还

1 应为乐天（类似于淘宝的网购平台）的总经理三木谷浩史。——译者注

是可以在众议院选举中选出超过60%的小选区代表。

一个真正的改革者会废止《反垄断法》（日语为《独占禁止法》）中赋予农协的豁免地位，并利用这部1947年通过的旨在鼓励竞争的法案来打击垄断行为，例如上文提到的奶业的情况。由安倍本人创设并任命成员的“综合规制改革会议”就提出过这样的建议，并提议要限制农协的影响力。安倍拒绝了这一提案，而仅仅推出了一些不痛不痒、没有实际效果的措施。

日本需要的是这样一个经济环境：新来者可以淘汰掉垂死的企业，上班族可以轻易地转职，并且在转职的过程中可以得到强大的社会保障体系的帮助。如果相应的改革措施能得以落实，现在落后的产业部门就能赶上世界先进水平，而效率导向型的增长将会实现飞跃，就像美国的零售业、“铁锈地带”（rust-belt）[1]的制造业和其他的传统部门那样，20世纪90年代中期以来的生产率革命让这些曾经落后的产业焕然一新。美国之所以能在今天的信息产业中独领风骚，是因为它为那些新创公司提供了良好的生存环境。当IBM停滞不前的时候，微软和英特尔早已准备好接班；而当微软开始走下坡路的时候，谷歌和苹果马上取而代之。2012年美国最大的21家电子产品公司里有8家在20世纪70年代尚不存在，其中的6家在10年前还没有进入“财富500强”行列。相反，在日本，当索尼和松下都陷入困境的时候，我们看不到任何可能的替代者。自1946年以来，日本电子产品公司排行榜的前20位就没有出现过新的公司名字。

日本僵化的劳动市场，以及那些树大根深的大公司之间盘根错节的关系，往往让那些本来可以取得成功的新企业家们难以获得足够的资金、人才和分销渠道来跟大公司竞争。事实上，企业的优胜劣汰对经济发展至关重要，就跟自然选择之于物种进化的作用一样。然而，在这方面日本要落后于其他发达国家。

安倍本应该通过立法禁止反竞争行为，促进真正的劳动力流动（而非大量招用非正式工）和为社会保障体系融资来推动革新。然而，跟他的前任们一样，安倍却在推动问题成堆的企业进行合并，这明显走错了方向。像瑞典这样的国家会把高达占GDP 1.5%的资金用在成人继续教育、就业选配和帮助转职的项目上，但安倍的财政紧缩扼杀了开展这些项目的可能性，这真是捡了芝麻丢了西瓜。

五、关于生产率的政治

改革并非易事，旨在改善竞争力的改革往往会触及许多大企业及其员工的利益。因为政府提供的社会保障非常薄弱，一个日本员工的现职就等同于他的社会保障，要避免社会秩序混乱，就必须保护那些在垂死边缘的大公司。因此，日本

1 指曾陷入衰退的美国传统工业区。——译者注

政府应该通过财政和货币刺激来减轻改革所带来的阵痛。

日本并非无法进行改革。在过去的20年里，日本也有过成功改革的例子，例如放松对金融市场的管制，让之前一直无动于衷的银行必须清理大批的不良贷款（数量之大足以危害经济增长），废除禁止大零售商店在小零售商店附近经营的法律，以及允许手机行业的新入者使用原先被垄断的基础通讯设施。这些措施大大提高了零售和电讯行业（包括使用电讯设施的那些行业）的生产率，并在一定程度上为新入者打开了分销渠道。很可惜，开展改革的领域不够多，并不足以产生群聚效应。

遗憾的是，安倍现在的举动跟上述的改革方向背道而驰。他罗列了许多目标，包括增长率、投资金额、新增就业数、管理人员中女性所占比例，等等，但却几乎没有提出过实现这些目标的具体措施。

他提出要改革农业，但却单单用收入补贴来取代生产补贴，并没有鼓励那些小而低效的农场加强联合，也没有鼓励农业综合企业扩大规模。他提出要为女性创造更多的就业机会，却完全忽视了一个女性就业的主要障碍：那就是一旦她们怀孕了，就不太可能获得升迁，甚至被迫离职——日本女权主义者把这称作“怀孕骚扰”。

当安倍增加消费税的时候，他说过要为企业减税。他宣称这样一来就可以促进投资，但就连财务省都认为这种观点是错误的。日本的这些巨头企业本来手头上就有足够的现金在国内投资。年度超额现金流量（annual excess cash flow）已经超过了GDP的5%。为企业减税只会拉高股价，然后为安倍赢得更多来自企业界的支持罢了。

安倍的电力行业改革计划从表面上看试图通过分离电力生产和输送环节来为新入者提供更多的空间。事实上，现有的区域性垄断电力公司可以通过成立控股公司来同时控制这两个环节。在2011年福岛核泄漏事件之前，由于监管者的纵容，日本的一些核设施就已经伪造了安全记录。但安倍却在整顿核设施方面无所作为。这样一来，人们就有理由质疑核能的安全性，曾支撑着这个国家三分之一电力供应的核反应堆也就迟迟不能重启。2014年冬天可能会重启两个反应堆，到2015年或许还会再重启4个。但在48个关闭的反应堆中，有20个因为太老旧或者翻新成本太高，很难符合新的安全标准。因此，即便剩下的18个[1]反应堆能不顾地方的反对而重新开启，核能发电也只能提供日本电力需求的10%。由于电力的不足和能源价格的高昂，汽车制造商和其他更有效率的出口商被迫把更多的产能转移到国外。

安倍在TPP谈判中的处理方式将会是他是否真心想推行第三支箭的最明显的试金石。由于安倍坚持要对某些农产品（如牛肉、奶制品和猪肉）维持高关税

1 原文如此。——译者注

和其他壁垒，最近几个月的谈判陷入了僵局。虽然只有不到10万个家庭在从事着这些农产品的生产，但这些产品的高昂价格有利于农协增收，不可能轻易开放。安倍任命的自民党TPP对策委员会委员长森山裕曾在2010年组织了一个“要求即时撤回参加TPP小组”（2013年的时候为了给安倍面子改变了小组的名字）。这个小组包括了63%的参众两院自民党议员。

到2014年11月中，日美双方还未就市场开放达成一致——日本的农业保护是谈判停滞不前的主要原因。现在TPP的成员国都希望能在2015年内签署协议。由于2016年是美国和日本的大选年，如果在此之前协议无法在美国和其他国家获得批准，那么TPP协议的批准最快也要拖到2017年。这样一来TPP就可能变成又一个世贸组织的“多哈回合”了——谈判没完没了，协议遥不可及。

即便最后真的达成协议，屈服于小利益集团的安倍也不可能像韩国政府那样利用跟欧美签订的贸易协议来推动国内改革，尽管这是经济产业省（METI）的改革派官僚一直以来的热切主张。令人讽刺的是，其实食品贸易自由化对日本的好处要大于美国的得益。真正的改革者会开放更多的农产品，这并非出于美国的要求，而是日本经济发展的需要。

现在就是打压农业院外游说集团的最佳时机。安倍的支持率仍然超过50%，他的政党在议会也取得压倒性多数，反对党不成气候，同时他在党内也没有竞争对手。

然而，他却没有利用他的影响力来真正挑战国内的既得利益者。相反，他把他的政治资本用在了否定70年前的战争罪行、甚至拒绝承认日本发动侵略，用在宣称日本拥有几个处在韩国实际控制之下的小岛的主权，还用在修改历史教科书来呼应这些倒行逆施的举措。大多数日本民众会认为这是极端的思想。即便有时候安倍在安全领域的主张更接近精英阶层的主流观点——例如解禁集体自卫权——应付和平主义者的反对也分散了他太多的注意力。结果，他的第三支箭无可避免地被束之高阁了。

安倍真正想追求的目标在安全和历史领域，而安倍经济学不过是为了实现这些目标而争取民众支持的手段罢了。

一个令人伤心的事实是，安倍的心思根本不在改革和复兴上。安倍真正想追求的目标在安全和历史领域，而安倍经济学不过是为了实现这些目标而争取民众支持的手段罢了。从长远看，糟糕的安倍经济政策肯定会产生政治影响，安倍不可能独善其身。80%的日本受访者认为安倍的政策完全没有改善他们的生活。2014年10月的民调显示，反对安倍经济学的比率第一次超过了支持率。安倍之所以能在担任首相两年后仍能获得普遍支持是因为日本民众没有别的选择。即便如此，安倍经济学的失败已经显现，他的支持率也会因此逐步下滑。到某个时候安倍就会彻底丧失推动必要改革所需的政治影响力了——哪怕他那个时候真心真意想去实施改革。

日本终将是会走上改革和复苏之路的。它的悲剧在于曾经生机勃勃但现已僵化死板的政治经济体制让那些聪明、有魄力、敢于创新的个人没法施展抱负。造成的结果就是整体远小于部分之和。日本要走上复苏之路，就难以避免一场制度性的大修，而这需要一个高瞻远瞩的领导者，很遗憾，安倍晋三不是。

（尹伟文 译；徐刚 校）

历史和文化视角下的俄罗斯外交政策

[俄] 安德烈·齐甘科夫

内容提要：在影响俄罗斯与西方关系的众多内外因素中，一个应予以考虑的基本决定性因素是在长期历史过程中形成的俄罗斯独特的国家信仰体系。这个体系所代表的价值观源于俄罗斯特殊的宗教（东正教）、民族（斯拉夫）与地理背景。同西方的关系在俄罗斯的外交政策中一直占有重要地位，在长达几个世纪与西方国家交往的过程中，俄罗斯根据不同的情况分别采取了合作、防御与强硬三种模式，而这些模式都可以通过对俄罗斯国家信仰体系的分析和理解而获得解释。

关键词：俄罗斯　外交政策　大国荣誉　文化信仰

前　言

为系统地探究俄罗斯的国际行为，本文将在更长历史语境（自19世纪初以来的历史）下展开讨论。俄罗斯与西方的关系对俄罗斯外交政策起到了特殊作用，在与西方关系中俄罗斯分别采取了合作、防御与强硬（assertiveness）的模式，这些模式直到21世纪仍在继续。俄罗斯作为基督教大国的身份鼓励俄罗斯统治者频繁加入西方国家联盟，反对那些在它看来在欧洲内外挑战基督教团结的国家。这一模式一直持续到2001年9月11日的“9·11事件”后，俄罗斯承诺提供重要资源，协助美国和欧洲国家进行全球反恐战争。然而，当俄罗斯统治者感到其自身利益不再被尊重之时，便拒绝与西方国家合作，采取防御型政策或者强硬的做法。这些行为的例子有：俄罗斯对于西方决定扩张北约持强烈反对立场，克里姆林宫于2008年8月对格鲁吉亚使用武力的决定，俄罗斯吞并克里米亚，以

1 [俄] 安德烈·齐甘科夫（Andrei P. Tsygankov）美国旧金山州立大学国际关系与政治学教授。

及俄罗斯在2014年2月乌克兰发生革命性政权更替后的一系列行动。

本文认为，对国家权力、安全与福祉的考虑在俄罗斯的决策当中都很重要，但它们不具备独立的因果关系。与此相反，这些因素都取决于俄罗斯国家的文化信仰。即使俄罗斯的行为看似与国际体系其他成员的行为并无二致，这样的行为也可能源自文化独特性，含有与其他行为体不同的意义。一个荣耀的大国是俄罗斯最重要的文化信仰，尽管俄罗斯的荣誉观陈旧，但经过历史演变，在西方行为影响和俄罗斯自身国内发展的条件下，内涵多种多样。[1] 当俄罗斯意识到其荣誉感被承认时，便与西方一致行动；当缺乏对其荣誉感的承认时，便采取独立的外交政策。根据国内实力的强弱，俄罗斯可以表现为防御型大国或态度强硬的大国。

本文研究俄罗斯—西方关系中的三种核心模式：合作、防御、强硬，从文化视角对三种模式进行解释，并选取普京国际战略中的最近案例进行分析。笔者认为，普京的战略符合俄罗斯长期形成的强硬外交政策的模式，这是因为西方不愿承认俄罗斯的价值与利益，同时因为俄罗斯认知中的国内自信。结论部分总结了主要发现与论点的影响。

历史视角下的俄罗斯外交政策

在处理同西方的关系时，俄罗斯的政治家在历史上发展出了合作、防御、强硬三种政策。这些模式反映出俄罗斯在世界政治中维护其利益与价值观的能力。当这三种政策中的任何一种被采纳时，它们是由以下因素决定的：促进俄罗斯优先利益的方法、对西方国家关系的承诺程度以及这些政策在国内引发的反对声音。

与西方合作的传统强调俄罗斯与西方的相似性，把西方当作历史与文化的盟友，主张对西方忠诚、与西方合作。另外一些人则强调要维护本国不同于西方的价值观与利益。他们将俄罗斯视为独立的大国，能够自由选择最符合其愿景和国家利益的国际同盟。这一派别对与西方国家的关系忠诚度较低，尤其当他们认为西方的行动没有考虑俄罗斯的认同与利益时更是如此。他们相信俄罗斯在世界上的特殊作用，更多考虑民族主义的价值观与社会义务，而不是对西方国家的忠诚。与提倡防御政策的人不同，强硬政策的支持者主张超越灵活结盟与柔性平衡策略，采取更为自信、进取与单边的方式维护俄罗斯的国际地位。上述每种传统在不同的历史发展与政治条件下都曾被付诸实践。

第一种模式是与欧洲合作，它根源于弗拉基米尔大公于公元988年接受基督教的决定。经历了两个世纪的蒙古桎梏后，俄罗斯通过发展与神圣罗马帝国的关系，以及在此后加入对抗奥斯曼帝国的神圣联盟，来寻求强固其基督教根基。彼

1 关于荣誉在俄罗斯外交政策中作用更加全面的分析，参见：Andrei P. Tsygankov, *Russia and the West from Alexander to Putin*, Cambridge: Cambridge University Press, 2012。

得大帝向重要的西方国家派驻俄国使节，借用西方的技术成就，努力加强与欧洲的关系。叶卡捷琳娜大帝宣布俄罗斯是“一个欧洲强国”，并且通过继续限制奥斯曼帝国在欧洲大陆上的影响来证明这一地位。19世纪上半叶俄罗斯建立神圣同盟，镇压欧洲大陆上的革命活动以帮助欧洲的专制君主。19世纪下半叶，俄罗斯与普鲁士、奥匈帝国成立“三皇同盟”，但后来转向了英法联盟，这在一定程度上是为保持其与英法这两个有影响力的西方国家的联系。

与欧洲和西方合作的传统甚至到苏联时期仍在继续。布尔什维克先是靠和平共处的主张，后是靠遏制希特勒德国的集体安全来寻求西欧国家的承认。20世纪70年代，苏联签署了欧洲安全与合作会议的《赫尔辛基协定》。此后，戈尔巴乔夫在他的“共同欧洲家园”的外交政策中，把这份促进人权和“人类共同价值”的协定作为基础。苏联解体为俄罗斯更加接近西方创造了条件，因为俄罗斯试图强调自己与西方国家在制度和所面临威胁方面的相似之处。

除了结盟与制度建设，俄罗斯还站在欧洲一边进行了几场战争，其中最重要的战争有：对抗瑞典的第一次北方战争（1655—1660年）、对抗普鲁士的七年战争（1756—1763年）、对抗拿破仑法国的战争、第一次世界大战、第二次世界大战，以及最近的全球反恐战争。

第二种模式是面对欧洲和西方世界所做出的防御性反应。当俄罗斯统治者在国际上未能成功达到目标时，当他们感到没有从西方获得与其付出的努力相当的支持时，他们偶尔会退到相对孤立状态来积蓄国内力量。17世纪初莫斯科被波兰打败后，在20年间俄罗斯没有诉诸武力，直到1654年俄罗斯吞并乌克兰。到了18世纪，俄罗斯在对瑞典的战争期间有20年保持中立，以便恢复财力、充实人口。在（19世纪中叶）克里米亚战争中遭遇败绩后，俄罗斯再次采取积蓄力量、灵活结盟的政策来恢复其在欧洲和黑海地区丧失的地位。布尔什维克的“和平共处”与斯大林的“一国社会主义”是防御型外交政策的苏联版本，采取这样的政策是为了恢复因革命和内战造成的国内羸弱状况。此后，斯大林与希特勒站在一边，这在一定程度上反映出苏联领导人希望使国家免遭动荡国际局势的影响，为国内改革争取更多时间。冷战结束后，俄罗斯通过在西方国家、中国、印度之间的周旋，寻求在苏联解体后恢复元气。

第三种模式，俄罗斯历史上就以采取对西方强硬的政策著称。当俄罗斯认为它处在强大地位时，在西方国家不支持自己后，它也常常单方面行动以维护自身利益。在17世纪，俄罗斯与波兰和奥斯曼帝国进行了多场战争，试图控制边境、保护巴尔干的斯拉夫人。18世纪初彼得大帝击败瑞典，使俄罗斯变成了一个欧洲强国。与土耳其的战争一直持续到克里米亚战争，在这场战争中俄罗斯同主要的欧洲大国作战。19世纪70年代，在国内的状况恢复后，俄罗斯重返巴尔干，打败了土耳其。苏联时期，布尔什维克发明了“世界革命”，从而挑战了既有国家体系的根基。他们根据这一指导思想采取行动，于1920年对波兰发起进攻，指望借此打败欧洲的“资本主义”国家。冷战期间，苏联努力在东欧、巴尔干、伊朗北部确立其地缘政治存在，在未获西方国家支持的条件下采取行动。苏联还在1962年古巴导弹危机和1979年向阿富汗出兵中表现强硬。更近的例子是，俄罗斯不顾美国和欧盟对自己“霸道”、“改变现状”行为的警告，干涉了格鲁吉亚—南奥塞梯地区的军事冲突。

俄罗斯的文化信仰

俄罗斯外交政策受到历史形成的信仰体系的影响，这一体系或者是在西方国家的支持中得以维护，或者是当俄罗斯自信满满时便单方面采取行动加以捍卫。俄罗斯价值观的根源不应被降低到国际权力竞争和维护主权的层面。表面上的权力斗争可能具有更深层的保护和增进道德价值观的含义。在历史上、在国际交往的过程中，每个政治共同体都发展出独特的价值观体系。俄罗斯的信仰体系是在几个世纪的过程中建立起来的。俄罗斯荣誉植根于东正教，其内涵包括一种独特的精神自由观，和建立一个强大并受全社会保护的国家的理念，这样的国家有能力保护臣民对内免受欺压，对外免遭威胁。

俄罗斯外交政策受到历史形成的信仰体系的影响，这一体系或者是在西方国家的支持中得以维护，或者是当俄罗斯自信满满时便单方面采取行动加以捍卫。

在为俄罗斯人选择基督教的时候，弗拉基米尔大公不仅是做出了宗教选择，也是为自己的国家决定了长期的社会共识、国家荣誉和国际承认的基础。[1] 对俄罗斯人来说，东正教成为接下来几个世纪身份认同中至关重要的部分。[2] 在国内，教会主张建立新型社会关系，反对血腥报复，提倡稳定婚姻，人道地对待底层阶级。在东正教传统影响下，俄罗斯人形成了一种国家义务，即尽最大可能向臣民提供体面的生活条件。在俄国15世纪开始领土扩张之前，指导俄国大公的是一套详尽的、以村社为基础的、宗教福利机构的原则。用谢尔盖·普拉托诺夫的话说：“教会为世俗社会提供了更美好、更人道生活的范例，在这种生活中无论富人穷人都能得到保护……教会影响到了社会体系的方方面面，从大公的政治行为到每个家庭的私人生活。”[3] 弗拉基米尔大公的选择从对外关系和安全的视角看也至关重要。俄国不再是受孤立的外省领土，而是处在当时是世界文化发展中心的大拜占庭文明的轨道上。[4]

1 关于莫斯科公国时期个人荣誉以及诉讼在维护荣誉中的作用，参见：Nancy Shields Kollmann, *By Honor Bound*, Ithaca: Cornell University Press, 1999。

2 James H. Billington, *The Icon and the Axe*, New York: Vintage, 1976; P. J. S. Duncan, *Russian Messianism*, London: Routledge, 2000.

3 Sergei Platonov, *Polnyi kurs lektsii porusskoi istoriyi*, Petrozavodsk, 1996, pp. 96-97.

4 Sergei A verintsev, *Krescheniye Rusi i put' russkoi kul'tury*, Moscow, 1990.

建立起国家的东正教基础之后，俄国感到对居住在俄国以外、与自己信仰相同的人的生活负有责任。15世纪中叶，拜占庭陷落于奥斯曼之后，俄国宣称自己是第三罗马，或是东正教世界的中心。在18—19世纪，俄国与土耳其进行了多次战争，原因之一即保护上百万生活在土耳其帝国中的基督徒的权利——这些人占土耳其帝国人口的三分之一强。

随着时间推移，俄罗斯的信仰中融入了大国的成分。近代以来，俄罗斯与敌对的欧洲各国拥有一条很长的边境线，“与任何近代早期的帝国相比，它所遭受的入侵更为频繁，且军队规模更大。”[1] 在增强军事竞争力的同时，俄罗斯也付出了代价——本国制度与欧洲制度的相似性降低了。俄罗斯国家在承担对外防御的重任时，越来越回避在国内担负保护俄罗斯公民自由不受侵犯的责任，因此，它（在制度上）落后于其他重要国家。用格奥尔吉·维尔纳茨基的话说：“专制与农奴制是俄国人民为了国家生存不得不付出的代价。”[2]

俄罗斯的信仰——东正教、强大国家、对文化盟友的忠诚——在俄罗斯悠久历史中具有不同的表现形式。19世纪的价值观包括东正教、专制制度、对国外东正教徒和斯拉夫人的支持。20世纪初，面对被一些历史学家称之为欧洲自由主义与专制主义之战的“内战”，[3] 俄罗斯国家历经突变。新观念建立在共产主义意识形态、一党制、对全世界共产主义和社会主义国家的义务之上。作为俄罗斯历史中国家形态的异常阶段（非自然阶段），[4] 苏联体制重复了旧有价值观的某些方面，但形式则完全不同。宗教被共产主义意识形态所替代，专制国家被一党制统治所替代，对东正教徒的义务被对意识形态同盟的义务所替代。然而，不管苏联的专制主义和集权本质如何，它为人民提供了重要的社会和经济权利，许多人有理由尊重新体制，并为其感到骄傲。后苏联时期的俄罗斯国家正处在设计一种新意识形态的过程中，这种意识形态架构将包括俄罗斯文明、复兴的国家实力、对海外俄罗斯人和亲俄罗斯团体的支持。当前，克里姆林宫负责意识形态的官员们认为，俄罗斯是西方的一部分，但它是具有文化独特性的、在国内外拥有重要义务的“主权民主”国家。[5]

---

1 Marshall T. Poe, *The Russian Moment in World History*, Princeton: Princeton University Press, 2003, p. 50.

2 Allen Lynch, *How Russia Is Not Ruled*, Cambridge: Cambridge University Press, 2002, p.18.

3 J. M. Roberts, *A History of Europe, 1880-1945*, New York: Viking Adult, 1997.

4 Tim McDaniel, *The Agony of the Russian Idea*, Princeton: Princeton University Press, 1996；西方苏联学家认为的常态是俄罗斯历史发展中由外部危急情况下强烈的生存需要决定的。关于最早论述旧俄与新俄之间的承继性的著作，参见：Nikolay Berdyayev, *Istokii smysl russkogo kommunizma*, Paris: IMCA Press, 1937。

5 关于俄罗斯仍在形成的国家意识形态的分析，参见：Aleksei Chadayev, *Putin i yego ideologiya*, Moscow: Yevropa, 2006; Alfred B. Evans, *Power and Ideology*,University of Pittsburgh, Center for Russian and East European Studies, 2008; Marlene Laruelle, *In the Name of a Nation*, New York: Palgrave, 2009。

国内外事态的发展，都对俄罗斯的国际观的形成产生了影响。[1] 在外部事态的影响方面，一般来说，欧洲和西方扮演了“重要的他者”(significant Other)的角色，并在俄罗斯关于国家认同的辩论中举足轻重。正是欧洲和西方营造了俄罗斯统治者维护其国家荣誉与利益的环境。[2] 在历史上，俄罗斯一直试图得到西方国家这一他者的承认，并且仿效西方的方式实现现代化。俄罗斯关于自己是西方世界一部分的主张几乎不为西方所接受，但这些主张反映出了俄罗斯外交政策中一股强大的国内推动力。这种要与西方文明获得一致身份认同的力量能够解释，为什么俄罗斯总是寻求通过与西方国家，尤其是欧洲国家的合作来实现其目标。俄罗斯总是会对西方的行为有所回应——当克里姆林宫中掌权的是改革派领导人时——并准备修好，寻求合作，而非对抗。

然而，文化是一个相互的概念，它的含义可能随着外部事态的重要变化而变化。每一次俄罗斯开始向重要他者靠拢时，只要它能感受到来自西方各国足够积极的承认与回报，莫斯科就会尽可能持久地延续这一行动。俄罗斯的文化透镜不同于西方国家的文化透镜，这种透镜是由本国独特的历史记忆、与历史上同盟的关系以及当代的挑战构成的。例如，俄罗斯与斯拉夫人和东正教盟国有紧密的传统联系，只有当其行动不损坏这些关系时，它才能表现为自信的大国。当外部缺乏对俄罗斯价值观和利益的承认时，克里姆林宫持改革思想的领导人便会遭到主张更具防御性或更强硬政策者的反对。国家并不是一个同质的整体，在相对开放的时期，不同的政治团体和社会团体所支持的各种思潮为取得在统治阶层中的主导地位相互竞争。基于国内各方对独立外交政策的信心状况，[3] 俄罗斯在决定政策取向时可以选择防御性政策，或是选择强硬政策。

所以，俄罗斯外交政策的形成动因比从古典现实主义和新古典现实主义视角进行的观察更为复杂。现实主义者只强调了大国及其塑造国际体系的能力这个方面，而注重文化的观点则指出，价值观有多种不同含义，大国威望只是其中之一。建构主义认为这种威望只是更普遍渴望“与西方一样”的一种表达。如果西方国家是大国，俄罗斯也想成为大国。然而，如果西方显示出在制度建设、经济繁荣、人权保护等方面的成就时，俄罗斯的统治者也为这些成就所吸引，并试图

1 对俄罗斯认同构建中的国际与国内变化的讨论，尤其可参见：Ted Hopf, *Social Construction of International Politics*, Cornell University Press,2002; Anne L. Clunan, *The Social Construction of Russia's Resurgence*, Johns Hopkins University Press,2009; Deborah Welsh Larson and Alexei Shevchenko, “Status Seekers: Chinese and Russian Responses to U.S. Primacy,” *International Security*, Vol. 34, No. 4, 2010。

2 这一论点的展开论述，参见：Iver Neumann, *Russia and the Idea of Europe*,London: Routledge, 1996;Robert English, *Russia and the Idea of the West*, New York: Columbia University Press,2000。

3 国内信心一定程度上是物质力量的产物，一定程度上也是统治精英对权力认知的产物。关于俄罗斯精英对权力的算计，参见：William C. *Wohlforth*, “The *Perception of Power:Russia* in the Pre-1914 Balance,” *World Politics*,Vol.34,No. 3, 1987; Iver B. Neumann, “Russia's Standing as a Great Power, 1494-1815,” in: Ted Hopf ed., *Russia's European Choice*, London: Palgrave, 2008。

在国内复制这些成就。除了上述两个外部因素以外，俄罗斯还有一种历史上形成的国内价值观，它源于俄罗斯特殊的宗教（东正教）、民族（斯拉夫）与地理背景。

俄罗斯当代的强硬政策

普京再次担任总统以来的事态发展，反映出俄美关系及俄罗斯与西方关系总体上的极度脆弱性。尽管克里姆林宫在阿富汗稳定、反恐、经济发展等问题上继续与西方国家合作，但俄美在其他重大问题上意见均有分歧。这些问题包括：反导系统，中东，俄罗斯国内体制以及乌克兰。克里姆林宫不仅表达了不满，还采取了行动。

当选总统后不久，普京以取消出席北约芝加哥峰会的方式，表明他对美国在反导系统上的立场不满。他坚持俄罗斯在叙利亚和中东采取不同（于西方）的立场，拒绝支持西方主导的联合国安理会决议。他还进一步强调，由于西方的核政策，俄罗斯感到不安全。尽管普京表示愿意在核不扩散问题上合作，但他认为更为紧迫的是解决美国在欧洲的反导系统问题。[1] 当美国由于斯诺登事件而取消美俄峰会时，莫斯科正式表示准备继续对话，几乎没有显示出任何失望的迹象。克里姆林宫似乎也没有被西方对俄罗斯政治体制和人权记录的批评所影响，继续推动“反马格尼茨基法案”，限制西方非政府组织和激进反对派在国内的活动。向斯诺登提供政治庇护的决定说明普京已做好准备接受俄美关系恶化的后果。俄罗斯与西方在乌克兰2014年2月革命的问题上也存在重大分歧（详见下一节）。

如果不将克里姆林宫对其信仰、利益、行动能力的认知以及缺乏西方国家的承认这两方面考虑进来，人们就很难理解普京的强硬战略。

普京重返克里姆林宫，意味着他将继续通过挑战西方国家现有地位，为俄罗斯在国际体系中争取新角色。2008年《俄罗斯联邦外交政策构想》已经提出，在西方逐渐退出世界经济中心的条件下，俄罗斯仍然坚持“平衡的、多维的思路”。[2] 2013年2月，俄罗斯发布新的《外交政策构想》，进一步发展了向多极国际体系结构过渡的思想，并提到出现了核武器以外的新威胁。《外交政策构想》的开篇句子指出，“历史上形成的西方主导全球经济和政治的能力在持续降低”，“世界实力和增长的潜力趋于分散，正向东方尤其是亚太地区转移”。[3] 这份文件还强调了全球经济竞争，指出这种竞争将检验不同的“价值观和发展模式”，“文明认同”将具有新的重要意义。俄罗斯开始认为自己在文化上、政治上独立于西方。

---

1 David M. Herszenhorn, “Russia Won’t Renew Pact on Weapons with U.S.,” *The New York Times*, October 12, 2012.

2 *The Foreign Policy Concept of the Russian Federation*, Kremlin.ru, July 12, 2008.

3 *The Foreign Policy Concept of the Russian Federation,* Kremlin.ru, February 18, 2013,http://www.mid.ru/bdomp/ns-osndoc.nsf/e2f289bea62097f9c325787a0034c255/c32577ca0017434944257b160051bf7f,2015-03-25.

普京价值观中的国内优先事项包括巩固俄罗斯的传统价值观，打造一种能团结俄罗斯族和非俄罗斯族的新理念，这也同梅德韦杰夫（Medvedev）有关。自2012年初以来，普京一直推广“国家—文明”的理念，这一理念承认俄罗斯族是连结布帛的织针（核心），从而使“俄罗斯能够形成一种文化和一个国家”。[1] 在提出用俄罗斯族的价值观来凝聚整个国家时，普京也反对那些“宣扬建立‘俄罗斯族的’、‘单一民族国家’的观点”，因为这些观点“不符合我国千年的历史”，是“摧毁俄罗斯人民和俄罗斯国家体系的最短路径”。[2] 普京特别关心国家团结，他提到了“精神价值不足”的问题，并建议加强“传统价值载体的各机构”，尤其是家庭和学校。他还在多次讲话中进一步批评了自己眼中欧洲正在背离传统宗教与家庭价值观的现象。在瓦尔代俱乐部（Valdai Club）会议的发言中，他引用了俄罗斯传统主义思想家的观点，宣称“在精神、意识形态和外交领域中对独立和主权的渴望”是“我国完整民族性格的一部分”。[3] 在2013年对联邦会议发表的咨文中，普京再次将俄罗斯定位为“保守”力量和世界传统价值观的捍卫者。[4]

普京的意识形态转变引发了国内的共鸣。全球范围内的不确定因素，加之西方的压力，刺激了俄罗斯国内民族主义思潮复萌。主张用外交政策维护俄罗斯主权与文化独特性的群体在政治圈与决策层中变得越来越有影响力。诸如俄罗斯铁道部部长弗拉基米尔·雅库宁等官员们，在他们的演说和公开发表的文章中力主俄罗斯文明（Russia-civilization）的概念。[5] 一些东正教神父，包括大牧首基里尔，支持以俄罗斯宗教为核心的文明独特性的观点。相对于权势阶层有些边缘化的政治家，如共产党领导人根纳季·久加诺夫，在谈到俄罗斯国家利益时，往往将其与欧亚地缘政治和俄罗斯的自力更生相联系。为推广俄罗斯独特的文明价值观，一些俱乐部得以创立。例如，2012年9月8日成立的伊兹博尔斯基克俱乐部（Izborsky Club），成为一群知识分子、专家和政界人士的母体组织，他们支持欧亚主义、新苏联思想和亲斯拉夫信仰，而这些思想与俄罗斯东正教会、各种鼓吹民族主义的媒体和智库

主张用外交政策维护俄罗斯主权与文化独特性的群体在政治圈与决策层中变得越来越有影响力。

1 Vladimir Putin, “Samoopredeleniye russkogo naroda – eto polietnicheskaya tsivilizatsiya, skreplennaya russkim kul’turnym yadrom,” *Nezavisimaya gazeta*, January 23, 2012.

2 Vladimir Putin, “Samoopredeleniye russkogo naroda”；除了这些观点外，2012年12月普京签署了俄罗斯到2025年的新国家民族政策，这一文献重新将俄罗斯定义为“由多民族人民的俄罗斯国家（Russian nation）构成的独特的社会—文化文明实体”，在国内穆斯林选民的压力下，删除了以俄罗斯族为国家核心的说法。(*Kommersant*, December 19, 2012)。

3 Vladimir Putin, “Meeting of the Valdai International Discussion Club,” September 19, 2013, http://president.kremlin.ru, 2015-03-25.

4 Vladimir Putin, “Poslaniye Prezidenta Federal’nomu Sobraniyu Rossiyskoy Federatsii,” December 13, 2013, http://president.kremlin.ru, 2015-03-25.

5 Yakunin 2012, 2013.

关系密切。

西方国家批评克里姆林宫不尊重人权，俄罗斯对此无动于衷。许多欧洲国家和美国不相信莫斯科有兴趣深化与西方的合作，主张对俄罗斯采取更强硬的政策。2012年11月的美国总统大选充斥着关于俄罗斯"侵略成性"的喧嚣。尽管发生了俄格战争，但贝拉克·奥巴马仍然在他的首个任期内于2009年初迅速"重启"对俄关系，与时任俄罗斯总统梅德韦杰夫建立起了紧密关系。"重启"外交缓和了克里姆林宫对北约东扩和华盛顿全球政权更迭战略引发的地区动荡的恐惧。然而，自奥巴马连任以来，对俄罗斯的批评变得愈发激烈。究其原因，除了普京再次掌权以外，还由于克里姆林宫采取了一些让华盛顿很难接受的新政策。对于普京试图重新施展对国内、欧亚地区、中东和乌克兰的权力，西方国家的反应尤其激烈。西方领导人还对其他事情表达了不满，如克里姆林宫处置抗议者的手段、俄罗斯律师谢尔盖·马格尼茨基（Sergei Magnitsky）的案件、关于禁止在未成年人中宣传"非传统性关系"的新法律，等等。

全球金融危机后，尽管俄罗斯的经济走势疲弱，普京仍然感到有足够的自信心来采取强硬的行动。这一思维说明：在他对国际均势的评判中，西方的主导地位已经败落。西方掌握全球权力的能力在两个主要方面遭到了挑战——俄格战争打破了美国和欧洲在世界政治中使用武力的垄断局面；全球金融崩溃则暴露出西方经济的脆弱性。全球经济危机使俄罗斯遭到重创，但这场危机也改变了西方国家在国际体系中的地位。克里姆林宫现在期待西方停止其独断专行的做法，例如北约东扩与推广民主，并承认俄罗斯、中国与其他国家是正在形成的世界秩序中的平等伙伴。莫斯科新的国际姿态是对西方提出的挑战的双重回应：在利益相同的领域开展有限的合作，在不可能合作的领域内以大胆自信 / 积极的方式促进建立替代性的国际联系。

乌克兰危机

乌克兰局势是俄罗斯与西方分歧的一个主要例证。2014年2月，克里姆林宫出于对乌克兰政治与军事动荡继续恶化的担忧，采取了干涉行动。按照普京的说法，西方国家是乌克兰发生革命性政权更替的幕后力量，他们根本不明白造成这种动荡局面的后果。为给干涉克里米亚正名，俄罗斯总统称，他是代表虽被推翻但仍合法的乌克兰总统亚努科维奇采取行动的。之所以必须采取这一行动，是因为需要保护俄罗斯的黑海舰队，阻止该地区由"纳粹分子、民族主义者、反犹分子暴乱"造成的暴力及侵犯人权的局面。[1] 当美国和欧盟正在考虑针对俄罗斯干涉乌克兰而采取各种步骤从国际上孤立俄罗斯的时候，普京明确表示反对，称其

1 Vladimir Putin's Press-Conference, Kremlin.ru, March 4, 2014, http://eng.kremlin.ru/news/6763, 2015-03-25.

行动完全合法，“如果我们坐视这种不受控制的犯罪扩散到乌克兰东部，如果人民向我们寻求帮助，而且我们已经受到合法总统的官方请求时，我们保有使用一切可能手段保护这些人民的权利。”[1] 俄罗斯谴责西方政府破坏折中协定，拒绝承认基辅新政府。克里姆林宫要求基辅克制使用武力、启动新的宪法修订工作、保证保护说俄语居民、在国内进行权力下放改革。俄罗斯还将克里米亚并入自己的版图，向乌克兰东部的抗议者提供各种形式的援助。此外，俄罗斯还在俄乌边境集结了约3万军队。尽管乌克兰已经对“俄罗斯天然气工业股份公司”负债累累、无力偿还，但俄罗斯政府仍然对基辅提高了天然气价格。

美国和欧盟针对俄罗斯吞并克里米亚及克里姆林宫在乌克兰危机中的作用采取了极为严厉的立场。美欧支持乌克兰新政府，承诺向其提供经济与政治支持，要求俄罗斯撤军，停止向乌克兰境内的抗议者提供援助。为惩罚俄罗斯在克里米亚的行动和其他行动，以美国为首的西方国家政府对俄罗斯的主要官员和一些经济部门采取了制裁措施。

普京从他维护俄罗斯信仰和利益能力的角度看待乌克兰危机。[2] 俄罗斯的利益包括俄罗斯在克里米亚的基地与舰队。克里姆林宫感到必须将克里米亚并入自己版图，因为它担心基辅提出加入北约的要求——在维克多·尤先科任内，乌克兰不顾莫斯科的反对一直采取这一政策。克里姆林宫的许多官员不再相信，基辅的兴趣只限于成为欧盟成员国，而是认为基辅将欧盟成员国当作通往北约之路的特洛伊木马。对俄罗斯同样重要的还有信仰问题，这包括支持俄语和对历史的共同认知。除语言问题外，对莫斯科尤为重要的是，俄罗斯和乌克兰曾共同打败纳粹德国。基辅废除了关于俄语的法律，限制俄罗斯媒体的报道，成立了一个民族主义分子为主的新政府。乌克兰革命给了俄罗斯的民族帝国主义者机会，他们受到了乌克兰制造的新版历史的侮辱——这种历史贬低苏联对打败纳粹的贡献，美化与纳粹合流反对苏联、残暴参与大屠杀的斯捷潘·班杰拉（Stepan Bandera）。新政府中的重要职位现在都被极端民族主义组织的成员所把握，这些人将自己的政治根源追溯至班杰拉。西方国家从未谴责如此民族主义版本的历史，还支持宣扬这种历史观的人，这加重了俄罗斯人被基辅背叛的心理感受。

结　论

本文所提出的方法强调了用国家信仰解释俄罗斯外交政策。俄罗斯的信仰包括国家对外和对内的象征，例如与西方的特殊关系、大国威望以及国内体制的自

1 Vladimir Putin's Press-Conference, Kremlin.ru, March 4, 2014, http://eng.kremlin.ru/news/6763, 2015-03-25.

2 细节可参见：Tsygankov, “Vladimir Putin's Last Stand: The Sources of Russia's Ukraine Policy,” *Post-Soviet Affairs*, 2015。

豪感。丰富的历史经历教会俄罗斯统治者同时与多个相关群体——西方国家、国内民众、文化盟友——保持关系的价值。俄罗斯人从未将自己的价值观体系定义为一个反西方的体系，事实上，他们把西方的认可视为这个价值观体系至关重要的组成部分。由此便可以说明俄罗斯与西方国家合作的诸多历史案例，包括缔结神圣同盟，尝试合作，在20世纪初及第二次世界大战之前防范崛起的德国，以及后来在21世纪初共同反对恐怖主义威胁。

然而，当俄罗斯眼中的重要他者（即西方）挑战其行动和价值时，俄罗斯便不再采取合作态度。在这样的案例中，俄罗斯接近非西方的支持者，根据国家荣誉中非西方的成分采取行动。在认为自己弱小的情况下，俄罗斯统治者会在国际上小心谨慎，避免采取他们认为虽然必要但不可能持续的行动。这方面的例子有韬光养晦（Recueillement, 戈尔恰科夫于克里米亚战争失败后采取的政策——译注）、第二次世界大战前苏联与“资本主义世界”的和平共处，或者冷战后试图阻止北约东扩等。在这些案例中，俄罗斯统治者感到有必要保护国外的文化与意识形态盟友——东正教徒、共产主义者以及苏联解体后亲俄罗斯的人，但是俄罗斯缺乏采取果断行动的信心。在这些情况下，俄罗斯的典型做法是集中力量维护自身的大国威望，避免就其荣誉中的其他成分采取行动。

当俄罗斯进入信心增长阶段时，可能会为推广其价值观采取更为大胆果断的行动。

当俄罗斯进入信心增长阶段时，可能会为推广其价值观采取更为大胆果断的行动。西方未能接受这样的价值观，这就可能鼓励俄罗斯单独行动，正如它在克里米亚战争、冷战、2008年8月俄格战争和乌克兰危机中所做的那样。这些案例并不仅仅关乎大国威望和安全。每一次俄罗斯也受到符合文化和意识形态定义的责任感驱使而采取行动，以保护那些在确定自身价值观时与俄罗斯有牢固联系的人。

当代俄罗斯对西方国家的外交政策受到高度不确定的国际环境的影响，包含了合作、强硬和防御三种因素。国际体系由于美国的相对衰落、全球经济危机及地区动荡而不断变化。其他大国，例如中国、印度、巴西对国际体系的影响越来越大。俄罗斯与西方国家存在许多分歧，如克里姆林宫对反对派的处置，斯诺登事件，对乌克兰及其他一些后苏联国家的外交政策等。面对所感受到的西方压力，俄罗斯采取了强硬政策。俄罗斯虽不赞同西方，但在包括核武器、中东稳定的各个方面等许多安全问题上采取了防御性政策，而非诉诸实力。最后，克里姆林宫在保持西方对经济发展项目的投资、稳定阿富汗局势、打击恐怖主义等问题上寻求与西方国家合作。由于缺乏互信和各方均可接受的制度框架，未来俄罗斯与西方的关系中可能遭遇更多危机，双方关系的进展将会是缓慢和渐进的。

（戴惟静 译；关贵海、徐彤武 校）

乌克兰危机：欧洲的新分裂？

[德] 米歇尔 · 施塔克

内容提要：乌克兰冲突的深层根本原因是安全和一体化的双重困境，这种困境基于双方不同的观念感知。对于大多数西方国家来说，北约和欧盟的扩大是稳定和发展周边国家的战略。而在俄罗斯看来，北约的扩大是对自己的一种包围。俄罗斯目前的行为基本属于"防御"性质，而目前欧盟处理危机的方式显然缺乏远见。为了找到冲突的解决方式，双方需要更好地理解彼此对对方的观念，创造共赢的解决方式来克服零和博弈思维。

关键词：乌克兰危机　欧洲分裂 一体化困境　战略性防御　共赢思维

当前，国际上关于新的欧洲分裂问题被炒得很热。这种情况是怎么发生的？这种发展趋势的潜在根本原因是什么？可以采取什么步骤来缓和紧张局势并改进西欧与俄罗斯联邦之间的紧张关系？笔者认为，欧洲大陆的新分裂不仅是一个问题，而且是一种事实。俄罗斯吞并克里米亚，以及至少是间接地对乌克兰主权进行军事干预的行为违反了国际法的主要准则和1989年之后的欧洲和平秩序。作为回应，西方国家对俄罗斯采取了政治和经济制裁。另外，北约官方宣布俄罗斯对欧洲安全构成威胁，并且暂停了同俄罗斯自1997年建立的战略伙伴关系。因此真正的问题是：这种新的分裂是否会演变为长期的结构性的变化？或是还有可能在俄罗斯、北约和欧盟之间再次达成某种形式的合作？笔者在本文中的观点是，乌克兰冲突的深层根本原因是安全

乌克兰冲突的深层根本原因是安全和一体化的双重困境，这种困境基于双方不同的观念感知。

[德] 米歇尔 · 施塔克（Dr. Michael Staack）博士目前是德国汉堡联邦国防军大学（也称"赫尔穆特 · 施密特大学"）国际政治研究所教授。作者感谢戴维 · 格罗滕（David Groten）的帮助。

和一体化的双重困境，这种困境基于双方不同的观念感知。对于大多数西方国家来说，北约和欧盟的扩大曾经是，并将继续是稳定和发展这些加入西方社会的国家的战略。而在俄罗斯看来，北约的扩大是对自己的一种包围。为了找到目前仍然在延续的冲突的解决方式，双方需要更好地理解彼此对对方的观念，创造共赢的解决方式来克服零和博弈思维。

为了理解目前在乌克兰及其周边不断升级的紧张局势，有必要追溯其根源，并理解其中“战略层面的原因是冷战后欧洲和欧洲—大西洋制度建设所宣称的，创造一个全面、自由和和平的欧洲的失败”。[1] 20世纪90年代初，在东西方冲突结束的最初几年里，曾经有在欧洲安全和合作会议（CSCE）基础上建立一个新的泛欧洲安全秩序的真正机会。尤其是，当时的德国外长根舍（Hans-Dietrich Genscher）和其他东西欧领导人赞同这种政治发展。但这个机会之窗因为三个原因而关闭了：

1. 苏联和华沙条约组织解体；

2. 大多数中东欧国家宣布希望加入北约；

3. 基于上述两个事实，美国、德国和北约决定改变他们的政策，邀请新成员加入西方联盟。[2]

在促成德国统一的2+4谈判进程中也进行了有关北约扩大的讨论。具体而言：从未有具有约束力的法律协议或条款宣布北约在未来不能扩大。然而，德国、苏联和美国领导人当时的政治立场是：这种扩大是不应发生的。[3] 另外，那时的政治环境同几年之后相比有所不同，因为当时乌克兰和格鲁吉亚还是苏联的一部分。在1991年中访问基辅时，美国总统老布什公开宣称，他乐意见到乌克兰成为进行改革和现代化建设的苏联的一部分，而不是成为一个独立的国家。

很明显，对于当时的德国领导人（如总理科尔）来说，始于1994年的北约扩大只有在同俄罗斯保持一致，或至少没有其反对的情况下才能进行。[4] 在几次高层会面中，科尔都把扩大北约称为一枚硬币的两面：一方面是中欧和东欧国家的成员国资格，另一方面是政治上非常重要的，同俄罗斯的强有力且稳定、制度化的伙伴关系。1997年签署的具有法律效力的《俄罗斯—北约相互关系、合作与

1 Samuel Charap, “The Ukraine Impasse,” *Survival*, Issue 5, 2014, p. 229.

2 Mary Elise Sarotte, *1989: The Struggle to Create Post-Cold War Europe*, Princeton : Princeton University Press, 2009; Michael Staack, “NATO-Erweiterung und gesamteuropäische Sicherheit – Ein Zielkonflikt für Deutschlands Außenpolitik? (NATO Enlargement and Pan-European Security – A Priority Conflict for Germany’s Foreign Policy?)”, *Die Friedens-Warte*, Issue 3, 1997, pp. 273-286.

3 John J. Mearsheimer, “Why the Ukraine Crisis Is the West’s Fault. The Liberal Delusion That Provoked Putin,” *Foreign Affairs*, September/October 2014, p. 78.

4 Wolfgang Ischinger, “Baumängel am ‘gemeinsamen Haus’ (Construction deficits of the ‘Common House’)”, *Internationale Politik*, Issue 3, 2014, pp. 19-21; Helmut Kohl, *Aus Sorge um Europa. Ein Appell (In Concern about Europe. An Appeal)* (Droemer-Knaur Verlag) 2014, p. 103 ff.

安全基础法案》，也是这种双轨战略的产物。[1] 在这个文件的条款中，北约保证不会在新的北约成员国领土上“永久性地”部署任何具有“实质性”数量的军队。

但在仅仅两年之后的1999年，科索沃危机的发生和北约在没有任何联合国安理会授权的情况下进行的军事干预严重地损害了北约和俄罗斯的关系。[2] 美国和北约决定采取单边行动，俄罗斯的情况不仅未被考虑其中，反而被视为是采取必要紧急行动的一个障碍。在进行军事干预之后，西方国家寻求俄罗斯的支持来完成谈判，并邀请俄罗斯加入维和行动。然而，这些缓和俄罗斯胸中怒气的努力未能成功。在俄罗斯看来，科索沃问题一举成为同西方和北约关系中的负面标志性事件。因此，自1999年以来，俄罗斯将同西方联盟所谓的“战略伙伴关系”解释为没有实质意义的建设行动，“对俄罗斯的‘政治心理’和‘帝国幻觉的痛苦（imperial phantom pain）’几乎没有给予什么理解，而且在冷战结束之后，也没有对俄罗斯在欧洲安全秩序中的地位给予应有的关注”。[3] 大多数西方国家不接受俄罗斯作为同等地位的伙伴，更糟糕的是，考虑到俄罗斯在军事方面的优势，西方既没有遵守国际法，也没有尊重国际制度和俄罗斯作为安理会常任理事国的重要地位。[4] 对大多数俄罗斯的精英来说，北约和俄罗斯的伙伴关系已经不复存在了。

又过了两年，自2001年开始，小布什政府转移了美国外交政策的重点。以往的老布什和克林顿政府并未将俄罗斯视为潜在的敌人，而仅仅将它看作是一个难以对付的伙伴。总的来说，这两位总统都努力维持同俄罗斯的良好关系。他们的努力得到了主要的欧洲大国，尤其是德国和法国相应政策的补充。小布什政府对同其他主要大国展开真正的合作并不感兴趣，对他和他的政府班子来说，俄罗斯总统普京提出的，和俄罗斯建立更强大更好的合作关系没有任何价值，并且也不在他们的战略议程重点中。相反，小布什政府认为俄罗斯是一个潜在的竞争者或者是对手。在小布什政府的世界观中，必须要遏制所有的竞争者，如俄罗斯、中国和欧盟，以便维护美国首屈一指的优势地位。[5] 在一些特别的情况下，他甚至采取了“推回政策（*roll-back policies*）”。2001年前，为了照顾俄罗斯的核心利益，除了波罗的海国家，北约的扩大严格限于原苏联领土范围之外的国家。但小

1 Founding Act on Mutual Relations, Cooperation and Security Between NATO and the Russian Federation Signed in Paris, France, May 27, 1997, http://www.nato.int/cps/tr/natohq/official_texts_25468.htm, 2015-04-10.

2 Vincent Pouliot, *The Politics of NATO-Russia Diplomacy,* Cambridge: Cambridge University Press, 2010, p. 194.

3 Klaus Wittmann, “The West is Not Russia’s Enemy,” *The Atlantic Times*, September/October 2014, p. 5.

4 Regina Heller, “Subjectivity Matters. Reconsidering Russia’s Relations with the West,” in Roger E. Kanet andMaria R. Freire. eds., *Russia and European Security*, Dordrecht: Republic of Letters Publishing, 2012, pp. 45-78.

5 Ivo H. Daalder and James M. Lindsay, *America Unbound. The Bush Revolution in Foreign Policy*, Washington, DC: Brookings Institution Press, 2003.

布什没打算尊重俄罗斯的利益，或者说是主要欧洲盟友的顾虑，他的政府班子邀请原苏联的加盟共和国，如亚美尼亚、阿塞拜疆、白俄罗斯、格鲁吉亚、摩尔多瓦等国，以及最后但同样重要的乌克兰加入西方军事联盟。

早期的普京政府和前任的叶利钦政府一样，向西方提议展开各种形式的合作，结果只得到了漠视甚至恶化的对抗。在俄罗斯人看来，美国不再用双赢的框架来定义与俄罗斯的关系，而是出于地缘政治中零和博弈的考虑来行事。在接下来的几年里，俄罗斯总统普京试图加强与主要欧洲大国，如德国和法国的关系，而根本性的战略再定位，如转向远东、中国和上海合作组织（并形成一个颠覆性的联盟 "renversement des alliances"）的举措并没有发生。俄罗斯把美国和北约视为对手，重整军事力量，加强了同金砖国家等新兴大国的关系，但同时仍然对同西方进行更紧密的合作持开放态度。在一个短暂的时期中，奥巴马总统对俄罗斯的"重启政策"（new start policy）缓和了双方的紧张关系，并敞开了有限的机会之窗来重塑更加稳定的关系。在俄罗斯看来，西方国家2011年对利比亚的军事干预以及2011年以来对叙利亚（更为隐蔽）的干预再次关闭了这扇机会之窗。与此相反的是，西方大国认为俄罗斯及其在安理会的否决权是对国际问题寻求国际性解决方式的主要障碍。至少，从2011年年中开始，"重启政策"成为了过眼云烟。[1]

这就是目前冲突的核心所在。20世纪90年代中期开始的北约（随后是欧盟）扩张，特别是科索沃战争之后的扩张，给俄罗斯制造了一个安全困境。根据约翰·赫茨（John Herz）[2] 和罗伯特·杰维斯（Robert Jevis）[3] 的定义，安全困境是指一种现象，在这种现象中，"一国获得的安全无意中威胁到了其他国家的安全"。[4] 各国为了强化自身安全而采取的许多步骤往往在无意中使其他国家感到更加不安全。由于不同的经济和政治—安全一体化机制的竞争，便产生了安全困境的一种特别形式—— 一体化困境（integration dilemma）。当一国认为其周边国家加入军事联盟或经济集团的一体化行为威胁到了自身的安全和繁荣的时候，这种困境就出现了。[5] 排他性是这一困境的来源。"被定义为正和博弈的一体化进程，因为排他性地吸收了一国的周边国家加入，从而使这一进程转化为零和博弈。和安全困境一样，邻国的意图

北约（随后是欧盟）扩张，特别是科索沃战争之后的扩张，给俄罗斯制造了一个安全困境。

1 Angela E. Stent, *The Limits of Partnership: U.S.-Russian Relations in the Twenty-First Century*, Princeton :Princeton University Press, 2014.

2 John J. Herz, "Idealist Internationalism and the Security Dilemma," *World Politics*, Issue 2, 1950, pp. 157-180; John J. Herz, *Political Realism and Political Idealism: A Study in Theories and Realities*, Chicago: Chicago University Press, 1951.

3 Robert Jervis, "Cooperation Under the Security Dilemma," *World Politics*, Issue 2, 1978, pp. 167-214.

4 Ibid., p. 170.

5 Samuel Charp and Mikhail Trotskiy, "Russia, the West and the Integration Dilemma," *Survival*, Issue 6, 2013/14, p. 50.

和一体化机制支持者的提议，在无需对已经产生安全疑问的国家怀有敌意的情况下，就可能导致一体化困境的出现。实际上，由于倾向于对其他国家的动机做出最坏的假设，一国的困境就会转变成国家间冲突的根源。在竞争双方缺乏或没有沟通（和建立互信）的背景下，这种假设会不断升级，形成代价高昂的螺旋式上升的行动—反馈循环。“在一体化困境中，竞争双方的领导人都会竭力劝诱和迫使一国加入他们各自的阵营，并不断各个击破，减少他们之间的信任，随着竞争的升级，其负面影响不断加剧”。[1] 这就是小布什政府努力推动格鲁吉亚和乌克兰加入北约带来的影响。这一进程随着2008年4月德国、法国和西班牙的反对而中止。对奥巴马政府来说，正如之前讨论到的，北约的扩大并非其上任初期的头等大事，他甚至赞成“重启”与俄罗斯的关系。实际上，自2014年初开始，对大多数西方决策者来说，格鲁吉亚和乌克兰的北约成员国地位问题只是一个不那么重要的议题。由于考虑到俄罗斯未来对乌克兰的政策，这种情况在未来几年可能出现变化。

欧盟扩大的情况则有所不同。令许多观察家吃惊的是，多年以来欧盟被俄罗斯视为战略竞争者或对手。[2] 更糟糕的是，“在俄罗斯领导人眼里，欧盟的扩大是在为北约扩大做掩护”。[3] 这种观念直接源自欧盟2009年启动的所谓“东部伙伴关系计划（*Eastern Partnership*）”。[4] 这项计划邀请原苏联地域内的六个国家：亚美尼亚、阿塞拜疆、白俄罗斯、格鲁吉亚、摩尔多瓦和乌克兰与欧盟开展紧密合作，目的是让这些国家在不加入欧盟的情况下同欧盟建立更加紧密的关系。然而，欧盟委员会准备的联系协定（《深入而全面的自由贸易协定（Deep and Comprehensive Free Trade Agreement)》）是非常具体的，参与国需要取得充分的国内进展以达到欧盟的标准。作为对“东部伙伴关系计划”的回应，俄罗斯与白俄罗斯和哈萨克斯坦一起发起了自己的组织“欧亚关税同盟（Eurasian Customs Union)”，亚美尼亚也加入了这一组织。到2015年，这项一体化将会升级，一个新的、肩负更多使命并更具综合性的“欧亚经济联盟（Eurasian Economic Union)”将会成立起来。俄罗斯的制度建设和政策的特点也许最应该被归结为“战略性防御”。从俄罗斯自身角度出发，很容易就可以判断出在“东部伙伴关系计划”中无利可图，因为这不仅不会给俄罗斯带来任何好处，反而推动欧洲所有

1 Samuel Charp and Mikhail Trotskiy, “Russia, the West and the Integration Dilemma,” *Survival*, Issue 6, 2013/14, pp. 50-51.

2 Kian Kottke, “Die EU und Russland. Barrieren auf dem Weg zu einer stabilen sicherheitspolitischen Partnerschaft (The EU and Russia. Impediments on the Way Towards a Stable Security Partnership)” , in Michael Staack ed, *Europa als sicherheitspolitischer Akteur (Europe as a Security Actor)*, Opladen: Budrich Publishers, 2014, pp. 103-123.

3 John J. Mearsheimer, “Why the Ukraine Crisis Is the West’s Fault. The Liberal Delusion That Provoked Putin,” p. 79.

4 Lawrence Freedman, “Ukraine and the Art of Crisis Management,” *Survival*, Issue 3, 2014, p. 17.

的原苏联加盟共和国都将与欧盟而不是俄罗斯建立更加紧密的关系。1994年，欧盟和俄罗斯签署了第一个合作协议，这个协议多年前就到期了，由于双方在一系列事务中的分歧和冲突，新协议还遥遥无期。

是否可以同时追求“东部伙伴关系计划”和“欧亚经济体”的成员国地位是一个开放性的问题，虽然其中有许多困难有待处理，但这种解决方式似乎是可行的。[1] 然而，看起来很明显的是，欧盟在谈判中并未真正准备讨论这种情况，在乌克兰问题上尤其如此。相反，欧盟的主要官员，如欧盟委员会主席巴罗佐强烈反对寻求任何双重成员国地位的建议。不同的政治家，如在2009年前主管欧盟扩大事务的前欧盟委员会委员费尔霍伊根（Günter Verheugen）和主导了欧盟—乌克兰联系协定谈判的现任乌克兰外长帕夫洛·克里姆金（Pavlo Klimkin）都肯定了欧盟这种严肃的谈判战略。[2] 这里值得注意的是，除了原苏联领土上的一体化，欧盟支持世界上任何其他地方的地区一体化。总的来说，人们可以明显看出欧盟最重要的目标是吸纳乌克兰和其他“东部伙伴关系计划”的参加国进入自己的势力范围，但却不准备创造任何可以同最大的邻国俄罗斯取得双赢的解决方式。紧随在2011年以来“阿拉伯之春”中乏善可陈的表现之后，欧盟在三年中第二次采取了没有战略远见的行动，低估了俄罗斯的反对立场，结果不仅没能建立起与自己最重要的邻国俄罗斯的共识，而且没能意识到与俄罗斯持续保持密切沟通的重要性。[3] 另外，在明知事态已经在2013年秋冬升级之后，乌克兰问题仍然没有成为德国的优先考虑事项，因为当时德国国内正在就组成新的联合政府进行谈判。而且，由于自己的党派没有能够再次被选入德国议会，时任德国外长基多·威斯特威勒（Guido Westerwelle）被看做是“跛脚鸭”和“临时看守者”。

接下来的故事尽人皆知。乌克兰总统亚努科维奇决定不在欧盟联系协定上签字，乌克兰的抗议者不断增多，事态持续升级。欧盟法德波“三驾马车”谈判达成了一个协定，允许乌克兰提前进行总统选举，但基辅街头的抗议者并不接受这一结果，在一触即发的形势下，经选举上台的总统离开了祖国。在一场“四个可在法律上被称为‘新法西斯主义分子’的高层人士参与的政变之后，乌克兰产生了新领导层。[4] 新政府忽视了该国东部俄罗斯人聚居区的利益，其结果就是俄罗斯非法吞并了克里米亚共和国，并支持乌克兰叛乱分子在该国东部挑起冲突。为此，西方国家对俄罗斯实施了制裁，以期令其外交政策转向。然而，对俄罗斯来

1 Lawrence Freedman, “Ukraine and the Art of Crisis Management,” *Survival*, Issue 3, 2014, p. 58 .

2 “Interview with Ukrainian Foreign Minister Pavlo Klimkin,” *Die Zeit*, July 17, 2014, p. 4; “Verheugen zur Russlandpolitik: Warum Helmut Schmidt irrt (Verheugen on Russia Policy: Why Helmut Schmidt is Wrong),” *Spiegel online*, May 19, 2014, http://www.spiegel.de/politik/deutschland/ukraine-krise-helmut-schmidt-von-ex-eu-kommissar-verheugen-kritisiert-a970150.html,2015-02-10.

3 Neil MacFarlane/Anand Menon, “The EU and Ukraine”, *Survival*, Issue 3, 2014, pp. 95-101.

4 John J. Mearsheimer, “Why the Ukraine Crisis Is the West’s Fault. The Liberal Delusion That Provoked Putin,” p. 80.

说，至少在短期内，国家威望似乎比经济利益更为重要。

然而，对俄罗斯来说，至少在短期内，国家威望似乎比经济利益更为重要。

乌克兰危机从一场内部的分裂发展成为全面的国际危机，并成为1989年冷战结束后欧洲安全合作架构中最棘手的挑战。由此带来的问题是：如何避免事态继续升级？怎样找出各方都能接受的解决办法？为了恰当地处理这些问题，有必要讨论一下有关各方的核心利益。

苏联解体后，俄罗斯视乌克兰为有重要语言、文化和历史纽带的相邻大国和“姐妹国家（sister nation）”。另外，俄罗斯也把乌克兰视为自己地缘政治势力范围的一部分。因此，乌克兰任何进一步同欧盟和北约一体化的举动，都会被俄罗斯视为“关乎生死存亡”的、对自身安全与核心经济利益的威胁。[1] 在基辅的政治动乱之后，至少从自身角度出发，俄罗斯认为局势面临着失控的危险。因此，普京总统通过支持克里米亚分立和乌克兰东部的分裂主义势力，采取了一种搅局战略，以便确保俄罗斯能长久地利用这个具有重要战略意义的黑海半岛，并在可能的情况下改变主导基辅的力量对比。俄罗斯领导人清楚，接下来一段时期内乌克兰可能不会有亲俄政府。考虑到变化的形势可能给俄罗斯带来的危害，普京先发制人地争取了某种政治和领土方面的最优结果。这种结果并不证明俄罗斯行动的正当性，也不能为普京在俄罗斯民众中的高支持率背书。普京是力量大增的俄罗斯的设计师，但如果他容忍和接受了乌克兰的政治动乱，那么他的国内领导力就会丧失殆尽，这仍然是千真万确的。

此外，乌克兰危机期间各方的决策和事态的发展与俄罗斯“背离”西方的动向是相生相伴的。这就是说，事实证明，俄罗斯与西方之间在预期和具体目标上的共识极为有限。更糟糕的是，普京总统一次又一次无所顾忌地挫败反对派和公民社会组织实现他们设想的企图，从而扩大了俄罗斯和西方之间的价值观分歧。在兼并克里米亚的讲话中，俄罗斯总统再次提及一长串相关的冲突：1999年的科索沃战争、2007年科索沃的独立、美国导弹防御体系在欧洲的部署（这个体系未纳入俄罗斯，反而瞄准了俄罗斯）、北约的扩大、2011年干预利比亚时对联合国授权的滥用，以及2013年对叙利亚进行单边干预的威胁。[2] 在这种背景下，乌克兰的动乱被解读为西方释放的某种烟雾弹。也许人们可以争辩说若没有乌克兰危机的升级，俄罗斯本不会针锋相对地进行反击。在任何情况下，它（俄罗斯）“对事情的反应……一直都是防御型，而不是攻击型的”。[3] 尽管如此，在那个非常时刻，普京优先考虑的是大国的地缘政治战略和国家威望，代价则是俄罗斯与欧

1 Samuel Charap, “The Ukraine Impasse,” p. 230.

2 Kremlin, Address by President of the Russian Federation, 18 March, 2014, http://eng.kremlin.ru/news/6889,2015-02-10.

3 John J. Mearsheimer, “Why the Ukraine Crisis Is the West’s Fault. The Liberal Delusion That Provoked Putin,” p. 85; “Russia’s Motives in Ukraine,” *International Institute of Strategic Studies*, Issue 19, 2014.

洲深厚且未受损害的经济联系。因此，客观而言，俄罗斯的行为不仅危害了自身依靠能源出口的经济根基，而且限制了自己外交政策选择以及可能的伙伴关系，并因此损害了自身的利益。

美国不是乌克兰危机的原因，但肯定正在利用这一切来使自己处于有利地位。乌克兰危机给美国提供了一个独一无二的机会来削弱俄罗斯的国际地位，并将自己置于欧洲危机管理者的位置，使北约和欧盟的平衡朝着有利于北约的方向变化。此外，美国和欧盟在乌克兰危机上的共同利益，至少暂时能够弥补斯诺登披露美国对其盟国实施的全球监控战略带来的深度不信任感。与其务实方式相一致的是，奥巴马政府希望在同被削弱的俄罗斯达成新的谅解方面保持开放性的选择。而与之相反的是，欧盟在乌克兰危机上的目标却是多重的。欧盟支持一个主权完整、政治独立的乌克兰，同时也希望保持欧洲的安全合作秩序，并防止任何欧洲大陆的新分裂。同样的，在危机升级之后，欧盟渴望被看成用一个声音说话的统一行为体。于是，欧盟试图对自己的双重反应给予额外的重视，这种反应把提供对话机会、实施制裁（和威胁）以及同美国保持一致的立场结合起来。其中，德国民众和德国政府开始承担主要角色，寻求同法国和波兰保持密切合作。除了使欧盟成员国在最核心的目标上保持一般共识之外，各国在次要事务上的利益是不同的。由于中东欧成员国一般都支持对俄罗斯的“强硬立场”，德国、法国和其他西欧成员国试图利用一切可能的手段来阻止俄罗斯追求自身的干预政策。这种政策的目标是建立同相邻大国的新的合作模式。[1]

欧盟支持一个主权完整、政治独立的乌克兰，同时也希望保持欧洲的安全合作秩序，并防止任何欧洲大陆的新分裂。

自从东西方冲突结束以来，重新统一后的德国在战略合作伙伴关系的范围内同俄罗斯联邦展开接触。相应地，在过去23年中，德国不断支持俄罗斯进一步参与到西方体制（如欧盟、北约、七国集团和八国集团等）的一体化进程中。在乌克兰危机发生前，德国是西方世界中对俄罗斯合法利益的最重要支持者。[2] 同时，俄罗斯领导人也一直把德国联邦政府视为除了美国之外最重要的西方伙伴，有时重要性甚至超过了后者。逐渐增加的经济相互依赖，对俄罗斯 / 苏联支持德国重新统一的感激，以及残酷的第二次世界大战之后两国人民的和解是双方良好关系的核心要素。尽管两国的意见分歧在普京的第二个总统任期中增多了，但这并不影响上述结论。由此可见，欧洲的新分裂不会给德国带来任何利益：“在德国，遏制战略以及中断和俄罗斯的关系是行不通的，这不仅是因为这会背离德国长期以来在同其他国家的关系中不愿意用经济杠杆来实现政治目的的做法，也因

---

1 Stephen F. Szabo, “Germany’s Commercial Realism and the Russia Problem,” *Survival*, Issue 5, 2014, pp. 117-128.

2 Andreas Rinke, “Wie Putin Berlin Verlor (How Putin Lost Berlin),” *Internationale Politik*, Issue 3, 2014, pp. 33-45.

为俄罗斯是德国地理上的近邻，以及新东方政策留下的接触而非对抗的遗产。”[1]

无论如何，对这个国际危机一劳永逸的解决方案还没有出现，恢复冲突各方的信任尚需大量时间和政治上的努力。不幸的是，“俄罗斯和西方国家领导人正让本国的公众准备好迎接对抗而非妥协”。[2] 因此，下面的三个提议也许可以推动当前亟需的对话进程：

（1）乌克兰迫切需要实现经济和政治上的稳定，这是从根本上化解危机、寻求长期解决方案的主要前提条件。乌克兰政府和亲俄罗斯的分裂派在2014年9月5日同意停火，这为政治解决方案（包括东乌克兰实现高度自治或成立地方自治政府）铺平了道路。因此，目前在议事日程上应该把密切合作解决乌克兰困难的经济状态提到显著位置。由于乌克兰经济同时依赖于欧盟和俄罗斯这一事实，双方富有建设性的参与方式对成功的结果不可或缺。

（2）乌克兰有权自由选择是否把自己和欧盟融为一体。目前这个欧洲的决定暂时得到了大多数民众的支持，但这并不意味着乌克兰的欧盟成员国地位，或是在可预见的将来乌克兰成为欧盟成员的前景，而只是意味着乌克兰把同欧盟的紧密合作作为其外交政策的基石，而另一块基石是乌克兰未来的安全地位。在俄罗斯的干预下，支持成为北约成员国的民众增加了，但仍未达到大多数。以一个欧洲人的观点来看，乌克兰的北约成员国地位是否能够切实强化这一同盟是值得高度怀疑的。因为在这种情况下，乌克兰同俄罗斯的紧张会加剧，并会妨碍其同俄罗斯形成任何伙伴关系。因此，走出困境的最好方式将是乌克兰采取不结盟的立场，而这一立场在乌克兰宪法中有规定，并受到欧盟和俄罗斯等主要大国的保障。[3]

（3）有必要重启俄罗斯、欧盟和美国的关系。三方需要一定的时间来评估当前的危机，重新定义他们的利益并为新的安排做准备。实际上，只有在紧密合作，而不是对抗或排斥俄罗斯的情况下，欧洲的安全才有可能实现。另外，任何安全安排都必须基于各方所接受的一般性准则。考虑到当前的国际议程，西方政界和俄罗斯之间的共同利益比任何意见分歧都更为重要。新的伙伴关系，至少在开始的时候会比20世纪90年代设计的战略合作伙伴关系更加有限和务实，但这也将是更加可取且最为理性的选择。然而，更糟的情况也有可能出现。在任何情况下，对涉及其中的任何一方来说，对抗的代价都是极其高昂的。

（许钊颖 译；徐彤武 校）

---

1 Andreas Rinke, “Wie Putin Berlin Verlor (How Putin Lost Berlin),” *Internationale Politik*, Issue 3, 2014, pp. 124-125.

2 Samuel Charap, “The Ukraine Impasse,” p. 230.

3 Henry A. Kissinger, “How the Ukraine Crisis Ends”, *The Washington Post*, March 6, 2014.

乌克兰危机的历史维度和现实症结
——兼论中国的应对

梁 强

内容提要：乌克兰危机的导火索是亚努科维奇拒签与欧盟的联系国协定。危机愈演愈烈，引发一系列严重后果则是多重因素影响之下复杂战略博弈的结果。从历史维度看，危机大规模爆发并急剧演进的根本原因在于转型背景下乌克兰在独立民族国家构建和现代国家治理上的双重失败。危机持久无法得到化解的现实症结则在于俄罗斯与美国、欧盟的大国权势斗争。危机对中国在欧亚地区的外交战略和实践构成了极大冲击，对重新认识20世纪以来国际关系的演进有重要启示。

关键词：乌克兰危机　现代国家治理　大国博弈　中国　欧亚外交

乌克兰危机的导火索是2013年11月时任乌克兰总统亚努科维奇决定暂停与欧盟签署联系国协议的准备工作。随着危机的不断升级，事后的很多分析都不断渲染这一决定的政治意义。客观来看，这并非一项足以影响国家命运的重大战略性抉择。首先，加入欧盟是乌克兰的既定国家战略，亚努科维奇任内也一直倡导，不会受一时一事的影响。其次，亚努科维奇只是“暂停”签署，而非彻底拒签，因此算不上是一项改变政策的决定，而只是一种战术性安排。最后，亚努科维奇的决定很快就被“矫正”，6个月后乌克兰新政府签署联系国协定。一项政策在短时间内如此反复，充分说明其绝非宏大的国家战略，而更像是一种政治斗争。危机愈演愈烈，引发领土丢失、国家分裂和内战一系列严重后果，有乌克兰

梁　强　中国社会科学院俄罗斯东欧中亚研究所助理研究员、乌克兰研究室副主任。

自身转型失败的原因，也有俄罗斯、美国、欧盟大国地缘争夺的推动。各方力量的介入使危机成为一场多重因素影响下的复杂战略博弈。对中国在欧亚地区的外交战略和实践也构成了极大冲击，对重新认识20世纪以来国际关系的演进亦有重要启示。

乌克兰：转型背景下的现代民族国家治理

1991年苏联解体后，原有的各加盟共和国成为新独立的国家，均经历了一场国家和社会全方位转型的大变动。从民族国家形成的角度讲，这意味着从一个国家内的行政区域向独立国家的转化；从社会变革的角度，则意味着从一种政治经济制度向另一种制度的演变。时间已过去了20多年，除了波罗的海三国（拉脱维亚、爱沙尼亚和立陶宛）外，其他新独立国家的转型远未结束，有些国家甚至连基本的国家治理问题都仍未获得解决。乌克兰危机如果放在历史的长镜头下，实际上就是转型过程中遇到的国家治理问题的集中爆发。

苏联解体后，各国毫无例外都陷入到经济灾难中。许多国家的国内生产总值（GDP）下滑超过10%，甚至达到30%，塔吉克斯坦、格鲁吉亚、摩尔多瓦、阿塞拜疆、乌克兰等国的降幅超过了解体时的两倍。根据独联体统计委员会的报告，2000年独联体国家的工业生产水平仍不到1991年时的60%，农业生产水平是1991年的68%。经济危机还导致各国出现了严重的两极分化，2000年各国贫穷人口接近40%，肉类和食品消费较1991年下降超过20%，乌克兰甚至达到50%，真正是节衣缩食。2000年之后，独联体国家在旧的经济废墟上终于引来一轮持久的高速增长。2006年，独联体国家的整体国内生产总值首次超过1991年。到2008年世界金融危机时，各国年均增长率基本都超过7%，阿塞拜疆甚至达到11%。但这种增长并不均衡。大幅增长的国家主要靠能源价格上涨拉动，格鲁吉亚、摩尔多瓦、乌克兰等国的GDP仍未达到1991年的水平。2008年的经济危机打断了这轮经济增长，除阿塞拜疆、乌兹别克斯坦、土库曼斯坦仍保持较高增长率外，其他国家都陷入低速增长。到2010年，独联体国家整体国内生产总值比1991年只增长了15%，年均增长率不到1%。[1] 在住房、教育、医疗等基础设施上，绝大多数国家仍未恢复到苏联水平。解体对各国经济的深度冲击，可能要好几个20年才能消化。

欧洲安全与合作组织（OSCE）通过对人民参政议政，言论集会自由，合法反对派，自由公正选举，司法立法独立，帮派政治等指标的综合评价，认为从苏联解体中诞生的15国中，除了波罗的海三国外，只有乌克兰、摩尔多瓦可视

1 статистический сборник 20 лет Содружеству Независимых Государств 1991-2010//Статкомитет СНГ, http://www.cisstat.com/20cis/，2015年4月11日登录。

为自由民主国家。但后两国在经济上的表现足以用“失败”来形容：2011年15国的人均GDP水平较1991年增长率排名的后五位分别是：格鲁吉亚（160.24%），吉尔吉斯斯坦（136.29%），乌克兰（132.49%），摩尔多瓦（111.38%），塔吉克斯坦（107.26%）。各国月平均工资水平的后五位排名是：乌克兰（356美元），阿塞拜疆（317美元），亚美尼亚（293美元），吉尔吉斯斯坦（137美元），塔吉克斯坦（63美元）。从这两组数据可看出，乌克兰政治转型较为成功，但在经济社会转型上和吉尔吉斯斯坦、塔吉克斯坦这样的“失败国家”处于同一水平。在国际认同方面，除波罗的海三国以加入欧盟和北约的方式顺理成章地融入现有国际体系外，其他各国自我身份的认同建构远未完成。部分国家仍然没有被世界经济体系完全接纳，世界贸易组织的成员国资格就是明证。[1] 各国独立后广泛参与和建立各种一体化机制，希望通过多种多样的尝试寻找到自己在国际舞台上的归属感，但成效甚微，而且这些机制反倒成为域外势力争夺新独立国家的平台。依附在人口、文化上的旧情感记忆也始终困扰着各国国内的身份认同。举一个简单的例子：除俄罗斯、白俄罗斯两国外，各国都在推行“去俄语化”，但俄语仍被视为“主流语言”，在城市和商界得到广泛使用，完全使用母语的人只有在农村和年轻打工者群体中才可见到。新的独立主权国家的身份还促进了各国在领土资源矛盾上的民族主义立场。这些矛盾在苏联时期被强力的中央政权压制，苏联解体后大范围爆发。如阿塞拜疆和亚美尼亚在纳戈尔诺—卡拉巴赫地区的冲突，塔吉克斯坦内战、里海国家的大陆架划分争端、中亚国家的水资源和电力矛盾等。在乌克兰，这些问题最终以“东西分裂”的形式体现出来。

地理和政治上的双重东西分裂一直是外界看待和解释乌克兰危机的最有效方式。但深入研究就会发现，乌克兰的分裂事关不同层面的问题。第一个是族裔关系层面，在乌克兰的俄罗斯人如何保障自己的权益。由于历史原因，前苏联范围内其他国家中遗留的俄罗斯族人口将近2000万，他们因为种种原因无法以个体的形式回归俄罗斯，因而强烈希望所在国能保障他们作为少数民族的政治、经济与社会权益。如果这一诉求得不到实现，这些俄罗斯族人口很自然就会有独立或者整体回归俄罗斯的倾向。第二个层面是乌俄之间的领土纠纷，这一点在克里米亚脱乌入俄问题上体现得很明显。克里米亚历史上长期属于沙俄，后者在此与多个欧洲大国流血战斗。1954年苏联最高领导人赫鲁晓夫一纸命令将克里米亚划给当时的乌克兰加盟共和国，造成了今天的历史遗留问题。苏联解体后克里米亚在1991年、1994年两次举行全民公决宣布独立并要求加入俄罗斯。出于对俄乌关系大局的考虑，莫斯科予以婉拒，但该问题从此成为俄罗斯

1 土库曼斯坦、哈萨克斯坦、乌兹别克斯坦、阿塞拜疆、格鲁吉亚、白俄罗斯六国仍未加入世界贸易组织。

挟制乌克兰的一张王牌。第三个层面才是地理上的东西分裂或者政治上的橙蓝对立。乌克兰东西部之间的历史、文化和语言差异本来就很大，再加上包括首都基辅在内的西部是农业大区，独立后与欧盟往来较多，而东部是工业大区，当地的经济利益诉求不同，政治立场自然会有歧异甚至对立。但这种矛盾只是乌克兰民族内部不同地区、不同人口之间的矛盾，亦即同一身份认同者间的政见之别，顶多是民族认同问题，而非国家认同问题，更不是不同民族的对立。与前南斯拉夫、阿富汗等国存在的民族或部族之间的分裂有本质区别。所谓“顿涅茨克和卢甘斯克共和国”，其主体居民都是乌克兰公民，其“独立”诉求是为获取更多权力和资源的政治举措，没有自己的民族自治基础。以上三个层面的问题都与俄罗斯密切联系，所以乌克兰的东西分裂本质上是乌俄关系问题。这种情况在俄罗斯与其他新独立国家，特别是与波罗的海三国和中亚国家的关系中同样存在。任何一个层面处理不当，都很容易演变为双边关系中的严重问题；如果这些国家再出现政治和社会的动荡，或者在对外关系中与俄罗斯严重交恶，那就会面临和乌克兰一样的困境。

以上三个层面的问题都与俄罗斯密切联系，所以乌克兰的东西分裂本质上是乌俄关系问题。

俄美欧的大国权势斗争

乌克兰一直排斥与俄罗斯的一体化，2005年从“俄白哈乌四国统一经济空间”退出，此后俄罗斯着手建立俄白哈关税同盟。2013年5月，也就是乌克兰危机爆发的前半年，乌克兰主动与俄白哈关税同盟签署合作备忘录，以事实上的观察员身份加入。做出这样重大让步的目的，就是换取乌克兰向欧盟靠拢一小步，签署联系国协定。这是时任总统亚努科维奇在俄欧之间施展平衡术以谋求本国利益最大化的标准的外交战术，但他严重低估了普京的反应。2013年8月乌克兰《镜报周刊》公布了一份据说是“消息灵通者泄露给编辑部”的文件。文件中阐明了乌克兰签署欧盟联系国协定对俄罗斯的危害，明确提出俄近期的目标就是集中和全面的对乌施加影响力以阻止其签署协定，并详细描述了俄将如何影响乌克兰的选择，迫使其远离欧盟而回归欧亚同盟的举措。文件中还写道，现在乌国内到处弥漫的反对亚努科维奇的声音，很可能会转化成仇俄情绪或促进其增长，这会蒙蔽乌克兰选民的双眼，使其无法客观思考乌克兰的国家利益，帮助反俄力量夺取政权。在现在的复杂状况下，“橙色革命”在乌克兰重演的可能性极大。亚努科维奇一旦丢掉政权，将立即引发地区党的分崩离析，这将置俄罗斯于“焦土之上”，俄在乌克兰将没有任何有影响力的政治力量可以依靠或指望。俄罗斯要借鉴历史上赫梅利尼茨基（З. М.Хмельницкий）领导乌克兰加入俄罗斯的经验，迅速培育构建俄国影响下的社会政治网络，抵抗反俄力量和情绪的增长，确保俄罗斯中意的候选人在2015年总统选举中获胜，力争使乌克兰在2015年加入欧亚经济同盟。[1] 这份文件当时并未引起关注，俄方也未对此做出任何评论。2014年乌克兰危机爆发后，文件中的许多预言不幸成为现实。再回过头来看，无论报告的真实性如何，其中的洞察力和预见性确实发人深省。

文件中认为，如果乌克兰批准与欧盟的自贸区协定，就将不可能加入俄白哈关税同盟（2015年1月正式升级为欧亚经济同盟），从而威胁到独联体自贸区的建设。乌克兰的机械制造业、农业、冶金业完全依赖于俄罗斯市场，这些产业构成了乌克兰经济的基础，是乌克兰宏观经济稳定的前提条件。加入欧亚一体化将使这些产业的复活和发展获得保证，让乌克兰的国内生产总值每年增长15%—18%，对外贸易可望顺差90亿美元。加入与欧盟自贸区将极大地破坏乌克兰的经济环境，每年对外贸易逆差至少15亿美元，乌经济也将遭遇一系列灾难性后果，政府面临破产，大部分居民陷入失业或赤贫，领导人失去政权。文件还认为，乌经济最大的问题不是现代化的升级改造，而是缺乏足够的投资，以至无法保证正常的生产。与欧盟的财政援助和信贷带有各种政治义务不同，俄罗斯能够迅速向乌克兰提供资金，为其打开关税同盟的市场，帮助其维持预算平衡。[2]

这些都是站在俄罗斯角度的分析。理论上来说，联系国协定的签署只是签署国对外经济一体化上的一种选择，并不意味着其经济合作的战略性转向，更不会自动成为欧盟成员。一个国家同时加入多个自贸区协定的例子在国际关系实践中并不鲜见。英国《经济学人》(*Economist*) 国际部主编卢卡斯（Edward Lucas）认为，即便2004年上台的尤先科政权一直执政，乌克兰也要15—20年才能完成加入欧盟的政治经济准备工作。[3] 所以加入欧盟自贸区就会威胁乃至破坏俄国在独联体一体化进程的说法并不成立。俄罗斯之所以对乌克兰签署欧盟联系国协定的立场极其强硬，主要在于以下原因。

首先，欧盟虽然是个以经济一体化为主的国际组织，但以往绝大多数加入欧盟的前苏联范围内的国家同时也选择了加入北约，因此乌克兰签署欧盟联系国协定这一举措的政治与战略含义不言自喻。俄罗斯真正担心的并不是乌克兰在经济上的去俄化，而是政治和军事上的脱俄化、反俄化，就像其他加入欧盟同时加入北约的国家那样，不仅将罗斯的地缘政治空间挤压到极限，承担起从未有过的巨大安全风险，而且给俄罗斯增添了诸多新的政治经济难题。这是俄罗斯绝不能再

---

1 О комплексе мер по вовлечению Украины в евразийский интеграционный процесс 415//Зеркало недели, №29,16 августа 2013, http://gazeta.zn.ua/internal/o-komplekse-mer-po-vovlecheniyu-ukrainy-v-evraziyskiy-integracionnyy-process-_.html，2015年4月11日登录。赫梅利尼茨基是反抗波兰统治的乌克兰民族领袖。1651年波兰占领基辅重新统治乌克兰，赫梅利尼茨基请求俄国出兵联合抗击波兰。1654年1月，赫梅利尼茨基同俄国代表在佩列亚斯拉夫签订了乌克兰同俄国合并的条约。

2 там же.

3 Евроинтеграция Украины - путь к краху Путина//Экономика, 17 декабря 2013, http://www.economica.com.ua/top/index.php4/article/22823199.html，2015年4月11日登录。

接受的。其次，俄罗斯坚决抵制乌克兰加入欧盟还有深厚的历史文化因素。乌克兰是在苏联时期才成为一个现代民族国家的。第二次世界大战结束后乌克兰实现了历史上的首次统一，并且在苏联的鼎力举荐下成为联合国创始会员国。莫斯科向乌克兰投入的巨大金融和经济资源更是难以计数，基辅现在绝大部分公共建筑都是战后苏联出资修建的。基辅还是俄罗斯文化的发源地，在俄罗斯人心目中具有极高的历史价值和文化神圣性。所以无论谁主政克里姆林宫，都不会接受倾注了巨大心血和感情的斯拉夫兄弟转投他人怀抱。欧盟的政治体制、文化、价值观也与普京的治国理念格格不入，后者绝不会允许同种同源的乌克兰被“异族”染指，成为西方文明的“试验田”。最后，普京的对外战略与其上台之初相比发生了很大变化。普京在21世纪初曾默许北约实施第二轮东扩，一个重要原因是维护“9 · 11”事件后建立起来的俄美反恐同盟，进而在能源、加入世界贸易组织等问题上获得美国的支持。但现实使普京很快就意识到：西方并非可信任的合作伙伴，单边主义而非与西方的合作自此成为其实现外交抱负的主要手段。

俄罗斯在乌克兰的战略意图非常明显，那就是不拘泥于一时一地的得失，利用这次大张旗鼓的斗争实现18世纪叶卡特琳娜大帝时代获得的对全部乌克兰领土的永久控制。不过，这只意味着一种主导性的影响力，而非实际的政治控制。最高方案是以和平方式根本性地改变乌克兰国体，使其成为一个联邦制下的中立国家，在实现内部和解的同时也使其回归俄罗斯的经济和政治轨道。最低方案是乌克兰东西方分裂，或者陷入持久内战，这是俄乌双方和国际社会都不希望看到的结果。这种情况下俄罗斯势必军事介入，当然莫斯科也将为此付出长期的政治安全风险的巨大代价。不到万不得已这绝非一个好的选择。居中方案也是现在莫斯科实际奉行的，就是保持现在这样的事实分裂，顿涅茨克和卢甘斯克两个“独立州”获得高度的法定自治权，成为随时可以加入他国的特殊政治实体，也可以成为像阿布哈兹那样的半独立国家。这样莫斯科将处于平衡操纵者的有利地位，在外交上也能更加主动。通过这样的事实分裂，俄罗斯实现了在乌境内制造长期的不稳定和去中央集权化的目标，有效地防止乌克兰倒向西方（在现有机制下，欧盟和北约无论如何也无法接受这样的乌克兰）。俄罗斯在与乌克兰的斗争中获得压倒性胜利的同时，也输掉了与欧美争夺乌克兰民心的斗争。2014年5月乌克兰的民调中，52.5%的人认为本国外交优先方向是欧盟，认为是俄国的跌至创纪录新低16.6%。而在2011年2月的民调中，这组数字还分别是40.4%和35.7%。[1]

俄罗斯在乌克兰的战略意图非常明显，那就是不拘泥于一时一地的得失，利用这次大张旗鼓的斗争实现18世纪叶卡特琳娜大帝时代获得的对全部乌克兰领土的永久控制。

1 Украинский кризис: интересы внешних игроков// БелаПАН,30.10,2014,http://naviny.by/rubrics/abroad/2014/10/30/ic_articles_118_187426/，2015年4月11日登录。

欧盟目前显然不准备明确给予乌克兰加入的前景，而且也不匆忙向乌提供必要的财政援助。欧盟在乌克兰危机中的主要利益在于，尽快化解危机恢复与俄的经济关系，特别是能源运输安全。为此，欧盟不惜在与乌克兰的联系国协定谈判中允许俄罗斯介入，将欧盟与乌克兰自贸区的实施延迟一年（届时还可能因为种种原因继续延期），事实上干涉并危害到乌克兰的主权。乌克兰危机使得欧盟的“东方伙伴关系计划”（Eastern Partnership）也陷入深刻的危机中。欧盟的拖延政策和自身的不确定性对乌克兰社会民意有很大影响。2014年3月的民调中，乌克兰将近42%的人更希望“加入欧盟”，支持加入俄白哈关税同盟的降到33%。10月的最新民调中，52.8%的人支持加入欧盟，48.6%的人支持加入北约，支持加入关税同盟的则下降到18.9%。[1] 但支持加入欧盟的始终未达到2/3的绝对多数，这说明乌克兰国内在经济一体化的方向上仍然没有取得一致意见，未来同样会摇摆不定。

美国与乌克兰在建交之初建立的“民主伙伴关系”只是幌子，其对乌战略的首要目标是乌克兰的无核化。乌克兰销毁境内全部核武器、批准第一阶段《削减和限制进攻性战略武器条约》被当作发展两国政治和经济关系的先决条件。核武器问题不解决，其他问题均提不上议事日程，乌美关系一度因此陷入僵局，美国政界甚至有人提出把乌克兰列入伊朗、伊拉克等危险国家行列中。在此目标实现后，才是乌克兰的独立主权和领土完整，以实现对俄罗斯的遏制。与无核化这样明确且必须达成的硬性目标相比，后者是一种战略模糊的弹性目标，有很大的阐释空间，在操作上也是多层次的：可以是东西方平衡外交下的独立，可以是融入西方的独立，也没准儿是倒向俄罗斯的独立。当然，最后一种独立是美国所不能接受的。至于主权领土完整看似明确，但实践中往往成为大国交易的标的物。比如克里米亚，俄罗斯将来肯定会利用国际社会对既成事实的认可，与美国在各个领域做交易。乌克兰东部分裂是考验美国对乌政策的一道关键红线，但同样存在事实分裂和法律分裂的界限。最重要的是，美国绝不会向乌克兰、格鲁吉亚这些对其并不具有核心利益的地区投入实质性的援助，换句话说，不会像对阿富汗和伊拉克那样派出军队。俄美在乌克兰危机中的对抗虽然激烈，但并未超出在俄格战争后的对抗烈度。美国对格鲁吉亚的援助、对俄罗斯的制裁谴责、在俄罗斯边境的军事调动，与当前在乌克兰及其周边的举措本质上是一样的，在程度上也没有太大差别。美国既然不会在格鲁吉亚对俄使出全力，很难相信它会在乌克兰与俄罗斯一争高下。未来以同样的方式化解危机走出对抗并非没有可能。[2] 危机

1 Соцопрос:48,6% украинцев поддерживают вступление в НАТО, 52,8% – в ЕС//ГОРДОН,12/10/ 2014, http://gordonua.com/news/society/Socopros-486-ukraincev-podderzhivayut-vstuplenie-Ukrainy-v-NATO-528-v-ES-44325.html，2015年4月11日登录。

2 详见梁强：《美国在乌克兰危机中的战略目标——基于美乌关系的分析（1992—2004年）》，《俄罗斯中亚东欧研究》，2015年第2期。

已一年有余，美国只是提供最低限度的财政援助，承诺提供的数亿美元军事援助绝大部分没有兑现。即便这些军援落实，甚至华盛顿决定向乌克兰提供致命性武器，也未必能帮助基辅提高军队战斗力和改变动荡的政治局势。美国提供武器的目标是将俄罗斯引入到一场低烈度的持续战争中去，使其无暇关注在世界其他地区与美国的竞争，但同时又不能让冲突扩大化，以免造成整个地区的动荡。与危机初始时积极推动达成日内瓦协议不同，乌克兰内战扩大后美国自始至终未参与俄欧乌三方达成的任何协议。美国现在基本上视乌克兰危机为欧盟和俄罗斯之间的事，认为欧盟应该承担化解冲突、解决麻烦的主要责任。美国自己在乌克兰的政策目标排序如下：首先是反俄，其次是控制政局，最后才是恢复经济、推动乌克兰向欧盟和北约靠拢。

对中国欧亚外交的冲击

乌俄两国都与中国建立了战略伙伴关系，危机后中国采取了一贯的中立立场，保持了自己不干涉内政的外交基本原则。与之前消极的置身事外的“保持超脱”不同，中国这次的中立体现出了一种新的姿态。无论是外交部发言人“历史经纬”、“事出有因”的语义抽象但内涵丰富的表述，还是中国领导人在危机之后的几次专门表态，都表明了中国愿意采取“积极的建设性的立场”化解危机。事后来看，中方的上述立场是得当的，符合危机的实际情况和演进，也得到了乌俄两国的共同认可。但姿态上的成功并不能掩盖危机对中国欧亚外交更深层面的冲击。

（一）对中乌战略伙伴关系的冲击

2011年中乌战略伙伴关系建立后，乌克兰成为中国投资增长最迅猛的国家之一，中国也超越俄罗斯成为乌克兰除石油之外的第一大普通商品贸易国。当乌克兰的政客们还在为经济一体化的方向内斗时，商人们已经看到了通往东方的第三条出路。以中国援建的“煤改气”项目为例，该项目每年可加工600万吨煤，约合50亿—60亿立方米天然气，价值70亿—90亿美元。这使乌克兰每年能少进口8%—10%的天然气，对乌克兰这样严重依赖天然气进口的国家，其益处不言自喻。由于中乌间的经贸协定多数都是政府间协定，是以与现政权的稳定关系为前提的，所以中国最希望乌克兰政局稳定。危机初始，中国领导人不仅按预定计划和规格接待了乌克兰代表团，而且高度评价了亚努科维奇本人在中乌战略伙伴关系中的重要作用。两国领导人批准的《中乌战略伙伴关系发展规划（2014—2018年）》也表明了中国对延续亚努科维奇任内建立的中乌战略伙伴关系的信心。中国对乌克兰政策的出发点是促进乌克兰的独立和发展，而不是控制和影响乌克兰，所以中国的所有信贷都没有附加政治条件，基辅不必为此背负任何重大的政治义务。但这也产生了一个问题，即乌克兰政局发生逆转后，如何确保中乌政府合作项目的政治担保和可持续性，亚努科维奇时期的协议项目能否继续，如何继续？乌克兰新政权是否会重新考虑乌中经济合作的优先性？考虑到政权变更总是会带来一系列人事和规则变动，即便新政权会保持亚努科维奇时期的对华合作路线，从国内政治斗争的需要出发也会对国家层面得到的经济利益进行二次分配。这显然不会是纯粹的经济考量。中国企业和职能部门全力防止乌克兰内乱对中乌经济合作成果消解的同时，也要做好重起炉灶的准备。

危机发生后乌克兰合法政权迟迟未能产生，中国虽然有很多诉求，囿于形势也只能止步不前。波罗申科当选总统和乌克兰新议会选举产生后，中国与乌克兰政府的交往名正言顺，中乌关系的平稳过渡和持久稳定也摆上了议事日程。如果就是回到亚努科维奇时期前的普通国家关系，维持现在的低级别联系已经足够，但这显然与中乌战略伙伴关系的定位不符。要恢复到危机前的水平，中国就必须采取主动，特别是要尽快与新政权建立更高级别的联系。目前俄、美、欧、白俄罗斯、哈萨克斯坦等国领导人都已经实现了与波罗申科的会晤。当然，鉴于新政府仍笼罩在之前临时政权的阴影下，必须先对其中的政治生态做出清楚的了解，之后再实施恰当的政治交往。否则再多的协议和声明，到头来也只是一纸空文。

乌克兰政权变更后乌中经济合作最大的难点是克里米亚。

乌克兰政权变更后乌中经济合作最大的难点是克里米亚。亚努科维奇访华期间主动提出愿参与“丝绸之路经济带”的建设，这是中国提出这一倡议后首次获得中亚之外的国家领导人的公开支持。中乌签署的诸多经济合作备忘录其中之一就是中方向克里米亚投资。乌方希望在这里建设现代化的机场、液化天然气码头和船坞，对顿兹斯拉夫湖畔的深水港及配套工业交通设施改扩建，将年吞吐量增加到1.4亿吨，成为中国机械产品输送东欧和向中国运送乌克兰农产品的中转港。[1] 通过黑海向欧洲和地中海输送物资非常便捷，成本很低，如果得到落实将是“煤改气”后中乌关系又一个极具发展前景的战略合作项目。克里米亚有机会成为丝绸之路经济带北线最重要的部分，甚至开辟中国向欧洲出口新的海上丝绸之路。反过来对欧洲也是如此，有望成为中欧共同经营欧亚大陆的新渠道。危机后这一切都成了未知数。乌克兰官方已明确表示有关港口项目的谈判不会举行，俄方也透露不会与中方考虑合作建设克里米亚深水港。俄罗斯希望中国参与的项目是建设从刻赤海峡到克里米亚的跨海大桥，这将被视为是中国在乌克兰危机中支持俄方的重要举措，之后中国企业还会获得克里米亚的其他开发项目。[2]

---

1 Украина и Китай совместно построят в Крыму глубоководный порт//Ukrinform, 05.12,2013, http://www.ukrinform.ua/rus/news/ukraina_i_kitay_sovmestno_postroyat_v_krimu_glubokovodniy_port_1583346，2015年4月11日登录。

2 Китайцы войдут в Крым по мосту//Коммерсантъ, 05.05,2014, http://www.kommersant.ru/doc/2464879，2015年4月11日登录。

对中国来说，克里米亚无论归属俄罗斯还是乌克兰，经济效用都是一样的。但在乌俄存有主权争议、美欧对克里米亚实施经济制裁的情况下，对克里米亚任何经济项目的参与对中国来说都具有很大风险。除非得到双方的默许，否则中国很难在这里采取经济主动。这不只是主权之争，而且涉及克里米亚与欧洲的经济联接问题。如果这一点无法保证，中国丝绸之路经济带的蓝图就无法实现，也没有投资的必要，酝酿已久的丝绸之路经济带北线计划不得不无限期推迟。

（二）对中国欧亚战略的冲击

中国对欧亚地区的外交缺乏宏观战略设计，乌克兰危机后战略与政策的脱节尤其明显。2011年底中国有关部门曾对欧亚外交有过一个轴心（即俄罗斯）、两个支点（即哈萨克斯坦和乌克兰）的政策构想。[1] 但事实表明，乌克兰无法发挥其作为战略支点的基本功能。乌克兰派高级外交官出席诺贝尔和平奖颁奖典礼后，中国内部有声音批评乌克兰“支不起来”，现在看来在其他更重要领域也同样如此。再加上中国与乌兹别克斯坦、塔吉克斯坦等多个欧亚国家建立战略伙伴关系，这样支点太多反而等于没有支点。笔者认为，可能的解决方式是主动“提升”中亚在中国欧亚战略中的地位，至少在地区层面上达到与俄罗斯并列。作为中国外交未来牵涉利益最大，风险最高，直接攸关西部战略安全的周边外交重点地区，中亚不仅应当“深耕”，而且要整固。“中亚 + 俄罗斯”作为中国欧亚外交的两大轴心，可以彻底化解中俄在中亚的矛盾。从国际政治学的角度看，这一矛盾和俄欧在乌克兰的矛盾性质是一样的，即地缘夹缝地带在两大相邻力量间的选择问题，也可以说是如何划分两大力量在此的势力范围问题。受历史文化、地缘政治等结构性因素的影响，这一矛盾短期内无法改变。中亚联合起来作为独立的国际角色发挥作用，有助于避免中俄之间出现俄欧争夺乌克兰那样的悲剧。“中亚 + 俄罗斯”的双轴心不仅能够支撑起中国的“西进”战略，同时也是对“东固”战略的双轴心“东盟 + 美国”的呼应。这样在东西两个方向上中国都有一个大国和一个地区性的联合体作为自己的外交对象，可以相互参照，相互借鉴，相互助推。中国领导人在提出“丝绸之路经济带”之后不久，又提出要建设“21世纪海上丝绸之路”，并且迅速将两者整合为“一带一路”的新对外经贸大战略。从地缘政治的角度看，这实际上就是“西进”加上“东固”四轴心战略的经济体现。四轴心战略将为中国酝酿已久的周边大外交提供一个基本构架和基础，打破那种

1 该政策设计的首次公开表述参见尹树广：《胡总哈俄乌之行凸显中国“欧亚新战略”》，香港《文汇报》，2011年6月22日。亦可参见 Лян Цян. Китайско-украинские отношения стратегического партнерства и евроазийская стратегия Китая // Развитие стратегического партнерства между Украиной и Китайской Народной Республикой: результаты, проблемы и перспективы. Материалы украинско-китайской научно-практической экспертной конференции. 29 мая 2013 г. Киев: Дипломатическая акад. при МИД Украины, 2013. С. 45-48.

所谓"周边是首要，大国是关键，多边是舞台"的过于学理化的外交设计，有利于中国的外交官们更好地去施展手脚。[1]

（三）对中国外交基本原则的冲击

乌克兰危机表明，不干涉内政的原则仍然是中国外交值得坚守的底线，但由此衍生出的许多做法，如侧重发展与各国执政集团的交往（避免甚至忌讳与反对派的接触），基于经济互利的考量开展对外经济合作（而非综合考虑投资的政治风险），重形式大于重实质的战略伙伴关系等，都受到了丰富变化的外交实践本身的冲击。特别是全球化时代，干涉已经不再是一个仅仅关乎道义考量的政治问题，而是与成本收益密切相关的经济问题。换句话说，干涉本身无可厚非，但成功的干涉必须而且应该是负责任的干涉。美国在伊拉克、阿富汗的干涉，留下一个烂摊子一走了之，显然不负责任，也是不成功干涉的典型。这样的干涉还不如不干涉。如果说不负责任的干涉可以归咎于政府职能部门的短视和技术性缺陷，乌克兰危机后表现出来的公众舆论对国际事务的更独立的判断和对中国外交愈加深刻的参与，则深刻地反映出近些年中国外交内部环境的变化。

危机之初中国部分媒体过早的表现出了亲俄倾向。随着危机的发展，中国舆论在克里米亚问题上出现了两种甚至多种声音，包括对中国在联合国投票中弃权的反对。[2] 这实际上是中国社会日益多元化的一种表现。俄罗斯从自己的逻辑出发认为，这样的情况只有在官方允许下才会出现，说明中方内部在这一问题上的观点仍然模糊不清；否则，舆论中就只会出现一种占主导地位的意见。这种担心也许符合实际。但更重要的是，俄方应该明白中国外交的任何举措都必然是从中国的国家利益出发的选择。在乌克兰问题上，中国的国家利益就是简单的三条：维护中国在乌克兰的重大经济利益；确保中乌战略伙伴关系的平稳过渡；不因为任何不当表态危及本国的稳定和国家统一。

在乌克兰问题上，中国的国家利益就是简单的三条：维护中国在乌克兰的重大经济利益；确保中乌战略伙伴关系的平稳过渡；不因为任何不当表态危及本国的稳定和国家统一。

中国外交另一项基本原则是不结盟。迄今为止中国与各国建立的战略伙伴关系都不是结盟关系，而且是灵活多样，多层面、有选择的协作关系。换句话说，在符合中国利益的

1 对此的详述可参见梁强：《中国的欧亚大战略》，《南风窗》，2013年第4期；梁强：《中亚：中国周边外交新轴心》，《南风窗》，2013年第10期。

2 中国著名中亚问题专家杨恕指出，"对任何一个国家的任何地区，以公投的形式决定其法律地位的做法，我们都要坚决反对，必须旗帜鲜明地反对分裂主义"。"对于克里米亚公投，中国不应该在联合国弃权，应公开表达我们的反对态度，我们不能说'尊重人民选择'，只能讲'尊重领土主权完整'"。参见杨恕：《合并克里米亚对俄罗斯利弊难料》，光明网，2014年3月21日，http://www.gmw.cn/content/2014-03/21/content_10740516.htm，2015年4月11日登录。

议题上当然要坚决支持，在其他议题甚至有悖中国利益的议题上，中国也无需为任何人背书。中国学者和中国的媒体，需要向公众阐明俄罗斯外交举措对俄方的利益逻辑，但完全没有必要为这种利益逻辑辩护。这更多是俄国学者要做的，而且无论普京做什么，他们都会对之做出符合俄罗斯国家利益的解释。中国学者和中国媒体要做的，就是基于自己的价值观念，从公正、客观、全局、历史的角度对其利益逻辑做出评价。在一个充分自由表达的世界，只有基于事实的解释才能获得最广泛的认同，也只有这样的解释才能引导中国民众对中国的国家利益有更加全面深入的认识。未来的中国外交不仅要面对复杂的外部世界，而且要面对更加多元化的内部环境的生长带来的压力，这需要对中国外交的核心原则有更加透彻的了解和更加广泛的共识，使之真正成为符合国内民意、持之以恒、广泛适用的中国原则。

余　论

乌克兰危机相关各方在克里米亚、东部分离势力问题上立场截然对立或有较大分歧，但在乌克兰统一、建立有实际掌控能力并得到全国普遍认可的中央政权、奉行东西方平衡外交、尽快复兴乌克兰经济等更具宏观性的议题上是有共同利益的。特别是俄罗斯已经亮出了自己的底牌，危机中最大的不确定性已经排除。危机的前景并不难预判，在经过一段时间的沉淀后，相信是可以借助于非军事的方式通过政治上的讨价还价和交易得到化解的。苏联解体后的历史遗留问题无法在短期内获得根本解决，乌克兰内部的政治分歧和斗争也还会持续，但乌克兰基本的社会生活秩序有望逐步恢复稳定。具体的化解步骤大致可分为三个层面。首先是两个明斯克协议基础上的真正实现停火，冻结冲突。其次是重建俄乌关系，俄欧、俄美停止对抗。最后则是事关乌克兰长久发展的两大根源性问题——转型进程中的国家治理和大国对乌克兰这样夹缝地带国家的持久争夺得到解决。这两个问题有一个不能得到有效解决，乌克兰未来的前景都很难说是光明的。

2004年11—12月的“橙色革命”之后，乌克兰在政治上失去了规范，在经济上失去了发展，在外交上失去了平衡，在人民中间失去了信任。[1] 其直接后果有三：一是频繁破坏游戏规则，长时间陷入政治内耗。二是民众对现行政治运行普遍不满，政府失去权威，非党派的社会力量在政治生活中的作用迅速增加。三是理性被极端裹挟，右翼极端势力在乌克兰政权最初变更中起了关键作用就是最好例子。乌克兰“失去的十年”（2004—2014）给世人的教训就是，一定要选择适合本国实际的道路和发展模式。冷战结束后，原来的社会主义阵营开始了人类

1 详见梁强：《乌克兰：失去的十年（2004—2014年）》，《东方早报》，2014年3月4日。

历史上前所未有的政经转型，其核心是自由地选择一条适合本国的发展道路。实践证明，符合西方标准的自由民主并不必然通向繁荣稳定。相反，中亚集权体制国家的经济高速增长表明，自由民主与繁荣稳定之间不但没有逻辑关系，而且可以背离发展。“颜色革命”是西方，尤其是美国的治国理政逻辑在独联体地域内一次失败的实验。但俄国模式就一定适合这些转型国家吗？自由派在乌克兰的再次夺权同样给出了明确的否定。亚努科维奇执政的四年里，俄国不但未对乌克兰走出经济困境起到支持和引领，反而因为种种干涉被认为是乌克兰走上正确道路的障碍，在整个后苏联地域内也是如此。西方有评论认为民主化程度越高（乌克兰、摩尔多瓦、格鲁吉亚）、越是倾向于西方发展道路的国家，政治经济就越加动荡，以至领土丢失国家分裂，越趋向于失败国家。乌克兰危机说明，无论任何模式，在做出选择之前都必须有独立选择的能力和决心。作为一个生活在国际政治丛林法则中的国家，要始终清醒地认识到，它所追求的最高价值并非民主自由，而是自己的独立。革命充满着激情，但不能在革命的梦想中，迷失了自己的价值。

第一次世界大战后，传统的欧洲五大国体系变成了英法两国主宰而俄德两个战败国被排除在外的不完整、不稳定体系。奥匈帝国和奥斯曼土耳其帝国彻底解体，形成了巨大权力真空，成为大国争夺势力范围的试验场。与此同时中东欧出现第一次大的民族独立浪潮，新独立国家间的民族、宗教、领土矛盾成为欧洲新的动荡之源。第二次世界大战结束后，中东欧民族国家的数目和构成未发生大的变化，但各国领土边界再次遭遇大范围的重新划分。冷战结束后，随着苏东阵营崩塌和苏联解体，中东欧和前苏联地域内出现新的权力真空，也迎来新一波的民族独立浪潮。一战后欧洲国家的边界划分不到20年就被破坏殆尽。二战后雅尔塔—波茨坦体制确立的边界安排和民族国家构成虽然相对稳固，但同样要等到1975年的《赫尔辛基协议》才获得普遍国际承认。冷战后欧洲的边界安排同样命运不济：它从一开始就遭到各种小规模的侵蚀、破坏，从1993年元旦捷克与斯洛伐克的和平分手，到南斯拉夫联盟的血腥解体，再到2008年的俄格战争和2014年克里米亚回归俄罗斯，终于以最极端的方式被颠覆。历史就是这样通过不同的方式不断地重演。20年，似乎成了20世纪以来欧洲国际关系中的一个无法绕过的规律性数字。唯一的解决办法就是借鉴历史的经验，最大程度的基于种族和地缘政治的公正确立新的民族国家构成和边界安排，同时由相关大国缔结一揽子的条约作为国际保证。

乌克兰危机集中体现了20世纪70年代以来现实主义、自由主义两大国际关系理论和范式的碰撞。后者以经济相互依赖为理论基础，描绘了地区一体化，进而全球化的美好愿景。其核心是国家间合作的经济红利要远远大于武力掠夺的红利，后者付出的代价则远远大于破坏经济相互依赖带来的损失。贸易战，货币战，舆论信息战，“颜色革命”成为新的国家权势斗争形态。现实主义的基础是国家的权力角逐，认为国家基于天生的权力属性，追求的是自己的利益最大化。也就是说，不管蛋糕做的有多大，各国总是想占据最大份额的那块。因此各种硬权力的斗争直至战争这样的终极形式是无法避免的。国际关系的历史为避免这样的不归路提出了很多方法，从“均势”这样的动态平衡，到划分势力范围，直至集团对峙的铁幕僵局。其核心实施者是各国高瞻远瞩又极为务实的政治家，以及高超的外交实务家。冷战后中东欧的转型在欧盟全面介入下进行，即便如此也仍然出现了轰炸南斯拉夫联盟和科索沃种族灭绝这样的灾难。后苏联时期的国家转型要舒畅平稳进行，恐怕必须彻底依靠本地区大国的全面主导，域外国家不恰当和过分的介入只会适得其反。

后苏联时期的国家转型要舒畅平稳进行，恐怕必须彻底依靠本地区大国的全面主导，域外国家不恰当和过分的介入只会适得其反。

阿富汗之后的北约：联盟义务再平衡

[丹麦] 斯腾·瑞宁

内容提要：全球化的发展和世界局势的变化要求北约对其职责和使命进行再平衡。北约的三个“核心任务”——集体防御、危机管理和伙伴关系（合作安全）都面临调整。在集体防务方面，以往以欧洲大陆为主体的关系在地理上不断延伸，并与新威胁带来的全球议程结合在一起；同时，危机管理的重要性可能会下降，北约可能会选择发展自己最了解的军事方面，并修改发生在邻国和周边的混合战争中的军事政策；在伙伴关系（合作安全）方面，北约正试图从大型的多边论坛的形式向更为灵活的双边或多边框架转换，但这种转换面临着引入多样性后带来的挑战。总体而言，面对变化的形势和新的挑战，北约将会重新投入到地区安全战略中，与其全球外交存在并行。北约仍然是一个重要国家政治—军事安全联盟，它回应着全球化但并不会成为一个全球联盟，并且在面对复杂性的现实时有其独有的优势和局限性。

关键词：北约　集体防御　危机管理　合作安全

2004到2014的十年间，阿富汗是北大西洋公约组织（NATO，下称“北约”）的战略重心所在。北约在2003年接管了国际安全援助部队（ISAF），它在这些年已经扩充到14万人。虽然这批部队主要由美国人组成和指挥，但引人注目的是，北约这个以欧洲为中心的联盟不得不通过这种远征使命来定义自身。显然阿富汗的使命的重要性增加到其失败将意味着北约终结的程度。因此这项使命要求北约就战略政策进行调整，这一切发生在2009至2010年，该调整将政策同战场实际

[丹麦] 斯腾·瑞宁（Sten Rynning） 南丹麦大学（University of Southern Denmark）政治学与公共管理系教授，战争研究中心主任。

情况相协调。

随后世界局势开始变化，进而要求对联盟义务进行进一步的平衡。奥巴马始于2010年的增兵阿富汗非常短暂，并于2011至2012年开始退潮。与此同时主要的盟国大体上开始着眼于“转型”并从阿富汗撤出。2015年1月国际安全援助部队被一个温和得多的“决心支持行动”（Operation Resolute Support）的训练任务所取代。此外，很明显的是，俄罗斯在乌克兰的行动——包括2014年3月非法吞并克里米亚和持续支持乌克兰顿巴斯地区的内战——引发了北约东欧盟国的恐惧，并导致北约重新聚焦于最初的领土防卫使命。简而言之，这个远征的联盟正在回撤。

然而，该同盟难以安稳地在地区内发挥影响。全球化是一个现实，几乎每一个能够想到的北约的行动都将要求超出联盟成员的朋友和伙伴间的网络。随着全球化的推进，这种网络变得更加重要。因此，北约的挑战是在加强自己的地区防务义务的同时，提升自己在全球的存在。这是一个相当大的挑战。北约很有可能通过聚焦于自身的核心能力，即军事事务来应对这一挑战。北约将发展地区军事力量，并在全球扩展战略军事伙伴关系。相反地，北约可能将把在2009年定义到战略政策中并在阿富汗广泛实施的危机管理的重要性下调。

北约的战略

北约的目标在1949年的《华盛顿条约》中提出，该条约依然保持权威，没有人试图去修改它，也没有可能进行修改。条约赋予联盟在总体上支持和平的国际关系，并着力推动“北大西洋地区的稳定和福祉”的义务。这种区域性的强调转化为集体防务的努力（条款3），一个集体防御义务（条款5—团结条款），以及一个可以激活这种义务的威胁的地理界限（条款6）。该条约所强调的地区防务无疑是针对冷战的形势。然而，该条约也包含了在一个变化的国际现实中的灵活性因素，尤其是对“国际和平、安全与正义”文件的高度关注（条款1），以及有关北约在任何形式的威胁上一个或多个盟友进行磋商的条款的严肃性（条款4）。考虑到这种条约内在的灵活性，因此主要是由北约领导人来将条约义务阐释为战略政策，而且他们显然也已经通过所谓的战略概念（Strategic Concepts）这么做了。

2010年联盟采取了新的战略概念，以革新北约的思维。在过去的20年中，也就是冷战后的时期，北约优先考虑地区和领土防务，之后增加了其他但次要的关注点，如危机管理和外交伙伴关系。2010年北约拒绝从被视为“三个本质的核心任务”的集体防御、危机管理以及伙伴关系中确定优先着眼点。换句话说，全球伙伴关系变得和集体防御一样重要。

改变的动力来自几个方面。新战略概念认为，威胁的性质已改变，集体防御表现出更加面向全球而非区域的特点。更直接地说，不再主要针对俄罗斯，而是关注大规模杀伤性武器、恐怖主义、地区稳定、失败国家、网络空间以及交通线。因此，全球化给北约的核心使命打上了独有的记号。此外，国际安全援助部队在阿富汗的使命主要取决于联盟外交，在2010年北约就不得不对为什么如此大规模的危机管理具有战略重要性做出解释。毕竟，此时北约有14万军队部署于阿富汗。最后，奥巴马政府想要重返亚洲（“pivot” to Asia），北约需要追随。美国外交政策的再平衡的愿望是奥巴马政府早期的优先关注点，但需要时间来产生效果。值得注意的是，阿富汗和伊拉克战争需要“负责任”地结束，以便准备与亚洲的新兴国家——中国，还有印尼、越南和印度对话。尽管如此，很明确的是美国希望优先关注亚洲，因此欧洲的北约盟国需要解释北约如何能够适应亚洲发展的形势。

这为北约设立了2010年的战略概念，并可以被视为一个跨大西洋的交易：作为对美国继续保持对欧洲安全义务的回报，欧洲将更多地投身于全球安全事务中，以支持美国的政策。从那时起，相继发生了很多事情。阿富汗从日程中逐渐消失；俄罗斯重燃北约对地区防务的关注；一场公共财政危机导致西方防务预算急剧下降；政治局势错综复杂。接下来将要探讨这些情况如何影响了北约以三个“核心任务”定义的义务，即集体防御、危机管理和伙伴关系。

集体防御

一直以来，集体防御主要指的是欧洲及欧洲大陆东西部国家之间的关系。北约的主要议题是通过支持东部自由的政权更迭来改善自身的集体防御。这是由普遍流行的民主国家之间不易彼此诉诸战争的看法决定的，因此最好的防御就是扩大民主社会范围。受此思想影响最明显的就是北约的扩大政策。冷战结束时北约有16个盟国，到2015年扩展为28个，所有新的成员国都来自于前共产主义阵营。

美国是这个过程的关键驱动者。基本原理很明显：美国官员试图克服地缘政治，试图同时达成同盟的扩大和同俄罗斯的伙伴关系。[1] 这与老布什总统1989年阐释的欧洲“完整和自由（whole and free)”的愿景相吻合，但因为短暂的任期和以海湾战争为首的紧要的冲突，老布什总统从未试图处理北约扩大的问题。此外，老布什政府在大战略事务上出现了分裂，并主要表现在对超级大国管理的理念（根植于切尼领导的国防部）和相反的对跨国和全球治理的看法（根植于贝克以及继任的伊格尔伯格领导的国务院）。克林顿政府实现了统一，在国家安全顾

1 James Goldgeier, “NATO Expansion: The Anatomy of a Decision,” *The Washington Quarterly* 21/1 (1998), pp.83-102.

问安东尼·莱克的领导下，政府抛弃了这些关于权力和网络的看法，并致力于将民主——民主的扩大和接触——作为核心的指导思想。1994年1月克林顿总统称为“欧洲民主的保障者”的北约已经被整合到了美国国家安全战略中。[1] 剩下的就是众所周知的历史进程：北约在1999年扩大，吸纳了3个新成员国，2004年又吸纳了7个新成员国，并在2009年再次吸收了2个成员国。

需要注意的是，该政策遇到了一些困难。关于1995年北约扩大的研究认为，只有在“提升欧洲—大西洋地区的所有国家的稳定和安全”并包括同俄罗斯展开“广泛、深度的对话与合作”的前提下，北约才能够扩大。[2] 显然俄罗斯不能被忽视。这为同盟国家创造了一个开端，他们不想同美国的政策相抵触，而是转而寻求扮演在华盛顿和莫斯科之间的“诚实的掮客”的角色。对于在历史上就支持欧洲成为一个独立于美国的声音的法国来说，这种选择是很有诱惑力且难以拒绝的。尽管如此，德国总理科尔反对法国的这种政策，并重申了德国同美国的紧密关系，德国这种倒向西方的战略政治可以追溯到20世纪40年代后期。

同样麻烦的还有是否在北约的扩大中将两个前苏联加盟共和国——乌克兰和格鲁吉亚包括进来的问题。已经成为北约成员国的波罗的海沿岸三国爱沙尼亚、拉脱维亚和立陶宛同样是前苏联加盟共和国，但在普京任上，俄罗斯的政策已经转向，并反对乌克兰、格鲁吉亚和西欧结盟。因此问题变为北约是应该缓和俄罗斯的不安情绪，还是向乌克兰和格鲁吉亚发出召唤。小布什总统选择了召唤和比较强硬的推进联盟扩大的政策。在北约2008年布加勒斯特峰会上，邀请这两个国家以成员国身份加入北约。然而，这一次德国和法国与其他国家一道加入了这项倡议。结果是混乱的。北约一方面承诺乌克兰和格鲁吉亚“在未来”将会成为北约成员国，一方面没有提供具体的邀约内容，甚至没有制度化的扩大方案（即所谓的成员国行动计划，MAP）。到目前为止，乌克兰和格鲁吉亚并没有收到成员国行动计划，相反的，两国都遭到了俄罗斯的入侵，格鲁吉亚是在2008年布加勒斯特峰会后，而乌克兰是在2014年。

因此，通过扩大形成的集体防御的进程仍在继续。很明确的一点是会有新一轮的扩大，但前南斯拉夫地区的国家，如波斯尼亚和黑塞哥维纳、塞尔维亚和科索沃将会使北约显现出一致性。毕竟，北约从20世纪90年代初期开始就已经承诺稳定和缓和巴尔干的局势，尽管北约不可能仓促完成这一过程，但这项政策将会持续下去。格鲁吉亚和乌克兰问题证明，北约在更广泛意义上的扩大需要重新涉及地理和政治事务。北约有“敞开大门”的政策但即便是敞开的大门也有其局限性。北约条约

北约条约的定义中将扩大限制在“欧洲国家”范围内，但问题在于是否应该出于对俄罗斯的考虑而在欧洲划出一条界线。

1 United States, *A National Security Strategy of Engagement and Enlargement*, February 1996, p.37.

2 NATO, *Study on NATO Enlargement*, 3 September 1995, paragraphs 3 and 24.

的定义中将扩大限制在“欧洲国家”范围内，但问题在于是否应该出于对俄罗斯的考虑而在欧洲划出一条界线。

集体防御当然不仅限于扩大，把集体防御和欧盟20世纪90年代早期在巴尔干随后扩展到欧洲以外的军事行动联系在一起是合理的。然而，北约总是在防务和这种“区域外”行动间划出明确的界线。后者与危机管理相关——我们随后会讨论到——并且被视为非必要的政策选择。在同一领域有其他的防务问题，比如导弹威胁、大规模杀伤性武器，这些事务是90年代后期主导美国国会的共和党强力推动的，但对北约来说它们仍是同一领域的事务。具体而言，当北约在1999年同意修订战略概念之后，它几乎没有强调这些新的防务领域。导弹、大规模杀伤性武器和恐怖主义被放到了“战略前景”部分后面的文件里。北约更关注的是如何在集体防御和危机管理之间画出一条界限，因为战略概念必须适应非常时期，即北约在1999年4月干预科索沃问题的时期。

2001年“9 · 11”恐怖袭击和随后的反恐战争从根本上动摇了北约的对待防务优先着眼点的方式。在一段时期内伊拉克战争扰乱了各项事务，当伊拉克引发的纷争尘埃落定，成员国达成北约必须应对广泛的威胁的共识。这些威胁不再只局限于在欧洲大陆扩大存在，或在“战略前景”下的延迟。在2010年的战略概念中，这些威胁被写入防务和威慑部分：首先针对传统的核和常规防御和威慑，随后转而考虑所有新的议程——导弹袭击、大规模杀伤性武器、网络攻击、国际恐怖主义、能源安全以及最后的新兴技术问题。[1]

因此，冷战后北约有了一个经过全面调整之后的防务概念。地理上，以往文本中对“战略平衡”的关注或多或少地消失了：欧洲“一劳永逸（whole and free)”地取消了对欧洲大陆地缘的关注，代之以民主的义务。2001年“9 · 11”事件之后新威胁的残忍现实，使这些新威胁成为北约的首要议程，这次，这些议程和全球地缘相互关联。因此，北约更新的防务议程，与占支配地位的想法，即全球化是一个需要提升跨国管理的过程结合在了一起。

危机管理

对于北约来说，如果2010年战略概念确实如此的话，那么危机管理就和集体防御一样重要。危机管理关注北约领土范围之外的失败国家和治理不力地区，这些地区的冲突可能会扩散，并最终以难民潮、切断能源通道和更广泛意义上对自由世界秩序提供自由秩序的信心危机，从而对北约的联盟成员产生负面影响。在危机发生的情况下，如果北约决定参与，那么北约就将调动部队，管控地区冲

1 NATO, *Active Engagement in Cooperative Security: A More Efficient and Flexible Partnership Policy*, 15 April 2011, paragraph 19.

突并帮助建立起有效治理秩序。因此这不是运用集体防御打赢一场实际战争的问题，而是稳定冲突地区的问题。

参与到危机管理中的需求出现在20世纪90年代初期，这部分是由于南斯拉夫开始分裂并陷入战争和冲突之中，部分是由于伊拉克北部的库尔德地区寻求军事方式的“人道主义保护”。有必要定义这种类型的政策，但这样做很困难，因为它位于传统的军事运用（战争）和发展（和平）的分类之间。此外，这种困难还因为有数不清的国际组织都可以参与到这种领域的危机管理中来。换句话说，这将是一场地盘争夺战。赋予任何组织领导作用都是有政治风险的，因为这事关优势和政治地位。一种大西洋的秩序将会支持北约；一个新的欧洲秩序将会支持欧盟或者包括俄罗斯在内的欧洲安全合作组织（下称欧安组织，OSCE）。这场地盘争夺战将会一直持续下去，这种情况在90年代出现，在阿富汗战争期间有所消退，但随后又卷土重来了。

欧安组织（前欧洲与安全合作会议，CSCE）理论上来说明显是管理欧洲危机的工具，因为它覆盖了从俄罗斯到北美的领土，而且致力于调节冲突的利益。然而，尽管欧安组织在20世纪90年代初期得到重新设计，因为苏联以及随后的俄罗斯的政策，其从未成为一个有力的主导权竞争者。苏联和之后的俄罗斯都坚定支持欧安组织，但该组织早期在波罗的海国家和其他地区的行为引发了对其履行义务的程度的质疑，而其随后致力于推动欧安会/欧安组织对抗北约等组织扩大的努力也是如此。[1] 由于对欧安组织的支持意味着对北约的不支持，这样一场零和博弈的思维抑制了西方政策。

相反的，西方政策转向了北约和欧盟。两者都是有缺陷的：北约作为军事机构，缺乏广义上的安全能力；欧盟作为一个经济和贸易组织，没有安全政策。美英领导的大西洋联盟主义者支持为强化北约投入更多；法国领导的欧洲主义者则支持欧盟。寻求“互为补充”和“相互联结”的制度的妥协在处理这种潜在的政治紧张中失败了，解决问题的努力则有更多困难。

北约作为军事机构，缺乏广义上的安全能力；欧盟作为一个经济和贸易组织，没有安全政策。

波斯尼亚及随后的科索沃行动规模较小，不足以打破这种僵局。在1994年的波斯尼亚危机中，大西洋主义者试图通过欧洲安全和防务认同（ESDI）与灵活的联合特遣部队（CJTF）的方式来寻求北约内部的选择中的妥协，但欧洲主义者继续寻求非北约的选择。曲折的制度（1996年《柏林协议》和1999年《柏林+协议》）没能解决这一问题。1999年介入科索沃问题——由美国远征力量主导——促使英国寻求更多的欧洲支持，这促成了同法国的结盟和以欧盟共同安全与防务政策（CSDP）形式建立新的制度选择。从这一点上说，北约和

1 Martin A. Smith, *Russia and NATO since 1991: From Cold War through Cold Peace to Partnership?* London: Routledge, 2006,pp. 9-12.

欧盟都有进展，但本质上仍然是因为未能解决的冲突的政治宏图造成的停顿。

阿富汗战争的规模使它成为了游戏规则改变者。[1] 实际上，在集体防御的意义上，盟国从不认为阿富汗是一种“战争”方面的努力；而是将其视为一个大规模的危机管理行动，是设计来为阿富汗卡尔扎伊政府提供“安全协助”的。作为领导组织的北约给欧洲主义者带来问题。他们担忧的是北约将会在欧盟的危机管理中发挥主导作用，而且无法抗衡北约在阿富汗的力量，因为欧盟在这个国家发挥的作用无足轻重。当2004至2007年阿富汗安全局势严重恶化以后，情况才有所改变。军队在流血牺牲，盟国需要联合北约和欧盟，会同危机管理来扭转局势。在2006年的里加峰会上，尽管需要花两年时间来形成一个一般性的“综合方案（CA）”政策和一个针对阿富汗的“综合方案”政策，北约和欧盟还是同意建立“综合方案”政策。

这个西方达成一致的时刻很重要。北约的“综合方案”成为了合作框架，盟国在此基础上能够源源不断地支持美国2009至2011年间领导的反叛乱增兵。人们甚至刻意认为，这波增兵将“综合方案”在北约内部制度化了。因此，“综合方案”也为2010年战略概念中危机管理方面的妥协铺平了道路。这一雄心勃勃的概念声明北约必须准备好在危机发生“之前、之中和之后”参与到其中。概念还预见北约必须“处理持续性的敌对”并“为稳定和重建作出贡献”，为了达到这些目标，北约必须在总部组织一个“相当规模”的文官危机管理机构，并在文官—军方分野中更加普遍地提供更有效的组织、训练和情报共享。[2] 很重要的是，法国和德国都没有在这份文件上签字从而放弃他们传统的保留意见，对法国来说，这有关欧盟的自主权，对德国来说，这有关文官危机管理的军事化问题。

但有理由质疑北约和欧盟危机管理政策的前途。2008至2010年“综合方案”的妥协现在可以很好地阐明阿富汗的战斗使命已经结束。已经不再有行动的必要性来驱动政治妥协。此外，从“综合方案”中得出的教训充其量是喜忧掺半的。很难说西方的危机管理给阿富汗带来了民主和稳定（更别说伊拉克和利比亚）。因此现在很自然地需要重新定义危机管理。对一些人来说，这意味着更少的“管理”（比如公开的政治参与）和更多的与联合国体系中“人类安全”原则相一致的人道主义方面的努力。这种观点某种程度上为欧盟所接纳。对其他人来说，新政策首先必须要有灵活性，必须要能够领导国家——那些深度参与这些事务的国家——来驱动政策，大型的机构（北约，欧盟）必须参与其中，支持这些领导的国家建立的任务使命。这种观点与法国的马里政策、美国在伊拉克和叙利亚的政策相吻合。同时，2010年的战略概念还呼吁北约组织要建立起“一定规模”的文

1 Sten Rynning, *NATO in Afghanistan: The Liberal Disconnect*, Stanford: Stanford University Press, 2012.

2 NATO, *Active Engagement in Cooperative Security: A More Efficient and Flexible Partnership Policy*, 15 April 2011, paragraph 30.

官危机管理能力。这是一项进展缓慢的工作，只要潜在的政治问题仍然在变动之中，就将会继续维持这种态势。

在2010年战略概念中突出强调了危机管理，这在很大程度上反映了阿富汗使命的要求。因此，这并不是一个有坚固政治决心的确定答案。此外，由于俄罗斯在乌克兰的行为，现在集体防御重新得到了重视，北约必须再次处理真实“威胁”和“危机”之间的关系。对盟国来说，这种过程总是曲折的，因为几乎任何危机都会导致北约的安全磋商（根据北约条约条款4的要求），但只有打开了有关危机严重到何种程度，从而可以在条款5下进行考虑并采取集体防御的“潘多拉魔盒”时才能发挥应有的作用。那些有广泛全球参与并和俄罗斯有遥远地理距离的国家倾向于放弃这种考虑；相反，那些地理上接近俄罗斯的盟国倾向于优先考虑这件事情。对后者来说，危机管理是第二位的，条款4的磋商应该让位于条款5中和“攻击”前景相关的威胁方面的磋商。

因此，有理由相信北约会非正式性地将危机管理降级。这是非常麻烦的事情，也许只能如我们在阿富汗看到的那样，只产生有限的效果，同时，在有关具有权威性的条款5的方面也存在很大的争议性。因此，北约可能会选择发展自已最了解的军事方面，并修改发生在邻国和周边的混合战争中的军事政策。实际上北约不可能重写战略概念来降级危机管理，但这将是一种潜在的趋势。那么问题就变为，对于盟国来说，外交和伙伴关系将会发挥何种作用。

合作安全

合作安全是北约三个“核心任务”中的最后一个。就像危机管理的例子一样，需要把它从冷战时的集体防务优先中剥离出来，赋予它独立的形式。这也需要适应全球化的安全环境，在这个环境中，网络和合作关系是关键的能力。孤立的权力是不够的，这些权力需要连接起来，并且进行合作。随着北约能够逐渐将注意力从欧洲威胁转移到更广泛的事务上（这种转变大致以20世纪90年代和21世纪前十年为分野），联盟对这些要素的强调变得更加重要。合作安全在许多方面都是北约所拥有的最接近于传统外交政策的手段。对于任何外交政策而言，最有效的方式就是直接得到政治上的优先考虑，并且能够在此基础上以连贯的方式发展。如果一个复杂的多边联盟能够一直专注且保持连贯将会是不可思议的事情，但尽管如此，北约在酝酿和调整相互竞争要务方面记录优良，必然能够抑制政策的冲击。

合作安全在许多方面都是北约所拥有的最接近于传统外交政策的手段。

我们首先应该注意到北约伙伴关系多样化的本质。第一种类型是设立多边论坛并从东（欧洲—大西洋伙伴关系理事会，EAPC）向南（地中海对话，MD），最后随着反恐战争的发展，扩展到东南地区和波斯湾（伊斯坦布尔合作计划，

ICI)。这些论坛规模很大，是集体性质的，繁琐且难以管理。第二种类型由以欧盟和联合国为代表的组织内关系组成。北约峰会总是强调欧盟和联合国是主要合作伙伴，但即使仅仅是在人员联系和信息交换的层面上，组织这种伙伴关系也是很困难的。第三种类型是与全球范围内的单个伙伴国家的一套广泛的双边关系。[1] 这些国家非常多元化：其中包括作为竞争者的俄罗斯，遥远的蒙古，以及关系密切的瑞典、日本、澳大利亚等。一些伙伴国是北约使命的主要参与者，与北约盟国不分上下；一些享有和北约一样的自由—民主价值观；一些视伙伴关系为成为正式成员的前奏；一些只是希望将北约的注意力吸引到他们特定的国家安全利益上来。

如果要说在这种复杂的关系中有一种主导趋势的话，那就是逐渐从大型的多边方式（EAPC, MD 和 ICI）向双边关系和更为灵活的议程的转变。正如上述提到的，大型的论坛很难管理并且——根据作者得到的背景信息——常常极度低效。当然，一批国家会谈事实上是有外交重要性的，这也解释了为什么一些盟国仍然看重 EAPC, MD 和 ICI，然而它们渐趋于形式化的观点也是不争的事实。在阿富汗战斗的必要性和与有意愿为高风险战区提供政治承诺和军事资源的伙伴的合作相比，集体形式表现乏善可陈。这种伙伴关系——要求北约需要的灵活性——被以详细的方式纳入到了2010年战略概念中。目前战略中强调的是“灵活的方式……兼顾并超越现存的框架……同全球范围内任何国家或有关组织在和平的国际关系中共享我们的利益”。[2] 在这些事务推动的转向下，北约将所有的伙伴关系放入一个单独的伙伴关系工具箱中，以便其能够用一种灵活的“28+n”的方式（比如北约和一个或几个伙伴）来使用。[3]

尽管如此，有灵活性的组织势必会强化管理多样性的挑战。甚至可以认为北约的灵活性框架引入了多样性，因此产生了政策紧张状态。其中的一种紧张就是价值观和行动之间的平衡：北约应该优先考虑的是能够产生行动影响还是完全信奉自由民主规则的伙伴？北约2011年在利比亚的联合保护者行动（Operation Unified Protector）中，卡塔尔、阿联酋和约旦都是亲密的伙伴；2014年联合国组织的打击伊斯兰国的联盟也是如此。它们同时增加了打击的力度和行动的国际合法性，但他们不是自由民主国家，不会善意地接受一个挑战它们国内合法性的正式伙伴关系。对它们来说，安全涉及地区恐怖主义、伊朗的政治野心和石油生产

1 欧洲—大西洋伙伴关系理事会（EAPC）是1991年向前华沙条约国成员伸出手来的北大西洋合作委员会（North Atlantic Cooperation Council, NACC）的后续组织，诞生于1994年，当时地中海对话组织（MD）也成立了。伊斯坦布尔合作计划（ICI）发端于2004年的伊斯坦布尔峰会。

2 NATO, *Active Engagement in Cooperative Security: A More Efficient and Flexible Partnership Policy*, 15 April 2011, paragraph 30.

3 NATO, *Active Engagement in Cooperative Security: A More Efficient and Flexible Partnership Policy*, 15 April 2011.

及其基础设施，但绝非事关民主化、军事政策民主决策和预算透明化。

另一个紧张是在志同道合的国家和有不同想法的国家间的平衡。北约可以强调这方面或那方面，但很难同时兼顾。如果北约优先选择志同道合的国家，将会强化民主和自由的联系，并因此强化北约和世界上其他非民主国家的对立。按着这种方式发展，北约将会变成一个民主联盟。[1] 另一个选择是优先考虑同非民主大国的关系——这里指的主要是俄罗斯和中国。北约不是一个国家而是一个集体联盟，其他主要大国可以直接和美国对话，而不用通过总部设在布鲁塞尔的北约组织。尽管如此，所有主要国家保持着联盟体系，因此北约可以成为美国主导的工具，用来创造这个联盟体系与俄罗斯和中国所属体系之间的对话。[2] 2014年俄罗斯对乌克兰的行动已经不可避免地损害了这种对话的前景，但这种选择仍然根植于外交的一种根本特点，即寻求不同政治体系之间的对话中。

北约没有优先关注这些考虑——价值观和行动；朋友和竞争者。其合作安全的“战略目标”非常广泛，用它自己的话来说就是“没有任何优先事项的排序体系”。合作安全可以归结为是一个需要进一步改革的政策领域，并首先需要具备真实的优先感。[3] 毫无疑问的是，伙伴关系和合作完全在阿富汗撤军之后会成为联盟的关键优先着眼点，在这种意义上它比危机管理的政策领域处境要好一些，但其主要关注点和意义仍然不清晰。全球化将继续驱动北约为手中的任务寻找伙伴——如打击索马里海岸的海盗或阿富汗的安全培训——但如果他们质疑北约在其可能更愿意参与的更广泛的政治对话中的角色和目的的话，这些伙伴可能在某种程度上会感到困惑。

结论：北约能够适应变化吗?

北约是一个已经诞生将近70年的有28个国家的联盟。它的存在在国际关系历史上都是独一无二的，世界上也没有任何其他相似的多边安全联盟出现。北约的存续有赖多方面的因素——从自由主义价值观到开放的经济体系；从共享的地缘位置到共同的威胁——以变化的方式不断组合。因此，不可能把北约的成功归结于任何一个单一因素。

一个现实的问题是全球化是否改变了北约的游戏规则。阿富汗战争是一场遥

1 Ivo H. Daalder and James M. Goldgeier, Global NATO,” *Foreign Affairs* 85/5, September-October 2006, pp.105-113.

2 Zbigniew Brzezinski, “An Agenda for NATO: Toward a Global Security Web,” *Foreign Affairs* 8/5,September-October 2009, pp.2-20.

3 该引用出自 NATO, *Active Engagement in Cooperative Security*; 还可参见 David Yost, *NATO's Balancing Act*, Washington: USIP, 2014,pp. 213-219; Karl-Heinz Kamp and Heidi Reisinger, *NATO's Partnerships after 2014: Go West!* Research Paper 92, NATO Defense College, May 2013。

远的战争，其他远距离的接触也将继续下去。北约能应对这一切吗？联盟中的领导和国家政府都承诺会保证北约的成功。正如他们在2010年战略概念中写的："我们坚定承诺捍卫（北约）作为全球最成功的政治—军事联盟的有效性。"在实际的条款中，这意味着将沿文章中提及的三个轨道来发展北约的政策：即防务、危机管理和合作安全。基于保持活力的目标，可以得出一些一般性的结论。

北约的战略框架非常广泛和灵活，因此缺乏优先着眼点。战略概念是一个共识性文件，并未像国家安全原则那样聚焦，最多只能被认为是一个框架，在这个框架里大的盟国，尤其是美国将会提供领导力量。后阿富汗战争时期，这些盟国似乎同意了一系列的事情：如阿富汗和伊拉克那样大型的危机管理使命将会继续存在；俄罗斯的修正主义倾向必须得到遏制；全球伙伴关系仍然至关重要。正如导言部分所述，总的来说北约将会重新投入到地区安全战略中，与全球外交存在并行。

人们也许会问如果北约只关注本地区军事局势，它的全球伙伴为什么还需要关注北约。这里有好几个原因。首先，俄罗斯不仅是一个欧洲大国，影响力还深入中亚和东亚。如果北约影响俄罗斯的长期战略，其他国家应该予以关注。其次，北约是伊拉克和叙利亚战争中国际联盟干预的中心；其主要的盟国驱动着对伊朗的核外交政策；他们将决定性地影响利比亚乱局之后的国际反应。亚洲现在是最大的石油进口地区，同样应该予以关注。最后，北约为国家间有效的军事合作设定了标准。如果美国在亚洲的盟国相信它们能够从增强实际合作经验中获取一些利益的话，北约就是学习实际经验的场所。

北约是一个国家利益的集合和拼接物，它回应着全球化但并不会成为一个全球联盟，它难以做到这一点。北约在欧洲—大西洋及其临近地区（从东欧延伸到中东和北非）运转更好。在这一地区跨大西洋的讨价还价最为有效：美国为欧洲提供安全和领导力；作为回报，欧洲帮助塑造和参与到政策和行动中。来自亚洲和其他地区的外部参与者在地理和政治背景下将更多地被邀请成为北约的伙伴，而伙伴关系应该特别注意两件事情。首先，很难清晰地界定北约：正如本文所证明的那样，它的优先着眼点是多重的，有时这个联盟难以对伙伴对话给出明确的方向。其次是面对这些复杂性，作为一个严肃的多边联盟的北约，有时需要为来自28个民主国家的军事力量执行艰难的使命做出决定，美国首当其冲。北约是一个清谈会，因为美国或者其他任何盟国都不能指挥行动，需要通过说服来推动北约的决议。所以不利的一面是北约有许多的对话，而有利的一面是一旦做出了承诺，就是严肃的，而且有相当大的政治影响力。

北约是一个国家利益的集合和拼接物，它回应着全球化但并不会成为一个全球联盟，它难以做到这一点。

（许钊颖 译；李晨 校）

2014年阿富汗总统选举结果及其政治转型的前景

[俄] 伊万 · 萨弗兰丘克

内容提要：本文选取了2014年中亚和南亚地区政治中最复杂的话题之一——阿富汗总统选举。文章探讨了总统选举的结局和后果，围绕这些后果呈现的政治和法律的困境，及其对阿富汗“政治转型”前景的影响。

关键词：阿富汗 2014年总统选举 政治转型

2014年9月21日，阿 · 加尼（Mohammad Ashraf Ghani）在阿富汗总统选举中获胜，并于同年9月29日就职。此前，阿富汗经历了严重的政治危机，在专家们看来，这场危机使阿富汗处于严重内战的边缘。当时对立各方均不冷静，都在声明中宣称要采取果断措施。

对于阿富汗的诸多援助者和国际组织来说，局势如此发展是出乎意料的。需要国际调解力量多方面的努力来解决危机。

在危机最严峻的时刻，阿富汗的邻国和很多衷心希望它实现和平与发展的域外国家都认为：任何和平的解决方式都比内战要好。因此，阿 · 加尼和阿 · 阿卜杜拉于9月21日签署的协议获得了广泛的国际支持。危机过后，国际社会终于松了一口气，并开始忘却这一事件的某些细节。现在一切尘埃落定，终于可以冷静地分析第二轮总统选举的结果了。

[俄] 伊万 · 萨弗兰丘克（Ivan Safranchuk） 俄罗斯外交部国立莫斯科国际关系学院世界政治进程教研室副教授，军事科学院教授，外交与国防政策理事会理事。

国际观察员的评价

首先，我们看一下参加总统选举第二轮选票审计工作的国际观察员们的评价。欧盟选举评估小组（EU Election Assessment Team, EU EAT）派出了自己的观察员，还有两个以“推进民主”为宗旨的非政府组织——“国家民主研究所”（National Democratic Institute, NDI）[1] 和“发展创新国际”（Creative Associates International, CAI）也派出了观察员。[2]

“国家民主研究所”（NDI）在整个选举过程中（无论第一轮还是第二轮）都声称这是一次成功的选举。

“国家民主研究所”（NDI）在整个选举过程中（无论第一轮还是第二轮）都声称这是一次成功的选举。比如，在2014年6月16日发表的关于当月14日第二轮投票的声明中，NDI总体上正面评价了选举进程。当然也指出了个别问题和不足。但整个声明的语气是绝对肯定的。[3] 该组织的观察员丝毫没有发现阿·阿卜杜拉阵营所指责的大规模舞弊造假问题，据这位候选人声称，舞弊是在独立选举委员会在场的情况下发生的，而NDI对独立选举委员会的工作给予了极大的肯定。总之，根据NDI在6月16日的声明判断，它的观察员并未发现任何能够证明存在大规模舞弊造假和取消第二轮选举结果的证据。然而，看起来NDI以后也不再坚持自己对第二轮选举的积极评价，因为它决定监督第二轮选举的审计。[4]

9月24日（在阿·加尼和阿·阿卜杜拉之间缔结政治协议后不久）NDI发表了非常简短的声明，开篇说道：“NDI欢迎2014年总统选举进程的结束，欢迎在阿富汗历史上第一次可能实现政权民主更替的政治协议。”NDI仿佛只监督选举进程，而不是关注整个阿富汗的政治进程，因此，从NDI自然应该听到关于审计和选举结果的评论。但NDI对选举过程本身的评论却非常少。在声明最后一段中说：“阿富汗的公民获得了完整的和公开的2014年大选的结论，包括及时公布第二轮审计结果。虽然，在选举过程中的舞弊现象和审计过程中的某些问题无

1 国家民主研究所（National Democratic Institute, NDI）1983年创建于华盛顿，法律地位是享受美国联邦免税待遇的非营利性组织，资金主要来自美国政府。自从2002年3月该机构开设阿富汗办事处以后，它就深度介入了阿富汗的选举过程。相关详情可见其官方网站上的内容：https://www.ndi.org/afghanistan。——编者注

2 发展创新国际（Creative Associates International, CAI）1977年成立，总部设在华盛顿，是与美国国际开发署和美国劳工部签约的海外发展援助机构，在包括中国在内的二十多个国家开展活动。更多详情可见其官方网站：http://www.creativeassociatesinternational.com/#。——编者注

3 Preliminary Statement Of The National Democratic Institute's Election Mission For Afghanistan's Presidential Election, NDI, Kabul, June 16, 2014.

4 NDI Observers Monitoring Audit of Afghanistan Presidential Runoff Ballots, NDI, July 24, 2014.

法完全准确地反映选民的意志，但并没有发现任何可以改变选举结果的证据。”[1]由此可知，NDI 认为大多数选民支持阿·加尼，该组织完全承认阿·加尼的胜利并相信其可靠性，同时既不否认舞弊行为的存在，也不否认无法准确得出选举结果（但 NDI 认为，没有理由怀疑阿·加尼的胜利）。

无论在政治协议签署之前，还是之后，“发展创新国际”（CAI）团队都没做任何正式的关于审计结果的声明。因此，不清楚这个观察组的结论是什么。然而，9月9日，当政治危机还处在高潮之中，选票审计已经完成了（9月4日晚间最后选票的审计已经完成，但所有审计数据的分析和总结工作还在进行），CAI 的高级工作人员杰弗里·卡尔松在该组织网站发表文章，文章可以被视为该组织关于阿富汗总统选举的非官方意见。文章在形式上不是谈关于阿富汗的，标题是《治疗选举舞弊病》，但它的发表日期是在第二轮选举审计结束后，附带的照片也是阿富汗总统选举第二轮的选票箱，毫无疑问，文章是与阿富汗有关的。CAI 关于阿富汗选举的非官方说法：“不久前选举中系统性的舞弊行为，在阿富汗、俄罗斯和津巴布韦那样的国家很常见。个别的舞弊、造假行为现今在美国、德国和英国也能遇到。”[2] 随后，文章的评论总体上比较温和，认为造假、舞弊现象不好，应该与之进行严肃和系统的斗争，等等。可以这样总结 CAI 的非正式立场：阿富汗选举中的确存在舞弊、造假现象，关于选举的结果该组织却闭口不谈，总之，选举中的舞弊造假是世界性问题。

在这些声明的背景下，9月21日，即选举结果被公布和阿·加尼与阿·阿卜杜拉之间签署协议的当天，欧盟选举评估小组发布的声明可以说真正引起了轰动。声明的标题是《在独立选举委员会正式公布阿富汗总统选举结果之后，其选举进程中仍然存在严重的问题》[3]（应当指出，该声明的英文版本的措词更加强硬，虽然也可以采用“模棱两可”的说法）。虽然该声明的内容是以欢迎政治协议开始的，但紧接着欧盟选举评估小组关注的就只是已宣布的选举结果，并对没有公布全部选票统计结果表示遗憾。声明中还引用了该组织在阿富汗负责人的讲话：“关于组建未来政府和两个候选人权力分配的政治协议是在不尽如人意的审计之后才达成共识的。我欢迎，并非常尊重维护国家安全的政治意志。但明显的大规模舞弊行为表明，对冒着风险自愿投票的广大阿富汗男女选民的尊重还远远不够。”随后承认，试图把真选票与造假选票区分开也是不成功的：“欧盟选举评估小组承认，在全部审计之后，关于选举进程、最终结果方面依然存在很多问题，主要是因为审计不能给最终结果带来充分的透明度。”需要注意的是，来自欧盟

1 Robust And Public Review Needed For Afghanistan Electoral Reform, NDI, July 24, 2014.

2 Jeffrey Carlson, Curing The Disease Of Electoral Fraud. Creative, September 9, 2014.

3 Strong Interrogations on the Afghan Election Process Remain, after Publication of the Outcome of the Presidential Election by the IEC, EU EAT PRESS RELEASE, Date: 21/09/2014.

的观察员比来自NDI和CAI的观察员的总和还要多。410名欧盟观察员在一半选区进行了计票监督，开展了详细的问卷调查，并得出了有说服力的结论。其结论如下：存在大规模舞弊造假行为，审计不能完全克服造假行为，最终统计结果引发一些问题。

然而，这个声明没有引起真正的强烈反响，它被淹没在对竞争者之间的政治协议进行过度吹捧的舆论洪流中。实际上，国际和地区性的媒体都没有引用该声明，它很大程度上是被忽视的（或者更准确地说是被无视的）。欧盟自身也没有对该声明进行广泛的宣传（虽然毋庸置疑，如果欧盟想宣传，它有能力在媒体、学术界以及国际公共组织获得广泛的支持，使自己的立场广为人知）。在这种情况下，可以断定，欧盟是故意不解释清楚其在阿富汗观察团的声明。我们注意到，欧盟选举评估小组的声明中超过一半的内容是引用欧盟观察团负责人杰伊斯·别尔曼（荷兰政治家，2008—2014年担任欧洲议会议员）的话。很明显，即使他的观点已经写入正式的声明中，但是，在布鲁塞尔和欧洲其他国家也不是所有人都同意他的观点。前文说过，欧盟观察团的人数是最多的，其工作人员直接监督第二轮选举几乎半数的选票审计工作，他们还进行了详细的问卷调查。这为欧洲专家对阿富汗第二轮总统选举半数的选票进行同步统计提供了可能。但是，没有任何迹象表明，欧盟打算公布这些统计数据。

选举的结论和结果：舞弊造假

需要弄清一个术语，笔者对选举“结论”的理解是宣布候选人中的一个选举获胜，这是选举的结论。而选举的“结果”，这是关于参加阿富汗第二轮总统选举的两位候选人之间的选民分布和参加选举的选民数量的数据。公布的选举结论是：阿·加尼成为总统。但是，第二轮选举最终的结果却未能正式公布。

阿富汗总统第二轮选举工作是在2014年6月14日开始的。随即在独立选举委员会、阿·加尼和阿·阿卜杜拉阵营之间产生了严重的分歧，阿·阿卜杜拉阵营宣称在投票和计票过程中存在违规行为。6月底，独立选举委员会进行了两次检查。首先检查了299个选区，其中21个存在违规和错误现象，结果250张支持阿·加尼的选票和684张支持阿·阿卜杜拉的选票被作废。这一结果使阿·阿卜杜拉阵营的抗议进一步升级（阿·阿卜杜拉宣称选举过程存在舞弊，但检查过程中支持他的选票更多地被作废）。于是，独立选举会员会进行了第二次、更大规模的检查。对30个省的1930个选区进行了检查（检查是在原地进行的，没有将选票送到独立选举委员会在喀布尔的总部）。这次检查发现在114个选区存在违规和错误，结果6474张支持阿·加尼的选票和4428张支持阿·阿卜杜拉的选票被作废。两次检查共涉及第二轮选举选票的15%（投过的选票）。形式上可认为这次检查的规模相当大，但在此过程中发现的违规现象不到被检查选票的1%，实际上并未改变选举结果，改变的只是百分比。在此基础上，独立选举委员会不顾阿·阿卜杜拉阵营的持续抗议，于7月7日正式宣布了第二轮选举的初步结果：阿·加尼获得4485888张选票，占56.44%（占有效选票总数的比例），阿·阿卜杜拉获得3461639张选票，占43.56%。[1] 这是初步的结果，因为独立选举委员会的结果不是根据100%的有效选票，而是根据99.68%的有效选票得出的。参加第二轮投票的总数（已投选票的数量），被承认的有效和无效的选票数量，以及支持每位候选人的选票数量都公布了，但后者并未完全公布，有25200张选票（来自不同省份）的统计没公布。

7月7日正式公布选举的初步结论使阿富汗政治危机迅速升温，把它推向燃点——阿·加尼和阿·阿卜杜拉阵营之间偏离法律的对抗。当时，宪法范畴以外（包括武力的）持续危机或解决危机的方案多被提及。评论家们认为，阿富汗处在公开内战的边缘。但是，分析政治危机并不是本文的目标。

在外部力量的斡旋下，阿·加尼和阿·阿卜杜拉阵营达成了关于全面检查第二轮选举的协议，即在联合国的支持下对第二轮投票的全部选票进行审计。

审计自2014年7月17日开始（实际是8月初）[2] 一直持续到9月中旬，是根据双方候选人阵营一致同意的规则进行的，法律上是依据独立选举委员会公布的决议。必须清楚的是，审计100%的选票不意味着重新计算所有选票。审计被定义为“检查投票本身的过程和程序，以及随后的选票统计”。这意味着审计的目的应该确定为：是否存在严重的违规现象，如果存在，那么该选区将重新进行计票。根据两位候选人同意的、由独立选举委员会确定的审计规则，对每一个选区的材料都进行检查（每一个选区对应一个选票箱），按照16项标准进行审计，每项标准又有相应的规则。同时，并不是一旦发现违规现象就对该选区进行重新计票和公布新结果。比如，只对每个选票箱一定数量的选票进行审查：每位候选人为100张，而每个选区选票总数为600张；因此，审计过程中可能会对选区100%的选票进行审查（如果候选人在该选区得票等于或者小于30%，即等于或者小于200人），也可能对6%的选票进行审查（如果该选区的600位选民全部支持一位候选人）。在这种选票的检查中显示这些选票的制作和填写是否正确，是否被损坏，每位候选人的选票是否正确统计，主要是检查是否存在一个人填多张选票的痕迹（类似做标记的选票）。每一项标准都要达到一定的违规“临界数”，不同的标准又对应不同的数值。比如，如果在检查的选票中（不是全部检查，而是部分抽查）发现10张损坏的或者制作错误的（缺少印章或者印有与该选区不符的

1 IEC Announces Preliminary Results of the 2014 Presidential Election Run-off, Kabul, Afghanistan, 7 July 2014.

2 После формального начала аудита 17 июля 2014 г. аудит прерывался буквально каждые несколько дней (20, 22, 24 июля). Потом перерыв на религиозный праздник. Полноценно аудит заработал с 2-3 августа. (2014年7月开始的形式上的审计几乎每隔几天就被打断，如7月20日、22日、24日，还被宗教节日冲击，真正启动是8月2—3日)。

序列号码）或者有错误标注的选票，这种情况下就要求对该选区的所有选票进行重新计算，而如果低于10张，那么不要求重新计票。也就是说，在最坏的情况下才可能这样：检查某选区投给某候选人的100张已投选票，发现9张制作有误（没有印章），还有9张损毁（在选举标记处有墨渍污点等），还有9个错误标记（只写了名字等），100张中共有27张应该作废，这足以改变该选区的结果（减少27%）；但实际上，每项标准都没有超过违规“临界数”，因此无需进行重新计票，选举结果没有改变。这只是我们举的一个例子，在现实中，这种“特殊”情况可能出现，但不会是大规模的。总体上，在阿全国各省的多数选区中，其选举和选票的制作都是志愿的和公正的。但再重复一下，每个选区都按照16项标准进行审计，其中15项可能导致重新计票并改变选举结果（如果重新计票改变选举结果）。每一项标准都制定自己的规则。在这把它完全列举出来没什么意义（它们在独立选举委员会的决议中占了几十页），而且在审计过程中，这些规则被多次确定（实质上是多次改变规则，也就是一部分选票根据一种标准进行检查，而另一部分选票根据另一种标准）。笔者想要指出的是，审计不是为了查出全部的违规现象，而只是实质性的违规行为。笔者的学术评价可以归纳为：如果查出的舞弊造假和错误平均不超过该选区投票总量的5%—6%，就被认为是可以接受的水平，不会导致选举结果的改变。但是也存在这样的情况：即明显的舞弊造假和错误占投票总量的几十个百分点，而根据相应规则进行审计的选举结果依然不会改变（虽然这种情况非常罕见）。

实质上，存在5%—6%的舞弊、造假和错误，被认为是可以接受的水平。同时，应当明确一点，每位候选人都提交了包含3000个需要特别检查的可疑选区的名单：这些选区没有进行审计，而是立刻进行了全面的重新计票。因此，22828个选区中有6000个没有经过审计就进行了全面的重新计票。剩下的16828个选区都进行了审计，根据审计结果又有3677个选区进行了全面的重新计票。有13151个选区进行了审计，但是没有改变初步结果（即使发现了舞弊、造假和错误，它们被记录在专门的文书里，但该选区的选举结果仍然没有改变）。

我们在这里不讨论5%—6%的造假是否是可以接受的，只是觉得过高了（在绝对数量上，约有25万选票造假，但从法律和政治角度却没有进行处理）。笔者认为，总体的方法是正确的，必须查明是否存在大规模的舞弊造假行为，而不是推翻独立选举委员会的工作，进行全面的重新计票。因此，确定违规的某个临界点是正确的。规则本身在形式上是被各方候选人一致接受的，如果两个候选人赞同规则，那么为什么我们不赞同它呢？另一问题是达成一致的规则是否像预想的那样发挥作用？上文指出，关于这个问题上各方观点不同。比如，独立选举委员会和加尼认为审计可以确定选举的真实结果。而阿·阿卜杜拉和欧盟观察委员团怀疑第二轮审计是否完成了自己的任务，以及提交结论——宣布总统选举的胜利者的做法是否可信。

我们回到选举结果上，在审计结束之后（9月4日结束了选票的检查工作，而在9月中旬完成了数据分析，在此基础上独立选举委员会通过了相应的决议），候选人之间的争论还在持续：双方公开发表强硬的声明，同时又在联合国和西方外交人员的斡旋下进行谈判。9月20日就《两个竞选团队关于民族统一政府结构的协议》达成共识，该协议解决了围绕总统选举产生的政治危机。第二天，9月21日该协议由阿·加尼和阿·阿卜杜拉正式签署。当天，独立选举委员会宣布阿·加尼在选举中获胜，当选为阿富汗新任总统。2014年9月29日举行了阿·加尼的总统就职仪式，他正式履行阿富汗总统的全部职责。

但是，9月21日独立选举委员会在宣布阿·加尼获胜的总统选举结果时，没有公布第二轮选举的结果，即审计后候选人的最终得票结果。的确，独立选举委员会在9月21日的声明中指出，第二轮选举的最终得票结果已经提交给两位候选人，而独立选举委员会“将在近期公布该结果”。[1] 国际观察员在各自的声明中也指出必须公布完整的选举结果。上文说过，NDI 在9月24日的声明中指出：“阿富汗的公民获得完全的、公开的选举结论，包括及时公布第二轮选举的全部结果。”[2] 在欧盟选举评估小组9月21日的声明中，没有直接呼吁公开最终结果，但声称：“欧盟选举评估小组对没有公布准确的选举结果表示遗憾。”[3] 由于这份声明发表于9月21日独立选举委员会宣布阿·加尼获胜声明的几个小时之后，那么其立场可以理解为：欧洲观察员更愿看见选举结论与选举的详细结果同时发布。值得注意的是，联合国驻喀布尔办事处分别于9月21日[4]（在独立选举委员会发表宣布阿·加尼获胜的声明之后）和9月29日[5]（阿·加尼就职以后）发表正式声明，对正式公布竞选胜利者表示欢迎，而没有对未公布全部结果做任何评论。

因此，在9月21日独立选举委员会宣布阿·加尼选举获胜之后，人们期待声明中允诺的尽快公布第二轮选举的结果，即审计后候选人的得票情况。

9月26日独立选举委员会确定了第二轮选举的结果，但必须指出两个相关要点。第一，只确定了一个候选人的选举结果和有效选票的总数。第二，这些结果没有正式公布。准确地说，独立选举委员会的代表口头上向记者谈过结果，这个结果在阿富汗的报刊上出现过[6]（712万张有效票，其中3935567张或者55.27%

---

1 IEC Announces Results of Presidential Run-off, after Extensive Audit of all (100%) Ballots, Kabul, Afghanistan, September 21, 2014.

2 Robust And Public Review Needed For Afghanistan Electoral Reform, NDI, July 24, 2014.

3 Strong Interrogations on the Afghan Election Process Remain, after Publication of the Outcome of the Presidential Election by the IEC, EU EAT PRESS RELEASE, 21 September, 2014.

4 PRESS STATEMENT: UN Welcomes Completion of Presidential Elections 2014, UNAMA, KABUL, 21 September 2014.

5 PRESS STATEMENT: UN Congratulates President Ghani Oninauguration, UNAMA, KABUL, 29 September 2014.

6 “IEC Presents President-elect with winner Certificate”, Tolo News, 26 September 2014.

的选票支持加尼），但是，在独立选举委员会的正式书面声明中却没有出现。或许，这些结果始终没获得任何正式的地位。然而，10月25日联合国阿富汗援助团（UNAMA）发布了《关于联合国参与2014年阿富汗总统选举审计的背景信息(background note)》。[1] 这份文件概述了2014年阿富汗选举的过程，但最突出的是以下信息：9月26日独立选举委员会确认了（certified）阿·加尼获得55.27%的选票（有效票中的比例），在总计712万张有效票中获得3935567张选票。目前为止，联合国阿富汗援助团是发布第二轮选举结果唯一的、但非常权威的消息来源。

的确，公布的这些数据并不完全，只有一个候选人的数据。但是，这已足够还原阿富汗第二轮总统选举两位候选人的结果。图表1中是第二轮选举的数据。

因此，根据审计结论，2014年阿富汗总统选举第二轮的结果是：① 7120620张选票为有效票；② 阿·加尼获得3935567张选票，占有效票总数的55.27%；③ 阿·阿卜杜拉获得3185053张选票，占总数的44.73%。

那么，舞弊造假的规模如何呢？这个问题是阿·阿卜杜拉阵营提出来的，审计结果应该给他们一个答复。前文指出，观察员们的观点存在分歧——所有人都认为存在舞弊行为，但对舞弊行为的规模存在重大分歧："国家民主研究所"不认为舞弊是实质性的（对选举结果造成影响）；"发展创新国际"承认舞弊的存在（但又认为这种情况在全世界到处都有，只是规模不同，总体上是接受这一现实）；欧盟选举评估小组认为舞弊大规模存在并影响最终结果；联合国承认审计证实了"明显的作弊行为和选举过程的脆弱"。

选举评价的分歧在于：一方认为舞弊是"实质性的"，另一方认为是"正常的"。

选举评价的分歧在于：一方认为舞弊是"实质性的"，另一方认为是"正常的"。因此，我们看一下数字（尤其是，前面提到的权威的信息来源背地里争论大规模的舞弊行为，但始终没那样称呼它们）。根据审计的结论，有988873张选票被认定为无效。考虑到，还有136766张选票是审计之前就被独立选举委员会宣布为无效的。因此，所有审计出的无效票不能被自动计入舞弊范围，应该减去独立选举委员会自己宣布的无效选票的数量（虽然这也有些简化，因为，有些选票被独立选举委员会认为是无效的，而审计结果却认为是有效的；但这可以被列为错误计票，而不一定是舞弊造假）。因此，共有852107张选票可以被认定为是舞弊造假的选票（这个数字中可能有些错误计算，而不是故意造假）。这个数字是多了还是"正常"呢？它占到选举投票总数的10.5%（也就是说，十分之一有问题）。很难说它是少量的或者非实质性的。阿·加尼的这种选票几乎是阿·阿卜杜拉的两倍：支持加尼的无效票占被审计出无效票总数的

1 Background Note on United Nations Involvement in Audit of Presidential Election 2014, UNAMA, Kabul, 25 October 2014.

65%，而支持阿·阿卜杜拉的无效票只占35%。

考虑到在审计过程中“可以接受的违规行为”的界限大概是5%—6%。如前文所述，这一门槛意味着大约25万舞弊造假的选票可以通过审计，而对选举结果不产生影响。如果再加上之前实际确认的852107张舞弊、造假的选票，那么造假选票的总数超过百万——约占已投票总数的13%—14%。

可以得出以下结论：阿富汗总统选举第二轮舞弊造假的规模在10%—14%之间（就是说每10张或者7张中就有1张选票是伪造的）。

表　2014年阿富汗总统选举第二轮结果

		涂改和伪造		初步结果 ***				审计后最终结果 ****			
		% 选民		阿·加尼		阿·阿卜杜拉		阿·加尼		阿·阿卜杜拉	
	总数	全部	投票者	总数	%	o 总数	%**	总数	%	总数	%
选民总数（人）	13000000*	100	62.38	–	34.51	–	26.63	–	30.27	–	24.5
投票数（第二轮使用的全部选票）	8109493***	62.38	100	–	55.32	–	42.68	–	48.53	–	39.28
有效选票（初步结果）	7972727***	61.32	98.31	4485888	56.44	3461639	43.56	–	–	–	–
无效选票（初步结果）	136766***	1.05	1.68	–	–	–	–	–	–	–	–
有效选票（审计结果）	7120620****	54.77	87.81	–	–	–	–	3935567	55.27	3185053	44.73
无效选票（审计结果）	988873	7.61	12.19	–	–	–	–	550321	6.79	276586	3.41

正式公布的数据用正常字体标注，非正式公布的数据用斜体字标注，但绝非笔者编造，而是由正式公布的数据计算得出。

表注释：

* 阿富汗有选举权的公民人数尚无准确数字。但据阿富汗独立选举委员会和国际组织估算阿富汗选民总数约为1300万。这一数字也正是2014年总统选举第二轮选票的印刷数量。

** 表中百分比的基数不是参加投票的全部选民总数，这与国际上其他国家选举公布的数据不同。阿富汗总统选举第二轮数据的百分比基数为有效选票数。

*** 独立选举委员会于2014年7月7日发布声明，正式公布了总统选举第二轮的初步结果。需要指出的是，声明公布的数据不包括25200张选票（因此被称为初步结果）。但是，不论这些选票最终如何判定（这些选票已经被承认是有效选票，并计算到候选人的

选票中)，它们只占百分之一，不足以改变公布的结果。我们注意到，独立选举委员会正式公布的这个初步结果从未发生变化(从未取消)。独立选举委员会于9月21日发布声明，宣布阿·加尼为总统，并援引7月7日的声明。

****《联合国阿富汗援助团关于参与2014年阿富汗总统选举审计的背景信息》(原文为英文：Background Note on United Nations Involvement in Audit of Presidential Election 2014)，联合国阿富汗援助团(UNAMA)，喀布尔，2014年10月25日。需要强调的是，该文件指出有效选票的总数为712万。显然这是一个只取整数的数字。通过计算已有数据可以得出准确的数字—7120620，为图表中列出的数字。

阿·加尼总统权力的法律或者政治基础是什么?

阿·加尼是在与阿·阿卜杜拉的政治协议基础上成为总统的吗?如果是这样，那么可以认为，他成为总统是建立在政治程序(与自己的竞争者达成协议)的基础上。抑或说，阿·加尼成为总统是建立在选举结果的基础上?如果这样，那么可以认为，他成为总统是建立在法定程序——选举的基础之上。

前面引用的国际观察员的声明没回答这个问题。联合国的两个声明(9月21日独立选举委员会宣布阿·加尼为总统，9月29日总统就职之后)中说，联合国对选举结论的公布和阿·加尼就职总统表示欢迎，但没有表明是基于什么基础(法律的、还是政治的)。在9月21日的声明中提到了独立选举委员会宣布阿·加尼当选总统的公告，并随后评论道：这个公告紧随政治协议的签署。之后也保留着类似的表述形式(比如，在联合国秘书长特别代表2014年12月18日对联合国安理会做的报告)。但这是一个开放的问题——在政治协议(政治程序)和宣布阿·加尼成为总统(法律程序)的公告之间存在什么样的因果关系?

阿·加尼认为他的权力基础是法律的，他是由独立选举委员会通过决议宣布为总统的。在这种情况下，政治协议不是独立选举委员会决议的基础，它只是保证了竞争者和平地赞同该决议。

阿富汗独立选举委员会9月21日的声明，就是根据选举结论宣布阿·加尼为当选总统的。声明中只字未提阿·加尼和阿·阿卜杜拉签署的协议。独立选举委员会得出选举结论，宣布阿·加尼为当选总统，然后授予他总统权力(总统就职)。这一切表明，对于独立选举委员会来说，阿·加尼是在选举结论基础上的总统。

但是，如果认为阿·加尼是选举总统，其权力来自于选举结果，那么就需要公布这个选举结果。独立选举委员会于9月21日发表声明，表示将尽快公布结果，但这一结果至今没有公布(或许不会公布)。

然而根据阿·阿卜杜拉的声明，他认为阿·加尼成为总统是建立在政治协议的基础上。[1] 从这一观点出发，阿·加尼成为总统是因为他与阿·阿卜杜拉签署了政治协议。独立选举委员会的声明是建立在该协议的基础之上的，协议是不可或缺的，因为选举没有产生获胜者。为此，独立选举委员会需要在9月21日的决议中援引政治协议（的确，从法律意义上看这很奇怪）。

无法否认《政治协议》和独立选举委员会关于阿·加尼胜利的声明之间的联系。同时，事件的先后顺序也非常明显：先有《协议》，后有独立选举委员会的声明。这是按时间先后发生的。因此，在《协议》中阿·加尼的身份不是当选总统，而是两位候选人之一（这一点从文件的名称和全部内容中可以看出）。似乎，这一切都说明了《协议》和独立选举委员会9月21日的决议之间的关联性，以及《协议》是独立选举委员会决议的基础。然而，理智的分析却找不到充足的根据，因为，独立选举委员会的决议在形式上与《协议》毫无联系。

《协议》中没有指出它与选举结果之间的联系。《协议》的结论部分关于文件生效的内容如下："双方尊重2014年7月12日签署的技术和政治框架协议以及2014年8月8日签署的联合声明中规定的义务，这体现在本协议中，双方履行根据选举结果和本协议规定的责任和义务。"因此，在承认选举结果的问题上，《协议》援引了早期签署的协议。我们来看一下：

8月8日的联合声明中没有明确的条款承认选举结果。但是，根据文件的精神和广义的解释，可以理解为承认审计后的选举结果。首先，文件全称为《竞选阵营关于合法地结束第二轮总统选举及建立民族统一政府的联合声明》。也就是说双方都希望合法地结束选举：这应该理解为在法律的框架内。如果是这样，那么需要承认两位候选人参加选举的结果。然而，如果认为"合法的"一词指的不是"在法律框架内"，而是广义上的合法性，那么政治的协议也是合法的。但是，该论点由于以下条款而无法成立。其次，8月8日联合声明第一条规定："承认并尊重阿富汗斯坦伊斯兰共和国宪法，遵循宪法的规定和准则是当前和未来实施一切改革和措施的基础。"也就是说，一切都要以宪法为依据，并遵循宪法规定的程序。这进一步强化了上一条款，不是简单的合法（政治协议也是合法的），而是在法律和宪法的框架内。这样就不能不承认选举的结果。因此，8月8日的联合声明可以解释为两位候选人都同意承认审计后的选举结果（然而，根据文件精神所做的任何解释都存在争议）。

---

1 К.И. Искандаров. К итогам президентских выборов 2014 г. в Афганистане. БОЛЬШАЯ ИГРА: политика, бизнес, безопасность в Центральной Азии № 05(38), 2014 (ISSN 2409-3955). С. 16. А также:К.И. Искандаров. Проблемы формирования правительства в Афганистане. БОЛЬШАЯ ИГРА: политика, бизнес, безопасность в Центральной Азии № 01(40), 2015 (ISSN 2409-3955). С. 12. [K.I. 伊斯坎达罗夫：《2014年阿富汗总统大选结果评议》，载于《大游戏：中亚政治、实业、安全》，2014年第5期（38），第16页；亦可参见K.I. 伊斯坎达罗夫：《评阿富汗组阁问题》，载于《大游戏：中亚政治、实业、安全》，2015年第1期（40），第12页]。

阿·加尼和阿·阿卜杜拉并未签署7月12日的政治和技术协议，因此，9月21日的协议将该文件作为独立的文件引用显得有些奇怪。该框架性协议的地位仅在其作为8月8日联合声明的附件时才得以明确，因此该协议应该认定为联合声明的附件，而不是独立的文件。7月12日的政治框架协议的开头是，“出于应有的信任，并根据选举审计的结果，在第一部分中（技术协议——笔者注），候选人必须履行政治协议，同时，选举获胜者将担任总统职务并按照以下原则立即组成民族统一政府……”由此得出结论，选举应该被承认，获胜者将成为总统并在此后实现关于联合政府的政治协议。这是协议文本明确规定的。作为调解人的美国国务卿约翰·克里也正是这样理解该协议的。他在阿富汗媒体发表公开声明：“7月12日两位候选人握手言和，并同意尊重审计结果。”[1] 任何关于“尊重”指的不是“承认”的说辞都无关紧要。

然而，问题在于，协议正文中说7月12日达成的承认选举结果的共识并非无条件的。其条件不仅是关于政府的政治协议本身，还包括审计的质量（“应有的信任”）。欧盟选举评估小组9月21日发表声明，对审计表示批评，认为其结果存在问题，这可能成为阿·阿卜杜拉不承认审计“应有的信任”的依据，也意味着他不承认通过计算选票得到的选举结果（但同时他可能承认阿·加尼通过政治协议方式成为总统）。

不容忽视的是阿·阿卜杜拉只在7月12日的文件中表达了明确的同意承认审计后的选举结果（对其质量仍有保留意见）。而在此后的一系列文件中他都回避了这种明确的措词。这意味着什么呢？此后他都不同意7月12日的说法了？但是，不管怎样这些说法已经在8月8日的联合声明和9月21日的协议中合法化了。

因此，9月21日的协议（通过援引8月8日的联合声明和7月12日的政治框架协议）规定承认审计后的选举结果。这就是说，宣布阿·加尼成为总统的依据不是政治协议（政治依据），而是选举结果（法律依据）。阿·阿卜杜拉可能认为，阿·加尼是在《协议》的基础上成为总统的，而不是在选举结果的基础上，只要他坚决不承认审计结果及在其基础上的选举结果。

综上所述，可以认为，关于阿·加尼就职总统的依据是什么的问题，没有明确的答案。可以把选举结果作为依据（法律依据），也可以把9月21日的协议作为依据（政治依据）。理性的分析提示所有关注选举危机及其解决的人们，《协议》和宣布阿·加尼为总统的声明密切相关，宣布阿·加尼为总统发生在、也只能发展在签署《协议》之后，也就是说，是该《协议》的结果。这是从总统选举第二轮之后事态的发展以及两位候选人谈判的必然逻辑中得出的结论。但政治现实就是这样，需要考虑整个事件的背景。在法律的、技术的现实方面，这些现实中只存在文件本身和字面意义，似乎这种合理的推理没有出现。依据文件得知，

1 “Op-Ed From Secretary Kerry”, Tolo News, 30 July 2014.

阿·加尼成为总统是依据独立选举委员会9月21日的决议，形式上与9月21日的《协议》没有任何联系，这也与7月12日的政治框架协议的文本相符（以及8月8日的联合声明和9月21日的协议，都援引7月12日政治框架协议关于承认选举结果的内容）。

实际上，在解决阿富汗选举危机中存在两条路线——政治路线和法律技术路线。7月12日的政治框架协议为政治路线奠定了基础，而同一天的技术框架协议奠定了法律技术基础。关于这一问题8月8日的联合声明写到（第三条）："如同在技术路线上，双方都建立了在审计过程中不断推进的阵营……在政治路线上，双方也确认自己忠实于真诚合作。"正是在政治路线上，9月21日的协议成为最终结果。这里需要指出一个我们认为重要的因素，它可以解释现有的矛盾。

实际上，在解决阿富汗选举危机中存在两条路线——政治路线和法律技术路线。

政治路线和法律技术路线是在7月12日的协议中同时确定的。但是，此后事态的发展没有按照预期在两个相互关联的路线上同步发展。7月投票审计在技术路线框架下开始进行，而两位候选人之间因政治权力分配产生的争论却不断加剧。结果是，政治路线落后于法律技术路线，相应的，阿卜杜拉阵营开始阻挠技术路线的执行。在国际调解人的推动下政治路线得以继续进行（8月8日的联合声明）。当时情况下，对于国际调解人来说重要的是保证技术路线免受政治分歧的影响。因此，8月8日联合声明的实际执行情况是尽可能地使技术路线和政治路线分开，以此达到保护技术的（客观的）进程不受政治的（主观的）进程的影响。从国际调解人的立场出发，这种做法是有根据的，可能也是有效果的。但是，为了避免政治现实和法律技术现实之间发生断裂，最终仍然需要重新融合两条路线。然而，这一点最终也没有实现。确切地说，形式上似乎是实现了：9月21日的协议援引了8月8日的联合声明和7月12日的协议，这可以理解为《协议》要协调两条路线的问题。但实际上，9月21日的协议仍然没有给出答案：阿·加尼是根据哪条路线的结果成为总统的，是政治的还是法律技术的？或者是根据了两条路线。如果是根据两条路线，那么为什么独立选举委员会的决议，作为完成法律技术路线的决议，没有援引《协议》？的确，在形式上，阿·加尼是依据两条路线成为总统的，但是，在解决复杂的选举危机过程的最后，没有出现两条路线应有的融合。这就意味着，反对派仍然保留着承认阿·加尼总统职位与否的政治自由，因为总统职位只产生于一条路线，即以《协议》为依据的政治路线（或不承认他是总统，其权力应以选民的投票数量为依据）。

结论：总统选举结束，但政治过渡没有出现

近两年，政治过渡被认为是阿富汗历史上最重要的阶段。据估计，2014年阿

富汗总统选举结束后，政权将转交到合法的、且有能力的政府手中，该政府将具备实施改革所必须的政治实力和技术能力。多数阿富汗的援助者都计划减少对该国的支持，因此他们希望出现一个有足够能力度过该时期的政府。

然而，期待中的政治过渡确实没有出现。由选举结果引发了严重的危机，危机虽然得以解决，但仍留有争论和不同解释的空间，使阿社会矛盾进一步激化。

也可以认为政治过渡延期到2016年，那时大国民会议将会修改阿富汗宪法。2015年的议会选举和同塔利班分子的谈判将成为延期政治过渡的重要阶段，这次选举以及同塔利班的谈判可能促进政治过渡，也可能破坏它。

美国对阿富汗的政策存在很多疑点。

美国对阿富汗的政策存在很多疑点。问题不在于长期以来美军在阿富汗的人数和期限的不确定性。不仅美国未来的行动让人捉摸不透，不久前应对选举危机的协调也是如此。美国在阿富汗选举危机的协调中起到过积极作用，这是事实。然而，对于阿富汗事件的诸多参与者来说，美国在这一过程中的目的和意图并不明确。美国人是担心阿富汗进入新一轮的内战，为避免其发生（至少是现在），因此积极促进建立联盟，要求当选总统阿·加尼与其对手分享权力？还是不想看到阿·加尼成为强有力的和成功的总统，为了限制他的权力而将他推进与其对手组成的同盟中？如果把这些问题摊开看，结果就是：阿富汗政治过渡处于失败的边缘，却是美国外交官以某种哪怕是贻害阿富汗的方式拯救了它？抑或政治过渡对阿富汗已经不那么重要，一切却都在按照别的计划进行着？

2015年事态的发展证明了解决这些问题的迫切性。总统大选前人们以为，新总统的两大优先课题是经济转型和跟塔利班谈判。阿·加尼被阿国内众多支持者和国外友人视为解决这些任务的最佳人选。被格外强调的是他在经济方面的经验，对他大胆地、成规模地进行经济改革充满期待。可是，恰恰是在经济领域他毫无建树。应当承认，阿·阿卜杜拉作为执行委员会首脑也应该为经济问题承担责任。阿在经济领域没有任何重要举措，可能的解释是，阿·加尼和阿·阿卜杜拉完成组阁的时间远比预期的更久，不是1个月，实际上却拖了半年（国防部长甚至到了2015年7月还未任命）。诚然，组阁中涉及强力部门领导人选的争议远多于经济板块。组阁成了一个复杂的政治过程，耗费了很多时间和精力，自然会妨碍果断的经济改革，这也是事实。

与此同时应该承认，阿·加尼在与塔利班谈判问题上紧握主动权并加大了力度。尽管组阁的进程尚未完结，一些阿富汗政治家在谈判问题上也颇有微词，阿·加尼仍在断然推进谈判。2015年上半年，在经济改革和与塔利班谈判两个优先任务中，阿·加尼显然把注意力集中在了谈判上。

如果假定阿·加尼在未来一年里得以同塔利班领导人签署有效协议的话，将是一起重大事件，也可能提交到国民大会进行审议，那么，2016年它已经不会讨论由2014年9月21日阿·加尼和阿·阿卜杜拉之间政治协议引申出来的宪法修订条款了，而是塔利班在与加尼谈判中达成的宪法修订条款。2014年9月21日的协议怎么办？它能否在未修订宪法的情况下继续有效？或者如果阿 · 加尼单方面撕毁它，阿 · 阿卜杜拉团队是否能认可？阿 · 阿卜杜拉及其支持者认为，阿 · 加尼能当上总统正是基于这个政治协议。

与塔利班进行谈判并达成协议，应该是阿富汗民族和解的进程，它不应导致新的危机和新的社会分裂。因此，至关重要的是不能让谈判瓦解阿富汗现有政治体制的基础。否则，当前阿富汗的一部分政治力量不会在乎阿 · 加尼与塔利班达成的协议。如果阿 · 加尼试图在选择塔利班还是阿 · 阿卜杜拉团队为伴一事上要把戏的话，可能会引发新的危机。而且，即使这次危机不算激烈，也会是涉及权力分配的政治危机，如同2014年总统大选结果引发的危机一样。但是这一次，阿富汗将面临国家完整性危机的威胁。

（荆宗杰、董岭 译；关贵海 校）

（误）解伊斯兰国

[美] 弗林特 · 莱弗里特 [美] 希拉里 · 莱弗里特

内容提要：尽管伊斯兰国以高度宗教性的术语来界定自己，但我们首先应该将它理解为许多穆斯林对美国军事干涉中东的回应的一种表达，还需要把伊斯兰国理解为许多穆斯林对在他们看来为非法的地方政府的回应的一种表达。因此，要理解伊斯兰国，就必须理解美国的中东政策如何动员和促成了这场运动。同时，还有必要了解沙特阿拉伯在鼓励和协助中东各地圣战武装分子（包括伊斯兰国）的暴力行动方面所扮演的至关重要的角色。此外，如何区别伊斯兰国与基地组织的异同也极为重要。

关键词：伊斯兰国 萨拉菲 吉哈德 基地组织 哈里发国 美国中东政策 沙特

伊斯兰国的戏剧性的崛起——以其2014年6月占领伊拉克城市摩苏尔为标志——引发了西方大量的评论，这些评论过分简单地把一切归咎于伊斯兰的文化、意识形态和社会。与这类诊断相联系的，往往是穆斯林需要“改革”自己以应对“伊斯兰主义极端主义”对国际和平与安全的威胁的宣告。这类评论以相对原始，甚至沙文主义的形式出现，比如新保守主义对奥巴马政府在其2015年2月

[美] 弗林特 · 莱弗里特（Flynt Leverett） 美国宾夕法尼亚州立大学（Pennsylvania State University）国际事务学院教授；[美] 希拉里 · 莱弗里特（Hilary Mann Leverett） 美国乔治敦大学（Georgetown University）访问学者。二位教授同为北京大学国际战略研究院访问学者和中国人民大学重阳金融研究院高级研究员，共同撰写《德黑兰：为什么美国必须接受伊朗伊斯兰共和国》（*Going to Tehran: Why America Must Accept the Islamic Republic of Iran*, Picador; Reprint edition, 2013）一书。

的反暴力极端主义峰会上拒绝提及“伊斯兰”的批评。[1] 它也以更精致的形式出现，就像在格雷姆·伍德（Graeme Wood）2015年3月发表在《大西洋月刊》（The Atlantic）上的那篇《ISIS到底要什么？》（“What ISIS Really Wants”）那样，这篇文章在一个月之内就成为该刊创办158年来读者数量最大的文章。[2]

然而，这种认为伊斯兰国之崛起首先反映了伊斯兰的某种病态的观点并无事实依据。如果美国和其他国家以此作为其政策基础，那么则只会进一步损害它们自己在中东的长期利益，同时毫无意义地给这个饱受外来势力摧残的地区雪上加霜。

显然，伊斯兰国是以高度宗教性的措辞来界定自己，从对《古兰经》、伊斯兰史和沙里亚（*sharī'a*，伊斯兰法）的若干有真知灼见、也部分有争议的阐释中，锻造出其议程的。这些阐释植根于在逊尼派伊斯兰的*萨拉菲派*（*salafi*）那里已经完备的概念框架和话语模式。就伊斯兰国如何解释其行动和争取支持而言，像伍德那样的评论家是正确的：离开宗教就不可能理解这一运动。

但宗教只是伊斯兰国故事的一部分，而且还不是其最重要的原因。在历史上，逊尼派的*萨拉菲派*活动家们并不暴力，甚至在其成为穆斯林世界重要行为体的几百年间，他们几乎也不是以坚定*吉哈德分子*（*jihādi*）的形象在世界舞台上出现。那些如今成为暴力*吉哈德分子*的人，是直到最近才以此姿态示人，而且也只是为了回应特定的政治环境。

这是个极其重要的论题：对逊尼派*萨拉菲*穆斯林，也许更宽泛地说，对逊尼派穆斯林而言，是什么变化迫使他们从一个相对非暴力的立场走向暴力武装斗争？要回答这个问题，关键的起点是，我们应该这样理解伊斯兰国：即它是许多穆斯林对自冷战结束特别是自“9·11”事件以来，美国在中东的多次军事干涉——包括对中东国家的重兵野蛮占领——的一种回应。我们也需要这样理解伊斯兰国：它是许多穆斯林对那些帮助美国和其他欧洲列强剥削穆斯林世界以换取西方保护（以免受它们自己人民反对的挑战）、因而视之为非法的本地政府的反应。这是伊斯兰国突现的基本语境；在这个语境中，伊斯兰国是政治上不满导致的应战性、可预期的产物，而不是宗教的产物。

伊斯兰国是政治上不满导致的应战性、可预期的产物，而不是宗教的产物。

1 “Fox's Ablow: Obama Sees America as ‘Bigger Threat’ Than Terrorism,” (Fox News, *Outnumbered*, Feb, 17, 2015), Media Matters, Feb. 17, 2015, http://mediamatters.org/video/2015/02/17/foxs-ablow-obama-sees-america-as-bigger-threat/202544,2015-04-21; Ivan Plis, “Obama Alone in Ignoring Roots of Islamist Terror,” *Daily Caller*, Feb. 17, 2015, http://dailycaller.com/2015/02/17/obama-alone-in-ignoring-roots-of-islamist-terror/,2015-04-21; and “Fox & Friends: Obama Refuses to Identify Terrorism As Islamic to Avoid Dealing with It,” (Fox News, *Fox & Friends*, Feb. 18, 2015), Media Matters, Feb. 18, 2015, http://mediamatters.org/embed/clips/2015/02/18/38662/fnc-ff-20150218-summit, 2015-04-21.

2 Graeme Wood, “What ISIS Really Wants,” *The Atlantic*, March 2015, http://www.theatlantic.com/features/archive/2015/02/what-isis-really-wants/384980/,2015-04-21（中译参见格雷姆·伍德：《“伊斯兰国”到底想要什么？》，乔华莘译，http://www.guancha.cn/GrameWood/2015_02_28_310507_s.shtml。——译注）。

泛泛地说，伊斯兰国的反（外国）占领议程与*基地组织*（*al-Qa'ida*）及其分支机构别无二致。伊斯兰国的方案也与*基地组织*一样，源自于同样的神学根基，并且也反映了针对自20世纪90年代（*基地*组织便始于此时[1]）以来美国在中东的大规模军事部署和强行干涉的同等绝望的愤怒。组织上说，伊斯兰国也是*基地*组织的一个分支：如今以伊斯兰国而闻名的那个运动，是在2003年美国入侵伊拉克后不久形成的，它的旗号是*基地*组织伊拉克分支，为反对美国占领而战。

无论以何种标准来衡量，伊斯兰国如今都已经超越基地组织，成为逊尼派反对其所谓勾结意图控制穆斯林世界的西方列强的非法政府占领穆斯林土地的最强大的运动。

但是，无论以何种标准来衡量，伊斯兰国如今都已经超越基地组织，成为逊尼派反对其所谓勾结意图控制穆斯林世界的西方列强的非法政府占领穆斯林土地的最强大的运动。伊斯兰国已经成功地通过使其议程在一些重要方面异于基地组织——特别是在政治上声称伊斯兰国的目标是要建立一个宗教上合法的哈里发国（caliphate）[2]——而使它的前辈相形见绌。这一声明使伊斯兰国不仅仅是另一场反抗为西方列强服务的、无代表性的政府占领穆斯林土地的逊尼派*吉哈德*运动；它为逊尼派穆斯林界定了一个新的政治视域。

这一差异有助于说明伊斯兰国为什么能在名声、吸引力和在当地的影响力方面压倒*基地*组织的优势。伊斯兰国已经吸引了来自80多个国家、数以万计的战士和其他活动分子（也许超过了10万），他们不仅来自穆斯林占多数的社会，也来自于北美、欧洲和亚洲的穆斯林少数族裔和移民社群。[3] 今天，伊斯兰国在伊拉克和叙利亚控制的领土加起来比英国还大，其领土居民超过6000万人。在穆斯林世界中，越来越多的逊尼派*吉哈德*组织宣布他们效忠于伊斯兰国，在某些地方，比如在阿尔及利亚、埃及、利比亚、沙特阿拉伯和也门等地，

---

1 一般认为基地组织建立于1988年。但其发展是在20世纪90年代。——译者注

2 Caliphate（阿语 *khilafah*，区别于指人的 caliph, *khalifah*）一般有两个意思，(1) 指穆斯林共同体（乌玛）的政治领袖，即哈里发的职位（尤其是在632年至1258年间）。(2) 也引申为哈里发辖区，这也是陆谷孙先生主编的《英汉大词典》列出的两个词义。Brill出版社出版的权威伊斯兰百科全书没有专门定义caliphate，而大英百科全书把 caliphate 定义为包括穆斯林共同体及土地及在其统治下的人民的政教国家。新近出版的《普林斯顿伊斯兰政治思想百科全书》在词条《Caliph, caliphate》中强调"Caliphate 是一种 caliph 领导下的，伊斯兰的统治形式"。ISIS 声明发出后英国《卫报》刊载的《什么是 caliphate》一文则强调了 caliphate 的制度之维。综上所述，这里应该把 caliphate 理解为一种政体或政治形式。以往的译法如阿拉伯帝国、伊斯兰帝国虽抓住了这点，但帝国一词难免让人误解；而音译之哈里法（区别于哈里发），辨识度又有不足。故在这里我姑且把 caliphate 折中译为哈里发国。——译者注

3 相关的讨论可见 Daveed Gartenstein-Ross, "How Many Fighters Does the Islamic State Really Have?" *War on the Rocks*, Feb. 9, 2015, http://warontherocks.com/2015/02/how-many-fighters-does-the-islamic-state-really-have/?singlepage=1,2015-04-21; Spencer Ackerman, "Foreign Jihadists Flocking to Iraq and Syria on 'Unprecedented Scale' --UN," *Guardian*, Oct. 30, 2014, http://www.theguardian.com/world/2014/oct/30/foreign-jihadist-iraq-syria-unprecedented-un-isis,2015-04-21; and Gene Thorp and Swati Sharma, "Foreign Fighters Flow to Syria," *Washington Post*, Jan. 27, 2015, http://www.washingtonpost.com/world/foreign-fighters-flow-to-syria/2015/01/27/7fa56b70-a631-11e4-a7c2-03d37af98440_graphic.html, 2015-04-21。

他们还声称建立了伊斯兰国的“省（*wilāyāt*）”。[1] 阿富汗官员说伊斯兰国正在阿富汗境内，包括其与中国和巴基斯坦的边境地区建设越来越多的细胞组织。这个运动有一套高水平且明显有效的社会媒体策略；对社会媒体和其他指标的分析表明，它吸引了逊尼派穆斯林世界的兴趣和程度多样但都很显著的积极关注。[2]

尽管伊斯兰国自我建构的身份是理解它脱离*基地*组织阴影的关键，但单是身份还不能解释它为什么如此来势汹汹。要理解这点，我们必须意识到，美国的中东政策是如何在极大程度上不仅激发了伊斯兰国的兴起，也使其崛起*成为*可能的。这一意识不仅在分析上是重要的，而且它还强调，要更加有效地应对伊斯兰国，美国需要改变它在中东的战略方针。最后，要理解伊斯兰国，我们也必须意识到中东地区国家，尤其是沙特阿拉伯王国，在鼓励、支持、促进逊尼派*吉哈德*好战分子在中东开展暴力计划上扮演的至关重要的角色。

萨拉菲主义和伊斯兰国的使命

*基地*组织和伊斯兰国都植根于一个严格的逊尼派，即伊斯兰的*萨拉菲派*，这个派别在历史上与穆罕默德·伊本·阿卜杜·瓦哈卜（Muhammad ibn ‘abd al-Wahhāb）相关，后者是18世纪阿拉伯半岛中心内志地区的一名宣教者、教法学家和宗教复兴主义者。阿拉伯语的*萨拉夫*（*salaf*）的意思是“祖先”，在宗教的语境中，它指的是 *as-salaf as-sālih*（“虔诚的祖先”）——也就是说，指先知穆罕默德和前三代穆斯林。在同样的语境中，形容词*萨拉菲*（*salafi*）指的是以萨拉夫为

1 Jessica Stern and J.M. Berger, *ISIS: The State of Terror* , New York: HarperCollins, 2015, pp. 180-187; Aaron Zelin, “The Islamic State’s Model,” *Washington Post*, Jan. 28, 2015, http://www.washingtonpost.com/blogs/monkey-cage/wp/2015/01/28/the-islamic-states-model/, 2015-04-21.

2 “*Istaṭlā’ litahdīd mauqif is-saudīīn min ‘dā’ish’*” [Polls to Determine the Position of Saudis on ‘Da’ ish’] , *Al Hayat*, July 21, 2014, http://alhayat.com/Articles/3702918/%D8%A7%D8%B3%D8%AA%D8%B7%D9%84%D8%A7%D8%B9-%D9%84%D8%AA%D8%AD%D8%AF%D9%8A%D8%AF-%D9%85%D9%88%D9%82%D9%81-%D8%A7%D9%84%D8%B3%D8%B9%D9%88%D8%AF%D9%8A%D9%8A%D9%86-%D9%85%D9%86--%D8%AF%D8%A7%D8%B9%D8%B4--%D9%88%D8%A3%D8%B3%D8%B1-%D8%AA%D8%B1%D9%81%D8%B6-%D8%A7%D9%84%D8%AA%D8%B9%D8%A7%D8%B2%D9%8A-%D9%81%D9%8A-%D8%A3%D8%A8%D9%86%D8%A7%D8%A6%D9%87%D8%A7-%D8%A7%D9%84%D9%82%D8%AA%D9%84%D9%89,2015-04-21; Scott Shane and Ben Hubbard, “ISIS Displaying a Deft Command of Varied Media,” *New York Times*, Aug. 30, 2014, http://www.nytimes.com/2014/08/31/world/middleeast/isis-displaying-a-deft-command-of-varied-media.html; ,2015-04-21 Shiv Malik, “Support for ISIS Stronger in Arabic Social Media in Europe Than in Syria,” *Guardian*, Nov. 28, 2014, http://www.theguardian.com/world/2014/nov/28/support-isis-stronger-arabic-social-media-europe-us-than-syria,2015-04-21; Shiv Malik, Mona Mahmood, Garry Blight, and Frances Perraudin, “Views of ISIS in Arabic Language Social Media and News Articles,” *Guardian*, Nov. 28, 2014, http://www.theguardian.com/world/ng-interactive/2014/nov/28/views-of-isis-in-arabic-language-social-media-and-news-articles,2015-04-21; Rick Gladstone and Vindu Goel, “ISIS is Adept on Twitter, Study Finds,” *New York Times*, Mar. 5, 2015, http://www.nytimes.com/2015/03/06/world/middleeast/isis-is-skilled-on-twitter-using-thousands-of-accounts-study-says.html,2015-04-21.

榜样来生活和组织社会的逊尼派穆斯林。[1]

尽管*萨拉菲*这个词自公元9世纪以来就一直是伊斯兰的教义学和教法学话语的一部分，但是，它通过瓦哈卜才在逊尼派世界中取得政治上的重要地位。瓦哈卜与内志地区一个具有王朝野心的家族即沙特（as-Saud）家族结成同盟。[2] 面对一个他相信是因为宗教腐化才变得衰弱的伊斯兰世界，持根本*萨拉菲*信条的瓦哈卜谋求使他的穆斯林同胞回到*萨拉夫*的原始质朴的伊斯兰。这意味着清除一切在他看来有任何*什尔克*（*shirk*, 以物配主、信仰多神）之嫌的穆斯林仪式，如对过去的穆斯林领袖和名人（包括先知家族成员）的崇拜。自称是穆斯林，却在做这些事情的人——包括什叶派穆斯林和许多逊尼派穆斯林——在瓦哈卜看来不仅是罪人；还应该被*塔克菲尔*（*takfīr*[3]），即被宣告为异教徒（infidels），不再是*乌玛*（*umma*，即穆斯林共同体）的一员。更宽泛的意义上，瓦哈卜拒斥教义学、教法和礼拜方面的“创制”（*bid'a*[4]）。[5]

瓦哈卜关于政治的思考，是在经典的逊尼派*哈里发*继承（*khilāfa*，或继承）[6]的范式背景下进行的。*乌玛*的合法的领袖职位从先知穆罕默德向各代哈里发（*khalīfa*）或神选继承者传递。从11世纪到13世纪期间汇编的教法和政治理论中记载的早期实践来看，占多数的逊尼派认为，哈里发应该是一个出身古莱氏（先知穆罕默德的氏族）的、虔诚且心智有力的穆斯林，他在一定范围的领土内行使政治权威，实施伊斯兰法。一旦满足这些标准的哈里发出现，全乌玛的*穆斯林*都要给他“拜阿”（bay'a,“忠诚誓言、宣誓效忠”）；拒给哈里发“拜阿”或反对哈里发的人是“*菲特纳*”（*fitna*）——在乌玛内部煽动分裂。

按照这些标准看，到瓦哈卜的时代，真正的哈里发已经消失至少两个世纪了。从1517年起，哈里发国实际上就已经差不多和伊斯坦布尔的奥斯曼帝国是一回事了，而奥斯曼苏丹也同时声称自己是哈里发。但是，在更广泛的逊尼派世

---

1 英语的概述可见Bernard Haykel, “On the Nature of Salafi Thought and Action,” in Roel Meijer, ed., *Global Salafism: Islam's New Political Movement* , New York: Columbia University Press, 2009/Oxford: Oxford University Press, 2014, pp. 33-57; Joas Wagemakers, *A Quietist Jihadi: The Ideology and Influence of Abu Muhammad al-Maqdisi*, Cambridge: Cambridge University Press, 2012, pp. 3-10; and Yasir Qadhi, “On Salafi Islam,” *Muslim Matters*, Apr. 22, 2014, http://muslimmatters.org/2014/04/22/on-salafi-islam-dr-yasir-qadhi/, 2015-04-21。

2 关于瓦哈卜的生平与事业，见David Commins, *The Wahhabi Mission and Saudi Arabia*, London: I.B. Tauris, 2006, pp. vi-vii, 1, 7-12, 17-24。

3 Takfir是kufr的动词形式，意为宣布谁为卡菲尔。卡菲尔（kufr）的意思原本是否信者、叛教者，后引申作为泛指异教徒。——译者注

4 也音译为“比达”。伊斯兰宗教术语，特指宗教信仰和实践中的非正统创新。——译者注

5 瓦哈卜的核心理念可见于他的 *kitab at-tawhid*《论真主的独一性》。该书的英译可看 *Kitab at-Tauhid*, www.islambasics.org, http://www.islamicbulletin.org/free_downloads/new_muslim/kitab_at_tawheed.pdf; 用英语做的一个总结可见 Commins, *The Wahhabi Mission and Saudi Arabia*, pp. 12-17, 24-26。

6 这里取的是原意，即历史中的哈里发职位的继承。——译者注

界中，大部分*萨拉菲派*学者，包括18世纪的瓦哈卜，都不承认奥斯曼哈里发的合法性[1]（奥斯曼家族不是古莱氏，也没有全面实施伊斯兰法。奥斯曼家族对此提出的辩护是，有的伊斯兰教法学者不强调哈里发必须是古莱氏人。但持这种观点的教法学者只是少数）。

在瓦哈卜的时代之前直到今天，*萨拉菲派*以不同方式应对合法哈里发国的缺席。一些被描述为“寂静派（quietist）”或“净化派（purist）”的*萨拉菲派*人士回避大多数形式的政治介入，这要么是因为在他们看来这样的介入本身就是菲特纳，要么是因为他们优先考虑的是改革穆斯林理解和实践其信仰的方式，认为那是建立一个在宗教上合法的国家的必不可少的先决条件。另一些人则认为挑战统治者在宗教上有问题的政策或者更激进地挑战不依*沙里亚*治国的统治者的合法性，是宗教义务——也许，甚至还是*吉哈德*强制性义务的一部分。[2]

瓦哈卜本人的政治思考与介入在大方向上是相对激进主义的，但也包括一些更趋寂静主义的面向。在18世纪中期，他与沙特家族（*as-Saud*）结成伙伴关系。根据合作条款，沙特家族承诺在其控制的区域内忠信地实施*沙里亚*，并推行真正的伊斯兰（按瓦哈卜定义的伊斯兰）。作为回报，瓦哈卜为沙特夺取奥斯曼在阿拉伯半岛统治权的斗争提供宗教合法性；在沙特家族扩大其对半岛的控制范围的同时，瓦哈卜证实其统治的合法性。自那时起，这种“瓦哈比（Wahhabi）”辩护就一直被用来使沙特家族尽力扩展其对阿拉伯半岛的统治合法化。[3] 当然，沙特的统治者们也从来没有说自己是哈里发（其诸多原因之一在于，他们并非古莱氏部落）。尽管如此，在真正的哈里发国缺席的情况下，沙特的*萨拉菲派*支持者们把他们的事业当作现代世界唯一真实的、奉《古兰经》为宪法的伊斯兰国来辩护；沙特的拥护者们坚持认为，反对这样一个国家，就是一种*菲特纳*。

当代沙特阿拉伯王国在历史上是第三个沙特王国。自其于1932年建立以来，沙特家族就一直在沙特国内和整个穆斯林世界推广“瓦哈比”版本的*萨拉菲派*伊斯兰。他们以此作为管控国内异见者的一种方式，同时也是一种外交政策工

1 Madawi al-Rasheed, “The Wahhabis and the Ottoman Caliphate: The Memory of Historical Antagonism,” in Madawi al-Rasheed, Carool Kersten, and Marat Shterin, eds., *Demystifying the Caliphate: Historical Memory and Contemporary Contexts* , New York: Columbia University Press, 2013, pp. 117-118, 121 and Hakan Karateke, “Legitimizing the Ottoman Sultanate: A Framework for Historical Analysis,” in Hakan Karateke and Maurus Reinkowski, eds., *Legitimizing the Order: The Ottoman Rhetoric of State Power*, Leiden: Brill, 2005, pp. 23-32.

2 Haykel, “On the Nature of Salafi Thought and Action” and Qadhi, “On Salafi Islam.”

3 Commins, *The Wahhabi Mission and Saudi Arabia*, pp. 41-129; Madawi al-Rasheed, *Contesting the Saudi State: Islamic Voices from a New Generation*, Cambridge: Cambridge University Press, 2006, pp. 22-58; David Commins, “From Wahhabi to Salafi” in Bernard Haykel, Thomas Hegghammer, and Stéphane Lacroix, eds., *Saudi Arabia in Transition: Insights on Social, Political, Economic and Religious Change*, Cambridge: Cambridge University Press, 2015, pp. 151-155.

具。[1] 这些努力在很大程度上使其他更有创造潜能的*萨拉菲派*思想样式边缘化了。

今天，撇开寂静主义不说，瓦哈比主义在政治事务方面主要的替代选择是比瓦哈比“更加强硬的”那些萨拉菲思潮，其中包括*基地*组织和伊斯兰国的思想基础。这些思潮吸收了瓦哈卜用来反对奥斯曼帝国政权的那些论点，将其应用于当代环境，并通过批判沙特阿拉伯的内政外交政策来进一步强化，以建构起同时在教法、教义和政治上拒斥沙特国家宗教合法性的理由。[2] 基于这些前提，*基地*组织和伊斯兰国都对沙特君主施行*塔克菲尔*，即宣告沙特王室为叛教者。然而，它们在形成阶段都接受过沙特的重大支持；而且几乎可以肯定的是，它们至今也继续受到王国内部的支持。如今，这两大组织把注意力集中在恢复合法的哈里发国上，以此作为它们的最终目标。

这两大组织把注意力集中在恢复合法的哈里发国上，以此作为它们的最终目标。

阿布·贝克尔·巴格达迪与伊斯兰国的身份认同

奥萨玛·本·拉登的事业很好地说明了这个意识形态及其实践的轨迹。出身沙特阿拉伯最富有、最有政治关系的家庭之一的本·拉登，在年轻时深受20世纪七八十年代期间在沙特和逊尼派世界声名显赫的激进*萨拉菲派*思想家的影响。他起初所拥抱的吉哈德，是沙特阿拉伯与美国合伙的一项工程：武装、资助和训练逊尼派斗士，以便抵抗1979年苏联开始的对阿富汗的入侵和占领。尽管本·拉登家族与沙特家族关系密切并公开结盟，但是，在沙特王室同意美国在王国部署近70万军队以回应1990年伊拉克入侵科威特的时候，本·拉登还是大为惊骇。当沙特王室在伊拉克军队被逐出科威特后，还允许数万美军继续留驻阿拉伯半岛时，他便与沙特家族决裂了。

在接下来的数年里，本·拉登提出了他反对沙特君主的理由：由于未能保卫王国、与卡菲尔（*kuffār*，否信者，不信道的人）合作乃至联手对抗其他穆斯林，以及放弃了统治者的宗教义务等，沙特家族已经失去了其统治的宗教合法性；穆斯林有义务推翻他们。在本·拉登和他先前的资助者翻脸并创建*基地*组织后，他

1 Gilles Kepel, *Jihad: The Trail of Political Islam*, trans. by Anthony Roberts, Cambridge: Harvard University Press, 2002, pp. 46, 50-52, 64, 68-80, 136-150; Commins, *The Wahhabi Mission and Saudi Arabia*, pp. 130-154; and Commins, “From Wahhabi to Salafi,” pp. 155-165.

2 Mamoun Fandy, *Saudi Arabia and the Politics of Dissent*, New York: Palgrave, 1999; Kepel, *Jihad*, pp. 205-236; Stéphane Lacroix and Thomas Hegghammer, *Saudi Arabia Backgrounder: Who Are the Islamists?* International Crisis Group Middle East Report, No. 31, Sept. 21, 2004; Commins, *The Wahhabi Mission and Saudi Arabia*, pp. 155-204; al-Rasheed, *Contesting the Saudi State*, pp. 59-263; Stéphane Lacroix, *Awakening Islam: Religious Dissent in Contemporary Saudi Arabia*, Cambridge: Harvard University Press, 2011; and Saud Al-Sarhan, “The Struggle for Authority: The Shaykhs of Jihadi-Salafism in Saudi Arabia, 1997-2003,” in Haykel, Hegghammer, and Lacroix, *Saudi Arabia in Transition*, pp. 181-206.

和他的追随者马上就把他们正在进行的、反对占领穆斯林土地的美国和当地叛教通敌者的*吉哈德*，看作是为最终恢复哈里发国的目标创造条件。[1] 然而，他们并不预期在其有生之年能够实现这一目标。在领导一场本质上是地下的、与领土无关的行动中，本·拉登从来不曾自诩为哈里发。他和沙特家族一样，不是古莱氏人。

尽管伊斯兰国与基地组织大体遵循同一轨道，但它却在恢复哈里发国这个关键问题上采取了一个不同的立场。如前所述，伊斯兰国脱胎于*基地*组织。更确切地说，这个现在以伊斯兰国而闻名的运动，前身是2003年美国入侵伊拉克后不久建立的基地组织伊拉克分支，由约旦人阿布·穆萨布·扎卡维（Abu Musab az-Zarqawi）领导。扎卡维是造就了本·拉登的那同一场阿富汗*吉哈德*中的老兵，也是影响很大的约旦*萨拉菲派*教职人员和学者谢赫阿布·穆罕默德·迈格迪西（Shaykh Abu Muhammad al-Maqdisi）的非正式学生。扎卡维给这个初生的运动引入了不少新策略，其中包括劫持人质，以及为了回应对手的某些挑衅而处决人质，比如实施斩首等。[2] 2006年扎卡维死于美军之手，*基地*组织伊拉克分支一度改装为"伊拉克伊斯兰国"（Islamic State of Iraq），但依然属于*基地*组织大"家族"的成员。但是，随着伊斯兰国现任领导人阿布·贝克尔·巴格达迪（Abu Bakr al-Baghdadi）的崛起，这一点开始发生变化。

巴格达迪原名阿瓦德·易卜拉欣·阿里·巴德里·萨马拉伊（Awwad Ibrahim Ali al-Badri as-Sammarai），1971年出生于伊拉克的萨马拉。他曾在巴格达伊斯兰大学学习伊斯兰教义学、历史和诗歌，最终获得教法学博士学位。萨达姆·侯赛因当政期间，巴格达迪就以逊尼派宣教者的身份活跃于巴格达和伊拉克迪亚拉省。2003年美国入侵伊拉克后，他参加了逊尼派的反美暴动。2005年至2009年期间他被美军监禁。2010年，巴格达迪成为*基地*组织伊拉克分支领导人，基地组织伊拉克分支正是伊斯兰国的前身。[3] 2011年叙利亚冲突爆发时，当时仍与基地组

1 关于本·拉登和艾曼·扎瓦希里的政治陈述，参见 Gilles Kepel and Jean-Pierre Milelli, eds., *Al Qaeda in Its Own Words*, trans. Pascale Ghazaleh, Cambridge: Belknap, 2010, pp. 41-77, 171-234。相关的讨论参见 Kepel, *Jihad*, pp. 299-322; Gilles Kepel, "General Introduction," in Kepel and Milelli, *Al Qaeda in Its Own Words*, pp. 1-8; Omar Sarghi, "Introduction: Osama bin Laden, The Iconic Orator" in Kepel and Milelli, *op. cit.*, pp. 11-40; and Stéphane Lacroix, "Introduction: Ayman Al-Zawahiri, Veteran of Jihad," in Kepel and Milelli, *op. cit.*, pp. 147-170。

2 关于扎卡维的背景和事业，参见 Stern and Berger, *ISIS*, pp. 13-25; Michael Weiss and Hassan Hassan, *ISIS: Inside the Army of Terror*, New York: Regan, 2015, pp. 2-17, 20-49, 57-60; and Jean-Pierre Milelli, "Introduction: Abu Musab Al-Zarqawi, Jihad in 'Mesopotamia'," in Kepel and Milelli, *Al Qaeda in Its Own Words*, pp. 237-250。

3 Martin Chulov, "Abu Bakr al-Baghdadi emerges from shadows to rally Islamist followers," *Guardian*, July 6, 2014, http://www.theguardian.com/world/2014/jul/06/abu-bakr-al-baghdadi-isis,2015-04-21; Patrick Cockburn, *The Rise of Islamic State: ISIS and the New Sunni Revolution*, London: Verso, 2014, pp. 43-45; Stern and Berger, *ISIS*, pp. 33-37; Weiss and Hassan, *ISIS*, pp. 116-120; and Ali Hashem, "The Many Names of Abu Bakr al-Baghdadi," *Al-Monitor*, March 23, 2015, http://linkis.com/www.al-monitor.com/p/ZXNTU, 2015-04-21.

织有联系的“伊拉克伊斯兰国”协助成立了基地组织的另一个分支机构，即*努斯拉阵线*（*Jabhat an-Nusra*），以打击阿萨德政府。在奥萨玛·本·拉登于2011年被美国特种部队击毙后，巴格达迪和他的同伙们依然没有公开挑战本·拉登的继承者——艾曼·扎瓦希里（Ayman az-Zawahiri）领导下的*基地*组织“核心”领导权。

不过，2013年，伊拉克伊斯兰国把它的名字改成了伊拉克叙利亚伊斯兰国（the Islamic State in Iraq and Syria, ISIS），或根据翻译的不同，称为伊拉克黎凡特伊斯兰国（the Islamic State in Iraq and the Levant, ISIL）。同时，巴格达迪宣布他将继续统领*努斯拉阵线*。而更为惊人的是，他宣布自己高于*基地*组织。这导致了以巴格达迪的运动为一方，与以*努斯拉阵线*和*基地*组织为另一方的持续至今的分歧。2014年6月ISIS/ISIL占领摩苏尔之后，它又再次更名，改为“伊斯兰国”（Islamic State），为巴格达迪（他是古莱氏人）在7月自称为哈里发奠定了基础。

2014年7月5日，巴格达迪在摩苏尔大清真寺的一次布道中公开声称自己是哈里发。伊斯兰国的拥护者们认为他是数世纪以来第一位真正的哈里发。[1] 为证明巴格达迪哈里发身份的正当性，伊斯兰国开始强调其议程的领土和行政面向。在伊斯兰国控制下的领土，包括伊拉克和叙利亚，以及阿尔及利亚、埃及、利比亚、沙特阿拉伯和也门的部分地区，被组织为省（前述*wilāyat*结构）。各省均以一*吾里*（*wali*[2]）为首，分为若干个区，各区由一*埃米尔*（*amīr*[3]）督管。一些埃米尔是当地人，而另一些埃米尔则由伊斯兰国中央领导派遣；本地出生的埃米尔往往也有中央委派的副手。

行政上，伊斯兰国的哈里发受*舒拉*（shura, 协商、咨询）委员会辅佐，该运动的高层人士通过舒拉委员会就国家问题向哈里发提出建议。教法委员会（沙利亚委员会）则负责评估行政决定与行动，以确保其符合伊斯兰法。伊斯兰国的官僚机构分为民事与军事/安全两翼，各有若干委员会（实际上是部委）负责提供资金和媒体支持。民事机构体现在省级委员会中，负责现代国家的国内功能，包括在哈里发国、各省和地区三级层面上提供从营运法院、医院、电网和学校，到签发违章停车罚单和产权登记与交易等服务。西方媒体经常报道其通讯员描述的、伊斯兰国在提供各种公共服务方面遭遇的困难，强调这些不足损害了该运动自称为伊斯兰国的声明。[4] 然而，迄今也没有任何证据表明，在伊斯兰国控制的区域内，当地民众明确反对它。

---

1 相关的视频参见http://english.alarabiya.net/en/webtv/reports/2014/07/07/ISIS-Abu-Bakr-al-Baghdidi-first-Friday-sermon-as-so-called-Caliph-.html和https://www.youtube.com/watch?v=VOORW63ioY0(含英文字幕)。

2 wali原意为“近主者”，在行政语境中指地方统治者，这里作者英译为总督（governor）。——译者注

3 amir意为“受命者，掌权者”，一般意即长官，这里作者英译为王公（prince）。——译者注

4 例如，Liz Sly, “The Islamic State Is Failing at Being a State,” *Washington Post*, Dec. 25, 2014, http://www.washingtonpost.com/world/middle_east/the-islamic-state-is-failing-at-being-a-state/2014/12/24/bfbf8962-8092-11e4-b936-f3afab0155a7_story.html,2015-04-21。

这个运动的军事 / 安全部门体现为一个军事委员会和一个安全与情报委员会。事实证明，它在选择其目标、确定袭击目标的最佳时机方面，持谨慎的机会主义态度。伊斯兰国对暴力的使用，特别是像网络流传的那样对人质的暴力，引发了全世界惊恐的反应。但即使在这方面，它也表现出一个小心算计的策略逻辑。在2013年初，伊斯兰国开始绑架美国记者，但在美军于2014年8月开始袭击它之前，它并没有处死任何一个美国记者人质。在美军进攻当月，当它旗下战士即臭名昭著的“圣战约翰”（jihadi John）斩首詹姆斯·弗利（James Foley）的视频在全世界广泛流传时，伊斯兰国警告说，如果美军继续轰炸，它将处决另一个人质史蒂文·索特罗夫（Steven Sotloff）。空袭没有停止；于是在2014年9月初，该组织兑现承诺，又一次在全世界观众面前砍了索特罗夫的头。同样，2015年1月，伊斯兰国要求日本为后藤健二（一名被劫为人质的日本记者）支付两亿美元赎金。赎金的数目正好与日本首相安倍晋三在1月早些时候承诺资助美军领导的反伊斯兰国联盟的资金数目相等。在东京拒绝支付赎金后，后藤也被斩首了。

美国的政策与伊斯兰国的崛起

在发起行动反对他们所谓的外国占领者以及占领者实际上强加于人的本地非法政府的时候，*基地*组织和伊斯兰国之类的运动为了争取政治支持，就必须对准那些被当地大部分人如此看待的行动体。最近几十年来，好战的萨拉菲派吉哈德主义，以及更具体而言，伊斯兰国的崛起，一直深刻而广泛地受到美国对中东政策几个核心要素的影响。

最近几十年来，好战的萨拉菲派吉哈德主义，以及更具体而言，伊斯兰国的崛起，一直深刻而广泛地受到美国对中东政策几个核心要素的影响。

当然，华盛顿与沙特阿拉伯和其他海湾阿拉伯王国在武装、资助和训练该区域的逊尼派好战分子上的一再合作，对萨拉菲派武装分子，特别是伊斯兰国的兴起来说，也是一个不可或缺的背景。美国的类似政策可以回溯到吉米·卡特总统1979年7月的命令：支持该区域的暴力逊尼派*吉哈德分子*，即后来所谓的*穆加西丁*（*mujāhidīn*，圣战者），以便让莫斯科进入像美国越战困境那样漫长的、战略上消耗巨大的占领。当苏军最终于1989年撤出阿富汗之后，20世纪90年代[1] 一些圣战者在本·拉登的领导下变身为*基地*组织，一些则变成了阿富汗塔利班；随着时间的推移，如前所述，*基地*组织又成了伊斯兰国的温床。

从*穆加西丁*到基地组织再到伊斯兰国的转变，是由美国中东战略的另外三个方面所驱动的。首先，1990年伊拉克入侵科威特之后，美国在阿拉伯半岛部署了

1 这是本文作者的观点。一般认为基地组织成立于1988年。——译者注

数十万军力，当1991年伊拉克军队被赶出科威特后，美国军队仍有很大一部分驻留当地。正如先前已经指出的那样，正是美国领导的驻沙特阿拉伯的军事联盟，使得本·拉登转而反对沙特王国。第一次海湾战争后美军在沙特阿拉伯和其他海湾阿拉伯国家的无期限驻留，是美国在冷战期间没有明做过的事情，同时也见证了穆斯林世界逐渐形成的一种普遍观念：美国已经变成一个占领国。这些看法在20世纪90年代滋养了*基地*组织的组织成长，并最终激发了“9·11”袭击。[1]

继而，“9·11”又打开了美国自命的“全球反恐战争”的大门。全球反恐战争严重地损害了人们对美国在中东目的合法性的认知，在穆斯林世界激发了聚焦于抵抗美国的侵略、占领和政治操控的叙事和议程。在这个语境中，美国政策的第二个要素，即2003年入侵并占领伊拉克，直接促成了伊斯兰国的兴起。

表面上，伊拉克战争是美国后“9·11”反恐战争的一部分，但却摧毁了伊拉克的国家，并使构成伊拉克人口多数的什叶派和库尔德人群得以在政治上取代先前占主导地位的伊拉克逊尼派。于是，沙特阿拉伯和美国的其他逊尼派盟友旋即开始帮助萨达姆·侯赛因的军队残部和伊拉克的逊尼派部落集团，准备通过暴力来实现他们的要求，即要在后萨达姆时代的伊拉克继续掌控同其人口数量不成比例的政治权力。他们用沙特资助、在阿富汗、波斯尼亚、车臣和其他地方的从事过圣战的外国老兵，来强化这些本土的伊拉克军队。这些老兵中，有许多人和约旦人扎卡维初创的*基地*组织伊拉克分支（伊斯兰国的组织前身）有联系。到2003年夏天，这个由前伊拉克士兵、逊尼派部落战士和沙特资助的外国圣战士组成的联盟，发动了反对美国领导的占领军和新生的后萨达姆政权的反叛，并迅速发展壮大。

华盛顿接下来的政策使问题更趋严重：它在2007—2008年的“增兵”中武装和训练8.5万名美国官员所谓的“温和的”伊拉克逊尼派“部落民”。这次增兵在短期内提供了足够的逊尼派战士，使美国指挥官和政客得以声称他们的“战略”正在降低伊拉克的暴力程度和美军在伊拉克的伤亡。[2] 但它也给了伊拉克的

---

1 Robert Pape, *Dying to Win: The Strategic Logic of Suicide Terrorism*, New York: Random House, 2005, pp. 109-125.

2 Robert Pape and James Feldman, *Cutting the Fuse: The Explosion of Global Suicide Terrorism and How to Stop It*, Chicago, University of Chicago Press, 2010, pp. 32-34, 98-102; “US-Iraq: Surge Exposing Political Tensions,” IPS, Feb. 14, 2008, http://www.ipsnews.net/2008/02/us-iraq-surge-exposing-political-tensions/,2015-04-21; Ali al-Fadhily and Dahr Jamail, “Iraq: In Tatters Beneath a Surge of Claims,” IPS, Feb. 22, 2008, http://www.ipsnews.net/2008/02/iraq-in-tatters-beneath-a-surge-of-claims/,2015-04-21; Daniel Bolger, “The Truth About the Wars,” *New York Times*, Nov. 10, 2014, http://www.nytimes.com/2014/11/11/opinion/the-truth-about-the-wars-in-iraq-and-afghanistan.html,2015-04-21; Daniel Bolger, *Why We Lost: A General's Inside Account of the Iraq and Afghanistan Wars*, New York: Houghton Mifflin Harcourt, 2014, pp. 251-257; and Liz Sly, “The Hidden Hand Behind the Islamic State Militants? Saddam Hussein's,” *Washington Post*, Apr. 4, 2015, http://www.washingtonpost.com/world/middle_east/the-hidden-hand-behind-the-islamic-state-militants-saddam-husseins/2015/04/04/aa97676c-cc32-11e4-8730-4f473416e759_story.html, 2015-04-21.

逊尼派和它们的海外逊尼派盟友更多的资源，这些资源使得他们在美军撤出伊拉克以后，能够用来袭击注定由什叶派伊斯兰主义者和库尔德党派主导的伊拉克中央政府。越来越多曾参与那次增兵的美国军官，包括一些将军，现在也承认，美军在伊拉克训练的许多逊尼派战士后来与伊斯兰国联手。[1]

美国促成伊斯兰国崛起的第三个政策，是奥巴马政府在2011年春季做出的决定：支持愿意与华盛顿合作的逊尼派武装力量，以便推翻利比亚和叙利亚现任政府。这些军事运动在这两个国家带来了灾难性的、适得其反的后果。它们还吸引了更大一波激进外国战士浪潮，这些外国战士包括在叙利亚有成千上万的伊拉克暴动的老兵。他们在两个国家的军事行动使他们得到为未来战斗磨练技能的机会。美国、海湾阿拉伯国家和土耳其的支持实质上使这些战士更容易获得武器、装备和资金。在此物质激励外，美国支持的推翻叙利亚阿萨德政府的运动，也给了伊拉克伊斯兰国（自2010年起便由巴格达迪领导）以政治和领土的空间，正是在此空间中，伊拉克伊斯兰国最终变成了伊斯兰国。[2]

理解美国的政策是如何促成伊斯兰国兴起的，将让人们深思，当前美国的战略最终将如何使伊斯兰国变得*更强大*，而不是更弱小。它还将凸显这样的风险：与此战略意图联系过密的国家，在此过程中，会使自身成为更加吸引*吉哈德*暴力的目标。

宽泛地说，美国当前打击伊斯兰国的战略由三大要素组成：(1) 联盟（主要是美国）空袭，以在近期内遏制伊斯兰国的领土扩张并削弱其军事能力；(2) 发展伊拉克的军事能力，以在中期内与伊斯兰国展开地面战争；(3) 长期而言，寄希望于在伊拉克培育一个对逊尼派更具包容性的政治秩序，在叙利亚培养一个强大但"温和"的反阿萨德的反对派。可以说美国领导的联盟空袭确实有助于遏制伊斯兰国的军事能力。一些分析者也提出，外部军事压力正在削弱伊斯

美国当前打击伊斯兰国的战略由三大要素组成：(1) 联盟（主要是美国）空袭，以在近期内遏制伊斯兰国的领土扩张并削弱其军事能力；(2) 发展伊拉克的军事能力，以在中期内与伊斯兰国展开地面战争；(3) 长期而言，寄希望于在伊拉克培育一个对逊尼派更具包容性的政治秩序，在叙利亚培养一个强大但"温和"的反阿萨德的反对派。

1 参见 Flynt Leverett and Hillary Mann Leverett, "America's Middle East Delusions," *The National Interest*, June 15, 2014, http://nationalinterest.org/feature/americas-middle-east-delusions-10672?page=show 和该网页的相关链接。

2 *Ibid*.; Cockburn, *The Rise of the Islamic State*, pp. 4-9, 35-37, 69-95; and Flynt Leverett and Hillary Mann Leverett, "A Middle East Tragedy: Obama's Syria-Policy Disaster," *The National Interest*, May 30, 2014, http://www.nationalinterest.org/feature/middle-east-tragedy-obamas-syria-policy-disaster-10565?page=show,2015-04-21.

兰国军队和政治机器的内聚力。[1] 但即便如此，伊斯兰国依然保持它在2014年夏天美军领导的空袭开始时就已夺占的绝大部分领土的控制权。尽管五角大楼声称在空袭中已有6000名伊斯兰国战士被击毙，但是，从事与美国的斗争已经进一步增强了伊斯兰国在穆斯林世界的吸引力，这方面的证据是，数万名新战士加入并壮大了该运动的各个等级。[2]

与此相似，美国领导的增强伊拉克军事打击能力以便最终从伊斯兰国那里夺回领土的努力，进展缓慢。实际上，事实证明伊朗在这方面比美国更有效。当然，从伊斯兰国那里夺回领土，可以动摇其自称为新哈里发国的声明的可信度，进而大大削弱它的吸引力。但是为此而进行的任何努力，也可能适得其反。如果美国采取打击伊斯兰国的地面行动，那么就可能被看作是它在领导一场针对穆斯林的军事行动，进而会有利于伊斯兰国的招募。就像美国领导的空袭已经事与愿违地促使数万人加入伊斯兰国那样。

至于美国战略进路更加长期的、更加“政治的”方面，几乎仍然完全停留在理论的层面。这主要是因为它们难以逆转地与伊拉克和叙利亚的实际情况相悖。后萨达姆时代的伊拉克的人口与政治现实，严重限制了任何一位伊拉克首相在吸引逊尼派与中央政府合作、争取让伊拉克的逊尼派离开伊斯兰国方面的能力。就算2014年海德尔·阿巴迪（Haider al-Abadi）取代努里·马利基（Nouri al-Maliki）成为总理，也没有改变这些基本的限定。在叙利亚，不仅政府的立场正变得越来越强硬，而且，非圣战力量（即所谓“温和的反对派”）在政府与反阿萨德的反对派人士之间的斗争中已经无关紧要。叙利亚政府与反对派的斗争，现在实际上已经成为政府和两大*吉哈德*运动之间的斗争，这两大吉哈德运动就是努斯拉阵线与伊斯兰国。

所有这一切表明，除非美国开始探索一种真正区域性的反伊斯兰国战略，即包括把叙利亚的阿萨德政府和伊朗作为重要伙伴在内的战略。否则，美国的政策都将以有助于而非削弱伊斯兰国而告终。但追求真正区域性的战略，将要求美国彻底地从根本上修正它对中东的总体进路。更具体地说，华盛顿需要放弃它长期坚持但却无效的支配中东的图谋，相反，通过认真同所有重要的地区玩家进行严肃认真的外交接触，来培养一种相当稳定的均势，确保地区主要国家制衡彼此的鲁莽冲动。[3] 不幸的是，鲜有证据表明，华盛顿正坚定地把美国的中东政策转到

1 Liz Sly, “Islamic State Appears to Be Fraying from Within,” *Washington Post*, March 8, 2015, http://www.washingtonpost.com/world/middle_east/the-islamic-state-is-fraying-from-within/2015/03/08/0003a2e0-c276-11e4-a188-8e4971d37a8d_story.html, 2015-04-21.

2 Barbara Starr, “U.S. Officials Say 6,000 ISIS Fighters Killed in Battles,” CNN, Jan. 22, 2015, http://www.cnn.com/2015/01/22/politics/us-officials-say-6000-isis-fighters-killed-in-battles/, 2015-04-21.

3 Flynt Leverett and Hillary Mann Leverett, “Reality Check: America Needs Iran,” *The National Interest*, Apr. 7, 2015, http://www.nationalinterest.org/feature/reality-check-america-needs-iran-12561?page=show, 2015-04-21.

这个方向。

伊斯兰国与地区均衡的需要

战略上说，最终我们必须这样评估伊斯兰国的崛起：它既是中东变化中地区动力学的一个反映，又是其中的一个重要因素。在这方面，伊斯兰国的崛起极大地释放了逊尼派穆斯林世界（特别是逊尼派阿拉伯世界）中逐渐展开的政治危机。

伊斯兰国的崛起极大地释放了逊尼派穆斯林世界（特别是逊尼派阿拉伯世界）中逐渐展开的政治危机。

民调数据和选举结果显示，只要中东人民有机会以一种合理公开的方式投票，绝大多数中东穆斯林希望以参与式伊斯兰主义作为其政治未来，同时希望他们的政府致力于外交独立。然而，唯一成功运转的参与式伊斯兰主义秩序是伊朗伊斯兰共和国，一个以什叶派人口占绝大多数的国家。它把参与式政治和选举，同伊斯兰治理的原则与制度结合在一起。逊尼派穆斯林至少到现在为止，还没能建立起任何可与参与式伊斯兰主义模型相提并论的秩序。

在历史上，为这种模型提供过最有希望的平台的逊尼派运动，是穆斯林兄弟会，它源自于埃及，在其他国家也有分支。但是，在阿拉伯觉醒的语境中，穆斯林兄弟会的瓦解—*兼*—镇压——这集中体现在2013年7月埃及民选穆兄会政府的失败/倒台中——已经削弱了兄弟会“模式”作为逊尼派伊斯兰主义政治指南（的效力）。这反过来为介入政治的*萨拉菲派*留下了空间。这些萨拉菲力量要么是沙特/瓦哈比的变种，要么则是以*吉哈德分子*、*基地*组织/伊斯兰国的形式出现。即便事实证明伊斯兰国不如笔者先前的分析所指出的那样持久，在切实可行的、逊尼派参与式伊斯兰主义政治模型出现之前，它宣称的哈里发国将一直是逊尼派世界最富吸引力的政治方案。

这又指向美国另一项促成伊斯兰国崛起的政策：奥巴马政府在2011年2月胡斯尼·穆巴拉克总统下台后，拒绝与埃及的穆斯林兄弟会接洽，两年半后，它又默许了沙特和阿联酋支持的那场推翻埃及民选穆兄会政府的政变。[1] 如果2013年埃及没有发生那场政变，那么几乎可以肯定，伊斯兰国也不会在2014年如此迅速地登上地区舞台。

同样重要的是，这些事态也凸显沙特阿拉伯的地区政策（尤其是它对阿拉伯觉醒的回应），在创造有利于伊斯兰国崛起的条件方面的重要作用。自2011年初起，利雅得就在其他逊尼派国家的合作下，领导了一场反革命（counter-

---

1 Esam al-Amin, “In Egypt, the Military Is Supreme,” *Counterpunch*, July 5-7, 2013, http://www.counterpunch.org/2013/07/05/in-egypt-the-military-is-supreme/, 2015-04-21; Paul Gottinger, “The Coup in Egypt: A Conversation with Abdullah Al-Arian,” *Counterpunch*, July 12-14, 2013, http://www.counterpunch.org/2013/07/12/the-coup-in-egypt/, 2015-04-21.

revolution)，旨在遏制逊尼派阿拉伯社会中参与式伊斯兰主义政体。[1] 这场反革命是通过多个渠道来进行的。鼓励、协力、资助埃及的政变是其一。其二是公开的军事干涉。世界在2011年见证了沙特军队开进巴林，帮助镇压对逊尼派哈里发王室统治不满的什叶派多数民众。2015年，世界再次见证，沙特领导的逊尼派国家联盟在也门发起军事行动，它表面上是反胡赛叛军，但实际上却是封杀当地更具代议性的政治结构。

可以说，沙特的反革命措施中，最危险的渠道是，利雅得持续支持暴力吉哈德力量，而且还在某些方面加大了力度。沙特阿拉伯做这一切，都得到来自奥巴马政府的政治、情报与后勤支持，包括迅速增加的军售。尽管沙特王国号称加入了美国领导的反伊斯兰国联盟，但它迄今没有解脱其与逊尼派武装分子的纽带。2015年3月，美国和P5+1的其他国家与伊朗合作，试图发布一个《联合全面行动计划》，以指导核谈判并达成核协议时，沙特阿拉伯却鼓动叙利亚的*努斯拉阵线*攻占了伊德利卜（Idlib）；而在2015年4月，沙特领导的在也门的军事行动，使*基地*组织在当地获得大片领土。[2] 在美国重新调整它与沙特阿拉伯的同盟之前，伊斯兰国，或其他类似的存在，将依然是中东一个强大的、有破坏潜力的力量。

（王立秋 译；钱雪梅 校）

---

1 Flynt Leverett and Hillary Mann Leverett, "The Arab Spring and the Saudi Counter-Revolution," *Race for Iran*, Apr. 16, 2011, http://www.raceforiran.com/the-arab-spring-and-the-saudi-counter-revolution, 2015-04-21; Gregory Gause, "Is Saudi Arabia Really Counter-revolutionary?" *Foreign Policy*, Aug. 9, 2011, http://foreignpolicy.com/2011/08/09/is-saudi-arabia-really-counter-revolutionary/,2015-04-21; Flynt Leverett and Hillary Mann Leverett, "Race With Iran: Is Saudi Arabia Really 'Counter-Revolutionary' or Simply Out to Shape the Middle East's Balance of Power in the Kingdom's Favor?" *Race for Ira*n, Aug. 11, 2011, http://www.raceforiran.com/the-race-with-iran-is-saudi-strategy-%E2%80%9Ccounter-revolutionary%E2%80%9D-or-simply-out-to-shape-the-middle-east%E2%80%99s-balance-of-power-in-the-kingdom%E2%80%99s-favor,2015-04-21; and Hussein Agha and Robert Malley, "The Arab Counterrevolution," *New York Review of Books*, Sept. 29, 2011, http://www.nybooks.com/articles/archives/2011/sep/29/arab-counterrevolution/, 2015-04-21.

2 David Kirkpatrick, "As U.S. and Iran Seek Nuclear Deal, Saudi Arabia Makes Its Own Moves," *New York Times*, March 30, 2015, http://www.nytimes.com/2015/03/31/world/middleeast/saudis-make-own-moves-as-us-and-iran-talk.html?_r=1, ,2015-04-21; Saeed Al-Batati and Kareem Faheem, "Affiliate of Al Qaeda Seizes Major Yemeni City, Driving Out Military," *New York Times*, Apr. 3, 2015, http://www.nytimes.com/2015/04/04/world/middleeast/al-qaeda-al-mukalla-yemen.html, 2015-04-21.

援助与发展：非洲人为何要有梦想并走出去

[肯尼亚] 詹姆斯·史夸提

内容提要：非洲拥有丰富的自然资源，这导致外部大国卷入到非洲大陆事务之中。中国进入非洲重塑了人们对非洲的传统认知。非洲大陆之前“黑暗”、“没有希望”的标签也变成了全球经济增长的助推器。非洲发展的困境在于其历史模式，非洲没有掌握改变它与全球其他伙伴的关系并维护本大陆核心利益的方法。由于过度依赖外部援助，非洲面临着日益严重的挑战并陷入了一个“解决方案”来自外部而不是来自非洲内部的怪圈之中。为了打破这种状态，至关重要的是重塑国际体系，让非洲人拥有“非洲梦”，鼓励非洲“走出去”并参与到全球事务之中。

关键词：援助　非洲机构　非洲梦　重塑全球机构　走出去战略

一、非洲的相关背景

几个世纪以来，非洲丰富的自然资源成为外部大国参与非洲大陆事务的一个强有力的动因。非洲与世界的联系也在很大程度上局限在出口原材料方面。在前殖民地时期，非洲经历了奴隶贸易，1200万非洲人被迫远离大陆，被贩卖为奴隶。在殖民时代，非洲遭受了西方大国肆意的土地掠夺、强行矿产出口、珍贵艺术品的损失等。[1]

从20世纪50年代利比亚和加纳的独立开始，非洲国家摆脱了欧洲殖民列强的统治，赢得了政治独立。到1994年，南非结束了种族隔离制度，建立了多数

[肯尼亚] 詹姆斯·史夸提（James Shikwati）“地区间经济网络”（Inter Region Economic Network，IREN）创始主任、《非洲执行官》（*The African Executive Magazine*）杂志的出版商。

1 P. Bond, *Looting Africa; The Economies of Exploitation*, South Africa, University of Kwazulu-Natal Press, 2006.

人的统治。独立之初，非洲国家效仿了殖民时期的经济结构，这种经济结构的主要特征是生产和出口初级产品，商业、交通和通讯基础设施落后，教育水平低，文盲率高，经济发展机会少和社会不公正。

中国（一个主要的全球伙伴）的进入已经重塑了人们对非洲的传统认知。先前非洲被西方世界描述成“黑暗的大陆”，[1] 在2000年5月被《经济学人》杂志称为“没有希望的大陆”，而现在这种说法已经颠倒过来。正如2012年可口可乐公司的广告所言，人们有“亿万个理由对非洲充满信心”，非洲大陆已经不是绝望的象征，而是一个在全球经济增长中公认的推动力。[2]

从地理上来说，非洲有54个独立的主权国家；48个在非洲大陆上，6个岛国，整个非洲大陆约有10亿人口。很难描述非洲大陆的特点，它可以为那些不管怀有什么目的来定义它的人呈现一种令人满意的形象。

二、援助架构

援助（一种既有资金的和非资金的帮助方式）是以各种不同形式进行的分配。有可能是政府间的转移方式（双边的）；也可能是诸如世界银行和国际货币基金组织这种机构的转移（多边的）；还可以是灾难时期的人道主义援助和慈善机构、基金会、宗教团体的私人捐款。援助通过政府或者非政府的途径进行，也可以通过发展和人道主义援助的形式进行。

捐助国通过发展援助的结构和机构来看待援助架构。[3] 对援助结构和机构的关注经常会使经济和政策分析师偏离主题去讨论援助的效率问题。非洲对援助的叙述不应该仅仅关注援助的影响方面（这可能只是短期的、在电视机前可见的）。这种叙述也应该通过推动援助本身的目标这一基础来评估援助构架。

全球发展援助构架建立在错误的假设上。

全球发展援助构架建立在错误的假设上。这种假设认为世界上一些国家具备解决问题的能力，而其他国家则永远是被动地等着别人提供解决方案。这种认识掩盖了一个事实，即由美国、欧洲、澳大利亚、日本及其同盟国主导的援助的目的是为了捐助国自身的利益，从市场准入、担心由于政治、经济和气候变化导致非洲移民的泛滥，到广义的安全担忧、恐怖主义、疾病，再到获得和控制非洲大陆巨大自然资源以及地缘政治博弈。

这种“方案提供者与方案接受者”的假设早已在1885年柏林会议上有关对

1 R. Webster, *The Illustrated at the Fireside*, South Africa, New Africa Books, 2012, p. 14.

2 “Brown Says Global Economy Reliant upon Growth in Africa,” http://www.bbc.co.uk/news/uk-10750077, 2015-03-31.

3 “Reforming the International Aid Architecture,” http://www.aideffectiveness.org/Current-debates-Reforming-the-international-aid-architecture.html, 2015-03-31.

非洲安排的决议中被欧洲大国精心设计好了。在1885年《柏林条约》的第五条款中写道：以全能的上帝的名义，所有的大国在所占领地上享有主权并具有影响力，负责对土著种族进行保护并改善其道德和物质生活条件。[1] 直至今天，发展援助仍被当作固化有关非洲人观念的工具，这种观念认为，非洲人自己不能积极应对他们所遇到的挑战。同时，发展援助也被用来推动西方在非洲的利益。例如在20世纪80年代和冷战结束后不久，世界银行和国际货币基金组织将援助与受援国接受《结构调整方案》相挂钩。[2]

援助构架维持着“提供方案”的方式，相应地，这也使非洲受援国处于“失语状态”。雅克·德佩尔欣博士（Dr. Jacques Depelchin）[3] 认为，非洲故事依然是失语模式的，因为压迫体系在过去500年的时间里从未有所改变。[4] 这种体系源于他们将非洲人看作是需要被殖民的野蛮人，需要被发展的穷人。他指出，西方世界患有“发现综合症”。受这种综合症的影响，西方国家从自己的世界观出发来看待问题，并否定其他的世界观。

雅克·德佩尔欣进一步讨论了西方人的“废奴综合症”。他观察到，西方人给当地带来了问题，然后他们将自己定位为问题解决者或者是解放者。举例来说，历史上是西方人奴役了非洲人，这是明白无误的。之后，这些西方人却将他们自己定位为废奴主义者和人权倡议者。这就产生了错误的印象——非洲人从来没有努力去抵抗过奴隶制度。西方人通过他们的国际机构设置掠夺了非洲大陆并继续使非洲处于贫穷之中，然后将自己定位为反贫困的倡议者（给出一种非洲人永远坐着不动等着被“发展”的印象）。

在非洲问题上，西方的外国援助叙述不过是建立在“发现和废奴”综合症之上。这两种综合症来自他们的贫困恶性循环观念。这种观念认为，停滞与贫困具有自我延续性，即穷人和穷国陷于贫困之中，不具有足够的积蓄来逃离这种贫困陷阱。[5] 持这种观念的人有一种天生的优越感，他们将穷人与动物的处境相比

1 “General Act of the Berlin Conference on West Africa, 26 February 1885,” http://africanhistory.about.com/od/eracolonialism/l/bl-BerlinAct1885.htm, , 2015-03-31. More details can be found in: A. Hochschild, *King Leopold's Ghost: A Story of Greed, Terror and Heroism in Colonial Africa*, New York: Houghton Mifflin, 1998, p. 84.

2 N. Klein, *The Shock Doctrine*, London: Penguin Books, 2007, p. 203; 内奥米的整部著作描述了西方资本如何在贫穷国家运用援助和强力的策略来促进其自身利益。还可参见 W. Easterly, *The White Man's Burden*, New York: Penguin Books, 2006, p. 65。

3 雅克·德佩尔欣博士（1942—）是刚果民主共和国学者，享誉国际的非洲历史学家、和平活动家。父亲是比利时人，母亲是刚果人。他曾先后在金沙萨和英国、意大利及美国知名高校学习，在美国加州大学伯克利分校和圣克鲁斯分校、旧金山州立大学、斯坦福大学、锡拉丘兹大学，以及刚果民主共和国、莫桑比克和坦桑尼亚的若干所大学教授非洲历史及相关课程。——编者注

4 J. Depelchin, *Silences in African History: Between Syndromes of Discovery and Abolition*, Mkuki Nyota, Dares Salaam, 2004.

5 J. A. Dorn, S. H. Hanke and A. A. Walters ed., *The Revolution in Development Economics*, Washington DC.: CATO Institute,1998.

较，认为穷人不能够通过个人努力从贫困走向富有。结果是，捐助国设计了非洲大陆的经济和政府治理体系，剥夺了非洲人民选择适用于自己本土的体系的机会。因此，现存的发展援助架构根本不能带来发展，因为它否定非洲人民发挥自身聪明才智来转变其社会、政治和经济困境的机会。

发展援助和马尔萨斯主义时代

由于被强加了外部解决方案，非洲陷入了马尔萨斯主义时代，即科技进步使得人口增加，人民生活水平降到了仅够维持生存的境况。[1] 在《告别施舍：世界经济简史》一书中，格里高利·克拉克（Gregory Clark）[2] 生动地描述了马尔萨斯主义经济的情况。马尔萨斯主义经济是一种“自然”经济，具有决定动物和人类的生存条件的相同因素。它是一种有着有限的技术进步的经济，其结果就是人口本身成为了一种威胁。发达国家是通过由人的创造性推动的科技进步得到了今日的地位。

方案提供者的方式剥夺了非洲自己制定出应对各种挑战的发展战略的能力。金钱捐助与外部强加战略与为困在笼子里的动物提供药物、食物和安全的做法是类似的。如果出于某些原因，供应者不能提供这些“产品”，习惯了那种生存方式的动物就会死亡。如果供应者不能控制好被驯化的动物的数量，就可能面临着动物们四处乱窜冲撞围栏的威胁。这也部分解释了为什么发达国家（捐助国）投入巨款来限制发给非洲人的签证，因为它们担心这些“动物”（他们所说的非洲人）会冲出围栏。

为了资助方案提供者的活动，从1960年开始，发达国家已经给贫穷国家捐助了3.2万亿美元。[3] 在这一时期，非洲国家从中获得了约1万亿美元。[4] 从全球来看，2008年的援助数额大约有2000亿美元，其中1200亿美元来自发展援助委员会（Development Assistance Committee, DAC）的22个富裕成员国，650亿美元来自非政府组织、基金会、宗教团体和企业，150亿美元来自各国与发展援助委员会成员国家的双边政府援助。[5] 这些数字并没有表明这样的事实，这些捐款用来向非洲强加外部制定的体系和战略，而不是用来使非洲发展出自己的“软件”以引导它自身的繁荣。

---

1 C. Gregory, *A Farewell to Alms: A Brief Economic History of the World*, New Jersey: Princeton University Press, 2007, p. 3.

2 格里高利·克拉克（1957— ），英国籍学者，美国加州大学戴维斯分校经济学教授。——编者注

3 Wolfgang F. and Homi Kharas. ed., D*elivering Aid Differently: Lessons from the field*, Washington DC.: Brookings Institution Press, 2010, p. 1.

4 Dambisa M., *Dead Aid: Why aid is not working and how there is another way for Africa*, London, Penguin Books, 2009, xviii.

5 F. Wolfgang and Kharas Homi ed., D*elivering Aid Differently: Lessons from the field*, p. 6.

以下的几个例子论证了非洲是怎样陷于马尔萨斯主义时代的。

非洲是一个资源丰富的大陆，既吸引着发达国家又吸引着新兴国家。非洲的自然财富引发了东方和西方掠夺其资源的浪潮。尽管如此，传统的发展数据还是将非洲大陆描述成了贫穷的大陆。这不过是为了使外国援助正当化。

援助不仅使非洲人对自己的能力丧失了自信，而且由于他们在官僚活动中浪费了时间而没能抓住现有的大量机会。弗雷德里克 · 艾里克森（Fredrik Erixon）给出了一个肯尼亚部长的例子，他将75% 的时间用来和捐助国协商。2001 年坦桑尼亚政府要给捐助者提供2400份报告。[1]

外国援助宣传了这样一种态度，即问题解决方案一定要由外部势力提供。这也培育了一种依赖他人援助的文化。因此，非洲儿童就出生在一种人为的依附圈子之中。

非洲有着令人困惑的政治环境。捐助者（主要是西方国家）既资助政府又资助民间组织，这种方式使得二者之间存在一定的张力。对民间组织的直接资助削弱了政府的权威，而对政府的支持也削弱了公民精神。同时，对政府进行直接资助导致了政治上的任人唯亲、腐败以及各种族为“分一杯羹”而争夺。

援助行为就像恶意病毒软件。计算机专家讨论病毒软件，这种软件在未获得机主同意的情况下侵入他们的电脑。外国援助就像病毒软件一样，侵害一个国家的运行系统，这体现在人们关于发展问题的认识、食品安全、政府治理、腐败和非法金钱外流方面。

食品援助改变了受援国的饮食习惯。长期来看，这使受援国面临着外来食物的短缺问题，出现饥荒。这也迫使受援国人民依赖“新的外来品”或者进口食物。并且在促进食品安全的掩盖下导致了土地侵占问题的激增（估计有2500万公顷的农场被强占）。[2]

非洲的腐败问题也被片面地塑造了，好像非洲人从基因上就很腐败似的。很少有人提到这样一个事实，即资金存放在捐助国家的银行里。更有甚者，一些外国政府和企业在非洲大陆进行秘密交易。一个案例表明，2000 年，法国的阿尔卡特公司为赢得维旺迪—肯赛尔（Vivendi Kencell）的第二个全球移动通信系统许可证，用2000万美元贿赂了肯尼亚的政府官员。[3] 根据全球金融诚信报告，非洲

1 “Eating liberally: Can a Free Market Solve Africa’s Food Problems?” October 5th, 2008, www.foodpolitics.com/2008/10/eating-liberally-can-a-free-market-economy-solve-africas-food-problems/ , 2015-04-01.

2 “Africa: ‘Land Grab’ Threatens Food Security,” http://www.newsfromafrica.org/newsfromafrica/articles/art_12021.html, 2015-03-31.

3 “Kenyans at Center of US Probe in Sh. 1.5 Billion Bribes,” http://www.nation.co.ke/News/Kenyans%20at%20centre%20of%20US%20probe%20into%20Sh1bn%20bribes%20%20/-/1056/1081354/-/ksst90z/-/index.html, 2015-03-31.

在1970年至2008年总共大约损失了1.8万亿美元。[1] 将这个数字与之前提到的从1960年至今流入的1万亿美元的援助相比，整个援助概念就变成了一个虚伪的东西，只是用来哄骗非洲人，以表明有热心人来“帮助”他们发展。

亚非国家一定要重新定义援助范式

考虑到援助在很大程度上只是用来维护捐助国的国家利益的一种工具，“援助”一词纯属用词不当。随着亚洲国家加入到捐助者队伍中来，让它们清楚传统形式下的援助架构对非洲十分不公平这一点具有指导意义。非洲的发展中国家希望有人能帮助它们摆脱贫困，而不是别人的施舍和救济。对亚洲国家来说，最好的方式是在本国国家利益、重新调整那种使多数国家处于贫困状态的国际体系与受援国“真正的”国家利益之间寻求一种平衡。

非洲的发展中国家希望有人能帮助它们摆脱贫困，而不是别人的施舍和救济。

亚洲国家特别是中国应该发挥领导作用，协助非洲重塑现有的阻碍非洲发展的全球体系。中国可以发挥它作为新兴大国的影响力来推动全球市场和金融体系的改革，使资金流向非洲，而不是不停地教训非洲人。这样可以产生更好的效果。非洲非常需要那种可以协助它重新恢复信心并为全球经济秩序作出有益贡献的朋友。非洲只有一条路可走，那就是发展！

三、为什么非洲需要重塑全球秩序？

世界银行、国际货币基金组织及相关的国际机构试图促使非洲采取市场经济政策，这样做本身就违背了植根于市场体系的自由选择精神。非洲国家必须能够自由选择怎样明智地开发自己的资源，在此基础上积极寻求建立自身的市场体系。世界银行和国际货币基金组织监管下的现存全球市场经济体系是扭曲的，限制着非洲有效地进入全球市场的能力。

在世界银行或者是国际货币基金组织的发展目标之下，非洲国家必须要重新评估它们自己的经济战略，建立一个由非洲国家内部以及世界其他国家共同推动的市场。世界银行和国际货币基金组织将现有的国际机制框架强加给非洲，迫使非洲在“有限制的自由”之下发展市场经济。[2]

雅克·德佩尔欣指出，当涉及非洲时，现在世界银行履行的职能与当年殖民政府的职能别无二致。[3] 世界银行和国际货币基金组织都是根据大股东的指令来

1 “Illicit Financial Flows from Africa: Hidden Resource for Development,” http://www.gfintegrity.org/storage/gfip/documents/reports/gfi_africareport_web.pdf, 2015-03-31.

2 N. Klein, *The Shock Doctrine*, p. 203.

3 J. Depelchin, *Silences in African History: Between Syndromes of Discovery and Abolition*, p. 133.

行事的。在现有的条件下，两个机构都不对非洲人民负责。它们（世界银行与国际货币基金组织）的活动是否对它们的出资国家，诸如美国、法国和英国以及其他对其进行资助的国家负责也是有争议的。从这两个机构的运转规则来看，它们是否有能力建立一个公正、公开的市场体系让人怀疑。世界银行在发展领域的运作，就像是一党独裁，除了对自己外不对任何人负责。[1]

采用“金本位制”，重塑全球体系

非洲必须采用“金本位制”建立自己的货币体系，这种标准可能适用于一些得到国际市场认可的矿产交易。金本位制是一种货币标准的形式，在这一标准之下，具有同等价值的单位货币可以按一定数量的黄金进行兑换。[2] 这种标准可以确保长期的价格稳定。作为一种全国货币标准，它管理着一个国家的货币数量及其供需状况。作为一种国际货币标准，它确保一个国家货币的汇率稳定。[3] 米歇尔·大卫·博尔德（Michael David Bordo）在《货币危机》一书中写道，在严格的兑换标准之下，不需要中央银行的存在了，所必需的是一些政府权威部门通过允许自由买卖黄金来保持国内固定的黄金价格。[4]

通过市场需求来对现有矿产财富进行集中评估，有助于评定非洲的货币价值。在“金本位制”下，非洲国家根据国内、国际市场上对其自然资源的需求来确定它们的货币价值，这样可以推动全球秩序的调整。

近来，由巴西、俄罗斯、印度、中国和南非建立的金砖国家开发银行与布雷顿森林体系（世界银行与国际货币基金组织）形成了一定的竞争关系，开启了非洲的新“软件”。演变中的世界秩序很可能见证“华盛顿共识”与“北京共识”之间的激烈竞争。主张市场经济、知识产权和法治的“华盛顿共识”在主张国家经济管控和自决的“北京共识”之下，在非洲将无市场。

非洲有必要为重塑全球体系做好准备。传统的国际金融体系对非洲具有歧视性，它们根本就不资助非洲进行大陆内部的基础设施和互联互通建设。过度依赖美元作为国家外汇储备，非洲经济会因美元价值的波动面临着外部干涉的风险。全球议程在设置上就具有抑制其他的市场力量，支持全球性大国的倾向。放眼未来，非洲人一定要做好“软件”准备，以应对全球体系中可能发生的任何变迁。

---

1 J. Depelchin, *Silences in African History: Between Syndromes of Discovery and Abolition*, p. 137.

2 “Definition of ‘Gold Standard’,” www.freedictionary/gold+standard, 2015-04-01.

3 B.N. Siegel ed., *Money in Crisis: The Federal Reserve, the Economy and Monetary Reform*, Pacific Institute for Public Policy Research, California, 1984, p. 200.

4 Ibid., p. 206；米歇尔·大卫·博尔德持有加拿大、美国双重国籍，是美国拉特格斯（Rutgers）大学杰出经济学教授，著名货币和财政经济学家。——编者注

四、非洲应该建立自己的机构

非洲的政策制定者面临着如何在缺乏公信力机构的国家中实施经济发展战略的巨大挑战。非洲大陆陷入了“组织”和“机构”的困境之中。约翰·鲍尔逊（John P. Powelson）指出，“殖民大国没有理解的是，土地登记局、法院、中央银行和议会都是‘组织’，而不是‘机构’。机构是不能由外部势力强加的”。[1]

在柯武刚（Wolfgang Kasper）看来，组织是有目的导向的，是多种可延续的资源的复合体，在一定程度上，这种复合体是在等级制的领导体制下进行协调的。[2] 非洲的情况是，这些组织是在殖民大国和国家精英模仿工业化国家的经验下强行设立的。[3]

这些组织的形成（政府系统）也部分解释了为什么非洲的现存机构框架是服务于政治精英和外国利益的。举例来说，在1991年、1997年和2007年肯尼亚的土地纠纷问题中，种族团体暴力地使用大砍刀就清楚表明：民众并不认可立法和司法机构可作为公正的仲裁者。

如果投资者想要向政府购买土地，那么将会面对着另一个所有者——社区（其合法性在于，它在殖民大国给非洲国家进行了那些制度设计之前就早已存在了）。传统上，非洲人的个性和身份认同往往依赖于一个人的族群社区。然而，鉴于我们面对着一个被殖民大国进行了殖民和再创造的“新非洲”，我们必须着手建立一个可以使非洲人作为全球事务参与者的新机构框架。应该鼓励族群社区参与新非洲的对话，并共同提出一个大家均可以接受并可长期获益的框架。机构的设置可以使人类的行为具有可预测性，因此有助于劳动分工和财富创造。[4]

非洲各国政府应该认识到，在它们的统治之下，同样享有“主权”的族群社区的利益被忽略了，这也放慢了经济发展的速度。这种认识可以促进政府体系和族群社区体系之间的积极平衡，以使新兴的“主权”推动建立大家均可以接受和尊重的机构。非洲人民很有必要寻求建立可以发展市场经济并发挥各自优势和能力的机构，这样就可以更好地利用非洲的矿产财富，并为10亿人的非洲大市场提供产品。

---

1 P. J. Powelson, *Centuries of Economic Endeavor*, Michigan: The University of Michigan Press, 1994, p. 114; 约翰·鲍尔逊（1920—2009年），美国科罗拉多大学经济学教授。——编者注

2 W. Kasper and M. Striet, *Institutional Economics*, Cheltenham: Edward Edgar Publishing Limited,1998, p. 99; 柯武刚是澳大利亚智库独立研究中心（The Centre for Independent Studies, CIS）高级研究员、新南威尔士大学（University of NSW）经济学教授。——编者注

3 P. M. Martin and P. O’ Meara, *Africa*, London: Indiana University Press, 1995, p. 90.

4 W. Kasper and M. Striet, I*nstitutional Economics*, p. 30.

五、讨论

弗雷德里克·卢加德（Lord Frederick J.D. Lugard）在《我们东非帝国的崛起》（1893年）一书中敏锐地观察到，在殖民主义浪潮初始，非洲人极力摆脱奴隶主、阿拉伯人和“主导部落的不可忍受的专制统治”。[1] 120年前，弗雷德里克·卢加德描述了一个受到各种因素影响并只关注短期生存战略的大陆。非洲的这种情况使受利益驱动的西方得以用利他主义来掩盖其真正意图。21世纪的非洲依然在逃离“奴役性”扭曲的全球体系，这种体系使得非洲很难将其自然资源财富转化为非洲人民的福祉。非洲大陆的政治版图依然遭受着“主导性民族和部落的专制统治”的噩梦。

“全球丛林”和“非洲软件”

坦桑尼亚的姆威斯加·巴热古（Mwesiga Baregu）教授曾经指出，“乡村”和“丛林”两个形象对非洲的选择和行动战略具有决定性的启发意义。“双赢”的想法是基于“地球村”的观念，即认为外部的兴趣可以推动非洲的积极变革。与典型的非洲传统乡村生活类似，责任很容易转移到那些被认为有能力的他者身上。

为非洲带来“赢”并不是外来者的责任。几个世纪以来，非洲丰富的自然资源吸引着外部大国举着“双赢”的大旗进入到非洲大陆。非洲人需要学会如何在“全球丛林”中生存，在这里所有的交往都是由激烈的利益竞争推动的。外部势力参与到非洲事务的最终目标就是满足它们短期和长期的商业和安全利益。

乡村是一个低风险的地方。乡村具有友善、内向性、受规则管理、共产主义、诚信以及其他的特征。丛林则是一个高风险的地方，它是充满敌意的、残酷的、限制性的、竞争性的、物质主义的和个人主义的地方，受权力而不是受规则的管理。为了生存，并在全球丛林中找到自己的路，非洲急需制定一个发展战略或者强大的哲学理念来利用好外部力量。

非洲应充分利用与其他文明进行交往的600多年的历史经验来形成非洲的战略博弈。这种博弈的目的是为非洲大陆创造一种强大的哲学理念和发展战略。这种哲学理念和战略将有助于增强非洲与世界各国进行多边交往的技能。要实施自己的战略，非洲就要有自己的发展模式、发展规划和发展进程。因此，培育一种“知道怎样做”和“知道为什么”的文化对非洲十分重要。如果非洲继续这样在全球丛林中前进，却没有清晰的发展战略，就不可能获得成功。

---

1 弗雷德里克·卢加德（1858—1945年）也被称为弗雷德里克爵士，中文名卢吉，英国殖民主义者，曾任第14任香港总督（1907—1912年）和英属尼日利亚总督（1914—1919年）。——编者注

相冲突的“软件”带来的挑战

要在全球丛林中生存，非洲必须与西方想使非洲现代化的企图进行抗争。

要在全球丛林中生存，非洲必须与西方想使非洲现代化的企图进行抗争。西方化导致了非洲“软件”的腐化。非洲人特别是撒哈拉沙漠以南的非洲人是西方“人为制造”出来的形象。非洲人对这个世界以及它怎样运转的解读在很大程度上来自西方的视角。非洲本来就拥有可与西方的“软件”相媲美的精神财富来引导自己国家的发展，而从西方学来的价值体系与非洲传统的价值体系经常是相冲突的。这两种价值体系往往是在实施民主进程和西方的司法体系问题上发生冲突。在民主进程中，个人选择由种族选择所替代，并且西方的司法体系否定非洲人的仲裁和谅解观。近年来，这种差别已经显现出来，在怎样审判和应由谁来审判犯有反人类罪的非洲国家领导人问题上，非盟和国际刑事法院的立场截然不同。

西方媒体和非洲问题专家没有正确描述和解读非洲。一个有着丰富自然资源和人力资本的大陆被定性为贫穷、疾病、冲突和依赖援助的大陆，这是一个莫大的讽刺。正因为存在这种消极的叙述，非洲和外部的投资者都对在非洲进行投资失去了信心。外部国家和媒体对信息的垄断使得情况变得更加糟糕。在非洲，有关什么是良政、公共政策以及非洲应该如何通过全球市场体系和安全架构与世界打交道等方面的决策制定都是由外部因素驱动的。

为什么非洲要“走出去”？

非洲的政治独立具有政策导向的特点，被“欢迎进入战略”所主导。从治理、军事、经济、宗教、学术到民间社会活动，人们的期待就是要由外部势力来改变非洲。对陷于族群和边界划分问题的民族来说，追求积极变革到头来会导致贫穷的恶果。

非洲的“欢迎进入战略”与选举政治造成了毁灭性的灾难。政治家千方百计想在他们四年或五年的任期内表现自己做的多么成功，而不能从长期上考虑外国的参与问题。建立在政治领导人的政治生涯之上的短期发展议程给非洲的长期发展规划带来了巨大的挑战。

已经有一些国家实施了“欢迎进入战略”，它们希望长期促进国内资金的积累、市场化改革并推动科技进步。通过与外国进行合作带来的发展势头有助于这些国家培育跨国企业与贸易。对发展的长期关注使这些非洲国家不仅仅为创造就业机会而追求外来直接投资。外来直接投资成为一种“唤醒”非洲现有潜力的催化剂，这样非洲国家可以获得成为全球事务的参与者的必要经验。引进外国直接投资，并有意识地努力规划国内的发展，这是促进本国人民发展的关键和责任。

那些有着明确的国家利益，同时能够超越短期政党利益的国家制定了“走出去”战略。在这一战略指引下，产生了一些有着百年发展历史的成功企业。成功的跨国企业既有利于本国经济发展，又有助于对外关系的发展。非洲国家可以实施“走出去”战略吗？一些自我驱动的创始公司表明非洲能够“走出去”，例如：津巴布韦的“伊科奈特”通讯公司（Econet）、赞比亚的“赞牛”食品公司（Zambeef）、肯尼亚的“纳库马特”零售公司（Nakumatt）、尼日利亚的“奥安多”石油能源公司（Oando）、肯尼亚的“萨法里”通讯公司（Safaricom）、肯尼亚的“公平”银行（Equity）、尼日利亚的丹格特集团、多哥的经济银行（Ecobank）和乌干达的马拉集团（Mara）等企业的多种经营活动都为非洲“走出去”提供了样板。这些自我利益推动的企业也说明非洲国家不一定需要等积累足够的资本之后才能“走出去”。渴求非洲市场的全球参与者也应该引导非洲国家选择“走出去”战略。

实施“走出去”战略对每一个非洲国家来说都会带来好处。这将增强非洲在与外国进行合作时的信心和经验，增加非洲市场的价值。为了更好地参与到全球事务中，非洲人一定要清楚这个世界到底是怎样运转的。通过参与、旅行以及在世界其他地方定居，人们会逐渐明白利他主义是利益竞争与分配的润滑剂。这也会让非洲人明白个人和国家是如何参与到现实政治中去的，从而改变那种一味责备别人在竞争中“耍手段”的心态。

明白世界是怎样运转之后，才会逐渐获得在全球丛林中的生存技能和博弈战略。非洲人对棋类游戏并不陌生。“石子游戏棋”可以追溯到阿拉伯人与非洲大陆交往的时代。历史经验表明，非洲可以通过参与棋类游戏发展出自己的技能和战略。阿拉伯人带着伊斯兰教和体现着如何吃棋、防卫和投入智慧的“石子游戏棋”访问了非洲东部海岸。欧洲人带着基督教、扑克牌和国际象棋来到了非洲。扑克牌的赢家由打牌者手中牌的级别、牌的组合以及到游戏最后阶段手里剩下什么牌来决定。国际象棋是一种需要整体上谋篇布局，通过“吃子”和“将死”而获胜的棋类游戏。在郑和下西洋的600多年后，中国人带着儒家学说和“围棋”再次来到了非洲。在全球领域“玩游戏”将增强非洲人的自信。

实施“走出去”战略也可以减少非洲政治体系中固有的结构性缺陷，这种缺陷导致了那种“轮到我们吃了”的心理。对短期的内部利益的过度关注使得非洲国家的公民和领导人无暇顾及那些正在进行的地缘政治活动。人们普遍认为，非洲民族国家是殖民统治者的人为创造物，族群利益高于国家、地区和整个非洲大陆的利益。关注全球事务，清楚全球事务如何影响非洲人的福祉，这可以改变族群之间争夺政治权力的局面。在参与全球议程时，分裂的国家和地区削弱了非洲与他国进行协商谈判的能力。其结果便是达成并不合算的交易，个人快速获得回报而国家长期受损。关注全球事务会激发人们产生“吃”什么的需求，而不是为捐助国“扔”给非洲国家的那点东西而相互争斗。

前进之路：非洲一定要有非洲梦

非洲不可能拒绝同其他国家和地区打交道，它需要一种参与战略。为了有效地处理与其他地区的关系，非洲人民必须创制出一种自身的发展模式，一种既学习西方和新兴经济体的发展经验，又结合本地传统的发展模式。这种发展模式应该解决那些阻碍经济发展的内部因素，比如生产效率底下、交易成本高昂、市场准入条件差以及投资环境堪忧等。因此，为了更好地发展和维护本国和全球利益，培育一种“知道怎么办”和“知道为什么”的文化是十分重要的。

非洲不能按照其他的文明来实现自己的梦想。

非洲不能按照其他的文明来实现自己的梦想。由于缺乏重力中心，即一整套非洲理念和价值观，非洲大陆在地缘政治利益之争中左右摇摆。在与各种各样的国际行为体进行互动，弄清楚什么起作用、什么不起作用，并见证了那些互动的结果之后，非洲有着独一无二的机会来汲取历史的经验与教训，并探索出自己的发展道路。

困境在于，在历史上的发展模式中，非洲并未像欧洲、印度、日本和中国那样，掌握将它们与其他的国际行为体的关系转变为维护非洲大陆核心利益的方法。非洲人的视野局限在应对日常挑战上，当他们与外部行为体接触时，这些老生常谈的问题就是他们的主要议题。为了从全球关系中获得非洲应得的利益，非洲一定要制定出能够清晰地表达其生存目的的战略或者提出令人振奋的哲学理念。

（许明杰 译；李安山 校）

德国、阿道夫·希特勒，以及第二次世界大战

[美] 麦格雷戈·诺克斯

内容提要：本文分国内、国际和个人三方面因素探讨了希特勒在第一次世界大战之后崛起，在德国建立独裁统治并发动第二次世界大战的原因。从国内层面来看，德国内部长期因阶级、宗教和民族等矛盾而四分五裂，同时，鼓吹日耳曼民族的优越性、鼓吹德国统治欧洲乃至世界的民族主义意识形态横行，第一次世界大战的失利则增加了德国民众的复仇心理。民族主义的军队与民粹力量结合起来，建立了以希特勒为首的武装独裁。国际上，英、法、美、苏等其他大国受自身能力或战略眼光所限，没有及时有效地对德国的扩张加以制衡，甚至希望利用德国与其他大国之间的矛盾谋求利益。最后，希特勒个人的演讲才能和政治谋略使他在德国民众中具有了超凡的领袖魅力，得以控制国家走向毁灭。

关键词：希特勒　德国　国际环境　重新武装　国内政治

"成吉思汗有意地将千百万妇女和儿童推向了死亡，并为之欢欣鼓舞。可在历史眼中，他却只是一个伟大的建国者。"

——阿道夫·希特勒，对他的将领们，1939年8月22日[1]

伟大的成吉思汗有许多仰慕者。在这些仰慕者当中，只有一个人在德国攫取

[美] 麦格雷戈·诺克斯（MacGregor Knox）伦敦政治经济学院（London School of Economics）荣退国际关系史讲席教授。

1 *Akten zur deutschen auswärtigen Politik*, Serie D (Baden-Baden, Göttingen, 1950-1970), vol. 7, document 193 note (作者译，下略为 ADAP D/volume/document); 同一文件的英文版可见 for the identical documents in English, see *Documents on German Foreign Policy*, Series D (London, 1950-66). Richard Breitman, "Hitler and Genghis Khan," *Journal of Contemporary History*, 25:3/3,1990,pp. 337-351 则提供了更深入的观察。

了绝对的权力，控制了欧洲大陆文化最深厚、科学最进步的社会，掌握了世界的第二大经济体，领导了一支在技术和力量上从一开始就令对手相形见绌的军队，并且发动了历史上最大的一次战争。一个外表笨拙、其貌不扬的奥地利移民，家世背景与德意志帝国上层毫无联系，何以竟能实现如此成就，可谓亘古难题。要解决这个难题，即便只是其中的一部分，也要求我们对使得希特勒的崛起成为可能的德国情境、允许其重新武装并发动战争的国际失序以及希特勒本人的独特品质和大胆决定加以分析。

帝国：从军事君主制到军事独裁

决定大国行为方式的因素，既包括社会与政治的分裂程度，也包括国内结构与权力关系、意识形态的幻象，以及军事组织文化。1945年陨灭的德意志帝国诞生于1864年至1871年之间的三场战争当中，对手分别是丹麦、奥地利和法国。作为最强大的德语国家，军事君主制的普鲁士王国，在一位足智多谋的领导者——奥托·冯·俾斯麦首相——的率领之下，击败了国内外的全部对手。然而遗憾的是，1871年，在击败法国宿敌的胜利当中诞生的帝国并不完整。为了保护普鲁士作为一个信奉清教的军事君主国的特性，同时避免出现全欧范围的反德意志扩张联盟，俾斯麦巧妙地约束了德国的野心。他利用德意志民族主义运动，却阻挡其实现最深挚的愿望：以奥地利帝国中的德语部分为起点，征服所有"回响着日耳曼之声"的土地。[1] 相应地，"铁血宰相"俾斯麦坚持，他创造的是一个满足于现状的大国，这也与民族主义的夙愿相冲突。在这一愿景当中，普鲁士统一德意志的表面使命，只是其在广阔世界当中实现那个远为宏大的日耳曼使命的序曲。

日耳曼民族主义堪称一头躁动而不满的野兽。它在19世纪和20世纪制造出的神话包含了一种夸大的历史受害者心理：加害于它的首先是罗马侵略者，其次是可憎的法国人，最后是从罗马时代就扎根于德意志西部的犹太人。出于对日耳曼文化优越性根深蒂固的信念，种族主义式的祖先崇拜，以及一种歪曲了的达尔文主义思想，它要求统治欧洲。它奴性地崇拜着伟大的领袖们，俾斯麦在其中提供了一个光辉的当代典范。拿破仑战争以来，特别是对奥地利和法国干净利落的压倒性胜利以来，在军队周围形成的、十分高涨的民众热情则进一步为它提供了养料。然而，新国家内部四分五裂，难以弥合，这令民族主义者痛苦而沮丧，也提出了无法回避的任务。生活在俾斯麦和普鲁士皇家陆军所划定的疆土上的人群，至少在五个水平或垂直的方面深刻地分裂着。这些人口是

1 Ernst Moritz Arndt, "Des Deutschen Vaterland" (1813), stanza 7。这是一首庆祝抗击拿破仑战争胜利的打油诗，成千上万的小学教师曾将其深深铭刻在每个德国儿童心目当中。

多民族的：除了人种学上的日耳曼民族之外，1871年的帝国中还有300万波兰人，20万生活在附属德国的阿尔萨斯—洛林地区的法兰西人，北部边境附近的10万丹麦人，以及东部杂居的一些斯拉夫少数民族。在其内部，许多延续几个世纪的小邦国杂乱地拼凑在一起，对地方、宗教和王朝的效忠层层堆叠，德国继承了这一状况，并通过武力才勉强地实现了部分整合。致命的宗教冲突在三十年战争（1618—1648年）的大屠杀当中达到高潮，其结果，在1871年的德国人口当中，三分之二是清教徒，三分之一是天主教徒，部分地按照宗教分界线分布，但也在许多区域混居。半世袭的“等级（Stände)”异常僵化，将社会（或者说诸多社团）由上到下平行地分隔成贵族、教士、市民、农民和犹太人，德意志城邦在其中又创设了为他们服务的新的职业等级：教授、律师、官僚，以及高踞其上的军官。最后，工业革命从19世纪40年代开始日益强劲地冲击着德国，用工业工人这一全新的阶级填充了迅速扩张的大城市。这一阶级与德国的实业家、金融家、贵族、官僚、知识中产阶级、军官、店主以及农民之间，一律彼此敌视，相互对立。

这些多种多样的分裂当中，有许多不可避免地表面化了，形成了政党政治。对于不少德国人而言，政党政治冒犯了他们所渴盼、同时也是民族主义信念许诺和要求的那种紧密无间的团结，因此是不可接受的。俾斯麦的宪法无意中为可恶的“党争”开了口子：国家立法机关帝国议会由全体男性公民普选产生，拥有预算权，迫使君主的权威裁断降格为争取赞成票的讨价还价。到1912年，德国的两大主要政党，即德国天主教中央党和德国社会民主党，总共掌握了帝国议会一半以上的席位。两党都反对现有的秩序：根据其理论，社会民主党要求暴力推翻这一秩序，但并非全心全意。与之对照，北德意志的清教“国民阵线”则继续其分裂状态，由群众基础逐渐萎缩的地方要人领导的保守主义或自由主义党派拼凑而成。

然而，掌管着国家的是国民阵线，尽管这个国家并未满足日耳曼民族主义狂热不肯妥协的诉求。俾斯麦的衰老无可避免，1890年，年轻气盛的末代德皇威廉二世将他解职，在权力顶端留下了一个真空。直到1933年希特勒出现，这一真空才得以弥补。国家本身则延续并加剧了德意志的碎片化。在俾斯麦之后，只有德皇才有可能协调德国的中央机构，并聚拢德国人民为其效忠，但威廉缺乏主见，怠惰而孱弱，易怒且愚笨，容易被欺骗，无法完成这些任务。有了传奇般精密的政府官僚体系，有了社会基础深厚、战功显赫的国民军队，却没有一个可以令德国人民为之赴汤蹈火的领袖，这简直令人跌足

有了传奇般精密的政府官僚体系，有了社会基础深厚、战功显赫的国民军队，却没有一个可以令德国人民为之赴汤蹈火的领袖，这简直令人跌足叹恨。

叹恨。[1]

威廉二世试图努力扮演好这个令人生畏的角色，却给帝国带来了越来越多的损害。以武力威胁为后盾，德国不断在外交上欺侮法国和俄国，又从1897年开始大建战列舰舰队，终于招致了所谓的“包围”，坐实了德国被外国列强加害的无端臆想。舰队是一种进攻性的手段，旨在取代英国这一据说正在衰落的“世界大国”。但地理上德国不毗邻大洋，海军规划者们又顺理成章地低估了英国为保护其海上生命线而维护海军优势的决心，德国同时还要面对在陆上对法俄同盟两线作战的可能，这不可避免地限制了海军所能够利用的帝国金融与工业能力。

1912年，海军认输了，陆军则开始为“战争，越早越好”频频摇旗呐喊。德国的军事文化，或者说是为陆军、海军乃至许多文官所共享着的一套价值观、信仰以及行动模式断言，德国有违常理的挑衅所招致的那些对手，正和德国一样掠夺成性。[2] 德国海军对其对手的低估已经令人震惊，而陆军在上述思想的指导下，其所作所为比海军更有过之。[3] 1914年7月的巴尔干危机和俄国随之进行的预防性动员提供了完美的借口。德意志帝国十分清楚，经由中立国比利时侵略法国，意味着除了大陆上的两个可畏强敌之外，德国还将与不列颠帝国的海军、金融以及工业力量抗衡。但英国缺少一支强大的陆军，因此普鲁士德国的参谋本部盲目地认为，它不是一个值得认真对待的对手。到1917年，战场上的灾难性失利，东西两线的僵局，以及英国海军日益收紧的封锁促使德国的领导层再一次将国家的命运押在唯一的一张牌上，这张牌就是为耗竭英国而进行的无限制潜艇战。但是，这一行动挑战了当时世界上最大的工业强国美国，而恰在此时，俄国的革命将德国从“包围”当中解放出来，并打开了统治亚欧大陆的道路。潜艇战失败了。美国临时组成了一支强大的陆军。遵照其组织文化的要求，德国的最高统帅部对此的反应是将战争进一步升级。1918年，德国的大规模春季攻势将陆军导向毁灭，也断送了德国通过谈判和解保住其在俄国所获硕果的最后时机。

1918年夏秋的西线战场大失利，海军兵变，以及当年11月几乎不曾流血的革命毁灭了国家，也颠覆了德国人民的世界。德国的大国地位，与它统治欧洲、

---

1 Friedrich Meinecke (1913),引自 MacGregor Knox, *To the Threshold of Power 1922/33: Origins and Dynamics of the Fascist and National Socialist Dictatorships*, vol. 1,Cambridge, 2007, 123.

2 Ann Swidler, “Culture in Action,” *American Sociological Review*,51:2,1986,pp. 273-286, 及 Isabel V. Hull, *Absolute Destruction: Military Culture and the Practices of War in Imperial Germany*, Ithaca, NY, 2005.

3 尽管 Christopher Clark 的 *The Sleepwalkers: How Europe Went to War in 1914* (London, 2012) 一书十分流行，在德国尤甚，但这并不表明其对历史的解读是中肯的。Annika Mombauer, *Helmuth von Moltke and the Origins of the First World War* (Cambridge, 2001), and Isabel V. Hull, *A Scrap of Paper: Breaking and Making International Law in the Great War* (Ithaca, NY, 2014), Ch. 1 (“What we have forgotten”) 对战争的直接起因提供了远为出色的介绍。

掌握世界的口号一同灰飞烟灭。社会民主党畏畏缩缩地接管了这个千疮百孔的国家，建立了民主共和国，并于1919年签下了不平等的《凡尔赛和约》，同意裁军，在德国边境建立非军事区，为德国给其邻国造成的巨大伤害支付赔款，并忍痛向法国、比利时、丹麦以及新的波兰割让土地。然而稳定还是转瞬即逝。共产主义暴动在柏林、慕尼黑、汉堡和德国中部爆发，并遭到激进的民族主义准军事武装的野蛮镇压，后者则是政府在别无选择之下从满心报复的“旧陆军”残余旧部当中招募起来的。尽管民族主义者的暗杀消灭了那些杰出的共和派政治家，这些准军事武装在1920年和1923年的政变企图还是均告失败。

最糟的是，在1920年灾难性的选举当中，作为共和国基础的社会民主党—天主教徒—左翼自由主义者联盟丢失了其支配性多数。德国共产党在左，保守党和激进国家主义者在右，反对共和国的极端力量掌握了超过三分之一的议会议席。由于法国和比利时占领德国重工业的心脏鲁尔山谷以迫使德国偿付赔款，德国经济在1922至1923年几乎面临崩溃。德国对占领的反应是消极抵抗，并宣布德国无力偿付——显然是托词。随后，德国大开印刷机，将已经急剧贬值的货币推向恶性通货膨胀，恰好表明德国是无意偿付。

随后五年，一个短暂的、表面上的稳定窗口期降临了。德国发行了新的货币，法国和比利时经谈判同意从鲁尔撤出，赔款数量大大减少，美国也提供了贷款为这些赔款担保。1925年，德国与西方列强缔结《洛迦诺安全公约》，保证了类似于入侵鲁尔的事件不会再次发生，但为德国在恢复力量之后再次向东征服其“失去的领土”甚至其他地方留下了后门。随后，德国屈尊加入《凡尔赛和约》建立的国联，并于1927年为裁军现场检查画上了句号。次年，德国民主力量短暂地重获议会多数，建立了一个由社民党领导的联合政府。但这个喘息空间只是表面上的，因为就在这段时间当中，德国的总统宝座已经落入国民阵线之手。作为政府首脑和武装力量总指挥，总统拥有广泛的紧急处置权。作为第一任总统，社民党的弗里德里希·艾伯特曾充分利用这些权力，以保护共和国。但艾伯特于1925年英年早逝，民主党派之间的相互斗争将总统职位拱手让给了1916至1919年的陆军总司令、可敬的陆军元帅保罗·路德维希·汉斯·安东·冯·贝内肯多夫·冯·兴登堡。依靠北部和东部的清教徒，元帅在选举中获得了绝对优势，这表明，只要出现一个合适的元首，国民阵线就能够联合起来，统治德国。尽管兴登堡年事已高，行动迟缓，但他不久便通过与陆军自然而密切的联系，用自己的可观权力约束了该组织不肯妥协的诉求。

在《凡尔赛和约》所有所谓的不公之处当中，规定德意志共和国只能拥有10万人的“小陆军”或许注定要成为最失败的一条。陆军常备军仅存的3.4万名军官当中，有3万人被复员和裁军赶到街头，后者成为准军事武装暴力活动的战场。而1919至1920年之后，留在现役中的不到4000名军官则是精英中的精英。这些人主要是从有着“旧陆军”当中最优秀头脑的总参谋部军官团中精挑细选出来的，经受过四年工业化屠杀的锻炼。“屈辱的和约”无意中将陆军的领导们提炼浓缩，使之成为欧亚大陆乃至整个世界上，最独立、最有创造力和精湛技巧、最狭隘、最鲁莽任性、最残酷无情，同时也是最执拗的民族主义军官团当中的精华。从一开始，陆军的组织文化就要求一场旨在复仇的霸权战争。从一开始，经过伪装的总参谋部就将102个师（约400万人）设为陆军战时兵力结构的目标。从一开始，参谋军官便计划用包括坦克、飞机以及被可恶的和约所禁止的毒气。它认为战争是一种整体性的社会工业过程，无情地要求整个国家，以及任何不幸落入其统治之下的人民保证投入所有的资源。任何生命、财产及道德方面的代价，任何政治上的考虑都不能让陆军退缩。从20世纪20年代初开始，德国愉快地与苏俄的布尔什维克缔结了同盟，以确保那些自己被禁止拥有的武器能够获得秘密的制造、测试及训练场所。并且，几乎从一开始，陆军就渴望发现一位“灵魂的统治者”，一个“拥有非凡品质，能够并愿意像独裁者一样统治的人”。[1] 总参谋部的“总体战派”再清楚不过地认识到，要以一种与其目标相适应的规模和速度重建军备，这与德国的民主制度是绝对不相容的。

总参谋部的“总体战派”再清楚不过地认识到，要以一种与其目标相适应的规模和速度重建军备，这与德国的民主制度是绝对不相容的。

1927年，西方国家结束了对德国远远不算完全的裁军的现场检查，鼓励陆军将其思谋良久的1928至1933年“重建军备初步计划”付诸实施。但到1930年春天，计划的制定者们已然日益焦虑，他们的下一个四年计划要求预算多年度大幅增长，以及远远超过和约限制的兵力扩张。1928年选举产生的、由社会民主党人领导的联合政府不会允许这两项当中的任意一项。1930年3月，内部纷争让这个政府及时地垮台了。以总统颁布的紧急状态令为后盾，兴登堡和他的军事顾问们协调组织了一个由右翼支持的少数政府。然而，宪法允许议会通过多数投票推翻紧急状态令，而议会也确实这样做了。兴登堡的总理海因里希·布吕宁决定在1930年9月举行全国选举，昏昏然以为能够获得听命于政府的议会多数。但政府和共和政体不得人心已然不可救药，不久演变为大萧条的经济滑坡已经开始，再加上一个被大多数评论者忽略了的因素一起，引发了一场选举地震。这个因素就是，1930年6月30日，法国驻军提前从《凡尔赛和约》规定的莱茵河上最后一个桥头堡上撤出。“莱茵兰的自由”终于解放了德国人民，使他们可以为其民族主义的信仰投票而不必担心法国军队的行动。[2] 在激烈混乱的选战之后，他们于1930年9月14日表达了自己的意愿，使德意志国家社会主义工人党成为社民党之后的德国第二大党，

1 Kurt Hesse and Joachim von Stülpnagel (总参谋部作战部长), 引自 Knox, Threshold,pp. 290-291; 第二条亦可见 Gil-li Vardi, “Joachim von Stülpnagel’s Military Thought and Planning,” *War in History*,17:2,2010, pp. 193-216.

2 Knox, *Threshold*, pp.353-360.

得票率达到18.4%。这匹黑马的领导者是一位之前一直默默无闻的奥地利移民、曾于1914至1918年服役的陆军老兵阿道夫·希特勒。这个人能让人们相信，他便是之前的民族神话所预言的"灵魂的统治者"、国民阵线的元首以及德国分裂状况的修复者。

随着大萧条的深化，以及军队重整军备的截止期限日益临近，希特勒的运动从包括共产党在内的所有政治阵营吸取着生机和选票。到1932年夏天，即便是紧急状态令也无法管理德国了，包括国家社会主义者、保守派民族主义者以及共产主义者在内的反共和政党掌握了国会将近五分之三的席位。也不能选择军事独裁：陆军的计划制定者们需要民众对军备重整和军事组织具有高度的热情，这是武力所无法取得的。留下的唯一选项就是向希特勒对总理职位坚持不懈的反复要求低头，以换取他的狂热追随者们——现在已成为德国第一大党——的支持。1933年1月30日，兴登堡和他的顾问们将国家和欧洲的命运完全交给了阿道夫·希特勒。[1]

外部大国：离心离德、满目幻景、踌躇不决、狼狈为奸

1933年，希特勒面前的新世界所提供的机会，足以让那些1914年之前领导柏林的人瞠目结舌。战争与失败不但没有削弱德国的军事与地缘政治潜力，反而吊诡地增加了它们。[2] 德国的工业核心、对科学技术的掌握、教育水平甚高的人口，以及人口结构的优势（军事适龄男性的数量相对法国的比例为3:2）都没有受到损害。在两个侧翼强国当中，俄罗斯现在不再是法国的盟国，而成了一个满心复仇的被遗弃的国家，与德国陆军结成了半秘密的联盟。另一个侧翼强国美国，尽管在1917至1918年间敲定了德国的毁灭，但却拒绝为维护1918年之后岌岌可危的休战承担责任。在西方，对德战争已经让法国元气大伤，也给英国沉重的打击，以至于其精英和民众只要一想到更深地卷入欧洲大陆纷争的情景，就心惊胆战。在东方，1918年德意志、俄罗斯和奥匈帝国留下的废墟上，出现了一大堆贫穷、动荡、彼此争执的多民族"短命国家"，注定要成为德国和俄国复苏之后的猎物。

法英两国本可以仅凭团结和决心就遏制住德国，然而，它们之间的团结主要建立在同仇敌忾之上。巴黎恐惧地望着东方，设法防止或延缓德国东山再起。伦敦却执拗地选择相信大战的起因不是德国的侵略，而是军事同盟和大建军备，

1 具体分析和细节，见 ibid., pp.371-389, 396-98, 403-404。

2 Gerhard L. Weinberg, "The Defeat of Germany in 1918 and the European Balance of Power," *Central European History*, 2:3, 1969, pp. 248-260.

《凡尔赛和约》对德国极度不公平，而大战太过可怖以至于绝无可能重演。[1] 由此，英国不时将法国在恐惧之下短暂的大陆优势视为威胁。错位的道德主义和肤浅的伪现实主义反而推动伦敦去安抚德国，幻想着“和平演变”能够最终平息因争霸的惨败而存在于德国精英和民众当中的怒火。[2] 出于这一点，伦敦阻碍了1923至1924年法国和比利时对鲁尔盆地的占领，并支持了1925年的《洛迦诺公约》，该公约禁止法国进一步干预德国，却没有限制德国干预其东部邻国。从1929到1930年，大萧条使民主国家更加战战兢兢，士气低落，鼓励了竞争性贬值和关税壁垒，加剧了他们之间的疏离。1931年，日本攫取中国东北，第一次显现出国联宣称自己是世界和平的万能药这一口号的荒谬。如果安全是“集体的”，那么也就没有国家有责任维护它，实际上也的确没有国家去维护它。

尽管如此，直到1934年，英国一直在设法强压法国接受地面力量裁军和与德国的军力对等，这样做意味着将德国新领导层所追求的欧洲霸权拱手相送。但英国逐渐意识到，德国和日本都在如火如荼地重整军备，尤其是仍然处于半地下状态的德国空军有能力威胁到英国本土，这促使伦敦再作打算。一系列旨在增加海军和空军军备的项目在犹豫中接踵展开。但英国财政的最高权威、并从1937年开始担任首相的内维尔张伯伦，直到1939年才不再禁止陆军的现代化和扩军，唯恐拥有备战完毕的地面部队将英国再次拖入以法国为同盟的欧洲战争。

直到1934年，英国一直在设法强压法国接受地面力量裁军和与德国的军力对等，这样做意味着将德国新领导层所追求的欧洲霸权拱手相送。

法国无可厚非地对英国所提供的支持缺乏信心，这使得它在其他地方寻求对抗德国的盟友。苏联表现得高深莫测，法国为了讨好它所付出的努力则进一步拉低了自己在伦敦已经跌到谷底的声望。巴黎同样也向意大利的独裁者贝尼托·墨索里尼大献殷勤，在1934至1935年默许鼓励法西斯意大利侵略非洲最后一个独立的非殖民地国家埃塞俄比亚，并匪夷所思地期待这可以换取意大利在欧洲积极有效地支持法国对抗德国。但尴尬的是，埃塞俄比亚是国联的成员。1935年11月，英国政府不得不面对一场大选，其民众则被国联在维护世界和平方面的所谓根本作用深为蛊惑。伦敦，与颜面大失的法国人一起，感到不得不在国联组织一次反对意大利侵略行为的经济制裁。

英法海军控制着地中海和苏伊士运河，后者是法西斯意大利向其在东非大胆部署的40万名军人和劳工输送补给的唯一通道。一场“和平的”海上封锁将足以羞辱性地摧毁意大利的独裁统治，倘若独裁者敢于报以战争，压倒性的兵力将

1 见 John C. Cairns, “A Nation of Shopkeepers in Search of a Suitable France: 1919-40,” *American Historical Review*,79:3,1974, pp.710-743, 及 G. Bruce Strang, “The Spirit of Ulysses? Ideology and British Appeasement in the 1930s,” *Diplomacy & Statecraft*,19:3, 2008, pp.481-526。

2 英国的“现实主义”政策之父是一位曾在英国外交部供职的官员，其过于具有影响力的著作可见E.H. Carr, *The Twenty Years' Crisis, 1919-1939*, London, 1939。

碾碎意大利仍然幼小的海军，并将半岛的沿海城市及工业纳为质押。然而，伦敦却谄媚地暗中向墨索里尼保证，它绝无恶意。1936年春天意大利在东非的胜利令柏林满意地看到，英国雄狮只是一头遍身疮癣的无牙之兽。与此同时，法国左翼在选举当中获胜，而在英国执政的保守党对这些人的不信任和鄙视远甚于法国的其他政治派别，进一步加剧了法英之间的摩擦。

1937年5月，张伯伦就任首相则使西方大国之间的分歧更加复杂化。他对英国"官方思维"中的所有迷信都深信不疑，并将其夸大。这些迷信包括：有必要与据说是好战、不成熟、善变和腐败的法国人保持距离，蔑视且不信任美国，并且天真地相信，德国政策的根源在于外交手段就足以补救的"怨忿之心"。一旦这些怨忿消失，德国将会愿意顺从地接受伦敦反复提议的相互安全保障和军备限制协议，以及经济互惠，这也是唯一合乎逻辑的做法。国内的疑虑加强了外交政策上的幻觉。到1937至1938年之前，如果按照应对德国威胁所需要的规模进行国家动员，据说将会危害到英国在大萧条之后仍然脆弱的经济复苏，更糟糕的是，这将导致与反对党工党共享权力。[1] 最后，政府的军事顾问们既缺乏远见，又悲观得无可救药，在他们看来，英国的军备重整姗姗来迟，并且断断续续，不能保证皇家空军有足够的能力保卫不列颠，特别是广大的伦敦城区，不被德国"一击致命"。于是看上去，安抚独裁者希特勒成了阻力最小的一条路。[2]

张伯伦则为英国的政策增加了两条更加危险的引线，其一是安全上极度的自给自足，其二是通过预防性让步掌握先机的决心。他的密使，未来的外交大臣爱德华·哈利法克斯勋爵在1937年11月拜访希特勒，奉承地表态说"《凡尔赛和约》中存在必须被纠正的错误"，并昏聩地力陈"和平的演进"将能够解决德国对奥地利、捷克斯洛伐克和波兰的领土要求。[3] 当希特勒于1938年3月吞并奥地利，并准备于当年9月将捷克斯洛伐克变为附属国时，张伯伦拼命保持主动权，反复飞往德国以恳求元首一口口吞掉捷克斯洛伐克。

其结果，1938年9月的慕尼黑协定使希特勒不费一枪一弹便掌握了中欧。尽管伦敦感到悲观，但如果小规模战争发生，德国必定是要失败的。德国空军的训练和装备尚且十分不完备，既不曾设想也不能够空袭英国，而把全部精力都投入在支援对捷克的地面行动之上。到9月下旬，法国展现出了超乎预料的决心。捷克人在可畏的边境要塞背后备战完毕。德国陆军的打击能力还不到1939年年中的一半，德国无法保证任何一种战略原材料的稳定供应，石油尤其短缺。[4]

1 见Maurice Cowling, *The Impact of Hitler: British Politics and British Policy, 1933-1940*, Cambridge, 1975.

2 Christopher Thorne, *The Approach of War, 1938-39*, London, 1967, 不失为精彩而简要的事件概括；Gerhard L. Weinberg, *The Foreign Policy of Hitler's Germany: Starting World War II*, Chicago, 1980, 则在尖锐的分析和细节的驾驭上无与伦比。

3 ADAP D/1/31, pp. 48-49, 52.

4 Williamson Murray, *The Change in the European Balance of Power, 1938-1939*, Princeton, 1984, pp.217-263.

在慕尼黑换来的喘息空间持续了不到六个月，却是决定性的六个月，德国武装力量充分利用这段时间扩张备战。

在慕尼黑换来的喘息空间持续了不到六个月，却是决定性的六个月，德国武装力量充分利用这段时间扩张备战。在英国，尽管为时已晚，1938年11月德国犹太人遭到的大规模、有国家支持的暴力迫害还是将公众和精英的意见转为反对希特勒。1939年1月，谣传德国即将袭击荷兰和比利时，这刺激了英国内阁暗地里架空张伯伦，并寻求与巴黎的战略合作。迟来的发现让伦敦惊惧不已：法国是如此分裂，如此士气低迷，没有全力支持的话便可能崩溃，使得英国在大陆上再无任何盟友。

于是，当希特勒在1939年3月15日撕毁慕尼黑协定尚未被违反的那一小部分内容，占领了捷克首都布拉格时，伦敦寻求通过外交威慑延缓希特勒的前进。这带来了几乎和1938年张伯伦讨好希特勒同样令人震惊的战略失策：伦敦和巴黎向波兰和罗马尼亚提供了军事上显然无法履行的保证。希特勒报以嘲笑。伦敦的民意坚持要为保卫波兰而战，从而将1939年春夏的主动权交给了约瑟夫·斯大林，后者正等待着这样一个时机，以便使德国和西方大国鹬蚌相争。

西方的力量远逊于德国。如果苏联和西方国家结成联盟，或许能以两线作战和随之而来的战略物资进口断绝来遏制希特勒。但一旦两线战争爆发，其形式必然是苏德战场难分难解，而英法能起到的作用很小。斯大林于是故意将价码抬到不可能的高度：如果他本人单边地认为波兰、罗马尼亚、波罗的海诸国和芬兰等国遭到了“间接侵略”，就必须允许苏联军队插手这些国家。伦敦不无道理地认为，这个要求是苏联征服其刚刚为之担保的两个独立国家的借口。

然而，希特勒却能够向斯大林提供，事实上也确实提供了一份“不侵犯”协定，将波兰和东欧分给了德国和俄国，德国与西方之间的战斗将是漫长而艰苦的，充满扩张机遇的新世界大门从而为苏联打开。[1] 斯大林高高兴兴地接受了，1939年8月23—24日夜间签订《苏德互不侵犯协定》时，斯大林愉快地向希特勒祝酒致意：“我理解德国人民有多么热爱他们的元首。”[2] 两周后，这位领导人幸灾乐祸地对他的跟随者们说：“《苏德互不侵犯协定》在一定程度上帮了德国人。下一次我们要推一下另一方。”[3]

伦敦在战略方面的幼稚和预防性让步为希特勒打开了通往开始于1939年9月1日的大规模战争之路，战争无情地蔓延着，直至1941年12月达到战略高峰。

---

1 See especially Rolf Ahmann, “Soviet Foreign Policy and the Molotov-Ribbentrop Pact of 1939: an Enigma Reassessed,” *Storia delle relazioni internazionali* 1989:5 及 R.C. Raack, “Stalin’s Plans for World War II,” *Journal of Contemporary History* 26:2,1991,pp. 215-227.

2 ADAP D/7/213, p. 191, 斯大林同时也向海因里希·希姆莱祝酒，称其为“德国秩序的保证者”，见 Hans-Günter Seraphim, ed., *Das politische Tagebuch Alfred Rosenbergs aus den Jahren 1934/35 und 1939/40*,Göttingen, 1956, s.82.

3 Ivo Banac, ed., *The Diaries of Georgi Dimitrov, 1933-1949*, New Haven, CT, 2003, pp.115.

苏联认定纳粹德国是竞争中较弱的一方，鼓励其出击，并向希特勒提供充足的谷物、铁铬矿石、废铁、锰、铜、镍和橡胶，使英国的海上封锁归于无效。希特勒的战争诚然是他本人制造的，但使之成为可能的，还有其他欧洲强国的行动，以及美国的不作为。

阿道夫 · 希特勒："十分谦虚地说……我本人是无可替代的。"[1]

一个曾被人嘲弄地比作"郊区花园咖啡馆里的二等侍应生"的人物，何以崛起为主要政党的最高领袖，德意志人民的元首，以及历史上最大战争的肇始者，至今仍属一个谜题，但并非彻底无法解释。[2] 德意志人民和国家的苦难历史提供了可资利用的神话、制度和成熟时机。尽管理由越来越少，但意识形态带来的盲目和缺乏想象力让国内的反对者和国外的政治家一次又一次低估了这个人和他的目标。但胜利和灾难同样都取决于他个人的独特品质，在这一点上希特勒是完全正确的。

意识形态带来的盲目和缺乏想象力让国内的反对者和国外的政治家一次又一次低估了这个人和他的目标。

德国陆军至少从五个方面造就了他。陆军将这个1913至1914年间古怪的奥地利移民转变为有着四年西线战场经验的老兵，负伤两次，还获得过一次一等铁十字勋章——并不是那种随便授予士兵的荣誉。1919年春夏，慕尼黑陆军司令部的情报部门招募他参加一个为对抗部队和群众当中的"布尔什维主义"而组织的宣传训练班。希特勒下士于是获得了政治教育，并作为一个"能用其狂热和平民气质无可争议地获得听众的注意和认同的、天生的煽动者"而登上舞台。[3] 陆军高兴地将它的学徒插进了慕尼黑激进的民族主义政治当中，并用自己的普遍影响力、广泛的人脉和大量的秘密资金支持了此人早期在啤酒馆鼓吹仇恨的事业。最终，在1932至1933年，陆军越来越急切地需要一个政府来全心支持恢复军备，消灭左翼，并唤醒德意志人民的战争热情，这注定要和希特勒对总理位子的强烈觊觎交缠在一起。

1919年树立、并在之后多年中得到阐述的那种世界观是德国民族神话的一种极端表现，第一次世界大战和德国战后街头斗争巩固并调和了它。[4] 历史即是生物学，种族是"世界历史的驱动力"。德国的宇宙任务是从失败和屈辱中崛起，净化其充斥着阶级和政党纷争的政治，也净化其人口中的种族污染，并成为"未来雅利安人对抗世界犹太威胁的全球斗争当中 的元首"。德国的人口扩张与其有

1 ADAP D/8/384, p. 348 (to his commanders, 24 November 1939).

2 Hermann Rauschning, 引自 Ludolf Herbst, *Hitlers Charisma. Die Erfindung eines deutschen Messias*, Frankfurt am Main, 2010, s.28.

3 引言和背景，见 Knox, *Threshold*, p.331。

4 引言和分析，见 ibid., pp.340-343, 346-348。

限的国土之间的鲜明矛盾，要求的既不是殖民地也不是商业扩张（威廉二世的德国就犯下了此种大错），而是征服德国东部的广大空间和资源。早在1921年，伦敦为阻碍巴黎而付出的多年努力似乎让希特勒预料到可以“在英国的帮助下瓜分俄国”。他随后加上了与意大利结为同盟的可能，后者同样与法国有着冲突，并从1922年开始被墨索里尼——欧洲第一个激进民族主义的半军事化执政党的“领袖”所领导。到1928年，希特勒得出结论，在他追求统治世界的过程中，美国将是德国最终的敌人。[1] 最后，希特勒出现伊始，便以一种德国政治当中绝无仅有的方式吸引了民众个人：无论出身、财富或教育水平，革命事业向所有有才能的人开放。希特勒自己的崛起便是这一方针的醒目例证。这为摧毁德国僵化的“等级”和阶级划分点燃了引线，也为国家社会主义动员了庞大的社会力量。于是，希特勒运动，及随后的德国武装部队获得了源源不断的青年支持者，他们在旧的德国政体下都全无前途，但决心要么出人头地，要么为之献身。[2]

但如果没有希特勒自己独一无二的演讲才能和政治谋略，他在早期事业中利用的既有传统、直接环境以及军队支持，等等，都很难产生什么影响。1918年的慕尼黑绝不缺少激进民族主义煽动者。但希特勒开始参与啤酒馆政治不到6个月，他对德国的所谓国内外压迫者充满敌意的谩骂就吸引到了2000名以上的听众。他参加的激进主义小团体“德国工人党（DAP）”在他的指导下趋于成熟，成为了“德国国家社会主义工人党（国社党）”。几乎从一开始，希特勒就宣布该党有朝一日将领导德国，到1921年夏天，他已经利用自己的不可或缺成为了这一“运动的独裁者”。

希特勒的特殊权力，可以用最伟大的社会学家马克斯·韦伯所提出的一个广受欢迎的概念最为经济地解释：魅力，亦即“一个人的被视为非凡的品质，被视为具有超自然的或者超人的，或者特别非凡的……力量或素质”。此人（“元首”）通过“魔力、启示或英雄主义、精神和言语的能力”证明自己。但魅力远远不止是被选中者的先天能力。它首先是将追随者与魅力领袖以一种互惠或相互作用的方式直接（或至少追随者这样认为）联系起来的关系，追随者能够参与并扩展领袖的魅力光环。对于韦伯来说，魅力是“历史中的特殊革命力量”，它“颠倒一切价值层级，并推［翻］习俗、法律与传统”。[3]

希特勒本能地了解他的革命性角色。表面上的慵懒使他远离日常政务和官僚口角，而只在决定性时刻进行干预。然而他在大规模煽动的后勤与官僚基础方面展现出过于成熟的认识，在挑选和提升有能力的、尽管经常是令人讨厌的下属方

1 关于德国声称拥有“统治世界”的权利，以及希特勒显然相信这一宣言具有宣传效果，见 ibid., pp.359-361。

2 许多人则二者兼而为之，Knox, “1 October 1942: Adolf Hitler, Wehrmacht Officer Policy, and Social Revolution,” *The Historical Journal*, 43:3, 2000, pp. 801-825。

3 引用和评论韦伯的内容见 Weber quotations and commentary: Knox, *Threshold*, pp.300-301。

面也有着惊人的技巧。更关键的是，他将陆军“任务导向”传统的强大活力和超常灵活性引入了政治当中。早在1922年，他便用德国陆军任务命令式的简洁话语定义了地方政党领导人的使命——“把政治权力紧握在我们运动的手中”，而对于手段的选择却全无干涉。[1] 在此之外，他做出了那些将德国国家社会主义工人党引向政权、将帝国几乎引向亚欧大陆的统治、并将德国人民引向毁灭的格外大胆的决定，常常是在独自沉思之后。

在共和国的第一次准生存危机当中，货币崩溃，法军驻兵鲁尔，希特勒则试图于1923年11月发动一场模仿墨索里尼1922年夺权经过的“柏林进军”。面对慕尼黑陆军司令部和巴伐利亚州政府的阻挡，他亲自带领着武装了的跟随者，以一种孤注一掷的架势在警方的步枪弹当中前进。他把叛国罪审判变成了一场对共和国雄辩而充满敌意的控诉，并作为有能力行动的德国民族主义领袖之一脱颖而出。1924年，他被短暂地投入监狱。此后的政党重建工作缓慢而艰难，但国社党最终得以成为一台运转流畅的选举机器，既长于宣传，也同样长于街头暴力，它有针对性地取悦了几乎每一个特殊利益群体，也回应了德国人民对国家整合的长久渴盼。希特勒自己扮成一个能够修复国家历史分裂的可靠之士，而根据他1932年给出的刻薄评论，他的敌人们却认为“德国有30个政党是再正常不过的事。”1932至1933年，在共和国的残局当中，他慑止或清除了党内的怀疑者，并成功地坚持到了最后，直到成为总理。

掌权伊始，希特勒和他各个层次的追随者在仅仅五个半月的时间里，就粉碎了所有的其他政党，包括他的保守党同盟。当国社党“褐衫军”威胁要破坏他小心经营的与陆军之间的关系时，希特勒在1934年六七月间若无其事地谋杀了其领导者们。武装部队投桃报李，当兴登堡终于在当年8月去世时，他们对成为总司令的“德意志国家和人民的元首”宣誓效忠，这是前所未有的。

此时，在谎言的面纱之下，不计花费、只受到合适的军官和非现役军官数量限制的军备重建已在进行。与频繁的“和平讲话”配套，希特勒亲自组织了德国在1933至1936年间的一系列出其不意的外交行动和双边协定，颠覆了1919年之后的欧洲秩序，一步步地将德国从国联、“凡尔赛的镣铐”以及《洛迦诺安全公约》当中解放出来。这位独裁者精彩地利用了欧洲大国的优柔寡断，以及国内和外交政策之间的辩证关系，他反复让德意志人民用全民公决的一致通过为外交胜利加冕。[2] 在1938年吞并奥地利之后举行了最后一次全民公决，到那时为止，武装力量几乎已经可供部署执行任务，在清除了外交部和最高统帅部中的怀疑者之后，希特勒个人也已经可以控制武装力量。

但捷克危机并未按照计划进行。张伯伦的战略无知让德国免于1938年秋天

1 引用和评论韦伯的内容见 Weber quotations and commentary: Knox, *Threshold*, p.339.

2 关于这种相互关系，见 Knox, *Common Destiny*, Cambridge, 2000, ch. 3。

的军事灾难，希特勒为此耿耿于怀。独裁者对“英国女家庭教师们”公开表示愤怒，并计划将1939年占领布拉格作为德国主要“和平”妙棋中的最后一步。陆军迅速接近1936年再次确认过的102个师的目标。空军则装备上了总体上优于其潜在敌国的飞机。西方的保证不但没有遏制希特勒在秋天雨季到来之前毁灭波兰的倾向，反而将其加强了。斯大林给予了鼓励，并有可能参与战役，而德国在可投送战斗力量方面的优势的的确确是一项损耗性资产，有这些就足够了。希特勒明白，英国和法国有可能宣战，但认为他们只是纸上谈兵：“在慕尼黑，我见到了张伯伦和达拉第（法国总理）这两个可悲的蠕虫，他们懦弱到不可能进攻，充其量只会封锁。”[1]

遵照希特勒的命令，德国军队在9月1日对波兰发动袭击。在接下来的27个月当中，希特勒没有放过任何一个在地理上和意识形态上将战争升级的机会。波兰战役和对它的占领从一开始就只是为针对犹太人和斯拉夫人的种族战争而进行的牛刀小试。1940年4月，丹麦和挪威在德国前所未有的海空联合袭击中陷落。陆军和空军的胆量和技艺在五六月间出乎意料地击溃了法国，他于是迅速下令，准备1941年春季通过闪击毁灭苏联。战胜法国宿敌将德国军队和民众对元首的忠诚和信仰推至巅峰。军方和经济的规划者自愿合作，以设计一场大陆范围的战役，实现种族—意识形态的灭绝和奴役。

速度至关重要，因为纳粹德国的战略空间正在逐步缩小。尽管受到了法国崩溃的冲击，英国还是继续奋战。苏联加速了其已然规模巨大的军备项目，并开始从外围蚕食德国所征服的土地。德国对苏联所输送的战略原材料的依赖迅速增加。美国已经开始着手前所未有的海陆空军备重整，到1944至1945年，这次重整使它拥有了世界上最大和最强的武装力量。希特勒十分清楚，苏德战争可能同时摧毁国家社会主义和德意志第三帝国。但蔑视风险是德国军事思想的核心，“要么胜利，要么毁灭”。种族主义的意识形态，以及陆军所表现出来的对战争的驾驭能力，似乎为迅速消灭东部“犹太—布尔什维克的劣等人”提供了保证。

蔑视风险是德国军事思想的核心，“要么胜利，要么毁灭”。

1941年6月22日，德国陆军和空军以令人敬畏的速度和力量（对苏联）发动了攻击，与此同时，希特勒的安全部队为大屠杀拉开了序幕，在几个月的时间里，后者成为“犹太人问题的最终解决方案”，超过600万男人、妇女和儿童遭到杀害。但是，当这场豪赌于1941年11月至12月在莫斯科城下失败时，希特勒手里就只剩下了一张升级牌。日本对珍珠港的自杀性袭击刺激他毫无必要地对美国宣战。纳粹德国的覆亡命运已经注定，但希特勒绝不动摇。如果统治世界无法

1 To his commanders, 22 August 1939: ADAP D/7/193 note.

达成，德国愿意也必须在战斗中倒下。[1] 元首在国内的巨大威信足以保证这一结果，即便他所激怒的敌人已经从东部、西部和空中摧毁了德国。第三帝国硝烟中的废墟，以及上千万德国人的丧生，充分验证了希特勒的判断：他个人的影响是无法弥补的。[2]

（孙文竹 译；李晨 校）

1 Berndt Wegner, “The Ideology of Self-Destruction: Hitler and the Choreography of Defeat,” *German Historical Institute London Bulletin*, 24:2,2004, pp.18-33.

2 此处“无法弥补”与小标题中的“无可替代”在英文中同为 irreplaceable，是作者的双关语。——译者注

军备竞赛与第二次世界大战的来临

[英] 约瑟夫·梅奥罗

内容提要：工业革命之后，军备竞赛作为促进战争的危险因素，逐渐登上大国政治的舞台。在研究军备竞赛与战争的作用机制时，学界存在“螺旋升级”模式和“威慑（失败）”模式的分歧。本文作者通过研究20世纪30年代大国军事对抗，指出军备竞赛升级失控对第二次世界大战的爆发具有独立的作用。为了为“全面战争”做准备，德国、意大利和日本先后采用“极权主义”方式扩张军备，威慑未果的英国、法国、美国不得不先后效仿进行对抗性军备扩张。军备竞赛的施动—反应循环升级超出各参与国事先预期，对战争爆发的时机与战争的蔓延产生了重大影响。

关键词：军备竞赛　螺旋升级　全面战争　极权主义

“军备竞赛（arms race）”一词最早出现于19世纪晚期的欧洲并非偶然。政治实体间的武装对抗自古有之，但是被学者称之为“军备竞赛”的高强度军事竞争则是与工业革命相伴而生。到19世纪40年代，工业化为武器制造带来革命性发展。欧洲各国的陆军把握住了普及电报与铁路所带来的通讯与交通领域的重大变革，而海军则纷纷用钢铁船体、蒸汽机和螺旋桨取代之前的木帆船。工业生产与技术变革日新月异，相应而生的是欧洲各国愈发迫切地努力跟上潜在对手的发展步伐。这一急切性在普鲁士统一德国的战争（1866—1871）后尤其更加突显，普鲁士通过这场战争向欧洲其他国家表明，当新技术和实行大众兵役制的军队与系

[英] 约瑟夫·梅奥罗（Joseph Maiolo）伦敦国王学院（King's College London）战争研究系教授，迈克尔·霍华德战争史研究中心（Sir Michael Howard Centre for the History of War）主任。

统规划相结合时，能够在多大程度上给战争带来迅速而决定性的结果。[1]

1914年欧洲爆发战争之前，国家间军事竞赛十分激烈。这似乎能够说明，军备竞赛作为新的促进战争的危险因素，已经成为大国政治的一个重要组成部分。在关于这一问题的诸多权威性陈述中，1914年时任英国外交大臣格雷勋爵（Lord Grey）颇有建树。对于格雷勋爵来说，历史的教训显而易见："正是大规模军备扩张不可避免地引导各国走向战争。如果一方进行军备扩张，势必导致另一方扩充军备。当一个国家武装自己时，其他国家不可能在国防上不作为而甘冒遭受侵略的危险……任何一国采取的每一步行动都会被其他国家注意到，进而引发后者的反制。"[2]

在20世纪20年代存在这样一种认知：国家间军备的施动—反应循环（action-reaction cycle）不受控制的升级最终导致第一次世界大战的爆发。鉴此，国际联盟努力推动全球军备控制磋商。这些努力以失败告终，因为当1932年世界裁军会议（World Disarmament Conference）在日内瓦召开时，大萧条带来的混乱、日本在1931—1932年对中国东北的征服以及阿道夫·希特勒在1933年被任命为德国总理意味着，裁军已不可能，战争则愈发可能发生。1936至1938年间，日本进一步蚕食中国，意大利入侵非洲，德国在欧洲不断扩张，由此引发的一系列国际危机最终导致另一场欧洲战争在1939年爆发，并于1941年演变成世界大战。

在战争初期的两年半中，英国、法国、苏联和美国接连遭受的军事灾难似乎印证了如下观点：战争之所以爆发，是因为这些大国未能通过有效武装自己而对侵略国形成威慑。维持现状的大国未能及时武装自己会引发战争——这一共同信念成为冷战初期对立双方均采取进攻性对外政策的理论基础。在20世纪60年代和20世纪70年代，超级大国间的核对抗不断升温，因而学界对军备竞赛的研究更加系统且急迫。多数学者已就军备竞赛的定义达成共识，即军备竞赛是指"大国或大国集团之间激烈的竞争，每一方都努力提高本方军备或武装力量的数量和质量，以试图获得军事力量上的优势地位"。[3] 而关于其他基本问题，尤其是什么导致了军备竞赛，军备竞赛是否会独立发挥作用以及是否会导致战争等问题，学者们仍存在分歧。

冷战政治是导致学者们在研究军备竞赛时难以达成共识的重要原因之一。在西方，坚信军备竞赛可能失控并引发战争的学者倡议与苏联进行军备控制谈判。与格雷勋爵一样，这些学者认为，互相怀疑和寻求安全使得国家针对彼此扩张本国军备，从而导致武装—反制性武装（arming and counter-arming）的恶性循环。

1 W.H. McNeill, *The Pursuit of Power: Technology, Armed Force, and Society Since A.D. 1000*, Oxford, 1983, pp.185-236.

2 Viscount Grey of Fallodon, *Twenty-Five Years, 1892-1916*, Vol. 1, London, 1925, pp.89-90.

3 Hedley Bull, *The Control of the Arms Race: Disarmament and Arms Control in the Missile Age*, London, 1961, p.4.

另外一些学者认为，军备竞赛不会通过施动—反应循环而独立发挥作用。在他们看来，军备对抗不过是更深层政治经济争端的表面征兆，而后者才是引发所有战争的元凶。这些学者指出，军备对抗中的真正危险不在于它可能在螺旋升级中失控，而在于其中一方可能无法通过足够的军备达到威慑目的，从而使另一方获得政治优势，甚至是通过发动战争来充分利用其优势。“螺旋升级”模式与“威慑”模式的争论各有其政策内涵。一些人担心军备竞赛会在升级中失控，还有一些人批评艾森豪威尔总统所称的“军工业复合体”（military-industrial complex）掌握了过大的权力，他们都建议应对苏联采取缓和政策，从而避免不受欢迎的核战争，同时减少军备开支。至于那些认为软弱可能诱发他国攻击的人，他们号召增加国防预算，进一步加强军备。在华盛顿，这种思维在罗纳德 · 里根总统的第一任期内（1981—1985年）表现得最明显。里根政府中的强硬派人士认为，苏联政治体制中固有的进攻性特质是造就仍在进行的冷战和仍在扩充的庞大核武库的罪魁祸首，他们常常援引20世纪30年代的教训，试图说明未能通过武装去应对独裁政权的危害。[1]

本文将以螺旋升级模式与威慑模式之间的争论为背景，重新评估1930年代大国间的军备对抗。本文指出，主要大国间的军事对抗逐渐发展为一个不受任何参加者控制的激烈军备竞赛系统，换言之，这是一个如螺旋升级模式所描述的军备竞赛。尽管军备竞赛本身并不能引发第二次世界大战，但它确实独立发挥了作用，并在很大程度上决定了战争的爆发时机及其在1940至1941年间的蔓延。对于认为战争的起因在于维持现状国家未能有效武装以威慑侵略者的普遍观点，本文提出了挑战。事实上，当时所有大国都加入了军备竞赛，就如何赢得它或至少是应对它有着周密计划。然而这场军备竞赛摧毁了它们的所有计划。

当时所有大国都加入了军备竞赛，就如何赢得它或至少是应对它有着周密计划。然而这场军备竞赛摧毁了它们的所有计划。

在详细讨论各国军备竞赛计划前，首先要对第二次世界大战前10年中军备竞赛的根源和独特性进行阐述。第一次世界大战的经验深刻地影响了如何针对未来战争而进行武装的思想，这场战争标志着军人对战争的思维方式的重大变革。在1914年前，总参谋部仅仅通过衡量陆军和舰队的规模、质量和资金投入来评估各国的力量。在1914年，欧洲军队的推进是根据旨在取得迅速和决定性战果的进攻性计划。然而，这场战争却残酷地持续了四年，并促使参战各国政府投入了前所未有的国家资源，不断加大对整个经济与社会的动员。这使得战争由单纯的陆海军冲突发展为国家持久力的较量，或是逐渐为人熟知的“总体战（total war）”。它塑造了当代人理解冲突结果

---

1 James G. Wilson, *The Triumph of Improvisation: Gorbachev's Adaptability, Reagan's Engagement, and the End of the Cold War*, New York, 2013.

和预想未来战争方式的方式。所以传统认识认为，德国及其盟友之所以输掉战争，不是因为德国军队在军事上被击败，而是因为同盟国的经济崩溃和国民士气的瓦解，而这部分地是由于协约国方面的封锁。世界上的军人从1914至1918年战争中汲取的教训在参谋学院中被不断重复：要赢得下一场战争，必须有旨在动员国家的全部工业与人力资源的全面战前规划，还有食品以及铁矿石、煤炭、石油之类关键原材料的自足。换言之，“武装”的定义已被扩展，所包括的不仅有前线军事力量（即：广度备战，arms in breadth），还有整个经济和社会对于从事全面战争的准备程度和能力（即：深度备战，arms in depth）。[1]

当然，在战争幸存者和战后成长起来的人的脑海里，第一次世界大战留下了不可磨灭的印记。对许多学者、实业家、官员、士兵和各种政治背景的政治家来说，这场战争提供了一种令人生畏的可能性：在未来，技术专家中的精英们可以理性地计划和经营整个工业经济与社会，从而实现宏大的政治野心。战后，大政府、多年的工业计划和指令性经济首先扎根于苏联。斯大林试图通过多个五年计划在俄国实现工业化，赶超先进的资本主义经济。其目标不只是建设社会主义，更是为了在与资本主义的最终对决中赢得胜利。在苏联官员心中，这场对决不可避免。在斯大林手下的诸多军人中，没有人能比米哈伊尔·图哈切夫斯基（Mikhail Tukhachevsky，其时代中最杰出的军事理论家之一）更热切地支持把苏联经济建设成一个巨大的军工复合体的想法。尽管战后的苏联在走自己的道路，但在20世纪20年代，对第一次世界大战的胜利者而言，压倒性的政治动机不是完善战时的集权化国家控制的做法，而是纠正1914至1918年的总体战导致的政治、经济和社会畸变。

在20世纪20年代，战后解除动员措施的最主要功绩之一在于恢复了1914年以前的国际货币稳定和兑换机制，即金本位制。通过坚持金本位制，所有资本主义国家不仅促进了贸易和资本的跨国顺畅流动，同时也让自己受制于能够限制大规模军备扩张的严格的预算纪律。对主要资本主义国家来说，1929年开始的大萧条打乱了战后解除动员措施的走向。在工业疲软、市场自行纠错失败和金本位制崩溃的作用下，一批虎视眈眈的官僚、军人和政治人物被推上权力岗位，他们梦想通过对生活的方方面面实行国家管控来解决问题。总体战憧憬者的崛起对日本产生了最迅速的影响。由军官和有类似想法的文职人员组成的阴谋团体策划占据中国东北，从而使日本获得原材料，进而获得在未来发动总体战的工业能力。日本在1931至1932年对中国东北的征服，以及随后致力于将该地区建设成军事—工业复合体的举动，是对苏联第一个五年计划的直接回应。[2]

---

1 Georg Thomas, *Geschichte der deutschen Wehr-und Rüstungswirtschaft, 1918-1943/1945*, Boppard, 1966, S.489.

2 Michael A. Barnhart, *Japan Prepares for Total War: The Search for Economic Security, 1919-1941,* New York, 2013.

大萧条也与1932年的世界裁军会议在时间上重合。如前文所述，紧随着1931至1932年间日本对国联的挑战，以及1933至1934年间纳粹政权在柏林的上台，裁军谈判已无成功希望。希特勒在上台之时就确定了德国要通过战争征服欧洲的计划，首先是针对苏联，但最终也针对法国和英国。这就要求德国大规模扩充军备，同时动员整个经济与社会以支持一场总体战。简言之，在希特勒上台之前，或者假如他压根没有上台，而某类军事独裁政权得以建立，那么英国、法国和德国之间也许有可能达成某种裁军协定。然而，即便1932年在日内瓦可能错失了达成协议的机会，所错失的充其量不过是就欧洲的陆军和空军军力达成某个短命裁军协定的机会。即便军人独裁政权从1933年起替代纳粹党执政，当裁军协定的限制遭到抵触时，军人政权也难以抵挡进行军备竞赛的诱惑。无论如何，在1933年掌权的是希特勒。德国陆军部长冯·勃洛姆堡（von Blomberg）将军领导下的武装部队与新政府结成联盟，无视德军于1919年战败后国际社会对它的限制和裁军，重新武装德国。当德国在1934—1935年开始重整军备时，英国和法国只能被迫接受裁军谈判破裂的结果——德国军备不受控制地扩张。

在政治学文献中，军备竞赛通常被描述为在国际体系中激荡的一波又一波的施动—反应。在激烈的政治冲突时期，正如通常所述，一国率先增加军备以获得相对于敌人的军事优势，而其敌手会同样增加军备以回应威胁，施动—反应的危险循环因应而生，最后或以战争告终，或陷入某种不稳定的僵持。例如，1914年以前的欧洲大国彼此间展开军备竞赛，它们相继建造更多更强大的战舰，同时打造比竞争对手动员得更迅速的大众兵役制军队。在冷战中，超级大国在相互刺激下储备了远超杀伤所需的核武器。[1]

在20世纪30年代，大国间施动—反应的升级加快了舰船、坦克、火炮和飞机的生产。越来越多的金钱、厂房、进口的原材料和劳动力被投入到大宗军需品的生产中，代价是减少本可带来创收的出口和降低生活水平，这为军备竞赛的参与者带来巨大负担。在参与军备竞赛的过程中，竞争者们发现，他们或自发地，或在日渐加剧的政治、经济和竞争压力下被迫地，要加强国家对经济和社会生活的控制。卷入军备竞赛并非是政治上中立的行为。军备增长升级带来的症状，如官僚系统的扩张、多年工业计划以及社会控制等，似乎预示着重大的政治变革。随着军备竞赛的加剧，在探讨这些变革的涵义时，“未来战争（future war）”和“极权战争（totalitarian war）”这两个术语可以互换并非巧合。进行武装意味着要把整个国家变成精密的战争机器，而这台机器能在食物和工业原材料方面实现自给自足。这就是1914至1918年战争留下的普世军事—政治教训，同时也是驱使军备竞赛不断向前的赶超或认输（emulate-or-capitulate）逻辑。20世纪30年代的军

---

1 Barry Buzan and Eric Herring, *The Arms Dynamic in World Politics*, London, 1998.

备竞赛的独特之处在于，它像一台巨大的机器，迫使所有迅速扩充军备的大国愈发剧烈地采取“极权”行为。[1]

军备竞赛的独特之处在于，它像一台巨大的机器，迫使所有迅速扩充军备的大国愈发剧烈地采取“极权”行为。

1936年是个转折点。比照1933年的较低水平，到1936年全球军费支出已增至原先的三倍。部分地因为军备需求的激增，工业活动普遍地迅速升温，工业产量和原材料价格也随之快速增长。在经济萧条和军备竞赛的先后施压下，政府不得不更有力而持续地干预工业、贸易和社会。在军人看来，纪律严明的社会、国家管控的工业和对市场力量的压制不过是现代战争和军备竞赛合乎逻辑的必需。有时，他们会遭到实业家和政府官员的抵制；有时，他们则与志同道合的企业家和雄心勃勃的文官们一起为工业集中、自给自足和技术官僚统治而游说。因为未来战争很可能是“极权”的，主导性的政治主张倡导让国家权力更“极权”，让社会更“受管控”，让经济更为“计划性”和“自给自足”。当然，在要求步调一致的竞争性压力（competitive pressure to conform）面前，众人表现各异。有人拥护，有人反抗，而压力在持续增加。

将大国划分成两类——自愿的赶超者和被动的赶超者——有助于我们的分析。自愿进行赶超的是那些由共产主义、法西斯主义和国家社会主义意识形态主导的大国，而这些意识形态都产生于第一次世界大战。这些大国迫切需要动员大众，从而在全面战争中保持钢铁般坚固的国家凝聚力。事实上，德国和意大利的军事当权派之所以拥护希特勒的国家社会主义和墨索里尼的法西斯主义，主要是因为后两者能够为了将来的战争而严密管控社会大众。

意大利在第二次世界大战中被很快击败表明，意大利军事准备的现实与墨索里尼关于意大利在为总体战做准备的夸夸其谈相差甚远。资源贫瘠的意大利过于依赖国际贸易和原材料进口，无法将自身转变为有效的卫戍型国家（garrison state)。意大利在非洲的扩张无法弥补它在必需工业资源方面的不足。法西斯政权试图在军备竞赛中不落下风，同时拒绝采用与意大利国家资源相匹配的其他军事—政治战略。这些事实充分表明，未来总体战的观念和对“大国”的理解在刺激国家追求军备、自给自足和社会控制方面起到了巨大推动作用。“在一个武装到牙齿的世界中，”墨索里尼解释道，“放弃自给自足的武器意味着，将来在面对战争时，要任由战争资源充足的国家摆布。”[2] 墨索里尼在1936年3月号召进一步寻求国家的自给自足，这并非巧合。此时，墨索里尼的经济官员已经对主要的武器供应商进行了重组，使之成为实际上由国家掌控的工业企业。

无独有偶，日本也是这样做的一个典型国家，它被军备竞赛推拉到一个因其资源稀缺而无甚意义的方向上。日本陆军和海军之间围绕国家资源和国家战略优

1 Joseph A. Maiolo, *Cry Havoc: How The Arms Race Drove The World To War, 1931-1941*, New York, 2011.
2 Maiolo, *Cry Havoc*, pp.154-155.

先性进行的多年争吵不过是雪上加霜。尽管日本一直努力将中国东北发展成一个巨大的军事—工业复合体，但未能如愿。更糟糕的是，日本对东北的占领刺激了苏联在西伯利亚—中国东北—蒙古边境的军备扩张，从而进一步恶化了亚洲大陆局势。1937年夏天中日战争的爆发为日本采取严苛的动员法令铺平了道路，日本引入集中经济计划，对经济和社会采取进一步军事控制。但是新的多年计划和更有效的资源分配无法克服一个基本问题——日本缺乏足够的工业能力、能源和其他原材料与苏联和美国竞争。

德国拥有比意大利和日本更庞大的工业经济，但它成为军备竞赛领跑者的能力总是受限于铁矿石、石油和其他原材料的进口数量。德国宣传部长约瑟夫·戈培尔宣称，德国人"更爱枪炮而不是黄油"，但德国只能通过出口来偿付进口，不得不向外出售在军备制造中至关重要的钢铁来赚取外汇。这一局限在柏林的军队精英、中央银行家和希望在世界出口市场上分一杯羹的企业家之间引发了无休止的争吵。对银行家和企业家来说，军备扩张不过是使德国经济摆脱大萧条并恢复德国政治独立性的临时手段。但是，对格奥尔格·托马斯上校（George Thomas）——最高统帅部战争经济部门的主管——这样的主要军事计划者来说，军备扩张是为了重组德国经济以发动全面战争。阿道夫·希特勒也认同后一种观点。希特勒在1936年8月撰写了"四年计划"备忘录，其中要求德国经济应该通过充分开发国内原材料与人造替代品来实现自给自足。

德国四年计划的公布——在墨索里尼的1936年3月自给自足演讲后接踵而至，并恰逢苏联第二个五年计划的末期——恰如其分地说明了驱动军备竞赛的机制。四年计划是体现军事—经济方面的赶超和趋同的深思熟虑行为。其动力与其说是担心苏联军备的快速增长，不如说是对苏联军备扩张模式的艳羡。

德国空军总司令、希特勒的亲密下属赫尔曼·戈林（Hermann Göring）亲自负责四年计划的实施。戈林的官僚机构迅速膨胀，并受到雄心勃勃的青年企业家的热切支持，这些企业家迫切地想将戈林能够支配的大量资金用于以前无利可图的制造业领域。尽管四年计划能够在某些经济领域取得成功，但问题在于，德国没有能力同时实现军事力量扩张（广度备战）和自给自足（深度备战）。而且，这一计划无助于克服未来几年的快速军备扩张面临的主要瓶颈——钢铁短缺。正如戈林在1937年早些时候所承认的，当法国、俄国和英国的军备扩张势头正旺时，德国的军备扩张陷入了"停滞"。

回到1933年，当时斯大林和他的核心圈子还对苏联的军备充满信心，但到1936至1937年间，军备竞赛的发展，尤其是德国军备的扩张已经摧毁了他们的自信。从流水线上生产的武器装备的数量惊人，却仍没有实现预期目标。与此同时，飞机、坦克和枪炮的复杂性进而是成本在迅速提升，军人们向经济官员大发牢骚说，他们的卢布产出的东西要少多了。维持军队与经济官员之间的对立是斯大林分而治之（divide-and-rule）策略的重要一环，此举有助于确保斯大林的执政地位。[1] 此外，恐怖统治和对精英的肃反也是重要手段。1936—1937年间的“大清洗（the Great Terror)”的发动与军备竞赛的升级是同时存在的，这并非偶然。斯大林认为，党和军队内部的清洗是军备扩张的合乎逻辑的延伸。清除那些在危机中可能靠不住的党内干部和部队军官，用新的精英取而代之，能够使苏联经受住总体战的考验。有鉴于此，图哈切夫斯基这位才华横溢却喜怒无常的战争规划者被免职并以谋反罪被处死就不足为奇了。在20世纪30年代早期，在与斯大林谈论工作时，图哈切夫斯基经常表现出一种不好的习惯：过于强调军事需要，以至于要求整个苏联经济从属于苏联红军规划部门的领导。这与要求军人治国几乎仅有一步之遥。尽管图哈切夫斯基作为有创见的思想家和红军成功的“大纵深战役（deep battle)”军事理论的缔造者之一而广受称赞，但斯大林很明显不希望在危机时刻有这样一位崭露头角的拿破仑·波拿巴在身旁。[2]

接下来我们将转而讨论被动的赶超者：法国、英国和美国。20世纪30年代，当军备竞赛加速而另一场大战苗头初现时，有这样一种观点广泛流行（尽管很大程度上并不正确）：那些已经践行“极权主义”的国家在大举动员社会和经济力量以准备总体战的竞赛中更易旗开得胜。讶异于德国的军备在广度和深度方面如脱缰之马般的扩张，奉行自由主义的大国不得不奋力解决一个问题：在不屈从于极权主义的同时，如何能够武装自己以应对日益严重的“极权主义战争”威胁?

在这一政治困境面前法国面临最大挑战，因为此时法国内部已经存在右翼和左翼的对立。1936年6月，社会主义者莱昂·勃鲁姆 (Leon Blum) 作为左翼联盟“人民阵线”（the Popular Front）的领袖当选为法国总理。此时，法国不仅遭受着大萧条带来的经济萎缩，还面临纳粹德国军备扩张带来的巨大安全威胁。勃鲁姆在竞选中承诺，将采取类似罗斯福总统1933年在美国实施的“新政”式国家投资计划来扩大就业，并通过裁军谈判维持和平。但是，仅仅上任几个月之后，迫于军备竞赛的压力，尤其是来自德国的威胁，以和平为己任的勃鲁姆启动了法国历史上最大规模的和平时期军备扩张，将许多武器工厂，尤其是几乎全部飞机制造工业纳入国有化经营。同时，勃鲁姆政府还大幅削减社会开支和就业计划。不幸的是，预计法郎将会贬值的法国投资者开始向外输出资本，此举在客观上使勃鲁姆的开支计划化为泡影。

包括勃鲁姆及其顾问在内的许多法国人怀疑，一个自由的金融体系是否与对抗德国所需的庞大扩军努力相匹配。似乎接下来顺理成章的是，法国应该加强对货币流动和贸易的控制，正如日本、德国和苏联所做的那样。但是，勃鲁姆拒绝对货币流动和贸易实施国家控制。一方面，这是因为放弃自由资本主义将疏远巴

1 Mark Harrison, *Guns and Rubles: The Defence Industry in the Stalinist State*, New Haven CT, 2008.

2 Lennart Samuelson, *Plans for Stalin's War Machine: Tukhachevskii and Military-Economic Planning, 1925-1941*, Basingstoke, 2000.

黎与华盛顿和伦敦的关系；另一方面，勃鲁姆认为金融控制将把国家引向法西斯主义。在军备竞赛中实施极权主义措施的同时如何维持经济的自由运转？这一难题使得人民阵线政府进退维谷。直到爱德华·达拉第（Edward Daladier）在1938年当选为法国总理，一个差强人意的解决办法才被想出来。和勃鲁姆一样，达拉第也是左翼人士，但是他愿意在政治上向右靠拢以使法国在军备竞赛中不落人后。在支持工人还是支持雇主和资本家的选择面前，达拉第选择了后者。从1938年11月起，达拉第开始中止勃鲁姆先前提出的许多进步的劳工法律。在笔者看来，1938至1940年间担任法国总理时，达拉第仿效德国和意大利，通过整肃工人和整合大企业来全速扩张军备。这一举措本可以取得显著成效，之所以未能成功，主要原因在于其身处保守右翼的新盟友担心，任何增强国家对经济管控的举措将使国家走向共产主义。达拉第也未能完全摆脱这一困境。

在英国，内维尔·张伯伦（Neville Chamberlain）1931至1937年担任财政大臣以及1937至1940年担任英国首相时，坚信他已找到避免采用极权主义手段的办法。在张伯伦看来，威慑是解决问题的关键。在英国重整军备之初，张伯伦就主张建设一支庞大的空军作为威慑手段。主要依赖空军力量以防止战争，会使英国的经济不会在陆军军备扩张的重压下崩溃。在张伯伦看来，迫使希特勒参与谈判，避免英国卷入法国及其盟友的同盟中，是维持欧洲和平和英国自由主义政治经济的理想之举。然而，空军建设从未起到张伯伦所设想的全面军备扩张安全阀的作用。尽管英国空军大幅扩张，德国扩军却从未停止，英军的参谋长们亦不断敦促加快军备建设，国家也开始干预经济，这一切合起来挫败了张伯伦想要控制军事开支的尝试。1938年9月，英国内阁意识到，英国已经达到了自由资本主义制度在和平时期所能实现的经济与政治的极限。正如英国财政大臣约翰·西蒙爵士（Sir John Simon）所说，英国无法在军备竞赛中与德国匹敌，"除非我们变成另一种国家"。[1]

1938年8月，臭名昭著的捷克斯洛伐克危机爆发，这标志着张伯伦通过外交手段避免与德国开战的尝试走到了尽头。危机爆发的原因是，希特勒以居住在捷克斯洛伐克的身为少数民族的德意志人受到捷克统治者迫害为由，要求捷克斯洛伐克将德意志人占多数的边境地区割让给德国。尽管希特勒在公开演讲中宣称，他所希望的不过是修正边界以使所有德意志人回归祖国怀抱，但其真正目的是希望挑起一场速战速决的小型战争以摧毁捷克斯洛伐克。但是，捷克斯洛伐克是法国的盟国，后者要对其安全负责。随着危机在1938年9月开启，法国陆军和英国皇家海军开始进行动员。尽管英国内阁希望避免欧洲战争，但所有人都明白，一旦英国最重要的盟友法国为了捷克斯洛伐克与德国开战，英国将无法置身事外。张伯伦试图通过与希特勒面对面谈判商讨领土转让问题来解决这一危机。这位英

1 Maiolo, *Cry Havoc*, p.251.

国首相希望，解决捷克斯洛伐克危机将为军备控制以及通过外交手段和平解决欧洲的其他争端铺平道路。

尽管希特勒的初衷是与捷克斯洛伐克进行一场有限战争，但现在他不得不面对与英法进行全面战争的危险。与此同时，希特勒的主要军事顾问警告他，德国绝无可能在一场实施全面动员的持久战中打败英国和法国，尤其是后两者很可能得到美国和苏联的支持。陆军参谋长路德维希·贝克（Ludwig Beck）1938年5月告诫说："如今德国所处的军事—经济局面十分不利，甚至比1917和1918年时还要糟。由此可见，德国没有能力赢得一场持久战。"[1] 希特勒被吓阻并同意谈判。1938年9月29日，英国、德国、法国和意大利的领导人齐聚德国慕尼黑，同意将德意志人占多数的捷克领土移交给德国。次日，希特勒与张伯伦签署协定，同意通过和平手段解决欧洲争端。

具有讽刺意味的是，慕尼黑协定并未迎来和平与裁军的新时代；相反，这次会议激化了军备扩张和政治冲突。会议结束几周后，德国、英国、法国、美国和苏联的军备扩张骤然升级。由于对捷克斯洛伐克发动有限战争因法国和英国的战备以及张伯伦的外交而受阻，希特勒感到愤怒，并下令加快海军、陆军和空军建设。这一扩军计划从一开始就明显不切实际。然而，到1939年春天，希特勒才意识到德国的经济不足以应付军备扩张，而在此时，英国、法国、苏联和美国都在加快自身的军备生产。当希特勒意识到德国无法在军备竞赛中取得胜利时，他决定铤而走险。与20世纪30年代的正统观点——关于未能用武力抗击独裁者的道德说教——相反，事实上德国的对手很早就开始备战，并有足够的资源赢得军备竞赛。真正的问题是：威慑为什么在1938年阻止了德国攻击捷克斯洛伐克，而在1939年则未能同样地阻止希特勒进攻波兰？这一问题的答案在于军备竞赛升级的性质本身。

希特勒的进攻性战争与征服计划假定，德国能在避免刺激周边大国扩张军备的前提下获得军事优势。他错误地假定当德国在军力上遥遥领先时，英国、法国、苏联和美国会袖手旁观。1937年底，德国的军备扩张陷入停滞。这时，希特勒开始意识到，德国通过更早和更快扩军而取得的优势很快将被那些抵制德国扩张的国家不断加速的军备扩张抵消。希特勒感到时间对其不利，这一点很好地说明了军备竞赛是如何驱动世界走向战争的。和所有的历史进程一样，军备竞赛不时发生。它们一经启动，早期行为的各种并非出于本意的后果就不可能被抹掉，不可能退回初始状态。逐步升级的军备竞赛会很快侵蚀掉领先者的优势。时间本身成为政治与战略竞技场上的一名重量级选手，会站在某些大国一方，而给另一方带来不利。首先是在柏林，随后是在罗马，最后在东京，军备竞赛驱使着领导人们认为机不可失且失不再来，决定发动战争。1939年八九月间，希特勒认为

1 Maiolo, *Cry Havoc*, p.266.

与其坐以待毙不如冒着全面战争的危险进攻波兰；1940年6月，当法军败像已现时，墨索里尼及其幕僚决定站在德国一方参战；1941年底，日本领导人决定对英国和荷兰在东亚的领地以及正在加速备战的美国发起进攻，而不再听任日本资源基础的萎缩和美国海空力量的增强。

但是，军备竞赛的潮汐般效应并未使战争成为唯一选择。对意大利和日本来说，其他选择并非不可想象。真正使欧洲冲突不可避免的是希特勒发动战争的决定。然而，正如许多学者常常指出的那样，希特勒并未按其初衷在英国和意大利的支持下对苏联大打出手。相反，他挑起了德国与法国、英国的正面战争。军备竞赛可以解释为何事态如此发展。希特勒正在输掉这场竞赛，并对此一清二楚。希特勒不想被压制，决定冒险与一群敌人展开全面战争，尽管这群敌人相对于正显疲态的第三帝国拥有压倒性经济优势。正如历史学家亚当·图兹（Adam Tooze）所言，德国与其敌人之间的财富差距远超大多数当代专家的想象。[1] 让希特勒冒险去打一场不可能取胜的战争的决定更令人惊讶。经济上的轻量级选手意大利和日本也走上了毁灭之路，这倍加令人惊讶。

希特勒不想被压制，决定冒险与一群敌人展开全面战争，尽管这群敌人相对于正显疲态的第三帝国拥有压倒性经济优势。

美国人卷入欧洲和亚洲危机的事实表明了军备竞赛是如何对自身的升级和战争起到推动作用的。在20世纪30年代的大部分时期中，当富兰克林·D. 罗斯福总统呼吁欧洲裁军时，美国只维持了海军和空军最低限度的增长。直到1938年9月捷克斯洛伐克危机后，美国才开始大规模军备扩张。罗斯福命令大力扩充美国空军的规模并提升飞机制造能力。根据1938年11月一次白宫会议的记录，罗斯福显然想推行遏制战略。他希望通过向英国和法国出售它们所需要的飞机来威慑希特勒。当战争爆发时，罗斯福决定让美国置身于外，但美国将出售盟国获胜所需的轰炸机。

美国愿意向英法出售飞机，这对后两者的战争努力是一个巨大的利好。当德国进攻法国时，西方同盟在军备上已经遥遥领先。战争的爆发去除了法英两国在和平时期全面备战所面临的经济和政治障碍，因为在战时英法两国可以引入紧急动员法，允许加大对经济和社会的管控。这种管控事先已被德国、日本、意大利和苏联采用，并取得了不同程度的成功。1939至1940年间，法国的飞机、坦克和其他军火的产量显著攀升。当德国于1940年5月进攻比利时、荷兰和法国时，西方同盟在军备的数量和质量上具有很大优势：400万盟国军队对阵300万德国军队；盟国有14000门火炮，而德国的数字是7378门；盟国部署了4204辆坦克，德国的数字是2439辆。盟国的空军力量同样具有优势：相对于德国的3578架飞

1 Adam Tooze, *The Wages of Destruction: The Making and Breaking of the Nazi Economy*, London, 2007.

机，盟国总计有飞机4469架。[1] 更重要的是，当英国和法国在动员庞大的人力和物力以进行持久战时，德国的经济潜力已近乎穷尽。凭借着巨大的海军优势，英法能够与世界市场连通，同时让德国得不到来自海外的工业原材料供应。

希特勒及其麾下的将军明白，他们仅有一次机会发动一场进攻，一旦未能取得显著战果，战争必败。因此，他们制定了一个大胆而冒险的计划去突破法国的防线，并用大迂回包围了盟国陆军的精锐部队。这一计划发挥了效用，并导致了法国的战败，这在几十年来是历史学家们争论的主题。尽管历史学家们一度倾向于认为，德国在1940年五六月间对法作战的胜利要归功于其出色的作战学说(fighting doctrine)，但近年来许多专家对这一观点提出挑战，认为德国的胜利是运气和同盟国情报失误的产物。[2] 无论如何，对法国的胜利并未解决德国的经济困境，尤其是苏联和美国不约而同地再次加快了战备步伐。事实上，希特勒决定在1941年6月进攻苏联和扩大战争的一个重要原因是，他意识到，要抢在英美联盟在西线站稳脚跟并派大规模轰炸机编队出现在德国天空之前，率先摧毁东线的敌人。换言之，对于扩大冲突并将两个未来的超级大国卷入战争，军备竞赛起到了决定性作用。

当法国在1940年五六月间失败时，罗斯福的遏制战略同样失败了。通过向英法提供以飞机为主的武器装备来击败德国，这一策略原本可以使美国免于进行大规模军备扩张。从法国战败到希特勒于1941年（译者注：原文误写为1940年）6月进攻苏联的几个月间，美国总统承受了要求打造“北美要塞（fortress North America)”并以令人窒息的高速对工业生产进行动员的巨大压力。罗斯福总统一直抵制这一做法，同时他拒绝任命一个“军备沙皇（arms czar)”来控制美国经济。一些历史学家批评此举延缓了美国的战备。众所周知，罗斯福的真实想法没有多少见诸纸面，因而常常难为后世所理解。但显而易见的是，他担心允许权力向新的动员机构倾斜很可能使美国面临如下危险：军国主义可能成为常态，民主自由和社会进步可能走向终结。当罗斯福促成了著名的《租借法案》以为英国提供战争支持，并于1940年11月史无前例地赢得了在白宫的第三个任期时，他认识到，可能发生的更糟糕的事情就是英国投降。这将使美国处于一个由法西斯联盟控制的世界中。为了对付接踵而至的冷战，被大众性恐惧驱使的美国政府将被迫以极权主义手段备战，从而摧毁美国的生活方式。在德国进攻苏联之后，罗斯福认为，要想避免上述情形发生，必须赢得对德战争，而后者只能通过把美国变成一个在他控制下的庞大战争机器——著名的“民主国家的兵工厂”(Arsenal of Democracy)——才能实现。1941年12月日本袭击珍珠港，这解除了和平时期的政治对美国经济的限制，激起美国战时军工生产的高潮，这是盟国制胜的

1 Maiolo, *Cry Havoc*, pp.337-338.

2 K-H Frieser, *The Blitzkrieg Legend: The Campaign in the West, 1940*, Annapolis MD, 2005.

1941年12月日本袭击珍珠港，这解除了和平时期的政治对美国经济的限制，激起美国战时军工生产的高潮，这是盟国制胜的关键。

关键。[1]

在欧洲，德国挑战现状的行为引发了军备竞赛，而希特勒的侵略决定最终导致战争。但是，一旦军备竞赛从1936年起愈演愈烈，它就挫败了各主要大国试图掌控或应对它的野心。德国进行军备扩张的行为先后激起了英国、法国、苏联和美国的反应。英国、法国和美国以各自的方式，试图通过军备扩张对德国、意大利和日本形成威慑，避免其发动侵略性战争，同时迫使它们回到谈判桌前。这些战略之所以未能成功，并非由于维持现状的国家没有足够多的资源及时完成军备扩张，而是因为军备竞赛本身破坏了威慑战略。预料到无法在军备竞赛中占据上风，德国、意大利和日本先后做出决定，宁可冒险承受战争的不确定性，也不愿接受在军备竞赛中注定失败及其必然的政治后果——国际现状的维持。

（年玥 译；梅然 校）

1 Richard J. Overy, *Why the Allies Won*, London, 1996.

《中国国际战略评论》征稿启事

《中国国际战略评论》（*China International Strategy Review*）是由北京大学国际战略研究院主办的年度刊物。本刊主要发表国际战略相关领域的学术研究和政策研究成果，既包括“大战略”层面的宏观评论展望，也涵盖对现实国际问题的微观分析探讨；既以国内学者的论述为主体，又向海外学者的真知灼见敞开大门。本刊致力于为中国的对外战略决策提供智力支持，引导公众全面、准确、理性地认识国家安全与国际战略问题，尤其重视兼具战略性、现实性和开创性的科研成果与国际事务评论。热诚欢迎海内外学者惠赐佳作。

来稿内容依次包括：题目、作者姓名、内容提要（250—400字）、关键词（3—5个）、正文。文章篇幅（不包括注释）为8000—10000字，注释（页下注）务须规范谨严。另请提供作者简介及详细通讯地址。本刊仅接受原创性稿件，来稿文责自负，恕不退稿，稿件寄出3个月后未收到用稿通知可自行处理。刊物每年5月出版后即付稿酬，并赠样刊两本。本刊将逐步实行双向匿名审稿制度，对来稿有删改权，如有异议，请来稿时注明。

投稿请以电子邮件方式将文章电子版发至编辑部电子信箱：IISS@pku.edu.cn。

《中国国际战略评论》编辑部

图书在版编目（CIP）数据

中国国际战略评论 2015 / 王缉思主编.
—北京：世界知识出版社，2015.10
ISBN 978-7-5012-5017-2

Ⅰ.①中… Ⅱ.①王… Ⅲ.①国际形势—研究—2015 ②对外政策—研究—中国—2015 Ⅳ.①D5 ②D820

中国版本图书馆CIP数据核字（2015）第216765号

责任编辑	袁路明
责任出版	赵 玥
责任校对	陈可望
封面设计	田 林

书　　名	**中国国际战略评论2015** Zhongguo Guoji Zhanlüe Pinglun 2015
主　　编	王缉思
出版发行	世界知识出版社
地址邮编	北京市东城区干面胡同51号（100010）
电　　话	010-65265923（发行） 010-85119023（邮购）
网　　址	www.wap1934.com
经　　销	新华书店
印　　刷	北京京科印刷有限公司
开本印张	787×1092毫米 1/16 24印张
字　　数	530千字
版次印次	2015年9月第一版 2015年9月第一次印刷
标准书号	ISBN 978-7-5012-5017-2
定　　价	59.00元

版权所有 侵权必究